Autobiografia: o mundo de ontem

Stefan Zweig na Zahar
Coordenação: Alberto Dines

Autobiografia: o mundo de ontem
Memórias de um europeu

A cura pelo espírito
Em perfis de Franz Mesmer, Mary Baker Eddy e Sigmund Freud

Joseph Fouché
Retrato de um homem político

Maria Antonieta
Retrato de uma mulher comum

O mundo insone
E outros ensaios

Novelas insólitas
Segredo ardente | Confusão de sentimentos | A coleção invisível
Júpiter | Foi ele? | Xadrez, uma novela

Três novelas femininas
Medo | Carta de uma desconhecida | 24 horas na vida de uma mulher

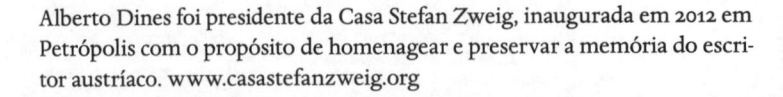

Alberto Dines foi presidente da Casa Stefan Zweig, inaugurada em 2012 em Petrópolis com o propósito de homenagear e preservar a memória do escritor austríaco. www.casastefanzweig.org

Stefan Zweig

Autobiografia: o mundo de ontem

Memórias de um europeu

Tradução:
Kristina Michahelles

Prefácio e posfácio:
Alberto Dines

6ª reimpressão

ZAHAR

Copyright do prefácio e posfácio © 2014 by Alberto Dines

Grafia atualizada segundo o Acordo Ortográfico da Língua Portuguesa de 1990, que entrou em vigor no Brasil em 2009.

Título original
Die Welt von gestern: Erinnerungen eines Europäers

Capa
Claudia Warrak
Raul Loureiro

Foto da capa
© Stefan Zweig, *portrait*, prova retocada:
Argentina, 1940; fotógrafo desconhecido

Preparação
Laís Kalka

Indexação
Gabriella Russano

Revisão
Tamara Sender
Carolina Sampaio

CIP-Brasil. Catalogação na publicação
Sindicato Nacional dos Editores de Livros, RJ

Z96a	Zweig, Stefan Autobiografia: o mundo de ontem: memórias de um europeu / Stefan Zweig; tradução Kristina Michahelles. – 1ª ed. – Rio de Janeiro: Zahar, 2014. Tradução de: Die Welt von gestern: Erinnerungen eines Europäers. Inclui índice ISBN 978-85-378-1352-2 1. Escritores – Biografia. I. Título.

CDD: 928.3
14-15244
CDU: 929:8

Todos os direitos desta edição reservados à
EDITORA SCHWARCZ S.A.
Praça Floriano, 19, sala 3001 – Cinelândia
20031-050 – Rio de Janeiro – RJ
Telefone: (21) 3993-7510
www.companhiadasletras.com.br
www.blogdacompanhia.com.br
facebook.com/editorazahar
instagram.com/editorazahar
twitter.com/editorazahar

Sumário

Prefácio: Stefan Zweig por ele mesmo, *por Alberto Dines* 9

Prólogo 13

O mundo da segurança 19

A escola no século passado 43

Eros matutinus 74

Universitas vitae 95

Paris, cidade da eterna juventude 123

Desvios no caminho em busca de mim mesmo 152

Para além da Europa 166

Brilho e sombra sobre a Europa 178

As primeiras horas da guerra de 1914 196

A luta pela fraternidade espiritual 216

No coração da Europa 230

Retorno à Áustria 253

Novamente no mundo 273

Ocaso 291

Incipit Hitler   318

A agonia da paz   345

Posfácio: A biografia que se intromete na autobiografia,
   por *Alberto Dines*   386

Índice onomástico   395

"Urge enfrentar o tempo como ele nos procura."
SHAKESPEARE, *Cimbelino*

---

* Shakespeare, *Cimbelino*, Ato IV, Cena III; tradução de Carlos Alberto Nunes.

Prefácio
Stefan Zweig por ele mesmo

ALBERTO DINES

QUASE PODEMOS OUVI-LO, tão perto ficou. Os últimos biografados foram selecionados para falar em seu nome, como ventríloquos. Evitava a veemência para não confrontar os leitores, preferia envolvê-los suavemente, convencê-los através de coadjuvantes apropriados. Agora, com suas próprias palavras, a prosa cativante e a mansa entonação, aqui está ele. Sem mediações.

Estas memórias podem esclarecer alguns mistérios que ainda o cercam mais de sete décadas depois de morto ou torná-los ainda mais densos, talvez até impenetráveis. Terminou de escrevê-las pouco antes de tomar a dose letal de morfina no pequeno bangalô da rua Gonçalves Dias, Petrópolis. Isto se evidencia ao examinarmos as últimas linhas do prólogo – que, como todos os intróitos e prólogos, autores só decidem enfrentar depois de colocar o ponto final.

Dirigindo-se às lembranças que preservou pede que falem por ele e reflitam fielmente a sua vida "antes que ela submerja nas trevas". Tinha a certeza de que as trevas eram iminentes, roteiro e desenlace já definidos, faltava apenas o pretexto.

É a sua obra capital, *magnum opus*, e, no entanto, não é um retrato de corpo inteiro, muito menos um close-up. O cinéfilo frustrado pretendia ser o narrador de um filme, ou de uma sucessão de dispositivos, então o *dernier cri* em matéria de tecnologia. Despojado de qualquer estrelismo, avisa que não mostrará *selfies* nem será o protagonista: este papel cabe à sua geração e às pontes que percorreu antes de serem detonadas. Contenta-se em exibir com inédita candura os seus pontos cardinais – austríaco, judeu, escritor, humanista e pacifista. Não repara que neles estão embutidos alguns de seus impasses.

A esses círculos concêntricos acresce a condição de europeu que faz questão de destacar no subtítulo. Adota a nobre supranacionalidade no exato momento em que o Velho Mundo é varrido pelo tsunami do rancor nacionalista. Duas décadas depois do fim da Grande Guerra de 1914-18, assume-se novamente como marginal, distanciado da exaltação dos pertencimentos.

Não é um exilado, mas o utopista-peregrino enxotado pela mesma pergunta: *wohin*, para onde? Condenado a excluir-se dos paradigmas de normalidade e do sistema de beligerâncias vigente naqueles dias de cólera, pressente que sua esfera de atuação será mínima. E essa percepção do inexorável desamparo transforma este relato no mais patético que escreveu, porque o narrador, que se esgueira nas sombras invisível e elusivo, está condenado a sumir.

Zweig entendeu-se, assim como entendeu plenamente seus biografados. Sutil *Menschenkenner*, conhecedor do gênero humano, não poderia equivocar-se ao descrever um espécime com o qual convive há exatas seis décadas. O mérito aqui não é do biógrafo, mas do atilado dramaturgo capaz de armar uma elaborada partida de xadrez sabendo que não haverá ganhador. Essa presciência – dizia sempre – era a sua perdição. A poeta argentina Alfonsina Storni descreveu-o de forma inspirada: "Dai-lhe a sombra de uma folha, ele verá o bosque." E também o deserto que virá em seguida.

O "ontem" do título tem a finalidade de lembrar transições, passagem, virada de página, avanço e retrocesso. Não se iludia, tinha noção precisa da tragédia da qual era personagem. Só não dispunha da paciência necessária para conviver com o seu desenrolar. Na última linha da despedida pública, a famosa "Declaração", ele o reconhece. Na ficção, ao invés de armar desfechos, preferia-os já acontecidos e consumados, narrados em flashback por alguém perspicaz e sofrido. Como agora nesta história real.

O amigo Hermann Broch previra a *débâcle* da Belle Époque e do entorpecido Império Austro-Húngaro no ensaio "Die fröhliche Apokalypse", o alegre Apocalipse. Zweig flagrou os efeitos da catástrofe antes mesmo de completada. Surpreendeu a ampulheta na hora em que virava para iniciar o novo curso.

Prefácio

Em abril de 1940, dois meses antes do colapso da França, na derradeira aparição em Paris, falou sobre "A Viena de ontem",* espécie de trailer das memórias que já ruminava: a Áustria jazia recém-anexada pelo III Reich e a refinada ex-capital cultural da Europa, centro de um império multinacional, convertia-se em simples metrópole provincial de uma Alemanha brutalizada.

Como historiador sabia que mudanças são inevitáveis, indomáveis, irreversíveis; a angústia que o dominava vinha da velocidade e da crueldade com que elas se processavam. Aos simplistas o relato pode parecer róseo, a cor da saudade (ou lilás, a cor da tinta da sua caneta); os apressados tentam enquadrá-lo como nostálgico. Não entendem de advertências.

O seu atual *revival*, verdadeira "zweigmania" global, não chega ser um deleite ou reabilitação: é um culto algo mundano, deletério, mais nefasto que o esquecimento. Ao recortar e reduzir Zweig a personagem de uma de suas novelas, despoja-se o autor do seu luto e de alguns atributos essenciais.

Estas memórias podem devolvê-los.

---

* Disponível em *O mundo insone*. Rio de Janeiro, Zahar, 2013.

Prólogo

Nunca atribuí tanta importância a mim mesmo a ponto de ficar tentado a contar a outros as histórias da minha vida. Foi preciso acontecer muita coisa, infinitamente mais do que costuma ocorrer numa única geração em termos de eventos, catástrofes e provações, para que eu encontrasse a coragem para começar um livro cujo protagonista – ou melhor, centro – sou eu mesmo. Nada mais distante de mim do que me colocar em primeiro lugar, salvo como um palestrante que faz uma apresentação com dispositivos; o tempo fornece as imagens, eu me encarrego das palavras, e nem será tanto a *minha* trajetória que pretendo contar, e sim a de uma geração inteira – nossa geração única, carregada de vicissitudes como poucas outras no curso da história. Cada um de nós, mesmo o menor e o mais insignificante, foi revolvido no seu íntimo pelos abalos sísmicos quase ininterruptos de nossa terra europeia; e eu, entre inúmeros tantos, não consigo me atribuir outra primazia senão a de que, como austríaco, como judeu, como escritor, como humanista e pacifista, sempre estive justamente nos lugares onde esses abalos foram mais violentos. Três vezes eles destruíram minha casa e minha vida, arrancando-me de tudo o que existiu antes, de todo o passado, e me arremessando com sua veemência dramática para o vazio, para o "não sei para onde ir", que eu já conhecia. Mas não lamentei, pois é justamente o apátrida que se torna livre em um novo sentido, e só quem não está mais preso a nada pode se dar ao luxo de não ter que levar mais nada em consideração. Por isso, espero cumprir pelo menos uma das principais condições de qualquer descrição adequada da contemporaneidade: sinceridade e imparcialidade.

Desprendido de todas as raízes e do solo que as alimenta: é assim que estou de fato, como raras vezes alguém esteve ao longo dos tempos. Nasci em 1881 em um grande e poderoso império, a monarquia dos Habsburgo. Não a procurem, porém, no mapa: ela foi extinta, sem deixar vestígio. Cresci em Viena, a metrópole supranacional de dois mil anos, e tive de deixá-la como um criminoso, antes de ser rebaixada a uma cidade provincial alemã. O meu trabalho literário foi incinerado na língua em que o escrevi, no mesmo país onde meus livros ganharam como amigos milhões de leitores. Assim, não pertenço a lugar algum, em toda parte sou estrangeiro ou, na melhor das hipóteses, hóspede; a própria pátria que o meu coração elegeu para si, a Europa, perdeu-se para mim, desde que se autodilacera pela segunda vez numa guerra fratricida. Contra a minha vontade eu me tornei testemunha da mais terrível derrota da razão e do mais selvagem triunfo da brutalidade dentro da crônica dos tempos; nunca – eu não registro isso de maneira alguma com orgulho, mas sim com vergonha – uma geração sofreu tamanho retrocesso moral, vindo de uma tal altura intelectual como a nossa. No pequeno intervalo desde que meus primeiros fios de barba cresceram até começarem a ficar grisalhos, nesse meio século aconteceram mais transformações e mudanças radicais do que normalmente em dez gerações, e cada um de nós o sente: aconteceu demais! Tão diferente é meu hoje de qualquer dos meus ontens, minhas ascensões e minhas quedas, que às vezes me parece que vivi não uma única existência, mas várias, inteiramente diferentes entre si. Pois muitas vezes, quando digo, desatento, "minha vida", sem querer me questiono: *"Qual* vida?" A de antes da Guerra Mundial, a de antes da Primeira, a de antes da Segunda ou a vida de hoje? Ou então me pego dizendo "minha casa", sem saber a qual delas me refiro, à de Bath ou à de Salzburgo ou à casa paterna em Viena. Ou então digo "na minha terra" e logo me assusto ao lembrar que, para as pessoas da minha pátria, faço tão pouco parte dela quanto para os ingleses ou os americanos – lá não estando mais organicamente ligado e jamais tendo sido inteiramente integrado aqui. O mundo em que cresci, o mundo de hoje e o mundo entre ambos cada vez mais evoluem para mundos completamente diferentes.

Prólogo

Toda vez que conto episódios dos tempos anteriores à Primeira Guerra em conversas com amigos mais jovens, percebo, pelas suas perguntas admiradas, o quanto de tudo aquilo que para mim continua sendo realidade óbvia para eles já é histórico ou então inimaginável. Um instinto secreto dentro de mim lhes dá razão: entre o nosso hoje, o nosso ontem e o nosso anteontem, todas as pontes se romperam. Eu próprio não posso deixar de me espantar com a multiplicidade, a diversidade que comprimimos no curto espaço de uma única existência – naturalmente, muito incômoda e ameaçada –, em especial quando comparada com a forma de vida de meus antepassados. Meu pai, meu avô, o que viram eles? Cada um deles viveu a sua vida na uniformidade. Uma só vida, do início ao fim, sem ascensões, sem quedas, sem abalos e sem perigos, uma vida com pequenas tensões, transições imperceptíveis; no mesmo ritmo, tranquila e silenciosamente, a onda do tempo carregou-os do berço ao túmulo. Viveram no mesmo país, na mesma cidade e quase sempre também na mesma casa; os acontecimentos do mundo de fora praticamente só se davam nos jornais e não batiam à sua porta. Uma ou outra guerra pode ter acontecido naqueles dias, mas não passava de uma guerrinha em comparação com as dimensões atuais, e se desenrolava longe, na fronteira, não se ouvia o troar dos canhões, e depois de meio ano ela já havia acabado e estava esquecida, página ressequida da história, enquanto se retomava a mesma velha rotina. Nós, porém, vivemos tudo sem retorno, nada restou do passado, nada voltou; foi-nos dado participar ao máximo de tudo o que a história normalmente distribui com parcimônia por um único país, por um século apenas. Uma geração, quando muito, tomou parte numa revolução, a outra num golpe de Estado, a terceira numa guerra, a quarta numa crise de fome, a quinta na bancarrota de um país – e alguns países abençoados, algumas gerações abençoadas passaram ao largo de tudo isso. Mas nós, que hoje temos sessenta anos, e *de jure* ainda teríamos um tempo de vida à frente: o que nós *não* vimos, *não* sofremos, *não* experimentamos com agruras? Percorremos do início ao fim o catálogo de todas as catástrofes imagináveis (e ainda não chegamos à última página). Eu próprio fui contemporâneo das duas maiores guerras da humanidade e vivi cada uma delas de um lado – a primeira no front alemão, a outra no front antigermânico. Na época anterior à guerra, conheci a liberdade individual em seu grau e forma mais elevados, e, depois, em seu nível mais baixo em muitos séculos. Fui festejado e desprezado, livre e subjugado, rico e pobre. Minha vida foi invadida por todos os pálidos cavalos do Apocalipse, revolução e fome, inflação e terror, epidemias e emigração. Sob os meus olhos, vi as grandes ideologias de massa crescendo e se disseminando, o fascismo na Itália, o nacional-socialismo na Alemanha, o bolchevismo na Rússia e, sobretudo, a pior de todas as pestes, o nacionalismo, que envenenou o florescimento da nossa civilização europeia. Fui obrigado a ser testemunha indefesa e impotente do inimaginável retrocesso da humanidade para uma barbárie que há muito julgávamos esquecida, com seu dogma consciente e programático do anti-humanitarismo. Depois de muitos séculos, estava reservado a nós voltar a ver guerras sem declaração de guerra, campos de concentração, torturas, pilhagens em massa e bombardeios de cidades indefesas, bestialidades que as últimas cinquenta gerações já não conheceram mais e as próximas, espero, não terão de suportar. Mas, paradoxalmente, na mesma época em que o nosso mundo retrocedia um milênio no aspecto moral, vi a mesma humanidade elevar-se a feitos nunca antes imaginados no campo da técnica e do intelecto, ultrapassando em um piscar de olhos tudo o que foi produzido em milhões de anos: a conquista do éter pelo avião, a transmissão da palavra humana no mesmo segundo através do globo terrestre e com isso o triunfo sobre o espaço, a fissão do átomo, a vitória sobre as doenças mais traiçoeiras, possibilitando quase diariamente o que ainda ontem era impossível. Nunca, até a presente hora, a humanidade como um todo se comportou de maneira mais diabólica, e nunca produziu de forma tão divina.

Para mim, é um dever registrar essa nossa vida tensa, dramaticamente repleta de surpresas, pois – repito – cada um de nós foi testemunha dessas enormes transformações, cada um de nós foi forçado a testemunhá-las. Para nossa geração, não havia como escapar ou permanecer à margem, como outras fizeram; graças à nossa nova organização da simultaneidade, estávamos sempre integrados à época. Quando as bombas destroçaram as casas em Xangai, na Europa o soubemos em nossas salas antes que os feridos fossem retirados de suas casas. Fomos assaltados pelas imagens daquilo que acontecia em além-mar, a milhares de milhas de distância. Não havia proteção, nenhuma proteção contra a permanente comunicação e integração aos fatos. Não havia país onde pudéssemos nos refugiar, nenhuma tranquilidade que pudesse ser comprada, sempre e por toda parte a mão do destino nos agarrava e nos puxava de volta para o seu jogo insaciável.

Constantemente, foi preciso que nos submetêssemos a exigências do Estado, que servíssemos de presa para as políticas mais estúpidas, que nos adequássemos às mais fantásticas transformações; sempre estivemos acorrentados à coletividade, por mais que nos defendêssemos tenazmente – fomos arrastados, sem conseguir resistir. Quem quer que tenha atravessado esse tempo, ou melhor, tenha sido perseguido e acossado através dele – pois não tivemos muitas pausas para respirar –, vivenciou mais história do que qualquer de seus antepassados. Hoje, mais uma vez, estamos em um momento de transição, um término e um início. Por isso, é decerto intencionalmente que interromperei esse retrospecto da minha vida em uma data determinada. Pois aquele dia em setembro de 1939 marca o ponto final definitivo da época que forjou e formou a nós, sexagenários. Mas se, com nosso testemunho, pudermos transmitir à próxima geração um só fragmento de verdade de sua estrutura decadente, não teremos agido em vão.

Estou ciente das circunstâncias desfavoráveis, porém extremamente características da nossa época, nas quais procuro organizar essas minhas recordações. Escrevo-as em meio à guerra, escrevo-as no estrangeiro e sem o menor auxílio para a minha memória. Em meu quarto de hotel, não tenho à mão nenhum exemplar dos meus livros, nada de notas ou cartas dos amigos. Em parte nenhuma posso buscar informações, pois no mundo inteiro a troca de correspondência entre um país e outro está interrompida ou censurada. Assim, cada um vive tão isolado como há séculos, antes da invenção dos navios a vapor, dos trens, dos aviões e dos correios. De todo o meu passado, portanto, só tenho comigo o que carrego atrás da testa.

Todo o resto, neste momento, está inacessível ou se perdeu para mim. Mas a nossa geração aprendeu a fundo a boa arte de não lamentar o passado, e, quem sabe, a perda de documentos e detalhes possa vir a significar um ganho para este meu livro. Pois eu considero nossa memória um elemento que não conserva casualmente *um* ou perde *outro*, mas sim uma força que ordena cientemente e exclui com sabedoria. Tudo o que esquecemos de nossas próprias vidas, na verdade, já foi sentenciado a ser esquecido há muito tempo por um instinto interior. Só aquilo que eu quero conservar tem direito de ser conservado para outros. Portanto, recordações, falem e escolham no meu lugar, e forneçam ao menos um reflexo da minha vida antes que ela submerja nas trevas!

O mundo da segurança

> *Still und eng und ruhig auferzogen,*
> *Wirft man uns auf einmal in die Welt;*
> *Uns umspülen hunderttausend Wogen,*
> *Alles reizt uns, mancherlei gefällt,*
> *Mancherlei verdriesst uns, und von Stund zu Stunden*
> *Schwankt das leicht unruhige Gefühl;*
> *Wir empfinden, und was wir empfunden,*
> *Spült hinweg das bunte Weltgewühl.**
>
> GOETHE

AO TENTAR ENCONTRAR uma definição prática para o tempo antes da Primeira Guerra Mundial, no qual me criei, espero acertar dizendo: foi a época áurea da segurança. Tudo na nossa monarquia austríaca quase milenar parecia estar fundamentado na perenidade, e o próprio Estado parecia ser o avalista supremo dessa estabilidade. Os direitos que concedia aos seus cidadãos eram assegurados por escrito pelo Parlamento, a representação livremente eleita pelo povo, e cada dever era delimitado com precisão. Nossa moeda, a coroa austríaca, circulava na forma de brilhantes peças de ouro, avalizando, assim, a sua imutabilidade. Cada um

---

* Em tradução livre: "Criados na calma, próximos e tranquilos,/ De repente somos lançados ao mundo;/ Banhados por cem mil ondas/ Tudo nos excita, muitas coisas nos agradam,/ Muitas coisas nos desgostam, e de hora em hora/ Oscila o sentimento levemente inquieto;/ Nós sentimos – e aquilo que sentimos/ É tragado pelo colorido tumulto do mundo." Do poema "An Lottchen". Todas as notas de rodapé foram criadas para esta edição.

sabia quanto possuía ou a quanto tinha direito, o que era permitido ou proibido. Tudo tinha sua norma, tinha medida e peso bem determinados. Quem possuísse uma fortuna podia calcular exatamente quanto receberia por ano na forma de juros; o funcionário e o oficial, por sua vez, podiam confiar que encontrariam no calendário o ano em que seriam promovidos e aposentados. Cada família tinha o seu orçamento fixo, sabia de quanto precisaria para morar e para comer, para viajar no verão e para sua vida social. Além disso, invariavelmente uma pequena quantia era reservada para imprevistos, para doenças e para o médico. Quem possuía uma casa considerava-a um porto seguro para filhos e netos. A casa e o negócio passavam de uma geração para a próxima; enquanto o lactente ainda estava no berço, já se depositava uma primeira contribuição para sua vida num cofrinho ou no banco – uma pequena "reserva" para o futuro. Nesse vasto reino, tudo era firme e imutável, e no posto mais elevado estava o velho imperador; mas, caso ele morresse, sabia-se (ou acreditava-se) que outro viria e que nada mudaria na ordem bem-calculada. Ninguém acreditava em guerras, revoluções ou quedas. Tudo o que era radical e violento já parecia impossível numa era da razão.

 Esse sentimento de segurança era o bem mais almejado por milhões de indivíduos, era o ideal comum de vida. Só com essa segurança parecia valer a pena viver, e círculos cada vez maiores requisitavam a sua parte nesse valioso patrimônio. Inicialmente, só os afortunados se regozijavam com essa vantagem, mas aos poucos as grandes massas começaram a pressionar; o século da segurança se tornou a época de ouro para o ramo dos seguros. A casa era assegurada contra incêndio e arrombamento, a lavoura contra geadas e intempéries, o corpo contra acidentes e doenças, compravam-se pensões vitalícias pensando na velhice e já no berço as meninas ganhavam uma apólice para o futuro dote. Finalmente, até os trabalhadores se organizaram, conquistaram um salário normatizado e seguro-saúde, empregados domésticos passaram a contribuir com uma pensão privada e pagavam antecipadamente um seguro para seu próprio enterro. Só quem podia encarar o futuro sem preocupações gozava o presente com bons sentimentos.

Apesar de toda a solidez e modéstia da concepção de vida, nessa comovente confiança de poder cercá-la contra qualquer invasão do destino residia uma grande e perigosa arrogância. Em seu idealismo liberal, o século XIX estava sinceramente convencido de que trilhava o caminho mais reto e infalível rumo ao "melhor dos mundos". Olhava-se com desdém para as épocas pregressas, com suas guerras, fomes e revoltas, como um tempo em que a humanidade ainda estava na menoridade e era insuficientemente esclarecida. Agora, porém, seria apenas uma questão de poucas décadas até superar os últimos resquícios do mal e da violência, e essa fé no "progresso" ininterrupto e irrefreável tinha, para aquela época, a força de uma verdadeira religião; já se acreditava mais nesse "progresso" do que na Bíblia, e seu evangelho parecia estar sendo evidenciado de maneira inconteste pelos milagres diariamente renovados da ciência e da técnica. De fato, no final desse século pacífico, uma ascensão generalizada tornava-se cada vez mais visível, rápida e diversificada. Nas ruas, à noite brilhavam lâmpadas elétricas no lugar da luz baça dos lampiões. As lojas das avenidas principais levavam o seu brilho sedutor até as periferias. Graças ao telefone, o homem já podia conversar com outro homem à distância, já avançava a novas velocidades no carro sem cavalos, já podia alçar voos aos ares, realizando o sonho de Ícaro. O conforto se estendia das casas elegantes para os lares burgueses, já não era mais preciso ir buscar água no poço ou na torneira do corredor ou acender trabalhosamente o fogo, a higiene se disseminava, a sujeira desaparecia. As pessoas se tornavam mais bonitas, mais fortes, mais saudáveis porque o esporte forjava os seus corpos, nas ruas viam-se cada vez menos aleijados, pessoas com bócio ou mutiladas, e todos esses milagres haviam sido operados pela ciência, arcanjo do progresso. Também havia avanços no campo social; a cada ano, novos direitos passavam a ser concedidos aos indivíduos, a Justiça era manejada de maneira mais amena e mais humana, e até o maior de todos os problemas, a pobreza das grandes massas, não parecia mais insuperável. Grupos cada vez mais amplos ganhavam o direito de votar e, com isso, a possibilidade de defender legalmente seus interesses; sociólogos e professores concorriam para tornar a vida do proletariado mais sadia e até mais feliz – não admira, portanto, que aquele século se comprazesse com suas próprias realizações e que cada década terminada fosse percebida como degrau para uma década melhor. Acreditava-se tão pouco em retrocessos bárbaros, como guerras entre os povos da Europa, quanto em bruxas ou fantasmas. Nossos pais estavam obstinadamente imbuídos da confiança na infalível força aglutinadora da tolerância e da conciliação. Imaginavam genuinamente que as fronteiras divergentes entre nações e credos religiosos se dissolveriam gradualmente em prol do humanitarismo, beneficiando, com isso, a humanidade inteira com paz e segurança, os mais elevados de todos os bens.

Para nós hoje, que há muito já riscamos a palavra "segurança" do nosso vocabulário, é fácil sorrir da ilusão otimista daquela geração ofuscada pelo idealismo de que o progresso técnico da humanidade forçosamente traria consigo uma ascensão também rápida em termos morais. Nós, que no novo século aprendemos a não nos surpreender mais com nenhuma eclosão de bestialidade coletiva, nós, que de cada dia esperamos ainda mais perversidade que do anterior, somos bem mais céticos em relação a uma educabilidade moral do gênero humano. Tivemos que dar razão a Freud, que viu na nossa cultura, na nossa civilização, apenas uma fina camada que a cada momento pode ser perfurada pelas forças destrutivas do submundo. Aos poucos, fomos obrigados a nos acostumar a viver sem chão sob nossos pés, sem direitos, sem liberdade, sem segurança. Há muito já renunciamos à religião dos nossos pais, à sua crença numa ascensão rápida e constante da humanidade. A nós, que ganhamos experiência com a crueldade, aquele otimismo açodado parece banal ante uma catástrofe que nos fez retroceder mil anos de um só golpe em nossos esforços humanos. No entanto, ainda que tenha sido apenas uma ilusão à qual serviam os nossos pais, foi uma ilusão maravilhosa e nobre, mais humana e fértil do que as atuais palavras de ordem. E, misteriosamente, algo dentro de mim não consegue se libertar daquilo, apesar de todo o conhecimento e de toda a decepção. Aquilo que uma pessoa, durante sua infância, absorveu da atmosfera da sua época não pode ser simplesmente descartado. E, apesar de tudo o que cada dia me faz ressoar nos ouvidos, apesar de tudo o que eu e incontáveis companheiros de destino experimentamos em termos de humilhação e provas, não posso renegar totalmente a fé da minha juventude de que algum dia as coisas haverão de melhorar, apesar de tudo e de todos. Mesmo a partir do precipício do terror pelo qual tateamos hoje semicegos, com a alma conturbada e destruída, sempre volto a erguer os olhos para aquelas velhas constelações que brilhavam sobre a minha infância e me consolo com a fé herdada de que este retrocesso um dia parecerá ser apenas um intervalo no eterno ritmo do sempre em frente.

Hoje, depois que ele foi destruído há muito pela grande intempérie, sabemos que aquele mundo de segurança não passava de um castelo de sonhos. Mas os meus pais ainda o habitavam como se fosse uma sólida casa de pedras. Nem uma única vez uma tempestade ou uma rajada de vento assaltou a sua existência cálida e confortável. É verdade que eles ainda contavam com uma proteção especial: eram pessoas abastadas, que haviam enriquecido pouco a pouco, chegando a uma grande fortuna, e isso, naqueles tempos, garantia-lhes um conforto especial. Seu estilo de vida me parece tão típico para a chamada "boa burguesia judaica" – a qual forneceu valores tão essenciais para a cultura vienense e em agradecimento foi totalmente exterminada –, que eu, na verdade, conto algo impessoal ao relatar sua existência confortável e quieta. Como os meus pais, viviam em Viena cerca de dez ou vinte mil famílias naquele século dos valores garantidos.

A FAMÍLIA DO MEU PAI era da Morávia. Ali, nas pequenas localidades rurais, as comunidades judaicas viviam na melhor harmonia com os camponeses e a pequena burguesia; portanto, não tinham nem a melancolia nem, por outro lado, a impaciência sôfrega dos judeus da Galícia, os judeus orientais. Fortes e vigorosos graças à vida no campo, trilhavam o seu caminho seguros e tranquilos, como os camponeses de sua pátria o faziam em suas lavouras. Tendo-se emancipado cedo da ortodoxia religiosa, eram seguidores fervorosos da religião da época, o "progresso", e, na era política do liberalismo, forneciam ao Parlamento os deputados mais respeitados. Quando se mudavam de sua região para Viena, adaptavam-se com surpreendente rapidez à esfera cultural mais elevada, e sua ascensão pessoal estava organicamente ligada ao florescimento geral da época. A nossa família também foi bastante típica no tocante a essa forma de transição. Meu avô paterno comercializava mercadorias manufaturadas. Na segunda metade do século teve início a industrialização na Áustria. A racionalização que adveio com os teares mecânicos e as máquinas de fiação importados da Inglaterra gerou um enorme barateamento em comparação com os antigos produtos tecidos à mão, e com a sua perspicácia comercial e sua visão internacional foram os negociantes judeus os primeiros a identificar na Áustria a necessidade e a vantagem da transição para uma produção industrial. Fundaram – quase sempre com pouco capital – aquelas fábricas rapidamente improvisadas, no início movidas apenas pela força hidráulica, que aos poucos se ampliaram para formar a poderosa indústria têxtil boêmia, dominante em toda a Áustria e os Bálcãs. Enquanto meu avô, portanto, típico representante da época antiga, servira apenas à intermediação de produtos manufaturados, meu pai já aos 33 anos passou resolutamente para a nova era, ao fundar na Boêmia do Norte uma pequena tecelagem, que ele ao longo dos anos expandiu lenta e prudentemente até que se tornasse um importante empreendimento.

Essa cautelosa ampliação, apesar da conjuntura sedutoramente vantajosa, combinava bem com o espírito da época. Além disso, correspondia sobretudo à natureza reservada e nada ambiciosa do meu pai. Ele absorvera o credo de sua época, *"safety first"*, a segurança em primeiro lugar; para ele, era mais essencial possuir um empreendimento "sólido" – outra expressão predileta da época – com capital próprio do que expandi-lo demais com ajuda de créditos bancários ou hipotecas. Que nunca, em toda a sua vida, alguém tivesse visto o seu nome em um título de dívida ou em uma promissória, que ele sempre tivesse constado na coluna "haver" do seu banco – naturalmente, o mais sólido de todos, o banco dos Rothschild, o Kreditanstalt –, foi o único orgulho da sua vida. Tinha aversão a qualquer lucro que carregasse a menor sombra de risco, e durante todos aqueles anos jamais participou de um negócio alheio. Se, mesmo assim, tornou-se gradualmente rico, e cada vez mais, não o deveu a nenhuma especulação ousada ou a qualquer operação premeditada, mas sim ao fato de se adaptar ao método geral daquele tempo cauteloso, consumindo só uma parte modesta de sua receita e, portanto, adicionando a cada ano que passava uma quantia cada vez maior ao capital. Como quase toda a sua geração, meu pai já consideraria um perigoso esbanjador o indivíduo que consumisse despreocupadamente metade de sua renda sem "pensar no futuro" – outra expressão recorrente naquela época da segurança. Com essa constante economia dos lucros, naquela época de crescente prosperidade – em que, além disso, o Estado nem sequer pensava em subtrair mais do que alguns porcentos em impostos, mesmo das maiores rendas, e em que, por outro lado, os títulos do governo e da indústria rendiam juros elevados – o enriquecimento, para o abastado, na verdade era apenas uma realização passiva. E valia a pena: o poupador ainda não era roubado, como nos tempos de inflação, o empresário sólido não era enganado, e eram os mais pacientes, aqueles que não especulavam, que obtinham os melhores lucros. Graças a essa adaptação ao sistema geral, já aos cinquenta anos o meu pai era tido como homem muito rico, mesmo segundo parâmetros internacionais. Mas o estilo de vida da nossa família só acompanhou muito lentamente o aumento cada vez mais rápido da sua fortuna. Pouco a pouco, fomos adquirindo pequenos confortos, mudamo-nos de um apartamento pequeno para um maior, na primavera alugávamos um carro para passeios à tarde, viajávamos na segunda classe com leito, mas só aos cinquenta anos o meu pai se permitiu pela primeira vez o luxo de passar um mês inteiro do inverno em Nice com a minha mãe. De maneira geral, manteve-se totalmente inalterada a atitude de aproveitar a fortuna possuindo-a, e não ostentando-a. Mesmo já milionário, meu pai nunca fumou um charuto importado, mas sim – como o imperador Francisco José e seus Virginia baratos – o Trabuco simples, e, quando jogava cartas, costumava apostar pouco. Inflexível, agarrava-se à sua discrição, à sua vida cômoda, porém discreta. Embora fizesse muito melhor figura e fosse muito mais culto do que a maior parte dos seus colegas – tocava muito bem o piano, escrevia bem e de maneira clara, falava francês e inglês –, ele recusou todo tipo de honraria e cargos honoríficos, em toda a sua vida jamais almejou ou aceitou qualquer título ou cargo, como tantas vezes lhe foi oferecido em sua posição de grande industrial. Jamais ter pedido nada a alguém, jamais ter dependido de favores ou ter devido agradecimentos: esse orgulho secreto, para ele, significava mais do que qualquer exterioridade.

Acontece que, na vida de qualquer pessoa, invariavelmente chega o momento em que ela reencontra o pai na imagem do próprio ser. Aquela tendência característica à privacidade, ao anonimato da vida, começa a crescer em mim com mais força a cada ano que passa, por mais que se contraponha, na verdade, à minha profissão, que por assim dizer torna obrigatoriamente públicos o nome e a pessoa. Mas, pelo mesmo orgulho secreto, sempre recusei qualquer forma de honraria externa, nunca aceitei condecorações, títulos, presidências de qualquer associação, jamais pertenci a qualquer academia, diretoria ou júri; só estar sentado a uma mesa festiva já é, para mim, uma tortura, e a mera ideia de pedir um favor a alguém – mesmo que seja para terceiros – deixa-me com os lábios secos antes mesmo de proferir a primeira palavra. Sei o quanto tais inibições são impróprias em um mundo em que só se pode permanecer livre mediante a astúcia e a fuga e em que, como disse sabiamente o pai Goethe, "na hora do tumulto, condecorações e títulos amortecem muitos golpes". Mas é o meu pai dentro de mim com seu orgulho secreto que me retém, e não posso me opor a ele, pois devo-lhe o que considero ser talvez minha única posse segura: o sentimento de liberdade interior.

MINHA MÃE, cujo sobrenome era Brettauer, tinha outra origem, internacional. Nasceu em Ancona, no sul da Itália, e o italiano era a língua da sua infância, tanto quanto o alemão; falava italiano toda vez que conversava com minha avó ou sua irmã alguma coisa que os empregados não deveriam entender. Jovem, eu já conhecia pratos como risoto e alcachofras, ainda raras na época, e outras especialidades da cozinha meridional, e toda vez que visitava a Itália sentia-me em casa desde o primeiro momento. No entanto, a família da minha mãe não era de forma alguma italiana, mas se considerava internacional; os Brettauer, que originalmente possuíam um estabelecimento bancário, cedo saíram de Hohenems, lugarejo na fronteira suíça, e se espalharam pelo mundo – seguindo o modelo das grandes famílias de banqueiros judeus, mas em dimensões bem mais diminutas, claro. Uns foram para Sankt Gallen, outros para Viena e Paris, meu avô foi para a Itália, um tio para Nova York, e nesse contato internacional adquiriram mais traquejo social, uma visão de mundo mais ampla e, além disso, uma certa presunção familiar. Naquela família já não havia mais pequenos comerciantes e corretores, apenas banqueiros, diretores, professores, advogados e médicos. Cada um falava várias línguas, e eu me lembro da naturalidade com que se transitava de uma língua para outra à mesa da minha tia em Paris. Era uma família que prezava cuidadosamente o seu nome, e quando uma jovem parente mais pobre chegava à idade de se casar, toda a família contribuía para um magnífico dote, apenas para evitar que ela se casasse com alguém que não estivesse à altura. Como grande industrial, meu pai era respeitado, mas minha mãe, embora unida a ele pelo mais feliz casamento, jamais teria tolerado que seus parentes se equiparassem aos dela. Esse orgulho de ser de uma "boa família" era inextinguível em cada Brettauer, e quando, anos mais tarde, algum deles queria me testemunhar sua especial benevolência, dizia, condescendente: "Você é um verdadeiro Brettauer", como se quisesse dizer: "puxou ao lado certo".

Esse tipo de ar de nobreza, que algumas famílias judias adotavam com uma certa onipotência, já na infância divertia e irritava a mim e a meu irmão. Sempre escutávamos dizer que este ou aquele era "fino" ou não, de cada amigo se procurava saber se era de "boa família", investigando-se a origem dos parentes até o último membro, e também da fortuna. Essa permanente classificação, que formava, por assim dizer, o tema principal de qualquer conversação social ou em família, já então nos parecia altamente ridícula e esnobe, pois, afinal das contas, em todas as famílias judias tratava-se de diferenças de apenas cinquenta ou cem anos desde que saíram do mesmo gueto. Só muito mais tarde compreendi que esse conceito de "boa família", que a nós meninos parecia uma farsa parodística de uma pseudoaristocracia artificial, expressava uma das tendências mais interiorizadas e misteriosas da natureza judaica. De maneira geral, supõe-se que enriquecer seja o verdadeiro e típico objetivo de vida de um judeu. Nada mais falso. Enriquecer, para ele, significa apenas um degrau intermediário, um meio para o verdadeiro fim, e nunca o objetivo interior. A verdadeira aspiração do judeu, o seu ideal imanente, é a ascensão intelectual para uma camada cultural mais elevada. Já no judaísmo oriental ortodoxo, em que tanto as fraquezas quanto os méritos de toda a raça se desenham com mais intensidade, essa supremacia da aspiração intelectual em contraposição à aspiração meramente material encontra expressão plástica: dentro da comunidade, o crente, o erudito da Bíblia, vale mil vezes mais do que o rico; mesmo o mais abastado preferirá dar sua filha como esposa a um intelectual miserável do que a um comerciante. Entre os judeus, essa supremacia do intelecto perpassa de maneira uniforme todas as camadas sociais; mesmo o vendedor ambulante mais pobre, que carrega seus pacotes debaixo de vento e de chuva, não poupará sacrifícios para tentar fazer com que ao menos um filho consiga estudar, e a família inteira considera uma honraria ter entre os seus alguém que se notabilize no campo intelectual, um professor, um sábio, um músico, como se *ele*, com suas realizações, enobrecesse a todos. Há algo dentro do judeu que busca inconscientemente escapar a tudo o que é duvidoso sob o aspecto moral, ao que há de desagradável, mesquinho e imoral em todo comércio e em tudo que é apenas negócio, com o intuito de se elevar para a esfera mais pura do intelecto, sem ligação pecuniária, como se – falando em termos wagnerianos – quisesse libertar a si e toda a sua raça da maldição do dinheiro. É por isso que, no judaísmo, a volúpia por enriquecer quase sempre se esgota em duas ou três gerações de uma família, e são precisamente as dinastias mais poderosas que encontram seus filhos sem vontade de assumir os bancos, as fábricas, os negócios organizados e em atividade de seus pais. Não foi por acaso que um lorde Rothschild se tornou ornitólogo, um Warburg, historiador da arte, um Cassirer, filósofo, um Sassoon, poeta; todos obedecendo ao mesmo impulso inconsciente de se libertar daquilo que tornou o judaísmo estreito, a pura atividade fria de ganhar dinheiro, e talvez se expresse ali a secreta nostalgia de, através da fuga para o campo intelectual, sair da esfera judaica para se dissolver no que é propriamente humano. Uma "boa família", portanto, significa mais do que a pura dimensão social que ela, com esse conceito, atribui a si própria. Significa um judaísmo que, através da assimilação a outra cultura, de preferência uma cultura universal, se libertou ou começa a se libertar de todos os defeitos e de todas as estreitezas e mesquinharias a que se viu obrigado pelo gueto. Esse refugiar-se no intelecto ter-se tornado fatídico para o judaísmo – com um inchaço desproporcional das profissões intelectuais –, tal como, anteriormente, a limitação ao campo material, sem dúvida é um dos eternos paradoxos da sina dos judeus.

Em nenhuma outra cidade da Europa o anseio pela cultura foi tão passional quanto em Viena. Precisamente porque, por vários séculos, a monarquia e a Áustria não tinham sido ambiciosas no campo político e nem especialmente bem-sucedidas em suas ações militares, o orgulho nacional se voltou com mais vigor para o desejo de dominar nas artes. Há muito, províncias muito importantes e valiosas, italianas e alemãs, flamengas e valonas, haviam se separado do antigo Império dos Habsburgo que já dominara toda a Europa; a capital permanecera em seu antigo brilho, sede da corte, mantenedora de uma tradição milenar. Os romanos tinham assentado as primeiras pedras daquela cidade, como um *castrum*, um posto avançado para proteger a civilização latina contra os bárbaros, e mais de mil anos depois o ataque dos otomanos contra o Ocidente se espatifara naquelas muralhas. Os nibelungos ali estiveram, a imortal plêiade da música ali brilhou sobre o mundo – Gluck, Haydn e Mozart, Beethoven, Schubert, Brahms e Johann Strauss, para ali confluíram todas as correntes da cultura europeia; na corte, na nobreza, no povo, o alemão estava unido pelo sangue ao eslavo, ao húngaro, ao espanhol, ao italiano, ao francês, ao flamengo, e o verdadeiro gênio dessa cidade da música consistiu em dissolver todos esses contrastes harmonicamente em algo novo e insólito: no austríaco, no vienense. Acolhedora e com especial vocação para a receptividade, a cidade atraiu as forças mais díspares, atenuando as tensões; era aprazível viver ali, naquela atmosfera de conciliação espiritual, e inconscientemente todo cidadão daquela cidade era educado para ser supranacional, cosmopolita, cidadão do mundo.

Essa arte da equiparação, das transições delicadas e musicais, já se manifestava no aspecto exterior da cidade. Tendo crescido com vagar através dos séculos, desenvolvendo-se organicamente a partir do centro, a cidade, com seus dois milhões de habitantes, era populosa o bastante para proporcionar todo o luxo e toda a diversidade de uma metrópole, sem ser superdimensionada a ponto de se separar da natureza, como Londres ou Nova York. As últimas casas da cidade se refletiam na possante correnteza do Danúbio ou olhavam ao longe por sobre a extensa planície, ou então se dissolviam em jardins e campos, ou subiam pelas suaves colinas verdejantes que eram os últimos prolongamentos dos Alpes; era difícil dizer onde começava a natureza ou a cidade, uma se dissolvia na outra sem resistência, sem protesto. Dentro da cidade, por outro lado, sentia-se que ela crescera como uma árvore, formando um anel seguido de outro; e em vez de ser cercado pelos antigos baluartes, o cerne mais antigo era circundado pela Ringstrasse, com suas casas elegantes. Dentro, os velhos palácios da corte e da nobreza contavam a história inscrita em suas pedras; aqui, Beethoven tocara na casa dos Lichnowsky; ali, Haydn fora hóspede dos Esterházy; ali, na velha universidade, *A criação* de Haydn soara pela primeira vez; o palácio Hofburg vira passar gerações de imperadores, o castelo Schönbrunn recebera Napoleão, na catedral de São Estêvão os príncipes aliados pela cristandade ajoelharam-se para dar graça pela salvação da invasão turca, a universidade vira incontáveis luminares da ciência entre seus muros. Em meio a isso, orgulhosa e luxuosa, com faiscantes avenidas e esplendorosas lojas, erguia-se a nova arquitetura. Nela, o antigo brigava tão pouco com o novo como a pedra trabalhada com a natureza intocada. Era maravilhoso viver nessa cidade que, hospitaleira, recebia tudo o que era estrangeiro e se entregava com prazer; em sua atmosfera ligeira e alegre como a de Paris era mais natural desfrutar a vida. Sabe-se que Viena era uma cidade que gostava de deleitar-se, mas o que é a cultura, senão a forma de obter da matéria grossa da vida com amor e arte o que há de mais fino, mais delicado, mais sutil? Apreciadoras da culinária, preocupadas com um bom vinho, uma cerveja forte e fresca, fartos pratos doces e tortas, as pessoas nessa cidade também eram exigentes em relação a prazeres mais sutis. Fazer música, dançar, fazer teatro, conversar, portar-se com bom gosto e educação, tudo isso era cultivado ali como uma arte especial. Assuntos militares, políticos, comerciais não eram o principal nem na vida de cada um nem na da coletividade. A primeira olhada de um vienense mediano no jornal matutino não buscava os debates no Parlamento ou os acontecimentos da semana, mas o repertório do teatro, que assumia uma relevância na vida pública difícil de ser entendida para pessoas de outras cidades. Pois para o vienense, para o austríaco, o teatro imperial, o Burgtheater, era mais do que um mero palco em que atores encenavam peças de teatro: era o microcosmo que espelhava o macrocosmo, o reflexo colorido em que a sociedade se mirava, único *cortigiano* genuíno do bom gosto. No ator do Burgtheater, o espectador observava como deveria se trajar, como entrar em um recinto, como conversar, que palavras um homem de bom gosto podia empregar e que outras devia evitar. Mais do que mero lugar de entretenimento em que atores representavam seus papéis, o palco era um fio condutor falado e plástico da boa educação, da pronúncia correta, e a aura do respeito envolvia tudo o que se relacionasse, ainda que de longe, com o Hoftheater. O primeiro-ministro, o magnata mais rico podiam caminhar pelas ruas de Viena sem que alguém se virasse para eles; mas um ator do Hoftheater, uma cantora de ópera eram reconhecidos por qualquer vendedora e qualquer cocheiro; orgulhosos, nós, ainda rapazes, contávamos uns aos outros que havíamos visto na rua um deles, cujas fotografias e autógrafos colecionávamos. Esse culto quase religioso à personalidade chegava a ponto de se transferir para os circunstantes. O cabeleireiro de Adolf von Sonnenthal, o cocheiro de Josef Kainz eram pessoas respeitadas, secretamente invejadas: jovens dândis tinham orgulho de ter o mesmo alfaiate dos famosos atores. Cada efeméride, cada enterro de um grande ator se tornava um acontecimento muito mais importante do que qualquer evento político. Ter suas peças levadas ao palco do Burgtheater era o sonho de todo escritor vienense, pois isso conferia uma espécie de nobreza vitalícia e gerava uma série de homenagens, como ingressos gratuitos para o resto da vida, convites para todas as festas oficiais; significava que o autor se tornara hóspede de uma casa imperial, e eu ainda me lembro da maneira solene com que se deu a minha primeira inclusão nesse mundo. De manhã, o diretor do Burgtheater me convocara para uma reunião em seu gabinete para me comunicar – depois de me felicitar – que meu drama fora aceito pela casa; à noite, quando cheguei em casa, encontrei seu cartão de visita. Ele fora me render uma visita formal de cortesia – a mim, que tinha 26 anos; pelo simples fato de uma obra minha ter sido aceita, eu, autor do palco imperial, tornara-me um *gentleman* que um diretor do instituto imperial precisava tratar de igual para igual. O que se passava no teatro dizia respeito indiretamente a qualquer um, mesmo a quem não tivesse nenhuma ligação direta com aquilo. Lembro, por exemplo, um episódio da minha juventude, quando certa vez nossa cozinheira irrompeu na sala com os olhos marejados, pois acabara de saber que falecera Charlotte Wolter, a atriz mais famosa do Burgtheater. O grotesco desse luto obviamente consistia em aquela velha cozinheira semianalfabeta nunca ter estado uma vez sequer no elegante Burgtheater e nunca ter visto Wolter no palco ou fora dele. Mas em Viena uma grande atriz de renome nacional era a tal ponto parte do patrimônio coletivo da cidade inteira que mesmo a pessoa mais distante sentia a sua morte como se fosse uma grande catástrofe. Qualquer perda, a partida de um cantor ou de um artista popular, transformava-se irremediavelmente em luto nacional. Quando o antigo Burgtheater – onde as *Bodas de Fígaro* de Mozart foram encenadas pela primeira vez – foi demolido, a sociedade vienense inteira se reuniu em seus salões, solene e compungida, como para um enterro. Mal caiu o pano, todos acorreram ao palco para levar para casa, como relíquia, pelo menos um fragmento das tábuas sobre as quais seus queridos artistas haviam atuado, e em dezenas de casas burguesas décadas depois ainda se viam esses insignificantes fragmentos cuidadosamente guardados em valiosas caixinhas, como os fragmentos da cruz sagrada nas igrejas. Nós mesmos não agimos com mais sensatez quando o chamado Salão Bösendorfer foi demolido.

Na verdade, essa pequena sala de concertos, reservada exclusivamente à música de câmara, era um prédio bastante anódino e insignificante. Era a antiga escola de equitação do príncipe Liechtenstein, adaptada sem qualquer fausto para fins musicais com um revestimento em madeira. Mas tinha a ressonância de um violino velho, era um lugar sagrado para os amantes da música, porque ali Chopin e Brahms, Liszt e Rubinstein haviam dado recitais, porque muitos dos famosos quartetos haviam ecoado ali pela primeira vez. Agora, iria ceder lugar a uma edificação funcional – fato inconcebível para nós, que ali havíamos vivido tantas horas inesquecíveis. Quando os últimos compassos de Beethoven terminaram, tocados magnificamente pelo Quarteto Rosé, ninguém se levantou. Aplaudimos de maneira ruidosa, algumas mulheres soluçavam, comovidas, ninguém quis acreditar que fosse uma despedida. As luzes foram apagadas no salão para que deixássemos o recinto. Ninguém, daqueles quatrocentos ou quinhentos fanáticos, arredou pé. Permanecemos ali mais meia hora, uma hora, como se pudéssemos, pela mera presença, forçar que o velho salão sagrado fosse salvo. E quantas vezes nós, estudantes, lutamos com petições, manifestações e textos para que a casa onde Beethoven morrera não fosse demolida! Cada um desses prédios históricos demolidos em Viena era como um pedaço de alma arrancado de dentro de nós.

Esse fanatismo pelas artes, em especial pelas artes cênicas, perpassava todas as camadas sociais em Viena. Por sua tradição secular, Viena era uma cidade nitidamente ordenada e, como já escrevi, maravilhosamente orquestrada. A batuta ainda cabia à casa imperial. O castelo imperial era o centro da supranacionalidade da monarquia, não apenas no sentido espacial, mas também no cultural. Em torno do castelo, os palácios da alta nobreza austríaca, polonesa, tcheca, húngara formavam, por assim dizer, a segunda muralha. Depois vinha a "boa sociedade", constituída da pequena nobreza, dos altos funcionários, dos industriais e das "famílias antigas", e, abaixo dela, a pequena burguesia e o proletariado. Cada uma dessas camadas vivia na sua esfera, até mesmo em suas próprias circunscrições – a alta nobreza em seus palácios no centro da cidade, a diplomacia na terceira circunscrição, a indústria e os comerciantes perto da Ringstrasse, a pequena burguesia nas circunscrições mais próximas do centro, da segunda à nona, o proletariado na periferia; todos, porém, se encontravam no teatro e nas grandes festividades, como o corso de flores no Prater, onde trezentas mil pessoas aclamavam, entusiasmadas, os "dez mil mais ricos" em seus carros maravilhosamente decorados. Tudo em Viena virava motivo de festa, expressando-se em cores e música: as procissões religiosas como a festa de Corpus Christi, as paradas militares, a "Burgmusik", a música do castelo; mesmo os enterros eram concorridos, e a ambição de qualquer vienense que se prezasse era ter um "belo defunto" com um cortejo suntuoso e muitos acompanhantes; o verdadeiro vienense transformava até sua morte em prazer visual para os outros. Nessa receptividade para tudo o que era colorido, sonoro, festivo, nesse gozo do espetáculo como forma lúdica da vida, no palco tanto quanto no espaço real, a cidade inteira era uma só.

Não era difícil ironizar essa "teatromania" do vienense, que de fato muitas vezes degenerava e se tornava grotesca pelo hábito de investigar as mínimas circunstâncias de vida de seus ídolos, e nossa indolência austríaca no campo político, nosso atraso na economia em comparação com o resoluto reino alemão vizinho efetivamente podem ser atribuídos em parte a esse exagero no deleite com as artes. Mas em termos culturais essa supervalorização dos acontecimentos artísticos gerou algo único – um respeito incomum por qualquer produção artística e, em seguida, por meio do exercício secular, um conhecimento ímpar e, graças a ele, um nível excelente em todos os ramos da cultura. Um artista sempre se sente bem e, ao mesmo tempo, mais estimulado onde é estimado – e até superestimado. A arte costuma atingir seu ápice quando se torna questão vital para um povo inteiro. Assim como, na Renascença, Florença e Roma atraíam os artistas e os educavam para a grandeza, porque cada um sentia que precisava o tempo todo superar os outros e a si próprio, em uma eterna competição diante de toda a burguesia, também os atores e os músicos de Viena sabiam da sua importância na cidade. Nada passava despercebido na Ópera de Viena, no Burgtheater; qualquer nota falsa era logo ouvida, cada entrada errada e cada abreviação eram criticadas, e esse controle não era exercido apenas pelos críticos profissionais nas estreias, e sim a cada dia pelo ouvido de todo o público, atento e afiado pela constante comparação. Enquanto no campo político, administrativo e mesmo dos costumes tudo acontecia de forma bastante confortável, indiferente ante qualquer desleixo e condescendente com qualquer transgressão, nas coisas artísticas não existia perdão; era a honra da cidade que estava em jogo. Todo cantor, todo ator, todo músico precisava sempre dar o melhor de si, caso contrário estava perdido. Era maravilhoso ser um ídolo em Viena, mas não era fácil continuar a sê-lo, não se tolerava nenhum deslize. Saber dessa constante e impiedosa fiscalização obrigava cada artista em Viena a se superar e conferia ao todo esse nível maravilhoso. Cada um de nós levou da juventude para o resto da vida esses critérios rigorosos e impiedosos em relação à representação artística. Quem conheceu na Ópera a disciplina férrea até o mínimo detalhe sob a batuta de Gustav Mahler, quem conheceu o enlevamento com perfeição da Orquestra Filarmônica como sendo algo natural, hoje quase nunca se satisfaz plenamente com uma récita musical ou teatral. Mas assim aprendemos também a ser rigorosos conosco em qualquer manifestação artística; em poucas cidades do mundo o artista em formação teve como modelo um nível tão alto. Esse conhecimento do ritmo e do compasso corretos também estava profundamente incutido no povo, pois mesmo o cidadão de camadas inferiores exigia da banda tão boa música como exigia um bom vinho ao taverneiro. No Prater, por sua vez, o povo sabia muito bem quais eram as bandas militares mais arrebatadoras, se eram os Deutschmeister ou os Ungarn, a Infantaria Húngara; era como se a percepção rítmica chegasse para os moradores de Viena com o ar que respiravam. E assim como entre nós, escritores, essa musicalidade se expressava em uma prosa muito bem-cuidada, nos demais a percepção rítmica penetrava na atitude social e na vida cotidiana. Um vienense desprovido de senso estético ou de prazer pela forma era inimaginável na chamada "boa sociedade", mas mesmo nas camadas inferiores os pobres absorviam na paisagem, na alegre atmosfera humana, um certo instinto para a beleza. Não existia um verdadeiro vienense sem esse amor pela cultura, sem essa inclinação ao mesmo tempo prazerosa e crítica pelo supérfluo mais sagrado da vida.

ACONTECE QUE, para os judeus, a adaptação ao meio, ao povo ou ao país em que vivem não é só uma medida externa de proteção, e sim uma necessidade interior. Seu anseio por uma pátria, por tranquilidade, por repouso, por segurança, por não serem mais estrangeiros, impele-os a se adaptar passionalmente à cultura do ambiente. Em poucos outros lugares – exceto na Espanha, no século XV – essa associação se realizou de maneira mais feliz e fértil do que na Áustria. Assentados há mais de duzentos anos na cidade imperial, os judeus encontraram ali um povo alegre e propenso à conciliação, que, sob a aparência de leveza, trazia o mesmo instinto profundo para os valores espirituais e estéticos que tanto lhes importava. E eles encontraram ainda mais em Viena: encontraram uma tarefa honrosa. No século anterior, o cultivo da arte na Áustria perdera seus tradicionais guardiões e protetores: a casa imperial e a aristocracia. Enquanto, no século XVIII, Maria Teresa mandava suas filhas aprenderem música com Gluck, José II discutia com Mozart sobre suas óperas e Leopoldo III compunha ele próprio, os imperadores posteriores, Francisco II e Fernando, já não tinham o menor interesse por questões artísticas, e nosso imperador Francisco José, que em seus oitenta anos de vida nunca lera outro livro que não o almanaque militar, mostrou uma antipatia aberta à música. Da mesma forma, a alta aristocracia abandonara seu tradicional mecenato. Fora-se o tempo em que os Esterházy hospedavam um Haydn, em que Lobkowitz e Kinsky e Waldstein rivalizavam entre si para ter em seus palácios uma estreia mundial de Beethoven, em que uma condessa Thun se jogou de joelhos diante do grande demônio para suplicar que não tirasse *Fidélio* de cena. Wagner, Johannes Brahms e Johann Strauss ou Hugo Wolf já não encontraram mais o menor apoio da parte deles. Para manter o nível dos concertos filarmônicos, para permitir a existência de pintores e escultores, a burguesia teve de acorrer, e fazia parte do orgulho e da ambição precisamente da burguesia judaica poder estar na primeira fileira ajudando a manter a fama e o esplendor da cultura vienense. Amavam aquela cidade desde sempre e sentiam-se em casa com toda sua alma, mas só através do amor à arte de Viena sentiram-se inteiramente merecedores de uma pátria e vienenses verdadeiros. Na vida pública, de resto, exerciam pouca influência; o brilho da casa imperial deixava qualquer fortuna na sombra, as posições elevadas na liderança do governo eram hereditárias, a diplomacia reservada à aristocracia, o exército e o alto funcionalismo público às famílias antigas, e os judeus nem tentaram penetrar ambiciosamente nessas esferas privilegiadas. Com bastante tato, respeitavam esses direitos tradicionais como se fossem leis naturais. Lembro, por exemplo, que meu pai evitou a vida inteira ir comer no Hotel Sacher, e não por razões econômicas – pois a diferença em relação a outros grandes hotéis era ridiculamente pequena –, mas por aquele senso natural de distância. A ele, teria sido constrangedor ou mesmo descabido estar numa mesa ao lado de um príncipe Schwarzenberg ou de Lobkowitz. Só diante da arte todos em Viena sentiam-se no mesmo direito, porque amor e arte, em Viena, eram vistos como um dever comum, e é incomensurável o grau de participação da burguesia judaica pela sua maneira solidária e promotora na cultura vienense. Eram eles o verdadeiro público, enchiam os teatros e os concertos, compravam os livros, os quadros, visitavam as exposições e, com seu entendimento artístico mais flexível, menos carregado de tradições, tornavam-se por toda parte apoiadores e vanguardistas de tudo o que era novo. Reuniam quase todas as grandes coleções de arte do século XIX, quase todos os experimentos artísticos eram possibilitados por eles; sem o contínuo interesse estimulador da burguesia judaica, e com a indolência da corte, da aristocracia e dos milionários cristãos, que prefeririam financiar estábulos de cavalos e caçadas a promover as artes, Viena teria ficado tão atrás de Berlim em termos artísticos como a Áustria politicamente atrás do Império Alemão. Quem, em Viena, quisesse impor algo de novo, quem, como hóspede de fora, quisesse buscar em Viena compreensão e um público, dependia unicamente dessa burguesia judaica. Quando uma única vez, na época antissemita, tentou-se fundar um chamado teatro "nacional", não se conseguiu reunir nem os autores, nem os atores, nem o público, e depois de alguns meses o "teatro nacional" ruiu miseravelmente, e justo esse exemplo revelou pela primeira vez: nove décimos do que o mundo festejava como sendo a cultura vienense do século XIX era uma cultura apoiada, alimentada e até criada pelos judeus vienenses.

Pois justo nos últimos anos – como ocorrera na Espanha antes da mesma derrocada trágica – os judeus de Viena haviam se tornado produtivos em termos artísticos, não de uma maneira especificamente judaica, mas conferindo à natureza austríaca, vienense, a expressão mais intensa através do milagre da sensibilidade. Goldmark, Gustav Mahler e Schönberg se tornaram figuras internacionais na criação musical. Oscar Straus, Leo Fall, Kálmán levaram a tradição da valsa e da opereta a um novo florescimento; Hofmannsthal, Arthur Schnitzler, Beer-Hofmann, Peter Altenberg conferiram à literatura vienense um novo valor, que ela não tivera nem com Grillparzer e Stifter. Sonnenthal, Max Reinhardt renovaram no mundo inteiro a fama da cidade dos teatros; Freud e os grandes da ciência atraíram os olhares para a velha e famosa universidade – por toda parte, fossem sábios ou virtuoses, pintores, diretores ou arquitetos, ou jornalistas, eles mantinham de maneira inconteste as mais altas posições na vida intelectual de Viena. Por seu amor apaixonado pela cidade, por sua vontade de se integrar, eles se adequaram totalmente e estavam felizes em poder servir à glória da Áustria; percebiam sua condição de austríacos como uma missão no mundo e – é preciso repetir, por honestidade – uma boa parte, se não a maior parte de tudo o que a Europa e a América hoje admiram na música, na literatura, no teatro, no artesanato como expressão de uma cultura austríaca revivida, foi criada pelos judeus vienenses, os quais, por sua vez, ao assim se externarem atingiram a realização suprema de seu milenar anseio intelectual. Uma energia intelectual que por séculos não tivera rumo certo uniu-se ali a uma tradição já algo cansada, alimentando-a, vivificando-a, potencializando-a e refrescando-a com nova força e através de uma infatigável atividade. Somente as décadas seguintes mostrarão que crime se cometeu contra Viena ao tentar nacionalizar e provincializar à força essa cidade, cujo sentido e cuja cultura consistiam precisamente no encontro dos elementos mais heterogêneos, em sua supranacionalidade intelectual. Pois o gênio de Viena – um gênio especificamente musical – desde sempre residiu em harmonizar dentro de si todos os contrastes populares, linguísticos; sua cultura foi uma síntese de todas as culturas ocidentais; quem vivia e agia ali sentia-se livre de constrangimento e de preconceitos. Em nenhum outro lugar era mais fácil ser europeu, e sei que devo agradecer em parte a essa cidade, que já nos tempos de

Marco Aurélio defendeu o espírito romano, universal, o fato de cedo ter aprendido a amar a ideia da comunidade como a mais elevada em meu coração.

VIVIA-SE BEM, vivia-se facilmente e sem preocupação naquela velha Viena, e os alemães no norte olhavam um pouco zangados e desdenhosos para nós, para os vizinhos às margens do Danúbio que, em vez de serem "eficientes" e manterem uma ordem rigorosa, viviam bem, comiam bem, deleitavam-se com festividades e teatros e, ainda por cima, faziam música excelente. No lugar da "eficiência" alemã, que, afinal, amargou e perturbou a existência de todos os outros povos, em vez desse sôfrego desejo de avançar e correr à frente dos outros, em Viena adorava-se conversar despretensiosamente, cultivava-se uma convivência agradável e deixava-se ao outro a sua parte, sem inveja, numa conciliação gentil e talvez até desleixada. "Viver e deixar viver" era o célebre princípio vienense, um princípio que até hoje me parece mais humano do que todos os imperativos categóricos, e ele se impôs sem resistência em todas as esferas. Pobres e ricos, tchecos e alemães, judeus e cristãos conviviam pacificamente, apesar de ocasionais rixas, e até os movimentos políticos e sociais estavam livres daquele terrível ódio que só entrou na corrente sanguínea da época como um resíduo tóxico da Primeira Guerra Mundial. Na antiga Áustria, as pessoas se combatiam de forma cavalheiresca, insultavam-se através dos jornais e no Parlamento. Mas depois de suas tiradas ciceronianas os deputados sentavam juntos amistosamente para tomar uma cerveja ou um café e tratavam-se por tu; mesmo quando o líder do partido antissemita, Lueger, se tornou prefeito da cidade, nada mudou no trato particular, e eu pessoalmente confesso que, como judeu, jamais senti o mínimo entrave ou o menor desprezo nem na escola, nem na universidade ou na literatura. O ódio entre um país e outro, entre um povo e outro, entre uma mesa e outra ainda não nos assaltava todos os dias a partir das manchetes dos jornais, ainda não separava as pessoas das pessoas e as nações das nações; aquela noção de manada, de mera massa, ainda não era tão nojentamente poderosa na vida pública como hoje; a liberdade na ação individual era tida como algo natural, o que hoje é inconcebível; a tolerância ainda era louvada como uma força ética e não, como hoje, desprezada como fraqueza.

Pois o século em que nasci e fui educado não foi um século das paixões. Era um mundo ordenado, com camadas nítidas e transições suaves, um mundo sem pressa. O ritmo das novas velocidades ainda não se transmitira das máquinas, do carro, do telefone, do rádio, do avião para o homem, o tempo e a idade tinham outra medida. Vivia-se com mais comodidade, e se tento despertar em mim as imagens dos adultos da minha infância noto quantos deles eram precocemente corpulentos. Meu pai, meu tio, meus professores, os vendedores nas lojas, os músicos filarmônicos aos quarenta anos já eram homens gordos, "dignos". Andavam devagar, falavam pausadamente e durante a conversa cofiavam as barbas bem-cuidadas, muitas vezes já grisalhas. Mas cabelo grisalho era apenas um novo sinal para dignidade, e um homem respeitável evitava conscientemente os gestos e os exageros da juventude como sendo algo inconveniente. Mesmo na minha primeira infância, quando o meu pai ainda não tinha quarenta anos, não me lembro de tê-lo visto subir ou descer uma escada afobado ou fazer qualquer outra coisa com precipitação. A precipitação não era tida apenas como deselegante; de fato, era desnecessária, pois nesse mundo burguesmente estabilizado, com suas inúmeras pequenas seguranças e garantias, nunca acontecia algo repentino; as catástrofes que ocorriam lá fora, na periferia do mundo, não penetravam pelas paredes bem-revestidas da vida "segura". A Guerra dos Bôeres, a Guerra Russo-Japonesa, mesmo a Guerra dos Bálcãs não penetravam um centímetro na existência dos meus pais. Na leitura do jornal, eles saltavam o noticiário bélico com a mesma indiferença com que saltavam a seção esportiva. E, efetivamente: o que lhes importava o que acontecia fora da Áustria, o que mudava na sua vida? Na sua Áustria, naquela época de calmaria, não havia revoluções, não havia bruscas destruições de valores; se os papéis uma vez se desvalorizavam em quatro ou cinco por cento na Bolsa, já se considerava isso um "crack" e falava-se sobre a "catástrofe" com o cenho franzido. As pessoas se queixavam mais por hábito do que por verdadeira convicção dos "altos" impostos que, de fato, em comparação com os da época do pós-guerra significavam apenas uma espécie de gorjeta para o Estado. Ainda se estipulava com precisão nos testamentos como proteger netos e bisnetos da menor perda de patrimônio, como se a segurança ante os poderes eternos estivesse garantida através de um título de dívida invisível, e, entrementes, vivia-se comodamente, afagando as pequenas preocupações como se fossem bons e obedientes animais domésticos, que, no fundo, não se temiam. Por isso, sempre que o acaso me põe nas mãos um jornal velho daqueles dias e eu leio os artigos exaltados sobre uma pequena eleição do Conselho Municipal, quando procuro evocar as peças do Burgtheater com seus minúsculos problemas, ou a exaltação desmesurada das nossas discussões juvenis sobre coisas no fundo irrisórias, sorrio involuntariamente. Como eram liliputianas todas essas preocupações, como eram calmos aqueles tempos! A geração dos meus pais e dos meus avós teve mais sorte, viveu sua existência de um extremo ao outro de maneira calma, reta e clara. Ainda assim, não sei se a invejo. Pois o quanto cochilaram à margem de todas as verdadeiras amarguras, das perfídias e dos poderes do destino, viveram ao largo de todas aquelas crises e os problemas que contraem o coração mas ao mesmo tempo o ampliam de maneira grandiosa! Por estarem enredados em segurança e em suas posses e no conforto, quão pouco souberam que a vida pode ser excesso e tensão, um contínuo surpreender-se e estar fora de qualquer parâmetro; quão pouco, em seu liberalismo e otimismo comoventes, imaginaram que cada dia seguinte que amanhece diante da janela pode destroçar as nossas vidas. Nem em suas noites mais negras sequer sonharam quão perigoso pode se tornar o homem, mas tampouco de quanta força dispõe para ultrapassar perigos e superar provas. Nós, que fomos acossados por todas as correntezas da vida; nós, arrancados de todas as raízes que nos seguravam; nós, que sempre recomeçamos onde somos impelidos para um fim; nós, vítimas e também servos fiéis de místicos poderes desconhecidos; nós, para quem o conforto se tornou lenda e a segurança, um sonho infantil – em cada fibra do nosso corpo nós sentimos a tensão de um polo para o outro e o arrepio do eternamente novo. Cada hora de nossa vida esteve ligada ao destino do mundo. Com sofrimento e prazer, vivemos a História e o tempo muito além da nossa própria pequena existência, enquanto nossos antepassados se limitavam a si próprios. Por isso, cada um de nós, mesmo o mais diminuto de nossa geração, sabe hoje mil vezes mais sobre a realidade do que os mais sábios dos nossos antepassados. Mas nada nos foi dado de presente; pagamos o preço integral por tudo isso.

A escola no século passado

TER SIDO ENVIADO para o liceu depois do primário, no meu caso, foi algo absolutamente natural. Já por motivos de ordem social, toda família abastada fazia questão de ter filhos "bem-educados", mandando-os aprender francês e inglês, familiarizar-se com música, contratando primeiro governantas e depois professores particulares para ensinar-lhes as boas maneiras. Mas naqueles tempos do liberalismo "esclarecido" só a chamada formação "acadêmica", que levava à universidade, representava um valor integral; por isso, qualquer "boa família" tinha a ambição de que pelo menos um de seus filhos chegasse a doutor. Esse caminho até a universidade, no entanto, era bastante longo e nada cor-de-rosa. Era preciso passar cinco anos de primário e oito de liceu em bancos de madeira, cinco a seis horas por dia, fazer tarefas escolares no tempo livre e, ainda por cima, o que a "formação geral" demandava além da escola: francês, inglês, italiano – as línguas "vivas", ao lado das clássicas grego e latim – portanto, cinco línguas, além de geometria e física e das demais matérias escolares. Era mais do que excessivo, quase não deixava espaço para o desenvolvimento físico, para esportes e passeios, muito menos para alegria e diversão. Lembro vagamente que, aos sete anos, tivemos que decorar uma canção sobre a "infância alegre e feliz" para cantar em coro. A melodia dessa singela cançãozinha continua na minha cabeça, mas já na época a letra passava com dificuldade pelos meus lábios, muito menos entrava com convicção no meu coração. É que, para ser honesto, todo o meu tempo de escola não passou de enfado, aumentado a cada ano pela impaciência em poder escapar àquela rotina. Não me recordo de alguma vez ter me sentido "alegre" ou "feliz" dentro daquela monotonia escolar sem coração e sem espírito, que nos estragou por inteiro a época mais linda e livre da existência, e confesso que até hoje não consigo me libertar de uma certa inveja quando vejo o quanto, no atual século, a infância se pode desenvolver de maneira tão mais feliz, livre e autônoma. Ainda me parece irreal quando observo como as crianças de hoje conversam descontraídas e quase de igual para igual com seus professores; como vão sem medo para a escola, enquanto nós o fazíamos com um sentimento de insuficiência; como podem admitir abertamente, tanto na escola quanto em casa, seus anseios e inclinações de almas curiosas e jovens – seres livres, independentes, naturais, enquanto nós, mal estávamos dentro do prédio odiado, tínhamos, por assim dizer, que nos curvar para não bater com a testa contra o jugo invisível. A escola era para nós tédio, enfado, um lugar em que éramos obrigados a ingerir porções meticulosamente divididas da "ciência daquilo que não vale a pena ser sabido", matérias escolásticas ou tornadas escolásticas, das quais sentíamos que não teriam nenhuma relação com o interesse real nem com o nosso interesse pessoal. O que a antiga pedagogia nos impunha era um aprender estúpido, vazio, não para a vida, um aprender por aprender. E o único momento realmente feliz que devo à escola foi o dia em que fechei sua porta para sempre atrás de mim.

Não que nossas escolas austríacas fossem ruins em si. Pelo contrário, o chamado "programa de ensino" fora cuidadosamente elaborado com base em uma experiência secular e, se tivesse sido transmitido de maneira estimulante, poderia ter fundamentado uma formação fecunda e bastante universal. Mas, justo pelo seu caráter demasiado metódico e sua esquematização árida, nossas aulas se tornavam horrivelmente insípidas e mortas, um frio aparato de ensino que jamais se ajustava ao indivíduo e que parecia um autômato, mostrando através de notas como "bom, suficiente, insuficiente" o quanto se correspondia às exigências do programa. Mas era justo esse desamor ao ser humano, essa impessoalidade austera e o jeito de quartel no trato que nos indignavam inconscientemente. Tínhamos que aprender a lição e éramos examinados para verificar o que havíamos aprendido; em oito anos, nenhum professor nos perguntou uma única vez o que gostaríamos de aprender, e justo o estímulo pelo qual cada jovem anseia era completamente inexistente.

Essa aridez já estava manifesta no próprio prédio escolar, uma construção tipicamente funcional, levantada às pressas cinquenta anos antes, com poucos meios e pouca reflexão. Com seus corredores frios e malcaiados, salas de aula de pé-direito baixo, sem um quadro ou qualquer outro adorno agradável para a vista, com suas privadas que exalavam o mau cheiro pelo prédio inteiro, esse quartel de ensino parecia um velho móvel de hotel que inúmeras pessoas já usaram antes e inúmeras pessoas usariam depois, e com a mesma indiferença ou repugnância; até hoje, não consigo esquecer o cheiro de mofo e umidade impregnado naquela casa como em todas as repartições austríacas, e que costumávamos chamar de "cheiro de erário" – um cheiro de salas superaquecidas, superlotadas, que jamais eram arejadas, cheiro que primeiro adere à roupa e, depois, à alma. Ficávamos sentados, dois a dois, como prisioneiros nas galés, em bancos baixos de madeira que nos entortavam a coluna até doerem os ossos; no inverno, a luz azulada das chamas de gás bruxuleava sobre nossos livros; no verão, ao contrário, as janelas eram cuidadosamente fechadas com cortinas para que o olhar sonhador não pudesse se regozijar com o pequeno quadrado de céu azul. Aquele século ainda não descobrira que jovens corpos em crescimento precisam de oxigênio e movimento. Dez minutos de intervalo no frio e estreito corredor eram considerados suficientes em meio a quatro ou cinco horas de imobilidade; duas vezes por semana éramos levados para o ginásio, onde, com as janelas cuidadosamente fechadas, marchávamos sem propósito algum sobre as tábuas de madeira, revolvendo a poeira a metros de altura a cada passo; com isso, a higiene fora observada, o Estado cumpriria em nós seu dever para com o princípio *"mens sana in corpore sano"*. Mesmo anos mais tarde, quando passava por esse prédio tristonho e desolador, eu ainda experimentava um sentimento de alívio por nunca mais ter que entrar nessa prisão da nossa juventude, e quando houve uma festa por ocasião do cinquentenário desse vetusto estabelecimento e fui convidado, na condição de ex-aluno brilhante, a fazer o discurso oficial diante de ministros e prefeito, educadamente recusei. Não precisava ser grato à escola, e qualquer palavra desse tipo teria sido mentirosa.

Nossos professores tampouco tinham culpa pela falta de alegria daquele estabelecimento. Não eram bons nem ruins, não eram tiranos e nem, por outro lado, companheiros solidários, e sim pobres-diabos os quais, presos como escravos ao esquema e ao programa de ensino prescritos pelas autoridades, tinham um dever a cumprir, como nós tínhamos o nosso e – percebíamos isso nitidamente – ficavam tão aliviados quanto nós quando o sino tocava ao meio-dia, anunciando a liberdade a eles e a nós. Não nos amavam, não nos odiavam, nem havia por quê, pois não sabiam nada de nós; depois de alguns anos, raros nos conheciam pelo nome, nada mais lhes importava dentro do método pedagógico da época além de saber quantos erros "o aluno" cometera no último exercício. Ficavam sentados em sua cátedra e nós lá embaixo, eles perguntavam e nós tínhamos que responder; fora isso, não havia nenhuma relação entre nós. Pois entre professor e aluno, entre cátedra e banco escolar, entre o que estava visivelmente em cima e visivelmente embaixo havia a barreira invisível da "autoridade", que impedia qualquer contato. Que um professor tivesse que considerar um aluno seu como um indivíduo que exigia especial atenção para seus talentos, ou que, como hoje é natural, tivesse que escrever relatórios sobre ele, ultrapassaria em muito tanto suas obrigações quanto sua qualificação. Por outro lado, uma conversa particular teria diminuído a sua autoridade, pois isso colocaria a nós, os alunos, no mesmo nível do professor, a "autoridade". Para mim, nada é mais característico da total falta de conexão que havia – tanto no plano intelectual quanto no emocional – entre nós e nossos professores do que o fato de eu ter esquecido os nomes e as fisionomias de todos eles. Minha memória conserva com acuidade fotográfica a imagem da cátedra e do diário de classe em que sempre tentávamos espiar nossas notas; vejo a pequena caderneta vermelha de anotações em que eles primeiro registravam as classificações e o lápis preto curtinho que desenhava as notas, vejo meus próprios cadernos, recheados de correções dos professores em tinta vermelha, mas não vejo mais nem um único rosto de nenhum deles – quem sabe porque diante deles sempre nos postávamos com os olhos baixos ou indiferentes.

Esse desprazer com a escola não era uma postura pessoal; não me lembro de nenhum dos meus colegas que não tenha percebido com aversão que nossos melhores interesses e intentos eram barrados, impedidos e reprimidos nessa fábrica de rotina. Só bem mais tarde me dei conta de que esse método sem amor ou alma da nossa educação juvenil não decorria do desleixo das instâncias governamentais, mas que expressava uma determinada intenção mantida cuidadosamente em segredo. O mundo diante ou acima de nós, que media todos os seus pensamentos unicamente pelo fetiche da segurança, não amava a juventude, ou melhor, tinha uma constante desconfiança em relação a ela. Vaidosa do seu "progresso" sistemático, da sua ordem, a sociedade burguesa proclamava moderação e comedimento em todas as formas de vida como a única virtude eficaz da humanidade; qualquer urgência em nos fazer progredir devia ser adiada. A Áustria era um Estado velho, dominado por um imperador idoso, regido por ministros velhos, um Estado sem ambições que apenas ansiava por se manter incólume no espaço europeu ao rechaçar qualquer transformação radical. Os jovens, que por instinto sempre clamam por transformações rápidas e radicais, eram vistos, por isso, como elemento preocupante, que deveria ser excluído ou reprimido tanto quanto possível. Assim, não havia motivo para tornar agradáveis nossos anos de escola; só depois de uma espera paciente é que deveríamos nos tornar merecedores de qualquer forma de ascensão. Com esse constante adiamento, as diversas faixas etárias ganhavam um valor totalmente diferente do atual. Um colegial de dezoito anos era tratado como criança, era punido ao ser descoberto com um cigarro, precisava levantar obedientemente a mão quando quisesse deixar o banco escolar por causa de uma necessidade natural. Mesmo um homem de trinta anos ainda era visto como uma criança imatura, e até o homem de quarenta não era ainda considerado maduro para um cargo de responsabilidade. Quando certa vez, num caso excepcional, Gustav Mahler foi nomeado diretor da Ópera aos 38 anos, a surpresa por terem confiado a direção do principal instituto cultural a um "jovem" assolou Viena (esqueceu-se de que Mozart terminou sua obra de vida aos 36 e Schubert, aos 31). Essa suspeita de que nenhum jovem era "inteiramente confiável" existia então em todas as esferas. Meu pai jamais teria recebido um jovem em seu estabelecimento, e quem tivesse a infelicidade de parecer muito novo enfrentava desconfiança por toda parte. Assim acontecia o que hoje é inconcebível: a juventude era um obstáculo para qualquer carreira, só a idade era uma vantagem. Enquanto hoje, no nosso mundo completamente transformado, pessoas de quarenta fazem de tudo para parecer ter trinta e sexagenários, para parecer ter quarenta, enquanto hoje jovialidade, energia, dinamismo e autoestima favorecem e recomendam, naquela era da segurança quem quisesse progredir precisava tentar qualquer artifício para parecer mais velho. Os jornais recomendavam drogas para estimular o crescimento da barba, jovens médicos de 24 ou 25 anos, que tinham acabado de prestar exame, usavam barbas imensas e, mesmo sem precisar, óculos de aros dourados, só para poder despertar em seus primeiros pacientes a impressão de serem "experientes". Usavam-se longos sobretudos negros e caminhava-se com vagar, ostentando, se possível, uma leve barriga para corporificar esse ar circunspecto, e quem era ambicioso esforçava-se para renunciar ao menos exteriormente a essa juventude suspeita de falta de solidez. Já no sexto ou sétimo ano de escola, nós nos recusávamos a carregar bolsas, para disfarçar a condição de colegiais, passando a usar pastas. Tudo o que hoje nos parece um patrimônio invejável – o frescor, a autoestima, a ousadia, a curiosidade, a vontade de viver da juventude – parecia suspeito naquele tempo, em que se prezava apenas o que era "sólido".

Só a partir dessa estranha postura é possível compreender que o Estado explorasse a escola como instrumento de manutenção da sua autoridade. Acima de tudo, devíamos ser treinados para aceitar por toda parte o *status quo* como perfeição, a opinião do professor como infalível, a palavra do pai como irrefutável, as instituições de Estado como absolutas e válidas para sempre. Um segundo princípio cardeal daquela pedagogia – empregada também no seio da família – preconizava que os jovens não deviam gozar de muito conforto. Antes de terem quaisquer direitos concedidos, deviam aprender que tinham responsabilidades, sobretudo a da obediência total. Desde o início devíamos aprender que nós, que na vida ainda não havíamos realizado nada e não tínhamos nenhuma experiência, tínhamos unicamente que ser gratos por tudo o que se nos concedia, sem o menor direito de perguntar ou exigir qualquer coisa. Na minha época, esse método estúpido da intimidação era exercido desde a mais tenra infância. Crianças de apenas três ou quatro anos já ouviam de suas babás ou de mães estúpidas que a polícia seria chamada se não parassem logo de fazer arte. Ainda no liceu, se tirássemos nota baixa em alguma matéria sem importância, ameaçavam nos tirar da escola para aprendermos um ofício. Era a pior ameaça que podia haver no mundo burguês: o retrocesso para o proletariado. E se algum jovem, por algum genuíno anseio de aprender, buscasse esclarecimentos sobre problemas sérios da época junto a algum adulto, costumava ser repreendido com um arrogante: "Você ainda não entende nada disso." Esse método era usado por toda parte, em casa, na escola e no Estado. Ninguém se cansava de incutir no jovem a ideia de que ele ainda não estava "maduro", que ele não entendia nada, que apenas precisava escutar obedientemente sem nada dizer e muito menos contra-argumentar. Por essa mesma razão, até na escola o pobre-diabo do professor, sentado lá em cima na cátedra, devia continuar sendo um ídolo distante, limitando todos os nossos interesses ao "programa de ensino". Não importa se nós nos sentíamos bem ou não na escola. Sua verdadeira missão, na lógica da época, não era nos fazer avançar, e sim deter nosso avanço; não era formar nosso espírito e sim nos adaptar com a menor resistência possível ao *status quo* reinante; não era aumentar nossa energia, e sim disciplinarla e nivelá-la.

Uma tal pressão psicológica – ou, melhor, nada psicológica – sobre uma juventude inteira só pode ter dois efeitos: paralisar ou estimular. Lendo as anotações dos psicanalistas, vemos quantos "complexos de inferioridade" esse absurdo método pedagógico gerou; talvez não seja coincidência o fato de este complexo ter sido revelado por homens que também passaram pelas nossas velhas escolas austríacas. No meu caso, agradeço a essa pressão um anseio de liberdade que cedo detectei em mim – anseio este que a atual juventude mal conhece com a mesma veemência –, bem como um ódio que me acompanhou a vida inteira contra tudo o que é autoritário, ditado "de cima para baixo". Durante muitos anos, essa aversão a tudo o que é apodíctico e dogmático foi instintiva em mim, e eu até tinha esquecido suas origens. Mas quando, numa viagem de conferências, haviam escolhido para mim o grande auditório de uma universidade e eu de repente descobri que deveria falar do alto de uma cátedra, enquanto os ouvintes estavam sentados nos bancos, lá embaixo, como nós alunos ficávamos, fui tomado por um desconforto. Lembrei-me do quanto tinha sofrido durante todos os anos de escola com essa fala nada amigável, autoritária e doutrinária, e fui assaltado pelo temor de que poderia parecer aos olhos dos outros tão impessoal como, na época, nossos professores foram para nós. Por causa dessa inibição, essa foi a pior conferência da minha vida.

ATÉ OS QUATORZE ou quinze anos, nós ainda nos arranjávamos bem com a escola. Fazíamos troça dos professores, aprendíamos as lições com uma curiosidade indiferente. Mas chegou o tempo em que a escola só nos entediava e atrapalhava. Sorrateiramente, ocorrera um estranho fenômeno: ingressados no liceu aos dez anos, já nos quatro primeiros dos oito anos havíamos ultrapassado a escola no nível intelectual. Instintivamente, sentíamos que não havia mais nada de essencial a aprender com ela e que, em algumas das matérias que nos interessavam, sabíamos mais do que nossos pobres professores, que desde seus tempos de estudos nunca mais abriram um livro por vontade própria. Um outro contraste também se tornava a cada dia mais palpável: naqueles bancos em que já apenas sentávamos, e nada mais, não ouvíamos nada de novo ou nada que nos parecesse digno de saber, enquanto, fora dali, havia uma cidade com milhares de atrações, com teatros, museus, livrarias, universidade, música, em que cada dia trazia novas surpresas. Assim, nossa sede de saber represada, a curiosidade intelectual, artística, estética, voltou-se apaixonadamente para o que ocorria fora da escola. De início, foram apenas dois ou três entre nós que descobriram em si tais pendores artísticos, literários, musicais; depois, foi uma dezena, e por fim, quase todos.

É que o entusiasmo, entre jovens, é uma espécie de fenômeno contagioso. Transmite-se numa classe escolar de uns para os outros como o sarampo ou a escarlatina, e os neófitos, ao tentarem com uma ambição infantil e vaidosa se superar em seu saber, acabam se estimulando mutuamente. Por isso, é apenas uma questão de maior ou menor acaso qual rumo essa paixão toma: se existe um colecionador de selos em uma turma, logo fará uma dezena de loucos como ele; se três alunos adoram dançarinas, os outros também estarão diariamente na porta do palco da Ópera. Três anos depois da nossa, veio uma turma apaixonada por futebol, e antes de nós havia outra, entusiasmada pelo socialismo e por Tolstói. O fato de eu ter ido para uma turma de fanáticos por arte pode ter sido decisivo para todo o resto da minha trajetória.

Na verdade, esse entusiasmo pelo teatro, pela literatura e pelas artes era muito natural em Viena; a imprensa dava muito destaque a todos os acontecimentos culturais; aonde quer que fôssemos, entreouviam-se, entre os adultos, discussões sobre a Ópera ou o Burgtheater; nas vitrines de todas as livrarias havia fotografias dos grandes atores; os esportes ainda eram considerados algo brutal, de que um colegial devia ter vergonha, e o cinema com seus ideais de massas ainda não fora inventado. Em casa, não era preciso temer qualquer tipo de resistência; o teatro e a literatura faziam parte das paixões "inocentes", ao contrário dos jogos de cartas ou das amizades com meninas. Afinal, o meu pai, assim como todos os pais de Viena, também fora fanático pelo teatro em sua juventude, tendo assistido à apresentação de *Lohengrin* com Richard Wagner com tanto entusiasmo como nós às estreias de Richard Strauss e Gerhart Hauptmann. Pois era natural que nós, colegiais, fôssemos a cada estreia. Teria sido um vexame ante colegas mais felizardos não poder narrar na escola, no dia seguinte, todos os detalhes da apresentação. Se nossos professores não fossem tão indiferentes, teriam notado que nas tardes que antecediam uma grande estreia – para conseguir ao menos um lugar em pé, tínhamos de fazer fila já a partir das três horas – dois terços dos alunos haviam adoecido de maneira misteriosa. Se prestassem atenção, descobririam que nas capas dos nossos livros de gramática latina havia poesias de Rilke, e que usávamos nossos cadernos de matemática para copiar os poemas mais belos de livros emprestados. Diariamente, inventávamos novas técnicas para aproveitar as aulas enfadonhas para as nossas leituras; enquanto o professor fazia sua peroração desgastada sobre a *Poesia ingênua e sentimental* de Schiller, sob a carteira líamos Nietzsche e Strindberg, nomes que o bom e velho professor jamais ouvira. Essa sede de saber e de conhecer tudo o que acontecia nos ramos da arte e da ciência nos assaltara como uma febre; de tarde, nos misturávamos aos estudantes da universidade para assistir às palestras, visitávamos todas as exposições de arte, íamos aos anfiteatros de anatomia para assistir às dissecções. Farejávamos tudo com nossas narinas curiosas. Sorrateiramente, entrávamos nos ensaios da Filarmônica, escarafunchávamos os antiquários, passávamos em revista todos os dias as vitrines das livrarias para conhecer as novas publicações. E, acima de tudo, líamos. Líamos tudo o que caía em nossas mãos. Íamos buscar livros em todas as bibliotecas públicas, emprestávamos uns aos outros o que podíamos obter. Mas o melhor lugar para aprender todas as novidades era o café.

Para compreender isso é preciso saber que o café, em Viena, representa uma instituição especial, sem comparação com nenhuma outra do mundo. Na verdade, é uma espécie de clube democrático, acessível a qualquer pessoa capaz de pagar por uma xícara de café, onde o freguês pode passar horas sentado, discutindo, lendo, jogando cartas, recebendo sua correspondência e, sobretudo, consumindo um número ilimitado de revistas e jornais. Qualquer bom café vienense assinava todos os jornais vienenses, e não só de Viena, mas também os de toda a Alemanha, os franceses, os ingleses, os italianos, os americanos, além de todas as revistas literárias e importantes do mundo, o *Mercure de France* tanto quanto a *Neue Rundschau*, a *Studio* e a *Burlington Magazine*. Assim, sabíamos em primeira mão tudo o que acontecia no mundo, de todo livro lançado no mercado, de cada apresentação, onde quer que fosse, e comparávamos as críticas em todos os jornais; talvez pouca coisa tenha contribuído tanto para a mobilidade intelectual e a orientação internacional dos austríacos como o fato de poder informar-se no café de modo tão amplo sobre os eventos do mundo, podendo logo discuti-los no círculo de amigos. Todos os dias, passávamos horas a fio ali, e nada nos escapava. Graças à coletividade de nossos interesses, seguíamos o *orbis pictus* dos acontecimentos não com dois mas sim com dezenas de pares de olhos; o que escapava a um, outro observava, e como queríamos nos superar incessantemente, de maneira infantil com uma ambição quase esportiva, no conhecimento de tudo o que era novidade, estávamos numa espécie de ciúme permanente na busca de acontecimentos sensacionais. Quando, por exemplo, debatíamos o então ainda desprezado Nietzsche, um de nós de repente dizia com suposta superioridade: "Mas, no que toca o egotismo, Kierkegaard é superior a ele." Imediatamente, todos ficavam agitados. "Quem é Kierkegaard, que o fulano conhece e nós, não?" No dia seguinte, corríamos à biblioteca atrás dos livros desse filósofo dinamarquês esquecido, pois seria humilhante não conhecer ainda algo de exótico que outro já conhecia. Descobrir e estar na vanguarda justo daquilo que era mais recente, mais novo, extravagante, fora do comum, o que ninguém ainda adotara – e, sobretudo, o que a crítica literária dos nossos vetustos jornais diários ainda não tratara –, era a nossa paixão (da qual ainda fui escravo durante muitos anos). Conhecer justo o que não era ainda reconhecido pelo público, o que era de difícil acesso, o que era elevado, novo e radical, provocava nosso amor especial; não havia nada de escondido, de isolado que a nossa curiosidade coletiva, e que se superava a si própria, não fosse tirar do seu esconderijo. Stefan George ou Rilke, por exemplo, durante todo o nosso tempo de liceu tinham sido publicados em edições de duzentos ou trezentos exemplares, dos quais no máximo três ou quatro haviam chegado até Viena. Nenhuma livraria os tinha em estoque, nenhum dos críticos oficiais jamais mencionara o nome de Rilke. Mas por um milagre da vontade nosso bando conhecia cada verso, cada linha. Nós, rapazes imberbes e ainda em crescimento, que durante o dia ainda precisávamos ficar sentados nos bancos escolares, de fato formávamos o público mais ideal que qualquer poeta poderia imaginar nos seus sonhos: curiosos, críticos, compreensivos e entusiasmados com o entusiasmo. Pois nossa capacidade de nos empolgar era ilimitada; durante as aulas, no caminho para a escola e de volta, no café, no teatro, nos passeios, nós, rapazes adolescentes, durante anos a fio não fizemos outra coisa senão discutir livros, quadros, música, filosofia; quem atuasse publicamente, como ator ou regente, quem tivesse publicado um livro ou escrevesse no jornal era estrela no nosso firmamento. Quase me assustei quando, anos depois, encontrei em Balzac, numa narrativa de sua juventude, a seguinte frase: *"Les gens célèbres étaient pour moi comme des dieux qui ne parlaient pas, ne marchaient pas, ne mangeaient pas comme les autres hommes."** Pois era exatamente assim que nos sentíamos. Ver Gustav Mahler na rua era um acontecimento que, no dia seguinte, se contava com orgulho para os colegas, e quando, certa vez, ainda menino, fui apresentado a Johannes Brahms e ele bateu amigavelmente no meu ombro, passei alguns dias confuso com aquele episódio inacreditável. Aos doze anos, ainda não sabia muito bem tudo o que Brahms realizara, mas só a sua fama, a aura do espírito criador, exercia uma força comovente. Uma estreia de Gerhart Hauptmann no Burgtheater já excitava nossa turma inteira semanas antes do início dos ensaios. Nós nos aproximávamos sorrateiramente dos atores e figurantes para – antes dos outros! – conhecer o enredo e o elenco. Cortávamos o cabelo no cabeleireiro do Burgtheater (não me envergonho de falar também dos nossos absurdos) só para obter informações secretas sobre a Wolter ou Sonnenthal, e um aluno de uma classe abaixo da nossa foi especialmente mimado pelos mais velhos e subornado com pequenas atenções só porque era sobrinho de um inspetor de iluminação da Ópera e, por seu intermédio, podíamos chegar ao palco nos ensaios – aquele palco que, ao ser pisado, superava o estremecimento de Dante quando este ascendeu aos círculos sagrados do paraíso. Era tão forte para nós a irradiação da fama que ainda nos causava veneração mesmo depois de sete instâncias; uma pobre senhora de idade parecia-nos um ser extraterrestre só porque era sobrinha-neta de Franz Schubert, e até nos voltávamos com respeito para o camareiro de Josef Kainz na rua porque ele tinha a felicidade de poder estar próximo do mais amado e mais genial de todos os atores.

CLARO QUE SEI hoje muito bem quanto havia de absurdo nesse entusiasmo ilimitado, quanto havia de mera imitação recíproca, de simples prazer esportivo em nos superarmos uns aos outros, de vaidade pueril em nos sentirmos orgulhosamente superiores ao ambiente desprovido de senso

---

* "As pessoas célebres eram para mim como deuses que não falam, não caminham, nem comem como os outros homens." Do romance *Honorine*. Em francês no original.

estético dos parentes e professores, só pelo fato de nos ocuparmos com arte. Mas ainda hoje me espanto o quanto nós, jovens rapazes, sabíamos graças a esse excesso de paixão literária, quão cedo nos apropriamos da capacidade crítica de diferenciação graças a esse contínuo discutir e dissecar. Aos dezessete anos, eu não só conhecia todos os poemas de Baudelaire e Walt Whitman como também sabia os principais deles de cor, e em toda a minha vida posterior creio não ter lido nunca mais de maneira tão intensa quanto nesses anos de escola e de universidade. Conhecíamos nomes que só ganhariam fama uma década mais tarde, mesmo as obras mais efêmeras permaneceram gravadas na memória por terem sido absorvidas com tanto zelo. Certa vez contei ao meu venerado amigo Paul Valéry como era antiga a minha amizade literária com ele, pois trinta anos antes já havia lido e amado seus versos. Valéry sorriu para mim, benevolente: "Não me engane, amigo! Meus poemas só foram publicados em 1916." Mas logo surpreendeu-se quando lhe descrevi com exatidão as cores e o formato da pequena revista literária em que encontramos seus primeiros versos em Viena, em 1898. "Mas quase ninguém a conheceu em Paris", disse, espantado. "Como você pode ter conseguido a revista em Viena?" "Exatamente da mesma maneira como, ainda no liceu, o senhor conseguiu em sua cidade provincial os poemas de Mallarmé, que a literatura oficial tampouco conhecia", respondi. E ele foi obrigado a concordar: "Os jovens descobrem seus poetas porque querem descobri-los." De fato, farejávamos o vento antes mesmo de ele cruzar as fronteiras, porque vivíamos com a curiosidade permanentemente acesa. Encontrávamos o que era novo porque queríamos o que era novo, porque estávamos sedentos por algo que pertencesse a nós, só a nós – e não ao mundo dos nossos pais, ao nosso ambiente. Os jovens, assim como os animais, possuem um excelente faro para mudanças atmosféricas. Assim, antes que nossos professores e as universidades o soubessem, nossa geração percebeu que, com o velho século, extinguia-se também uma certa visão das artes, e que se iniciava uma revolução ou, no mínimo, uma transformação dos valores. Os bons e sólidos mestres do tempo dos nossos pais – Gottfried Keller na literatura, Ibsen nas artes dramáticas, Johannes Brahms na música, Leibl na pintura, Eduard von Hartmann na filosofia – portavam, a nosso ver, toda a circunspeção do mundo da segurança; apesar de sua maestria técnica, intelectual, já não nos interessavam mais. Instintivamente, sentíamos que seu ritmo frio, bem-temperado, era estranho ao ritmo do nosso sangue irrequieto e já não harmonizava mais com a velocidade acelerada da época. Ocorre que vivia em Viena o espírito mais vigilante da nova geração alemã, Hermann Bahr, guerreiro intelectual que combatia fervorosamente a favor de qualquer novidade que aparecia e se desenvolvia; com sua ajuda inaugurou-se em Viena a Secessão, que para o horror da velha escola exibia os impressionistas e os pontilhistas de Paris, as obras do norueguês Munch, do belga Rops, e todos os vanguardistas imagináveis, abrindo o caminho também para seus predecessores desprezados, como Grünewald, Greco e Goya. De uma hora para outra, aprendeu-se uma nova maneira de ver arte, e na música novos ritmos e sonoridades, graças a Mussorgski, Debussy, Strauss e Schönberg; na literatura, o realismo irrompeu com Zola e Strindberg e Hauptmann; com Dostoiévski, a demônia eslava; com Berlaine, Rimbaud e Mallarmé, uma sublimação e um refinamento até então desconhecidos da arte lírica. Nietzsche revolucionou a filosofia; uma arquitetura mais ousada e livre proclamou a funcionalidade em vez dos excessos classicistas. De repente, a velha e circunspecta ordem foi perturbada, e suas normas da "beleza estética" (Hanslick), até então tidas como infalíveis, foram postas em dúvida; e enquanto os críticos oficiais dos nossos jornais burgueses "sólidos" se horrorizavam com os experimentos muitas vezes arrojados, buscando deter a correnteza irreprimível com expressões como "decadente" ou "anárquico", nós, jovens, nos lançávamos nas ondas onde elas mais espumavam. Tínhamos a sensação de que se iniciava um tempo nosso, em que finalmente a juventude conquistaria seus direitos. Assim, nossos anseios inquietos em eterna busca de repente ganhavam um sentido: nós, jovens nos bancos escolares, podíamos participar desses combates selvagens e muitas vezes ferozes em prol da nova arte. Onde quer que se tentasse uma experiência, como uma apresentação de Wedekind, uma récita de poesia nova, lá estávamos nós, infalivelmente, com toda força, não só da nossa alma, mas também das nossas mãos. Fui testemunha quando, na estreia de uma das primeiras obras atonais de Arnold Schönberg, um senhor vaiou furiosamente e o meu amigo Buschbeck lhe deu um sopapo não menos forte. Em todo lugar éramos a tropa de choque e de vanguarda de qualquer tipo de arte nova, só porque era nova, só porque queria mudar o mundo para nós, para aqueles cuja vez de viver chegara, porque sentíamos que era um assunto que dizia respeito a nós, *"nostra res agitur"*.

Mas existia outra coisa que nos interessava e fascinava nessa arte nova: era quase exclusivamente uma arte de jovens. Na geração dos nossos pais, um poeta, um músico, só chegava à fama depois de ter "provado" seu valor, depois de ter se adaptado ao gosto sólido e sereno da sociedade burguesa. Todos os homens que nos ensinaram a respeitar agiam e se comportavam de maneira veneranda. Usavam belas barbas grisalhas que caíam sobre seus casacos de veludo – Wilbrandt, Ebers, Félix Dahn, Paul Heyse, Lenbach, todos esses ídolos hoje há muito esquecidos. Deixavam-se fotografar com olhar pensativo, sempre em postura "respeitável" e "poética", comportavam-se como conselheiros da corte e dignitários, e como eles também eram condecorados. Jovens poetas ou pintores ou músicos, ao contrário, no máximo eram registrados como "talentos promissores", adiando-se qualquer reconhecimento positivo; aquela época da cautela não gostava de distribuir favores antes que se tivesse revelado uma produção "sólida" de muitos anos. Ocorre que os novos poetas, músicos, artistas eram todos jovens; Gerhart Hauptmann, surgido subitamente de um completo anonimato, reinava nos palcos alemães aos trinta anos de idade; Stefan George, Rainer Maria Rilke tinham fama literária e um séquito de adeptos fanáticos já aos 23 anos, bem mais cedo do que a maioridade ditada pela lei austríaca. Em nossa própria cidade, surgiu da noite para o dia o grupo da "jovem Viena", com Arthur Schnitzler, Hermann Bahr, Richard Beer-Hofmann, Peter Altenberg, com quem a cultura especificamente austríaca encontrou pela primeira vez uma expressão europeia graças ao refinamento de todos os meios artísticos. Acima de tudo, no entanto, *uma* figura nos fascinava, seduzia, inebriava e entusiasmava, o maravilhoso e singular fenômeno chamado Hugo von Hofmannsthal, no qual a nossa juventude via não apenas suas maiores ambições realizadas como também a absoluta perfeição poética na pessoa de alguém praticamente da mesma idade.

A FIGURA DO JOVEM Hofmannsthal é e permanece memorável enquanto um dos grandes milagres da perfeição precoce. Afora Keats e Rimbaud, não conheço na literatura universal, em idade tão jovem, nenhum outro exemplo de semelhante infalibilidade no domínio da língua, nem tal amplitude na fluência das ideias, nem tal arte de impregnar com substância poética mesmo a linha mais casual, como esse grandioso gênio, que já aos dezesseis, dezessete anos gravou seu nome na língua alemã com versos imorredouros e uma prosa até hoje insuperada. Seu começo súbito e já em estado de perfeição constituiu um fenômeno que dificilmente se repete numa mesma geração. Por isso, a improbabilidade de seu surgimento foi admirada como um acontecimento quase sobrenatural por aqueles que primeiro tiveram notícia dele. Hermann Bahr várias vezes me contou do seu assombro quando recebeu para sua revista um ensaio de alguém de Viena que ele desconhecia e que assinava "Loris" (não era permitido a um colegial assinar um texto com o nome verdadeiro); jamais antes, entre colaborações recebidas do mundo inteiro, recebera um texto que espargisse tal riqueza de pensamento com uma linguagem fluida e nobre como se tivesse sido escrito sem qualquer esforço. Quem será "Loris", quem será esse desconhecido?, perguntou-se. Certamente um velho que durante anos refinou em silêncio as suas reflexões e, em clausura misteriosa, cultivou as essências mais sublimes da língua até o ponto de uma magia quase luxuriosa. Um sábio de tal envergadura, um poeta abençoado, vivia na mesma cidade e ele nunca ouvira falar dele! Bahr escreveu imediatamente ao desconhecido e marcou um encontro no famoso Café Griensteidl, quartel-general da jovem literatura. De repente, com passos leves e rápidos, chegou à sua mesa um jovem esguio, imberbe, de calças curtas, que se inclinou e com uma voz ainda aguda disse, breve e determinado: "Hofmannsthal! Eu sou Loris!" Anos depois, quando Bahr falava da sua perplexidade, ainda se emocionava. A princípio nem quis acreditar. Um colegial capaz de tal arte, tal sabedoria, tal visão profunda, tal estupendo conhecimento da vida *antes* mesmo de vivê-la! E Arthur Schnitzler me contou quase o mesmo. Ainda era médico, pois seus primeiros êxitos literários não pareciam garantir-lhe a sobrevivência, mas já era tido como líder da "jovem Viena", e os mais novos gostavam de pedir-lhe conselhos e opiniões. Na casa de conhecidos ocasionais, esse jovem alto e esguio logo lhe chamou a atenção pela inteligência vivaz, e, quando lhe pediu que ouvisse uma pequena peça de teatro em verso, Schnitzler o convidou para ir ao seu apartamento, naturalmente sem grande expectativa – alguma peça escrita por um colegial, sentimental ou pseudoclássica, imaginou. Chamou alguns amigos; Hofmannsthal apareceu em suas calças curtas, um pouco nervoso e embaraçado, e começou a ler. "Depois de alguns minutos", contou-me Schnitzler, "apuramos o ouvido e trocamos olhares surpresos, quase assustados. Versos de tamanha perfeição, tamanha plasticidade sem erros, tamanha sensibilidade musical, jamais tínhamos escutado de nenhum escritor vivo, e quase achávamos impossíveis depois de Goethe. Mais maravilhosa do que essa maestria única – e, desde então, nunca mais atingida por ninguém de língua alemã – foi o conhecimento de mundo, que só podia provir de uma intuição mágica num rapaz que ainda frequentava os bancos escolares." Quando Hofmannsthal terminou, todos continuaram mudos. "Tive a sensação", disse-me Schnitzler, "de encontrar, pela primeira vez na vida, um gênio nato, e nunca mais, em toda a minha existência, senti isso de maneira tão veemente." Quem começava assim aos dezesseis – ou melhor: não começava, já atingira a perfeição ao começar – estava predestinado a se tornar um irmão de Goethe e de Shakespeare. E, de fato, a perfeição parecia se completar cada vez mais. Depois dessa primeira peça em versos, *Gestern*, veio o grandioso fragmento *Tod des Tizian*, em que a língua alemã atingiu a sonoridade italiana; vieram os poemas, dos quais cada um foi um acontecimento para nós, e que hoje ainda, décadas depois, sei de cor, linha por linha; vieram os pequenos dramas e aqueles ensaios que sintetizavam no espaço maravilhosamente econômico de algumas dezenas de páginas a riqueza do conhecimento, a compreensão artística inequívoca e a amplitude da visão do mundo. Tudo o que esse estudante universitário escrevia era como um cristal iluminado por dentro, escuro e incandescente ao mesmo tempo. O verso, a prosa se amoldavam às suas mãos como cera perfumada do Himeto; sempre, por um milagre irrepetível, cada escrito tinha proporções exatas, nem a mais, nem a menos, sentia-se sempre que algo inconsciente e incompreensível o conduzia por esses caminhos para territórios até então inexplorados.

Mal consigo descrever como tal fenômeno nos fascinava, nós que nos educáramos para perceber valores. O que pode acontecer de mais inebriante para uma jovem geração do que a consciência de ter, ao seu lado, o poeta nato, puro, sublime, o poeta que até então só era imaginado nas formas lendárias de um Hölderlin, de um Keats e de um Leopardi, inatingível e já meio sonho ou visão? Por isso lembro tão nitidamente o dia em que vi Hofmannsthal em pessoa pela primeira vez. Tinha eu dezesseis anos, e, como acompanhávamos quase com avidez tudo o que esse nosso mentor ideal fazia, uma pequena notícia escondida no jornal me atiçou extraordinariamente ao anunciar uma palestra dele sobre Goethe no Wissenschaftlicher Klub (inimaginável, para nós, que um tal gênio falasse num local tão modesto; em nossa veneração esperávamos que a maior sala estivesse lotada se um Hofmannsthal oferecesse a sua presença em público). Mas nessa ocasião reparei mais uma vez o quanto nós, pequenos colegiais, estávamos à frente do grande público e da crítica na nossa avaliação, no nosso instinto – que se demonstrou certo – para o que é eterno; havia uns cem, 120 ouvintes reunidos na sala apertada: eu não precisava ter chegado meia hora antes em minha sofreguidão para garantir um lugar. Esperamos um pouco, quando de repente um jovem esguio e até mesmo inexpressivo passou por nós e se dirigiu ao púlpito, começando a falar de maneira tão abrupta que mal tive tempo de observá-lo em detalhe. Com seu bigodinho macio, ainda não inteiramente crescido, e sua estatura elástica, Hofmannsthal parecia ainda mais jovem do que eu imaginara. Seu rosto moreno, meio italiano, de traços acentuados, traía nervosismo e tensão, impressão reforçada pela intranquilidade de seus olhos muito escuros, aveludados mas fortemente míopes. Foi como se ele se lançasse de chofre à palestra como um nadador se joga no mar que conhece bem, e quanto mais falava e se sentia em seu elemento, mais desembaraçados se tornavam seus gestos, mais segura era sua atitude; como percebi depois em diversas conversas particulares, passava do constrangimento inicial a uma maravilhosa leveza e fluência, como sempre acontece com os homens inspirados. Só nas primeiras frases notei que sua voz não era bonita, às vezes muito próxima do falsete e rateando um pouco, mas sua fala logo nos enlevou e nos libertou de tal forma que nem percebíamos mais a voz ou o rosto. Falou sem manuscrito, sem anotações, talvez mesmo sem ter se preparado, mas com seu senso estético mágico cada frase era perfeitamente arredondada. Brilhante, desenvolveu as antíteses mais ousadas, que depois se iam resolvendo em formulações claras e, apesar disso, surpreendentes. Obrigatoriamente tinha-se a impressão de que aquilo que fora apresentado era algo espargido por acaso, parte de uma abundância muito maior, e que ele, animado como estava e enlevado em esferas superiores, poderia continuar falando horas a fio sem decrescer o nível. Também em conversas particulares percebi, anos mais tarde, a força mágica desse "inventor de um canto fluente e de diálogos brilhantemente elegantes", como o enaltecia Stefan George; ele era irrequieto, sensível, suscetível a toda pressão atmosférica, muitas vezes ranzinza e nervoso no trato particular, e não era fácil aproximar-se dele. Mas, no momento em que um problema o interessava, era como uma ignição; em um voo único, faiscante como um foguete, arrebatava qualquer discussão para a esfera que somente *ele* podia atingir. Jamais vivi outras conversas desse nível intelectual, afora algumas vezes com Valéry, que pensava de maneira mais comedida, cristalina, e com o impetuoso Keyserling. Nesses momentos deveras inspirados, tudo estava próximo de sua memória demoniacamente acesa, todo livro que lera, todo quadro que vira, toda paisagem; uma metáfora se unia à outra de modo tão natural como uma mão à outra, as perspectivas se desenhavam como súbitos cenários atrás do horizonte que já se supunha acabado – naquela conferência, pela primeira vez, e depois em conversas com ele eu senti verdadeiramente o *flatus*, o sopro vivificador e entusiasmador do incomensurável, do que não pode ser apreendido por completo pela razão.

De certa maneira, Hofmannsthal nunca mais suplantou o milagre singular que ele mesmo foi dos dezesseis aos 24 anos de idade. Não admiro menos algumas de suas obras tardias, os magníficos ensaios, o fragmento do *Andreas*, esse torso do romance talvez mais belo da língua alemã, e algumas partes de seus dramas; mas com sua ligação mais forte ao teatro real e aos interesses de sua época, com a consciência mais nítida e as ambições de seus planos, perdeu-se algo da certeza onírica, da inspiração pura daqueles primeiros poemas mais pueris, e, assim, também da ebriedade e do êxtase da nossa própria juventude. Graças à sabedoria mágica própria dos imaturos antevimos que essa maravilha da nossa juventude era única e não se repetiria em nossa vida.

BALZAC DESCREVEU de maneira incomparável como o exemplo de Napoleão eletrizou uma geração inteira na França. A brilhante ascensão de um simples tenente Bonaparte a imperador do mundo significou para ele não apenas o triunfo de uma pessoa, mas a vitória da ideia da juventude. Não precisar ter nascido príncipe para conquistar o poder cedo, descender de qualquer família pequena ou até pobre e se tornar general aos 24, soberano da França aos trinta e logo do mundo inteiro, esse sucesso inédito impeliu centenas de pessoas a deixar suas modestas profissões e cidades provinciais – o tenente Bonaparte turbinou as mentes de toda uma geração de jovens. Ele os impeliu para uma ambição potencializada: criou os generais dos grandes exércitos e os heróis e os arrivistas da *Comédia humana*. Toda vez que um jovem atinge de um só ímpeto o até então inatingível, não importa em que área, encoraja todos os jovens ao seu redor, em sua retaguarda. Nesse sentido, para nós, mais jovens, Hofmannsthal e Rilke representaram um extraordinário estímulo para as nossas energias ainda em desenvolvimento. Sem esperar que um de nós pudesse repetir o milagre de Hofmannsthal, fomos mesmo assim fortalecidos pela sua mera existência física. Ela demonstrou de maneira visível que podia haver poetas na nossa época, na nossa cidade, no nosso meio. Afinal, seu pai, diretor de banco, provinha da mesma camada burguesa judaica que nós; o gênio crescera em um lar semelhante ao nosso, com os mesmos móveis e a mesma moral de classe, frequentara um liceu tão estéril quanto os nossos, aprendera nos mesmos livros e se sentara nos mesmos bancos durante oito anos, impaciente como nós, apaixonado como nós por todos os valores espirituais; e, vejam só, enquanto ainda gastava suas calças naqueles bancos e marchava pela quadra de ginástica, conseguira ultrapassar o espaço e sua estreiteza, a cidade e a família através desse voo rumo ao ilimitado. Através de Hofmannsthal, fora-nos demonstrado, por assim dizer *ad oculos*, que era possível, em princípio, criar poesia, criar perfeição poética até no nosso tempo e mesmo na atmosfera de cárcere de um liceu austríaco. Era até possível – enorme tentação para uma alma de rapaz! – ver seus textos impressos, ser famoso, enquanto em casa e na escola ainda se era visto como um ser imaturo e insignificante.

Já Rilke proporcionou-nos um encorajamento de outro tipo, que completava aquele de Hofmannsthal de um modo tranquilizador. Pois rivalizar com Hofmannsthal teria sido uma blasfêmia mesmo para o mais ousado entre nós. Sabíamos que ele era um milagre único de perfeição prematura, que não poderia se repetir, e se, aos dezesseis anos, comparávamos nossos versos com aqueles muito célebres que ele escrevera com a mesma idade, éramos tomados de vergonha; da mesma maneira, nós nos sentíamos humilhados em nosso conhecimento, diante do voo de águia com o qual ele, ainda colegial, percorrera o espaço intelectual. Rilke, por sua vez, também começara a escrever e publicar versos cedo, aos dezessete ou dezoito. Mas em comparação com os de Hofmannsthal, e mesmo no sentido absoluto, esses primeiros poemas de Rilke eram imaturos, pueris e ingênuos, versos em que só por complacência podia-se perceber alguns traços dourados de talento. Foi só pouco a pouco, aos 22 e 23 anos, que esse poeta maravilhoso, idolatrado por nós, começou a ganhar personalidade; isso, para nós, já representava um enorme consolo. Não era preciso, pois, já ser perfeito no liceu, como Hofmannsthal. Podíamos tatear como Rilke, experimentar, formar-nos, superar-nos. Não era preciso desistir só porque estávamos escrevendo, por enquanto, algo imperfeito, imaturo, irresponsável. Em vez do milagre Hofmannsthal, podíamos talvez repetir a ascensão mais reservada e normal de Rilke.

Era natural que todos nós houvéssemos começado desde cedo a escrever, a fazer poesia ou a fazer música; toda atitude passiva nas paixões é em si pouco própria da juventude, já que é de sua natureza não apenas absorver as impressões, mas também responder a elas de maneira produtiva. Amar o teatro, para os jovens, significa no mínimo desejar e sonhar trabalhar no teatro ou para o teatro. Admirar extaticamente o talento em todas as áreas leva-os obrigatoriamente a perscrutar-se a si próprios para tentar descobrir algum traço ou possibilidade dessa essência seleta no próprio corpo inexplorado ou na alma ainda meio obscura. Assim, na nossa classe, de acordo com a atmosfera de Viena e as condições próprias da época, o impulso para a produção criadora se tornou verdadeiramente epidêmico. Cada um buscava em si um talento e tentava desenvolvê-lo. Quatro ou cinco entre nós ansiavam por se tornar atores. Imitavam a dicção dos atores do Burgtheater, recitavam e declamavam sem cessar, tomavam secretamente aulas de arte dramática, e, nos intervalos no liceu, improvisavam cenas inteiras dos clássicos, cenas para as quais nós, os outros, formávamos uma plateia curiosa, mas bastante crítica. Dois ou três eram excelentes músicos, ainda indecisos se deviam se tornar compositores, virtuoses ou regentes; devo a eles as primeiras noções da nova música, que nos concertos oficiais da Filarmônica ainda era severamente condenada – enquanto, por sua vez, obtinham conosco os textos para suas canções e seus corais. Outro, filho de um então famoso pintor, enchia nossos cadernos de desenhos durante as aulas e retratou todos os futuros gênios da classe. Mas o esforço literário era o mais vigoroso. Graças ao estímulo conjunto para se aperfeiçoar com rapidez cada vez maior e ao exercício conjunto de crítica a cada poema, o nível que atingimos aos dezessete anos ultrapassava em muito o do diletantismo e, em alguns casos, aproximava-se efetivamente de produções de valor. Prova disso é que nossas produções literárias não eram apenas aceitas, impressas e até mesmo remuneradas – esta a prova mais convincente! – por obscuras gazetas provinciais, mas pelas principais revistas da nova geração. Um dos meus colegas, Ph.A., que eu idolatrava como a um gênio, foi o primeiro a brilhar ao lado de Dehmel e Rilke na *Pan*, a grandiosa revista de luxo; outro, A.M., conseguira ser aceito sob o pseudônimo de August

Oehler na mais inacessível e eclética de todas as revistas alemãs, *Blätter für die Kunst*, que Stefan George reservava exclusivamente para seu grupo sagrado. Um terceiro, encorajado por Hofmannsthal, escreveu um drama napoleônico; um quarto, uma nova teoria estética e sonetos relevantes; eu próprio conseguira ingressar na *Gesellschaft*, a principal publicação do modernismo, e na *Zukunft*, de Maximilian Harden, um semanário decisivo para a história política e cultural da nova Alemanha. Quando olho para trás, reconheço com franqueza que a soma do nosso conhecimento, o refinamento da nossa técnica literária, o nível artístico eram realmente assombrosos para rapazes de dezessete anos, só explicáveis pelo exemplo estimulador dessa fantástica precocidade de Hofmannsthal, que nos obrigava a um esforço apaixonado para realizações extremas. Dominávamos todos os artifícios e todas as extravagâncias e ousadias da língua, tínhamos experimentado em incontáveis tentativas as técnicas de toda forma de verso, de todos os estilos, desde o *pathos* de Píndaro até a simples dicção da canção folclórica; na troca diária das nossas produções, mostrávamos uns aos outros as mais fugidias dissonâncias e discutíamos cada unidade métrica. Enquanto nossos bons professores ainda assinalavam com tinta vermelha nossas redações escolares, sem desconfiar de nada, exercíamos a crítica com uma severidade, um conhecimento artístico e uma acribia como nenhum dos papas oficiais da literatura dos nossos grandes jornais fazia com as obras-primas clássicas; com nosso fanatismo, nos últimos anos de escola havíamos ultrapassado em muito até a eles, os críticos reconhecidos, em termos de apreciação objetiva e capacidade de expressão estilística.

Essa descrição fiel da nossa precocidade literária poderia fazer crer que éramos uma turma especialmente prodigiosa. Mas não era o caso. Em Viena, em uma dezena de escolas vizinhas podia-se observar o mesmo fenômeno de fanatismo e vocação precoce. Não podia ser coincidência. Era uma atmosfera especialmente feliz, condicionada pela fertilidade artística da cidade, o tempo não político, uma constelação de reorientação intelectual e literária na virada do século que se fundia quimicamente dentro de nós à vontade imanente de produzir e que, no fundo, faz forçosamente parte dessa fase da vida. Na puberdade, o pendor ou a atração para a poesia passam por todo jovem, às vezes apenas como uma onda fugaz, e é raro que tal inclinação sobreviva depois da juventude, por ser emanação da própria juventude. Dos nossos cinco atores nos bancos escolares, nenhum se tornou ator no teatro, os poetas das revistas *Pan* e *Blätter für die Kunst* acabaram como sólidos advogados ou funcionários públicos, que hoje talvez sorriam melancólica ou ironicamente das suas ambições de outrora. Sou o único entre eles em que se manteve a paixão produtiva e no qual ela se tornou sentido e núcleo de uma vida inteira. Mas com quanta gratidão penso naquela camaradagem! O quanto ela me ajudou! Como essas fervorosas discussões, essa fúria em nos sobrepujar uns aos outros, a admiração e a crítica mútua exercitaram precocemente em mim a mão e o cérebro, quanta visão e perspectiva me deram para o cosmo intelectual, com quanto ânimo nos elevaram a todos acima da monotonia e do vazio da escola! *"Du holde Kunst, in wieviel grauen Stunden..."** – sempre que ouço a canção imortal de Schubert, numa espécie de visão plástica vejo a nós em nossos miseráveis bancos escolares com os ombros caídos, e depois, no caminho de volta, com os olhos brilhando, criticando poemas, recitando, esquecendo apaixonadamente todos os vínculos com o espaço e o tempo, arrebatados "para um mundo melhor".

TAMANHA MONOMANIA DO fanatismo pela arte, tamanha supervalorização da estética levada às raias do absurdo, naturalmente só podia ocorrer à custa dos interesses normais da nossa idade. Quando me pergunto, hoje, como tínhamos tempo de ler todos aqueles livros naqueles dias repletos de aulas na escola e particulares, torna-se claro para mim que foi em boa parte em detrimento do sono e, com isso, da nossa disposição física. Nunca acontecia de eu largar um livro antes de uma ou duas horas da madrugada, embora tivesse que me levantar às sete – um mau hábito que, aliás, adotei para sempre: o de ler por uma ou duas horas, mesmo tarde da noite. Assim, não me recordo de outra coisa senão de correr para a

---

* Em tradução livre: "Ó arte graciosa, em quantas horas sombrias"; versos originais do clássico lied *An die Musik*, de Franz Schubert.

escola no último minuto, ainda com sono e mal lavado, devorando meu pão com manteiga durante o caminho. Não admira que, com toda a nossa intelectualidade, todos parecêssemos magros e verdes como frutas não maduras, ainda por cima muito desleixados nos trajes. Pois cada centavo da nossa mesada ia para o teatro, concertos ou livros. Além disso, como queríamos agradar a instâncias mais elevadas, não dávamos muita importância a agradar às meninas. Ir passear com jovens moças nos parecia tempo perdido, uma vez que, em nossa arrogância intelectual, de antemão considerávamos o outro sexo como inferior e não queríamos desperdiçar nosso precioso tempo com conversas superficiais. Não deve ser fácil tentar explicar a um jovem de hoje até que ponto ignorávamos e mesmo desprezávamos tudo o que era esportivo. É verdade que, no século em que nasci, a onda esportiva ainda não viera da Inglaterra para o continente. Ainda não havia estádios onde cem mil pessoas deliravam de entusiasmo quando um pugilista dava um murro no queixo do outro; os jornais ainda não enviavam repórteres para encher com arroubos homéricos colunas inteiras sobre um jogo de hóquei. Lutas greco-romanas, associações atléticas, recordes de peso-pesado, na nossa época, ainda eram assunto dos subúrbios, tendo como seu verdadeiro público açougueiros e carregadores; quando muito, as corridas de cavalo, esporte mais nobre e aristocrático, atraíam a chamada "boa sociedade" para o prado algumas vezes por ano, mas não a nós, a quem toda atividade física parecia mera perda de tempo. Aos treze, quando começou em mim aquela infecção literário-intelectual, abandonei a patinação no gelo e comprei livros com o dinheiro que meus pais me davam para as aulas de dança de salão; aos dezoito anos ainda não sabia nadar, dançar, jogar tênis; até hoje não sei andar de bicicleta nem dirigir, e em assuntos esportivos qualquer menino de dez anos me faz passar vergonha. Até hoje, 1941, tenho dificuldade em distinguir entre beisebol e futebol, entre hóquei e polo, e a seção de esportes de um jornal com suas cifras inexplicáveis é chinês para mim. Em relação a qualquer recorde esportivo de velocidade ou habilidade ainda compartilho o ponto de vista daquele xá da Pérsia que, ao ser incentivado a assistir a uma corrida de cavalos, respondeu com sabedoria oriental: "Para quê? Pois eu sei que um cavalo será mais rápido que os outros. Para mim, tanto faz qual é o mais veloz." Tão desprezível quanto treinar nossos corpos nos parecia desperdiçar tempo com jogos; só o xadrez encontrava piedade perante nossos olhos, porque exigia esforço intelectual. Mais absurdo ainda – embora nos sentíssemos como futuros ou ao menos potenciais poetas –, nós não ligávamos para a natureza. Durante meus primeiros vinte anos não vi praticamente nada das belas redondezas de Viena; os mais lindos e quentes dias de verão, quando a cidade ficava deserta, tinham para nós um especial encanto, porque recebíamos com mais rapidez e em maior quantidade os jornais e as revistas em nosso café. Precisei ainda de décadas para reencontrar o equilíbrio em relação a essa exaltação pueril e ávida e tentar recuperar de alguma forma a inevitável falta de habilidade física. De maneira geral, nunca me arrependi desse fanatismo, dessa forma de viver só pelos olhos, pelo cérebro, do meu tempo de liceu. Isso criou em mim uma paixão por tudo o que é intelectual que nunca mais quero perder, e tudo o que desde então li e aprendi baseia-se no fundamento cimentado naqueles anos. O que se perde em relação aos músculos pode ser recuperado; já a ascensão para o intelectual, a força interior da alma, se exercita unicamente naqueles anos decisivos da formação, e só quem aprendeu cedo a abrir as asas da sua alma pode mais tarde abranger o mundo inteiro.

O VERDADEIRO ACONTECIMENTO dos nossos anos de juventude foi que algo de novo se preparava para ocorrer nas artes, algo mais passional, problemático, tentador do que aquilo que satisfizera os meus pais e seu entorno. Fascinados por esse recorte da vida, não percebíamos que essas transformações no campo estético eram apenas irradiações e prenúncios de transformações muito mais amplas que haveriam de abalar e, por fim, destruir o mundo dos nossos pais, o mundo da segurança. Uma estranha reestruturação começou a se preparar na nossa velha e modorrenta Áustria. As massas que, mudas e obedientes, durante décadas haviam deixado a soberania para a burguesia liberal, de repente se agitaram, organizaram-se e passaram a exigir seus direitos. Foi justo na última década que a política irrompeu com rajadas súbitas e fortes na calmaria da vida confortável. O novo século reivindicava uma nova ordem, um novo tempo.

O primeiro desses movimentos de massa, na Áustria, foi o socialista. Até então, entre nós, o falsamente denominado "direito universal de voto" era concedido apenas aos abastados que pagavam impostos. Os advogados e agricultores eleitos por essa classe, no entanto, acreditavam com honestidade serem os porta-vozes e os representantes do "povo" no Parlamento. Tinham orgulho de ser cultos, de preferência formados pela universidade, davam importância à dignidade, ao decoro e a uma boa dicção; as sessões do Parlamento, por isso, pareciam debates em um clube elegante. Graças à sua crença liberal em um mundo que progredia inevitavelmente por meio da tolerância e da razão, esses democratas burgueses imaginavam com sinceridade estarem contribuindo para o bem-estar de todos os súditos da melhor maneira através de pequenas concessões e melhorias graduais. Mas haviam esquecido por completo que representavam apenas os cinquenta mil ou cem mil mais bem-situados nas grandes cidades, e não as centenas de milhares e os milhões do país inteiro. Enquanto isso, a máquina cumprira sua tarefa e reunira em torno da indústria o operariado antes disseminado; sob a chefia de um homem eminente, dr. Victor Adler, formou-se na Áustria um partido socialista para pôr em prática a exigência do proletariado de um direito ao voto verdadeiramente universal e igual para todos; mal foi concedido – ou melhor, conquistado –, percebeu-se como era fina, ainda que muitíssimo valiosa, a camada do liberalismo. Com ele, a conciliação desapareceu da vida pública, os interesses passaram a se chocar violentamente e a luta começou.

Ainda me recordo do dia na minha mais tenra infância que trouxe a virada decisiva na ascensão do Partido Socialista na Áustria. Para demonstrar pela primeira vez de forma visível o seu poder e a sua massa, os trabalhadores haviam proclamado o Primeiro de Maio como feriado do operariado e decidiram fazer uma marcha para o Prater, mais precisamente para a Hauptallee, uma aleia margeada de castanheiras onde, nesse dia, só costumavam desfilar os carros e as carruagens da rica burguesia. Ao saber disso, o horror paralisou a boa burguesia liberal. Socialistas – na Alemanha e na Áustria, essa palavra tinha então algo do ressaibo sanguinário e terrorista que antes tinham os jacobinos e depois teriam os bolcheviques. Num primeiro momento, mal se acreditava que esse bando vermelho dos subúrbios pudesse fazer a sua marcha sem incendiar casas, saquear lojas e cometer todo tipo imaginável de violência. Uma espécie de pânico tomou conta das pessoas. A polícia da cidade inteira e dos arredores se posicionou na rua do Prater, o exército foi colocado de prontidão. Nenhuma carruagem, nenhum carro de praça ousou aproximar-se do Prater, os comerciantes baixaram suas portas de ferro, e eu lembro que os pais proibiram os filhos de pisar na rua nesse dia terrível, que poderia ver Viena em chamas. Mas nada aconteceu. Os trabalhadores marcharam com suas mulheres e filhos em filas de quatro numa disciplina exemplar até o Prater, cada um com o distintivo do partido, um cravo vermelho, na lapela. Durante a marcha, cantavam a *Internacional*, mas, ao pisarem pela primeira vez na verde "aleia nobre", as crianças passaram a entoar, descontraídas, cânticos escolares. Ninguém foi ofendido, ninguém foi agredido, não houve punhos cerrados, os policiais e soldados riam amigavelmente para os trabalhadores. Graças a esse comportamento irrepreensível, a burguesia não pôde mais continuar rotulando o operariado por muito tempo de "bando revolucionário". Como sempre, na velha e sábia Áustria, houve concessões recíprocas. Ainda não se inventara o atual sistema de opressão à base de cassetetes e de extermínio; o ideal do humanitarismo – ainda que já estivesse empalidecendo – continuava vivo mesmo na cabeça dos líderes partidários.

Logo depois que apareceu o cravo vermelho como insígnia partidária, surgiu outra flor na lapela, o cravo branco, o distintivo do Partido Social Cristão (não é comovente que então ainda se elegessem flores como símbolos dos partidos, em vez de botas, punhais e caveiras?). Legenda da pequena burguesia, o Partido Social Cristão, na realidade, era apenas o movimento orgânico em reação ao movimento proletário, e no fundo o mesmo produto da vitória da máquina sobre os músculos. Pois, ao conceder aos trabalhadores poder e ascensão social por reunir grandes massas nas fábricas, a máquina ao mesmo tempo ameaçava o pequeno artesanato. As grandes lojas de departamentos e a produção em massa foram a ruína da classe média e dos pequenos mestres artesãos. Um líder habilidoso e populista, dr. Karl Lueger, apropriou-se desse descontentamento e dessa preocupação. Com o lema "É preciso ajudar os pequenos", arrastou consigo toda a pequena burguesia e a classe média insatisfeita, cuja inveja dos abastados era bem menor do que o temor de cair da burguesia para o proletariado. Foi exatamente a mesma camada atemorizada que mais tarde Adolf Hitler reuniu em torno de si como primeira grande massa, e Karl Lueger foi o seu exemplo também num outro sentido, ao ensinar-lhe como era prático o lema antissemita, que fornecia um inimigo concreto para os círculos descontentes da pequena burguesia e, além disso, desviava imperceptivelmente o ódio dos latifundiários e da riqueza feudal. Mas toda a vulgarização e brutalização da política atual, o horrendo retrocesso do nosso século, se evidencia precisamente no contraste entre essas duas figuras. Karl Lueger, uma aparência imponente com sua barba loura e macia – apelidado pelos vienenses de "o belo Karl" –, tinha formação acadêmica e não por acaso frequentara a escola numa época que colocava a cultura intelectual acima de tudo. Sabia falar para o povo, era veemente e divertido, mas mesmo nos seus discursos mais violentos – ou aqueles que à época se considerava violentos – sempre guardou o decoro. E seu Streicher,* um certo mecânico de nome Schneider, que alegava histórias de assassinatos rituais e outras vulgaridades, era cuidadosamente controlado por ele. Inatacável e modesto em sua vida privada, sempre guardou certa nobreza perante seus opositores, e seu antissemitismo oficial nunca o impediu de continuar a ser amável e bem-intencionado com seus antigos amigos judeus. Quando o seu movimento por fim conquistou o Conselho Municipal de Viena e ele – depois de duas recusas de sanção por parte do imperador Francisco José, que abominava a tendência antissemita – foi nomeado prefeito, sua administração continuou irrepreensivelmente correta e até mesmo exemplar em sua condição democrática. Os judeus, que haviam tremido com

---

* Comparação com o professor e editor Julius Streicher, que publicava o jornal nazista *Der Stürmer*, importante peça da máquina de propaganda do regime de Hitler.

esse triunfo do partido antissemita, continuaram vivendo com os mesmos direitos e a mesma reputação. O veneno do ódio e a vontade da aniquilação total mútua ainda não haviam penetrado na corrente sanguínea da época.

Mas logo surgiu uma terceira flor, o loio azul, a flor predileta de Bismarck e emblema do Partido Pangermânico, o qual – ainda não se notava – era conscientemente revolucionário e trabalhava com força brutal para destruir a monarquia austríaca em favor de uma Grande Alemanha sob liderança prussiana e protestante, sonhada já antes de Hitler. Enquanto o Partido Social Cristão estava enraizado em Viena e no campo e o socialista nos centros industriais, o Partido Pangermânico tinha seus adeptos quase que apenas nas regiões fronteiriças da Boêmia e dos Alpes. Numericamente fraco, compensava a sua insignificância com agressão selvagem e brutalidade desmedida. Seus poucos deputados se tornaram o terror e (no sentido antigo) a vergonha do Parlamento austríaco; em suas ideias, em sua técnica, originou-se Hitler, também um austríaco da fronteira. De Georg Schönerer Hitler adotou o brado "Libertemo-nos de Roma!", ao qual obedeceram então milhares de pangermanistas para irritar o imperador e o clero, passando do catolicismo para o protestantismo, assim como também herdou dele a teoria racial antissemita – "na raça reside a porcaria", dizia Schönerer, seu ilustre modelo. Adotou dele sobretudo o uso de uma tropa de assalto violenta e que batia cegamente e, com isso, o princípio de intimidar através do terror de um pequeno grupo a maioria, quantitativamente bem superior, mas passiva e humana. Aquilo que os homens da SA fizeram para o nacional-socialismo, dissolvendo reuniões a golpes de cassetetes, assaltando os adversários à noite e derrubando-os com pancadas, as corporações estudantis resolviam para os pangermanistas. Protegidos pela imunidade acadêmica, esses estudantes instauraram um terror de espancamento inigualado, e compareciam a toda ação política militarmente organizados. Reunidos em confrarias chamadas Burschenschaften, com cicatrizes no rosto, embriagados e brutais, dominavam a cena na universidade, porque não usavam apenas barretes e fitas, como os demais, mas também pesados bastões. Provocando sem cessar, espancavam ora os estudantes eslavos, ora os judeus, ora os católicos, ora os italianos, expulsando os indefesos da universidade. A cada passeata estudantil, aos sábados, corria sangue. A polícia, que não podia entrar na universidade devido ao antigo privilégio de imunidade, era obrigada a assistir, passiva, àqueles desordeiros covardes cometendo sua violência, limitando-se exclusivamente a carregar os feridos ensanguentados que eles lançavam escada abaixo. Onde quer que o partido pequeno, porém ruidoso, dos pangermanistas quisesse forçar alguma coisa na Áustria, mandava essa tropa de choque estudantil. Quando o conde Badeni, com a aprovação do imperador e do Parlamento, promulgou um decreto sobre o uso das línguas, destinado a criar a paz entre os povos que compunham o Império Austro-Húngaro e que possivelmente poderia ter prolongado por décadas a monarquia, esse punhado de rapazes jovens e instigados por políticos ocupou a Ringstrasse. A cavalaria teve que sair às ruas, fez-se uso da espada e houve tiros. Mas era tamanho o repúdio de qualquer tumulto violento e qualquer derramamento de sangue naquela era liberal tragicamente fraca e comoventemente humana, que o governo cedeu ao terror dos pangermanistas. O primeiro-ministro se demitiu e o acordo linguístico benéfico foi anulado. A invasão da brutalidade na política acabara de registrar seu primeiro êxito. Todas as fendas subterrâneas entre raças e classes que a era da conciliação fechara à custa de tanto esforço reabriram-se e se tornaram abismos e precipícios. Na realidade, a guerra de todos contra todos já começara na Áustria, naquela última década antes do novo século.

Nós, jovens, no entanto, enredados por completo em nossas ambições literárias, pouco notávamos essas perigosas transformações na nossa pátria. Só olhávamos para livros e quadros. Não tínhamos o menor interesse por problemas políticos e sociais: o que significavam essas brigas ruidosas nas nossas vidas? A cidade se agitava durante as eleições, nós frequentávamos as bibliotecas. As massas se levantavam, nós escrevíamos e discutíamos poesia. Não víamos os sinais ígneos na parede; tal como o rei Baltasar, nos refestelávamos, despreocupados, com todas as preciosas iguarias da arte, sem olhar com medo para o futuro. E só quando, décadas mais tarde, o telhado e as paredes desabaram sobre nós, reconhecemos que os alicerces há muito já estavam solapados e que com o novo século começara também o declínio da liberdade individual na Europa.

Eros matutinus

Durante esses oito anos no liceu, deu-se um fato muito íntimo para cada um de nós: de crianças de dez anos, fomos nos convertendo, aos poucos, em jovens púberes de dezesseis, dezessete, dezoito anos, e a natureza começou a reivindicar seus direitos. Ocorre que o despertar da puberdade parece um problema de foro íntimo que todo adolescente precisa resolver do seu próprio modo e, à primeira vista, não apropriado para ser mencionado em público. Mas para a nossa geração essa crise ultrapassou os limites da sua esfera original. Mostrou, ao mesmo tempo, um despertar em um outro sentido, pois nos ensinou pela primeira vez a observar com espírito mais crítico aquele mundo social em que havíamos nos criado e suas convenções. As crianças e mesmo os jovens em geral são propensos a se adaptar respeitosamente às leis do seu meio. Mas só se submetem às convenções que lhes são impostas enquanto veem que também são seguidas com honestidade por todas as demais pessoas. Uma única inverdade por parte de professores ou pais inevitavelmente instiga o jovem a observar os que o cercam com olhar desconfiado e, dessa maneira, mais aguçado. Não foi preciso muito tempo para que descobríssemos que todas as autoridades em quem confiáramos até então – escola, família, a moral pública – comportavam-se de modo estranhamente pouco sincero nesse ponto da sexualidade. Mais ainda: que também de nós exigiam segredo e falta de sinceridade.

Pois pensava-se diferente sobre essas coisas há trinta, quarenta anos, comparando com nosso mundo de hoje. Graças a uma série de fatores – a emancipação da mulher, a psicanálise freudiana, o culto esportivo ao corpo, a crescente independência da juventude –, talvez em nenhum outro domínio da vida social tenha se operado uma transformação tão completa no espaço de uma geração como na relação entre os sexos. Se tentarmos formular a diferença entre a moral burguesa do século XIX – basicamente, uma moral vitoriana – e a moral atual, talvez nos aproximemos do fulcro da questão ao dizer que aquela época evitava medrosamente o problema da sexualidade por insegurança interior. Parece ter sido mais fácil em épocas mais antigas, ainda genuinamente religiosas, sobretudo nos tempos de puritanismo rigoroso. Impregnadas da convicção de que o desejo sensual é o aguilhão do demônio e o prazer físico, luxúria e pecado, as autoridades da Idade Média tinham abordado o problema de frente, impingindo sua moral rígida à base de punições cruéis, principalmente na Genebra calvinista. Nosso século, no entanto, época mais tolerante que há muito não acredita mais no demônio e quase já não mais em Deus, não teve coragem de aceitar um anátema tão radical. Mas percebeu a sexualidade como um elemento anárquico e, por isso mesmo, perturbador, que não se encaixava em sua ética e que não podia ser deixado solto à luz do dia, porque qualquer forma de amor livre, extraconjugal, contrariava o "decoro" burguês. Nesse dilema, aquela época inventou um curioso compromisso. Sem proibir o jovem de exercitar sua *vita sexualis*, restringia-se a exigir que resolvesse esse assunto constrangedor de alguma maneira discreta. Se era impossível eliminar a sexualidade do mundo, que pelo menos não fosse perceptível dentro do seu mundo de costumes. Portanto, houve um acordo tácito de não mencionar essas questões incômodas nem na escola, nem em família, nem publicamente, reprimindo-se tudo o que pudesse lembrar a sua existência.

Para nós – que, desde Freud, sabemos que quem tenta recalcar impulsos naturais do consciente não os elimina, mas apenas os desloca perigosamente para o subconsciente – é fácil hoje sorrir da ímpia ignorância dessa técnica ingênua de manter o mistério. Mas o século XIX inteiro esteve genuinamente imbuído da ideia de que era possível resolver todos os conflitos com racionalidade e sensatez, e quanto mais se ocultasse o que era natural, mais se temperavam suas forças anárquicas; portanto, se os jovens não fossem esclarecidos sobre a existência da sexualidade, acabariam por esquecê-la. Nesse equivocado intuito de querer ignorar para temperar, todas as instâncias se uniam em um boicote tácito através do silêncio hermético. A escola e a Igreja, as reuniões sociais no salão e a Justiça, o jornal e o livro, a moda e os costumes evitavam por princípio qualquer menção do problema. Vergonhosamente, até a ciência – que por dever teria de abordar todos os problemas com a mesma ausência de preconceitos – também fez coro a esse *naturalia sunt turpia*, as coisas naturais são vergonhosas. Também ela capitulou sob o pretexto de que era indigno para a ciência tratar desses temas escabrosos. Folheando-se qualquer livro da época, de filosofia, direito ou medicina, descobrir-se-á de maneira unânime que qualquer referência a essa questão era medrosamente evitada. Quando os criminalistas discutiam em congressos os métodos de humanização nas prisões e os danos morais da vida em cadeia, passavam timidamente ao largo do problema central. Da mesma maneira, os neurologistas não ousavam admitir o problema, embora em muitos casos tivessem total clareza sobre a etiologia de várias doenças histéricas. Basta ler Freud para saber que mesmo o seu venerado professor Charcot admitiu em conversa particular que conhecia a causa verdadeira, mas jamais a mencionara em público. A chamada "bela" literatura era a que menos podia ousar fazer descrições honestas, porque devia tratar apenas do que era esteticamente bonito. Ao passo que, em séculos anteriores, o escritor não temia oferecer uma imagem leal e ampla de seu tempo, ao passo que em Defoe, Abbé Prévost, Fielding e Rétif de la Bretonne ainda se encontravam narrações não falseadas das reais circunstâncias, aquela época só queria mostrar o que era "comovente" e "sublime", e não o que era também constrangedor e verdadeiro. Por isso encontram-se poucos traços na literatura do século XIX de todas as vicissitudes, trevas e dificuldades da juventude urbana. Mesmo quando um escritor mais audaz se referisse à prostituição, achava que tinha de enobrecê-la e perfumava a heroína, transformando-a em "Dama das Camélias". Encontramo-nos, portanto, diante do estranho fato de que, quando um jovem de hoje abre os romances daquele tempo, até mesmo os dos maiores mestres, as obras de Dickens e Thackeray, Gottfried Keller e Björnson – excetuando-se as de Tolstói e Dostoiévski, que, enquanto russos, estavam fora do pseudoidealismo europeu – para saber como a juventude das gerações passadas lutava para viver, encontra exclusivamente a descrição de eventos sublimados e temperados, porque toda essa geração era bloqueada em sua liberdade de expressão pela pressão dos tempos. E nada revela com maior nitidez a irritação quase exagerada dessa moral dos antepassados e a sua atmosfera hoje já quase inimaginável de que nem essa discrição literária era suficiente. Quem pode imaginar hoje que um romance tão objetivo quanto *Madame Bovary* tivesse sido proibido por um tribunal público francês por ser imoral? Que, nos tempos da minha juventude, os romances de Zola fossem tidos como pornográficos, ou que um escritor épico clássico tão tranquilo quanto Thomas Hardy provocasse tempestades de indignação na Inglaterra e nos Estados Unidos? Por mais discretos, aqueles livros haviam traído demais da realidade.

Mas nós crescemos nesse ambiente insalubre e prenhe de um abafamento perfumado. Essa moral desonesta e nada psicológica de omitir e esconder as coisas pesara sobre nossa juventude como um pesadelo, e como faltam documentos literários e históricos corretos por causa dessa técnica solidária de omissão, não deve ser fácil reconstruir o que já se tornou inacreditável. Há, no entanto, um certo ponto de referência: basta observar a moda, pois a moda de cada século, com seu gosto visual, involuntariamente também trai a sua moral. Não pode ser acaso que hoje, em 1940, quando na tela do cinema aparecem mulheres e homens da sociedade em seus trajes de 1900, o público de qualquer cidade, de qualquer aldeia da Europa ou dos Estados Unidos irrompa, uníssono, em riso incontido. Mesmo as pessoas mais ingênuas de hoje riem dessas estranhas figuras de ontem, como se fossem caricaturas – palhaços fantasiados de forma nada natural, desconfortável, não higiênica, nada prática. Até a nós, que ainda conhecemos nossas mães e tias e amigas nesses trajes absurdos, a nós, que, em meninos, íamos trajados da mesma forma ridícula, parece ser um sonho fantástico que uma geração inteira pudesse se submeter sem resistir a essas roupas estúpidas. Se a moda masculina dos colarinhos altos e rígidos, que impediam qualquer movimento mais solto, dos sobretudos negros compridos e dos chapéus em forma de cilindro lembrando chaminés de fogão, já atiça o riso, que dizer da "dama" com seu figurino laborioso e forçado, violentando a natureza em cada detalhe! Com a cintura de vespa apertada por um espartilho de ossos de baleia, a parte de baixo abaulada como um sino gigantesco, o pescoço totalmente fechado até o queixo, os pés cobertos até os dedões, o cabelo com incontáveis cachos e caracóis e tranças, armado por baixo de um monstro de chapéu que balançava majestosamente, as mãos metidas em luvas até mesmo no verão mais quente, esse ser histórico denominado de "dama", apesar da nuvem de perfume que a envolvia, apesar das joias que carregava, apesar das rendas mais preciosas, babados e badulaques, parece hoje um ser infeliz de lamentável desamparo. À primeira vista damo-nos conta de que uma mulher, uma vez blindada em tais trajes tal qual um cavaleiro em sua armadura, não conseguia mais se mexer de modo livre, dinâmico e gracioso, que cada movimento, cada gesto e, por consequência, todo o seu comportamento em tal vestimenta eram artificiais e contra a natureza. O mero processo de se transformar em uma "dama" – sem falar na educação social –, o vestir e o despir desses trajes, representava um complexo procedimento, impossível sem o auxílio de outras pessoas. Primeiro, era preciso fechar atrás, da cintura até o pescoço, inúmeros colchetes e ilhoses, o espartilho sendo apertado com toda a força pela camareira, os longos cabelos – lembro aos jovens que há trinta anos, exceto por algumas dezenas de estudantes russas, qualquer mulher da Europa era capaz de soltar seus cabelos até as ancas – sendo diariamente ondulados, assentados, escovados, penteados, armados como uma torre por uma cabeleireira especialmente chamada, com uma legião de grampos, presilhas e pentes e com ajuda de ferro de frisar e papelotes. Depois, era modelada com várias camadas de anáguas, corpetes, casacos e casaquinhos, até fazer desaparecer o último resto de suas formas femininas individuais. Mas esse absurdo tinha o seu sentido secreto. A verdadeira silhueta de uma mulher devia ser ocultada com essas manifestações para que nem o noivo durante o banquete de núpcias imaginasse de longe se sua futura companheira de vida era reta ou torta, cheia ou magra, de pernas curtas ou compridas; essa época "moral" tampouco considerava proibido proceder a alterações artificiais do cabelo, dos seios ou de outras partes do corpo com o fim de iludir e de adequá-los ao ideal geral de beleza. Quanto mais uma mulher devesse ter aparência de "dama", menos deviam ser reconhecíveis suas formas naturais; em essência, a moda, com esse seu lema intencional, apenas servia à tendência moral da época, cuja principal preocupação era disfarçar e esconder.

Mas essa moral sábia esquecia completamente que, quando se tranca a porta ao diabo, ele em geral força a entrada pela chaminé ou pela porta dos fundos. O que o nosso olhar descontraído nota hoje nesses trajes, que tentavam desesperadamente esconder qualquer traço de pele ou do corpo natural, não é o seu puritanismo, mas ao contrário, a maneira provocadora, quase constrangedora, com que aquela moda enfatizava a polaridade dos gêneros. Enquanto o jovem rapaz e a jovem mulher dos nossos tempos, ambos esguios, imberbes, de cabelos curtos, parecem-se de maneira camarada, naquela época os sexos eram o mais diferentes possível. Os homens usavam barbas longas ou pelo menos cofiavam um poderoso bigode como atributo de sua masculinidade visível de longe, enquanto nas mulheres o espartilho tentava acentuar ostensivamente a característica sexual feminina essencial, os seios. O chamado sexo forte era acentuado também pela postura que se exigia dele – o homem audaz, cavalheiresco e agressivo, a mulher medrosa, tímida e defensiva, caçador e presa, em vez de iguais. Essa apartação pouco natural na postura externa necessariamente reforçava também a tensão interior entre os polos, o erotismo. E assim, com o seu método pouco psicológico de encobrir e omitir, a sociedade de então conseguiu exatamente o oposto. Ao tentar, em seu constante temor pudico, farejar qualquer traço de imoralidade em todas as formas da vida, literatura, arte, indumentária, a fim de coibir qualquer provocação, na verdade era obrigada a pensar o tempo todo no imoral. Como se sondava ininterruptamente o que poderia ser inadequado, criava-se um estado contínuo de vigilância: no mundo de então, o "decoro" parecia em perigo mortal, a cada gesto, a cada palavra. Talvez hoje ainda se entenda que naquele tempo fosse visto como crime se uma mulher usasse calças compridas nos esportes ou nos jogos. Mas como tentar explicar a pudicícia histérica de então que vedava a uma mulher sequer pronunciar a palavra "calça"? Se quisesse mencionar a existência de um traje tão perigoso, teria que usar a inocente expressão "roupa para as pernas" ou então a designação especialmente inventada, "as impronunciáveis". Era inconcebível que jovens da mesma camada social, mas de sexos diferentes, fizessem uma excursão juntos sem supervisão – na verdade, o primeiro pensamento que vinha à mente era o de que algo poderia "acontecer". Só se permitia que jovens de sexos diferentes ficassem juntos se mães ou governantas os acompanhassem passo a passo, vigiando-os. Era um escândalo jovens moças jogarem tênis em roupas que exibissem os pés ou, pior ainda, de braços nus, mesmo nos dias mais quentes de verão. E se uma mulher de bons costumes cruzasse as pernas na companhia de outras pessoas, a "moral" considerava isso terrivelmente obsceno, porque seu tornozelo poderia ser visto por baixo da bainha do vestido. Nem aos elementos da natureza, nem ao sol, à água, ao ar, era dado tocar a pele nua de uma mulher. No mar, elas tentavam avançar com dificuldade, vestidas da cabeça aos pés com trajes pesados. Nos pensionatos e nos conventos, as jovens – para esquecer que possuíam um corpo – eram obrigadas até a tomar banho em longos camisões brancos. Não é nenhuma lenda ou exagero dizer que algumas mulheres morriam já idosas e que, afora o parteiro, o marido e o homem que ajudava a lavar o cadáver, jamais alguém vira a curva dos seus ombros ou os joelhos. Hoje, quarenta anos depois, tudo isso parece lenda ou exagero humorístico. Mas esse medo de tudo o que é corporal ou natural penetrara de fato na população inteira, das camadas mais elevadas até as mais baixas, com a veemência de uma verdadeira neurose. Alguém pode imaginar hoje que, na virada do século XX, quando as primeiras mulheres ousaram sentar-se numa bicicleta ou no lombo de um cavalo, os camponeses tenham apedrejado as destemidas? Que, na época em que eu ainda frequentava a escola, os jornais vienenses travassem longas discussões sobre a novidade proposta e terrivelmente obscena de que as bailarinas da Ópera deveriam dançar sem meias? Que foi uma sensação inédita quando Isadora Duncan, em suas danças clássicas, sob sua túnica branca mas felizmente longa mostrou pela primeira vez os pés descalços, em vez das habituais sapatilhas de cetim? Imaginemos jovens que cresciam nessas épocas de olhares vigilantes, e quão ridículos deveriam lhes parecer esses temores pela decência eternamente ameaçada, tão logo viam que o manto moral que se pretendia colocar por sobre essas coisas era esgarçado e cheio de rasgos e buracos. Afinal, não era possível evitar que um dos cinquenta colegiais encontrasse seu professor numa daquelas vielas escuras, ou que se escutasse no âmbito familiar que este ou aquele outro, que parecia tão respeitável, tivesse vários pecados. Na verdade, nada aumentava e aguçava tanto a nossa curiosidade quanto essa desajeitada técnica de ocultação; e como não se queria deixar livre curso ao que era natural, na cidade grande a curiosidade criava seus próprios escoadouros subterrâneos e geralmente não muito limpos. Em todas as camadas, sentia-se na juventude uma superexcitação oculta causada por essa repressão, que se expressava de um modo pueril e desamparado. Quase não havia cercas ou cômodos reservados sem inscrições ou desenhos obscenos, quase não havia um local de banhos sem buracos nas paredes de madeira para espiar as mulheres. Havia ramos florescentes da indústria que já se acabaram à medida que os costumes se tornaram mais naturais, sobretudo o ramo das fotografias de nus artísticos, que em cada taverna eram oferecidas aos rapazes por baixo da mesa por vendedores ambulantes. Ou o da literatura pornográfica por baixo do pano, já que a literatura séria tinha de ser obrigatoriamente idealista e cuidadosa; livretos da pior espécie, impressos em papel de baixa qualidade, escritos em péssima linguagem, mas que mesmo assim conseguiam ser vendidos rapidamente. E das revistas "picantes" asquerosas e obscenas que hoje já nem se encontram mais. Além do teatro da corte, que servia ao ideal da época com todo o seu espírito de nobreza e sua pureza imaculada, havia teatros e cabarés que serviam exclusivamente à obscenidade mais ordinária; em toda parte o que era bloqueado criava desvios, subterfúgios, evasivas. Assim, em última análise, aquela geração a que se proibia qualquer esclarecimento e qualquer convívio franco com o sexo oposto era mil vezes mais afeita ao erotismo do que a juventude atual com sua liberdade amorosa muito mais ampla. Pois o que é proibido estimula a cobiça, e quanto menos os olhos enxergavam e os ouvidos ouviam, tanto mais os pensamentos sonhavam. Quanto menos ar, luz e sol podiam tocar o corpo, mais a sensualidade se exaltava. Em suma, em vez de uma maior moralidade, aquela pressão da sociedade sobre a nossa juventude só produziu desconfiança e amargura dentro de nós contra todas essas instâncias. Desde o primeiro dia do nosso despertar, instintivamente sentimos que, calando e ocultando, essa moral insincera nos queria tomar algo que, de direito, pertencia à nossa idade, e que sacrificava nossa vontade de sermos sinceros em nome de uma convenção há muito tornada mentirosa.

Essa "moral social" – que, de um lado, pressupunha a existência da sexualidade e o seu curso natural e, de outro, não a admitia a preço algum em público – chegava a ser duplamente mentirosa. Porque enquanto ela fazia vista grossa no caso dos jovens rapazes, piscando com o olho e animando-os a ter suas experiências, fechava ambos diante da mulher e fingia ser cega. Que um homem tivesse instintos e pudesse senti-los, até a convenção tinha de conceder tacitamente. Mas admitir que uma mulher também pudesse estar sujeita a eles, que a criação, para seus fins eternos, também precisava de uma polaridade feminina, teria violado o princípio da "santidade da mulher". Na época pré-freudiana aceitava-se, pois, o axioma de que um ser feminino não tinha nenhum desejo físico, a não ser que fosse despertado pelo homem – o que, claro, só era permitido no casamento. Mas como, também naqueles tempos moralistas, o ar – em especial em Viena – estava impregnado de perigosos vírus infecciosos, uma jovem de "boa família" precisava viver, do nascimento até o dia em que descesse do altar com o esposo, em um ambiente inteiramente esterilizado. Para proteger as jovens, não se deixava que ficassem um minuto a sós. Uma governanta deveria cuidar para que não dessem um só passo na rua desprotegidas; eram levadas à escola, à aula de dança, à aula de música e reconduzidas à casa. Todo livro que liam era controlado, e sobretudo tratava-se de deixar as jovens sempre ocupadas, para distraí-las de possíveis pensamentos perigosos. Tinham que estudar piano, canto, desenho e aprender idiomas estrangeiros e história da arte e da literatura, eram educadas até o excesso. Mas, enquanto se tentava torná-las instruídas e bem-educadas socialmente, havia um cuidado para que permanecessem em uma ignorância até hoje inconcebível para nós no que diz respeito a todos os assuntos naturais. Uma jovem de "boa família" não podia ter qualquer noção sobre a conformação do corpo masculino, não devia saber como as crianças vêm ao mundo, pois o anjo devia ingressar no casamento não apenas intocado em termos físicos, como também inteiramente "puro" de espírito. A expressão "bem-educada" era, então, sinônimo de um alheamento da vida que em alguns casos se perenizou nas mulheres de então. Até hoje eu me divirto com a história grotesca de uma tia que em sua noite de núpcias voltou para a casa dos pais à uma da madrugada, tocando a campainha a rebate, porque não queria nunca mais voltar a ver o brutamontes com quem a tinham casado, que era um louco e um espírito maligno, pois tinha tentado a sério despi-la. Só com muito esforço ela conseguira fugir desse desejo obviamente doentio.

Não posso omitir que essa ignorância emprestava às jovens de então, por outro lado, uma misteriosa sedução. Essas criaturas ainda imaturas intuíam que além e atrás do seu próprio mundo havia outro, do qual nada sabiam e nem podiam saber, e isso as tornava curiosas, nostálgicas, exaltadas e perplexas de uma forma atraente. Ao serem cumprimentadas na rua, enrubesciam – e ainda existem hoje jovens que enrubescem? Quando ficavam a sós, riam baixinho e cochichavam e davam gargalhadas como se estivessem levemente bêbadas. Cheias de expectativa em relação a todo o desconhecido do qual estavam excluídas, sonhavam a vida de maneira romântica, ao mesmo tempo envergonhadas de que alguém pudesse descobrir o quanto seu corpo desejava carícias das quais nada sabiam com clareza. Uma espécie de leve confusão agitava constantemente todas as suas atitudes. Andavam de maneira diferente das jovens de hoje, que têm corpos robustecidos pelos esportes e se movem com desembaraço e leveza entre os homens; a mil passos de distância era possível distinguir uma jovem de uma mulher que já conhecera um homem, pelo jeito de caminhar e de se comportar. Eram mais meninas do que as meninas de hoje e menos mulheres, parecendo, em sua maneira de ser, a delicadeza exótica de plantas de estufa cultivadas em uma atmosfera artificialmente aquecida e protegidas contra qualquer sopro de vento maléfico: o produto engenhosamente cultivado de uma determinada educação e cultura.

Mas era assim que a sociedade de então queria a jovem, tola e inexperiente, bem-educada e ingênua, curiosa e envergonhada, insegura e sem prática e de antemão destinada por essa educação alheia à vida a ser moldada e conduzida pelo homem no casamento, sem vontade própria. A moralidade parecia protegê-la como símbolo de seu mais secreto ideal, como símbolo do pudor feminino, da virgindade, do etéreo. Que tragédia, porém, quando uma dessas jovens passava do tempo, quando aos 25 ou trinta anos ainda era solteira! Pois a convenção também exigia impiedosamente da mulher solteira de trinta anos que, em nome da "família" e da "moralidade", mantivesse esse estado de inexperiência, de falta de volúpia e de ingenuidade que já não condizia mais com sua idade. Mas então a figura suave se transformava quase sempre em uma caricatura aguda e cruel. A solteira se tornava a "encalhada", a "encalhada" virava a velha solteirona, pivô das ironias das folhas humorísticas. Quem hoje folheia um volume antigo da revista *Fliegende Blätter* ou qualquer outra do gênero encontra horrorizado em cada número as mais estúpidas zombarias das donzelas que iam envelhecendo e que, com seus nervos perturbados, não conseguiam esconder seu natural desejo de amar. Em vez de reconhecerem a tragédia que se processava nessas existências sacrificadas que, em nome da família e da boa reputação, precisavam reprimir as demandas da natureza, os anseios por amor e por maternidade, ironizavam-nas com uma incompreensão que hoje nos desagrada. Mas a sociedade costuma ser mais cruel com aqueles que traem seus segredos e assim revelam onde ela se torna criminosa pela insinceridade com a natureza.

SE A CONVENÇÃO BURGUESA de então tentava desesperadamente manter a ficção de que uma mulher de "boa família" não podia ter sexualidade enquanto não fosse casada – o contrário a tornava uma "pessoa imoral", rejeitada pela família –, era forçoso admitir no jovem rapaz a existência desses impulsos. Como, por experiência, não era possível impedir que jovens púberes exercitassem sua *vita sexualis*, a sociedade se restringia ao modesto desejo de que eles fruíssem seus prazeres indignos fora dos muros da santa moralidade. Assim como, por baixo das ruas bem-varridas com suas belas lojas de luxo e elegantes passeios, as cidades escondem canais subterrâneos nos quais corre a imundície das cloacas, toda a vida sexual da juventude devia transcorrer de maneira invisível por baixo da superfície moral da "sociedade". Era indiferente a que perigos o jovem era exposto e em que esferas ele acabava penetrando; a escola e a família negligenciavam medrosamente o esclarecimento do rapaz nesse sentido. Aqui e acolá, nos últimos anos, houve certos pais cuidadosos ou, como se dizia, "esclarecidos", que tentavam ajudar o filho a tomar o caminho correto tão logo os primeiros fios de barba despontassem em seu rosto. Mandavam vir o médico da família, que chamava o jovem a um cômodo, limpava seus óculos demoradamente antes de iniciar uma preleção sobre os perigos das doenças venéreas, aconselhando o jovem – que, a essa altura, em geral já se instruíra a si próprio – a ser moderado e a observar certas medidas de precaução. Outros pais aplicavam um método ainda mais singular: contratavam uma bela empregada, a quem praticamente cabia a missão de ensinar o jovem. Pois parecia-lhes preferível que o jovem praticasse essa coisa desagradável sob seu próprio teto, guardando, assim, o decoro para fora e evitando o perigo de que ele pudesse cair nas mãos de alguma "espertalhona". Mas *um* método de esclarecimento continuava decididamente vedado em todas as instâncias e formas: o método público e sincero.

QUANTAS POSSIBILIDADES HAVIA então para um jovem do mundo burguês? Em todas as outras classes sociais, mais baixas, isso não era um problema. No campo, o criado já se deitava com a criada aos dezessete anos, e não importava se essa relação tinha consequências; na maioria das nossas aldeias alpinas, o número dos filhos ilegítimos superava em muito o dos legítimos. No proletariado, o trabalhador, antes de ter recursos financeiros, vivia com uma trabalhadora sem estar casado. Entre os judeus ortodoxos da Galícia, o menino recebia a noiva aos sete anos e aos quarenta já podia ser avô. Só na nossa sociedade burguesa o verdadeiro antídoto – casar-se mais cedo – não era bem-visto, porque nenhum pai de família queria confiar sua filha a um jovem de 22 ou vinte anos, porque alguém tão "jovem" não era considerado maduro o suficiente. Nesse aspecto também se revelou mais uma insinceridade interior, pois o calendário burguês não coincidia de forma alguma com o da natureza. Enquanto, para a natureza, o homem se torna púbere aos dezesseis ou dezessete, para a sociedade isso só ocorria depois de ele ter alcançado uma "posição social" – ou seja, nunca antes dos 25 ou 26 anos. Assim se formava um intervalo artificial de seis, oito ou dez anos entre a puberdade verdadeira e aquela admitida pela sociedade, intervalo durante o qual o jovem devia se ocupar sozinho de suas "questões" ou "aventuras".

Para tal, a época então não lhe oferecia muitas opções. Só alguns poucos jovens ricos podiam se dar ao luxo de "manter" uma amante, quer dizer, alugar um apartamento para ela e sustentá-la. Da mesma forma, só para alguns poucos felizardos se concretizava o então ideal amoroso literário – o único passível de ser narrado em romances: o relacionamento com uma mulher casada. Os outros quase sempre se arranjavam com vendedoras de loja e garçonetes, o que proporcionava pouca satisfação interior. Pois naquele tempo, antes da emancipação da mulher e de sua participação autônoma e ativa na vida pública, somente moças de paupérrima origem proletária dispunham de suficiente falta de escrúpulo por um lado e, de outro, de suficiente liberdade para relacionamentos passageiros sem sérias intenções casamenteiras. Malvestidas, cansadas depois de uma mal paga jornada de doze horas, maltratadas (um banheiro naqueles tempos ainda era privilégio de famílias ricas) e criadas em ambientes apertados, essas pobres criaturas estavam tão abaixo do nível de seus amantes que esses em geral evitavam ser vistos em público com elas. A convenção previdente inventara medidas especiais para esses constrangimentos – as chamadas *chambres séparées*, onde se podia jantar com uma garota sem ser visto. Todo o resto se resolvia nos pequenos hotéis das ruazinhas escuras, criados exclusivamente para esta finalidade. Mas todos esses encontros tinham de ser fugazes e sem verdadeira beleza, sendo mais sexo do que erotismo, porque sempre aconteciam às pressas e às escondidas, como algo proibido. Em todo caso, ainda havia a possibilidade de relações com um daqueles seres anfíbios, meio dentro, meio fora da sociedade: atrizes, dançarinas, artistas, as únicas mulheres "emancipadas" daquele tempo. Mas, de maneira geral, a prostituição era o fundamento da vida erótica fora do casamento; era, por assim dizer, o porão escuro acima do qual se erguia o suntuoso prédio da sociedade burguesa, com sua fachada imaculadamente cintilante.

A GERAÇÃO ATUAL mal tem noção da incrível extensão da prostituição na Europa até a Primeira Guerra Mundial. Enquanto hoje as prostitutas são tão raras quanto cavalos nas ruas das cidades grandes, naquela época as calçadas estavam tão cheias de mulheres compráveis que era mais difícil esquivar-se delas do que encontrá-las. Além disso, havia as numerosas "casas fechadas", os locais noturnos, os cabarés com suas dançarinas e cantoras, os bares com as moças contratadas para animar o ambiente. A mercadoria feminina era oferecida a céu aberto a qualquer preço e a qualquer hora, e um homem comprava uma mulher por um quarto de hora, uma hora ou uma noite com tão pouco dinheiro e esforço quanto ele adquiria um maço de cigarros ou um jornal. Nada me parece confirmar tanto a maior sinceridade e naturalidade das formas atuais de viver e de amar do que, para a juventude de hoje, ter se tornado possível e quase natural abrir mão dessa instituição outrora indispensável, e que não tenha sido a polícia nem as leis que repeliram a prostituição do nosso mundo: esse produto trágico de uma pseudomoral foi eliminado pela demanda reduzida, salvo alguns míseros restos.

É verdade que a posição oficial do Estado e de sua moral em relação a esse negócio escuso nunca foi muito confortável. Do ponto de vista moral, não se ousava reconhecer abertamente o direito das mulheres de se venderem, mas do ponto de vista higiênico não se podia abrir mão da prostituição, porque ela canalizava a inconveniente sexualidade extraconjugal. Assim, as autoridades tentavam se valer de uma atitude ambígua entre prostituição clandestina, combatida pelo Estado como imoral e perigosa, e uma prostituição permitida, provida de uma espécie de licença tributada pelo Estado. Uma jovem determinada a se tornar prostituta recebia uma concessão especial da polícia e um livro de registro individual como autorização para exercer a profissão. Submetendo-se ao controle policial e ao exame médico obrigatório duas vezes por semana, adquiria o direito de alugar o seu corpo por qualquer preço que lhe parecesse conveniente. A prostituição era uma profissão reconhecida no âmbito de todas as outras profissões, mas – e era este o calcanhar de aquiles da moral – não era completamente reconhecida. Assim, por exemplo, uma prostituta que vendesse sua mercadoria, isto é, o seu corpo, para um homem que recusasse o pagamento combinado não podia levantar queixa contra ele. Nesse caso, a sua reivindicação, *ob turpem causam* – por causa torpe, como dizia a lei –, de repente se tornava uma demanda imoral sem proteção por parte das autoridades.

Já nesses detalhes percebia-se a ambiguidade de uma concepção que, de um lado, inseria essas mulheres em um ofício permitido por lei, mas de outro as colocava como proscritas fora do direito geral. Porém a verdadeira falta de sinceridade consistia no fato de que todas essas restrições só existiam para as classes mais pobres. Uma bailarina, que podia ser comprada em Viena por duzentas coroas a qualquer hora e por qualquer homem tanto quanto a moça das ruas por duas coroas, obviamente não precisava de uma autorização para exercer a profissão. As grandes *demi-mondaines* eram até mencionadas nas matérias dos jornais sobre as corridas de cavalo entre as presenças famosas, porque já faziam parte da "sociedade". Da mesma maneira, algumas das cafetinas mais sofisticadas que proviam a corte, a aristocracia e a burguesia rica com mercadoria de luxo estavam além da legislação que, nos demais casos, punia o lenocínio com pesadas penas de prisão. A disciplina severa, a vigilância impiedosa e o desprezo só valiam para o exército de milhares e milhares que, com o seu corpo e sua alma humilhada, precisavam defender as formas livres e naturais de amar de uma concepção antiga e há muito tempo solapada.

Esse imenso exército da prostituição era dividido em partes, assim como o Exército se subdivide em cavalaria, artilharia, infantaria e artilharia de praça. Essa última, na prostituição, correspondia àquele grupo que ocupava determinadas ruas da cidade como a sua área. Geralmente, eram as áreas em que na Idade Média havia um patíbulo ou onde havia existido um hospital de leprosos ou um cemitério, zonas em que os algozes, os verdugos e outros proscritos pela sociedade haviam encontrado um esconderijo – áreas, portanto, que a burguesia preferia evitar havia séculos como zona residencial. Ali, as autoridades liberaram algumas vielas para servir de feira de amor. Como no distrito de Yoshiwara, no Japão, ou no mercado de peixes do Cairo, em pleno século XX havia duzentas ou quinhentas mulheres em exposição nas janelas de suas casas térreas, uma ao lado da outra, mercadoria barata que trabalhava em dois turnos, um de dia e outro à noite.

À cavalaria ou infantaria correspondia a prostituição ambulante, formada pelas numerosas garotas que podiam ser compradas e procuravam os clientes nas ruas. Em Viena, eram chamadas de *Strichmädchen*, garotas do traço, porque a polícia delimitara para elas, com um traço invisível, a parte da calçada que podiam usar para suas finalidades. De dia e de noite, até alta madrugada, mesmo no frio e na chuva, arrastavam pelas ruas sua falsa elegância, comprada com muito custo, obrigando a todo instante o rosto mal maquiado e já cansado a um sorriso sedutor para todo passante. E todas as cidades me parecem hoje mais belas e mais humanas desde que essas multidões de mulheres famintas e infelizes não povoam mais as ruas e não oferecem mais prazer sem prazer, encontrando em suas andanças intermináveis sempre o mesmo inevitável caminho rumo ao hospital.

No entanto, mesmo essas multidões ainda não eram suficientes para o consumo constante. Alguns queriam mais conforto e discrição do que caçar esses morcegos noturnos ou tristes aves-do-paraíso pelas ruas. Queriam o amor com mais conforto: com luz e calor, música e dança e uma aparência de luxo. Para esses clientes havia as "casas fechadas", os bordéis. Ali, as moças se reuniam em um chamado "salão" decorado com falso luxo, em roupas finas ou em trajes menores; um pianista tratava do entretenimento musical, bebia-se, dançava-se e conversava-se antes que os casais se retirassem discretamente para os quartos. Em alguns dos bordéis mais elegantes, sobretudo em Paris e Milão, que já gozavam de uma certa reputação internacional, um espírito mais ingênuo podia pensar haver sido convidado para uma casa particular com damas da sociedade já um pouco alegres demais. Aparentemente, as moças nessas casas levavam uma vida melhor que as ambulantes nas ruas. Não precisavam atravessar vielas enlameadas no vento e na chuva, ganhavam bons vestidos, comida e principalmente bebida em abundância. Em compensação, eram, na verdade, prisioneiras de suas anfitriãs, que as obrigavam a comprar os vestidos a preços altíssimos e faziam cálculos tão ardilosos com as contas da pensão que mesmo a garota mais esforçada e perseverante continuava sempre em uma espécie de prisão e não podia nunca mais abandonar a casa por vontade própria.

Escrever a história secreta de algumas dessas casas seria fascinante e mesmo relevante do ponto de vista documental para a cultura da época, pois elas guardavam os mais estranhos segredos, bem conhecidos das autoridades normalmente tão severas. Havia portas clandestinas e uma escada especial que os membros da alta sociedade – e, como se murmurava, até da corte – podiam utilizar para fazer suas visitas sem serem vistos pelos outros mortais. Havia quartos com as paredes espelhadas e outros dos quais se podia espiar para os cômodos vizinhos em que os casais se divertiam sem a menor suspeita de estarem sendo vistos. Havia os trajes mais insólitos fechados em baús e arcas para determinados fetichistas, de hábitos de freira a vestidos de bailarina. E era a mesma cidade, a mesma sociedade, a mesma moral que se indignava quando as jovens andavam de bicicleta, que declarava ser uma profanação da dignidade da ciência quando Freud constatava, de seu jeito sereno, calmo e penetrante, as verdades que não queriam reconhecer. O mesmo mundo que defendia pateticamente a pureza da mulher tolerava esse comércio vil de mulheres que se vendiam, organizava-o e até lucrava com ele.

Não nos deixemos, pois, iludir pelos romances ou novelas sentimentais daquela época. Era um tempo terrível para a juventude, as moças hermeticamente isoladas da vida e colocadas sob controle da família, barradas em seu livre desenvolvimento físico e espiritual, os rapazes, por sua vez, pressionados a cometer clandestinidades e falsidades por uma moral que, no fundo, ninguém seguia e em que ninguém acreditava. A sorte de ter relações naturais e sinceras – precisamente as que, pelas leis naturais, deveriam significar felicidade e prazer para os jovens – cabia a pouquíssimas pessoas. E quem, daquela geração, quiser recordar-se fielmente de seus primeiros encontros com mulheres encontrará poucos episódios dos quais se possa lembrar de fato com alegria completa. Pois além da repressão social, que obrigava todos incessantemente a tomar cuidado e manter segredo, havia outro elemento que então obscurecia a alma depois dos momentos mais carinhosos – ou mesmo em meio a eles: o medo de se infectar. Também nesse aspecto a juventude de então, comparada à de hoje, estava em desvantagem, pois não podemos esquecer que há quarenta anos as epidemias sexuais eram cem vezes mais disseminadas do que hoje e, sobretudo, tinham consequências cem vezes mais perigosas e horríveis, porque a medicina da época não sabia combatê-las. Ainda não havia a possibilidade científica de eliminá-las de maneira rápida e radical de forma a que não passassem de um episódio. Se hoje, graças à terapia de Paul Ehrlich, nas clínicas de universidades pequenas e de médio porte passam-se semanas sem que o clínico geral possa mostrar aos seus estudantes um caso de infecção recente por sífilis, a estatística de então entre os militares e nas grandes cidades registrava pelos menos um ou dois casos de vítimas de doenças venéreas entre dez jovens. Estes eram incessantemente alertados contra os riscos. Caminhando pelas ruas de Viena, a cada seis ou sete casas liam-se placas de "médico especialista em doenças venéreas e de pele", e além do medo da infecção havia ainda o terror da forma repugnante e degradante dos tratamentos da época, dos quais o mundo de hoje também não sabe nada. Durante semanas e semanas, passava-se uma pomada com mercúrio no corpo inteiro de um paciente infectado com sífilis, o que por sua vez causava queda de dentes e outros prejuízos à saúde. A infeliz vítima de um péssimo acaso, portanto, não se sentia apenas afetada na alma, mas também com o corpo imundo, e mesmo depois de um desses tratamentos horrendos a pessoa não tinha certeza se o pérfido vírus não voltaria a despertar, paralisando os membros a partir da medula, amolecendo o cérebro detrás da testa. Não admira, portanto, que muitos jovens, ao receber o diagnóstico, recorressem ao revólver por acharem insuportável para si e para os parentes mais próximos a suspeita de serem incuráveis. Além disso havia as outras preocupações de uma vida sexual exercitada sempre apenas às escondidas. Quando tento me lembrar fielmente, recordo pouquíssimos camaradas dos meus anos de juventude que não tenham chegado um dia pálidos e preocupados, um porque havia se contaminado ou temia adoecer, o segundo por estar sendo chantageado por causa de um aborto, o terceiro porque não tinha o dinheiro para se submeter a um tratamento sem que a família soubesse, o quarto porque não tinha como pagar pensão para um filho que uma garçonete lhe atribuía, o quinto porque sua carteira fora furtada num bordel e ele não ousava dar queixa à polícia. A juventude daquela época pseudomoral era, portanto, muito mais dramática e impura, mais cheia de tensões e ao mesmo tempo de aflições do que descrevem os romances e as peças teatrais de seus poetas da corte. Assim como na escola e em casa, na esfera do amor a juventude quase nunca desfrutava da liberdade e da felicidade às quais sua idade a destinava.

Tudo isso precisou ser necessariamente enfatizado para compor um cenário honesto da época. Pois muitas vezes, quando converso com companheiros mais jovens da geração do pós-guerra, preciso convencê-los quase à força de que nossa juventude não foi de modo nenhum privilegiada em comparação à deles. Claro, tivemos mais liberdades cívicas do que a geração atual, obrigada ao serviço militar, ao trabalho, e em muitos países a se submeter a uma ideologia de massas, sendo exposta em quase tudo indefesa ao arbítrio de uma política mundial estúpida. Podíamos nos dedicar com mais tranquilidade à nossa arte, às nossas inclinações intelectuais, formar nossa vida de maneira mais individualizada e pessoal. Podíamos viver de maneira mais cosmopolita, o mundo inteiro estava aberto para nós. Viajávamos sem passaporte ou licença para onde quiséssemos, ninguém nos inquiria sobre credo político, origem, raça e religião. Tínhamos de fato – eu não o nego de forma alguma – muitíssimo mais liberdade individual, e não apenas a amamos como também a aproveitamos. Mas como Friedrich Hebbel disse tão bem: "Ora nos falta o vinho, ora nos falta a taça." É raro que a uma geração sejam dadas as duas coisas: se a moral deixa liberdade ao homem, o Estado o constrange. Se o Estado lhe deixa a sua liberdade, a moral tenta moldá-lo. Vivenciamos o mundo mais e melhor, mas a juventude atual vivencia mais e de maneira mais consciente a sua própria juventude. Quando observo hoje os jovens saindo de seus colégios com a fronte clara e erguida e o rosto alegre, quando os vejo juntos, moças e rapazes, em uma camaradagem livre e despreocupada, sem falsa timidez ou vergonha, nos estudos, nos esportes e no jogo, deslizando de esqui pela neve, competindo na piscina, livres como na Antiguidade, irmanados sem qualquer carga interior ou exterior em todas as formas de uma vida sadia e despreocupada, então sempre me parece como se não fossem quarenta e sim mil anos que os separam de nós, que para dar amor ou receber amor éramos sempre obrigados a buscar sombra e esconderijo. Com o olhar genuinamente alegre dou-me conta da imensa revolução dos costumes que se operou em favor da juventude, quanta liberdade em amor e vida ela reconquistou e o quanto se recuperou física e psiquicamente com essa nova liberdade; as mulheres me parecem mais belas desde que se lhes permitiu mostrar suas formas livremente, seu andar mais ereto, seu olhar mais alegre, sua conversa menos artificial. Que outra segurança possuem esses jovens, que já não precisam prestar contas sobre seus atos a ninguém além de si próprios e à sua responsabilidade interior, que se desvencilharam do controle de mães e pais e tias e professores e há muito tempo não têm ideia dos empecilhos, das intimidações e tensões que pesaram sobre nosso desenvolvimento; esses jovens que nada sabem dos desvios e dos segredos com que precisávamos obter o que era proibido para nós e o que eles com razão percebem como sendo um direito. Felizes, saboreiam a sua condição com o elã, o frescor, a leveza e a despreocupação próprios dessa idade. Mas a maior felicidade nessa felicidade, para mim, é que não precisam mentir para os outros, podendo ser sinceros consigo e com seus sentimentos e desejos. Pode ser que, por atravessarem a vida tão despreocupados, falte aos jovens de hoje algo do respeito pelas coisas intelectuais que animou a nossa juventude. Pode ser que, pela facilidade do dar e receber, tenham perdido algo no amor que nos parecia especialmente precioso e sedutor, alguma misteriosa inibição de timidez e vergonha, alguma suavidade na carícia. Talvez nem imaginem como justo o arrepio causado por tudo que é proibido e interdito potencializa misteriosamente o prazer. Mas tudo isso me parece pouco comparado com essa transformação redentora: a juventude de hoje está livre do medo e da opressão, fruindo por completo aquilo que nos foi negado naqueles anos – a sensação de descontração e de autoestima.

Universitas vitae

POR FIM CHEGOU o instante longamente ansiado em que, com o último ano do velho século, pudemos bater atrás de nós a porta do odiado liceu. Depois dos exames prestados com muito esforço – afinal, o que sabíamos nós de matemática, física e das matérias escolásticas? –, o diretor da escola nos honrou com uma animada alocução, nós que, para a ocasião, fomos obrigados a vestir solenes sobrecasacas pretas. Disse que agora éramos adultos e devíamos honrar a pátria com zelo e diligência. Com isso, implodiu uma camaradagem de oito anos. Desde então, revi poucos dos meus companheiros de galé. A maioria se matriculou na universidade, e os que precisaram se arranjar com outras profissões e ocupações olharam para nós com inveja.

Naqueles tempos longínquos a universidade ainda tinha na Áustria uma aura especial, romântica. O status de estudante garantia certas prerrogativas que privilegiavam o jovem acadêmico em relação aos demais jovens da mesma faixa etária. Fora dos países de língua alemã, essa singularidade antiquada deve ser pouco conhecida, exigindo uma explicação por ser absurda e anacrônica. Quase todas as nossas universidades foram fundadas ainda na Idade Média, ou seja, em um tempo em que ocupar-se com ciência ainda era visto como algo extraordinário e, para atrair jovens para os estudos, concediam-se certos privilégios de classe. Os escolásticos medievais não eram sujeitos aos tribunais comuns, não podiam ser buscados em suas casas pelos beleguins, usavam trajes especiais, tinham direito de duelar impunemente e eram reconhecidos como uma guilda fechada com seus usos e abusos. No decorrer do tempo e com a crescente democratização da vida pública, quando todas as outras guildas e corporações de ofícios se dissolveram, em toda a Europa os acadêmicos perderam seu status de privilegiados; só na Alemanha e na Áustria alemã, onde a consciência de classe sempre se sobrepôs à democrática, os estudantes se agarraram a esses privilégios há muito sem sentido, e até os ampliaram para um código estudantil próprio. Além da honra burguesa e da honra geral, o estudante alemão ainda se atribuía uma forma especial de "honra" estudantil. Se alguém o ofendesse, precisava lhe dar "satisfação", ou seja, bater-se com ele em duelo, caso estivesse "apto" a dar satisfação. Essa condição, no entanto, não era preenchida por um comerciante ou um banqueiro, mas só por um acadêmico, um graduado ou um oficial – nenhum outro entre milhões podia ter essa "honra" especial de cruzar as lâminas com um desses jovens bobos e imberbes. Por outro lado, para ser um "verdadeiro" estudante, era preciso "dar provas" de virilidade, ou seja, passar pelo maior número de duelos e até portar no rosto as marcas desses atos de heroísmo, as cicatrizes. Rostos lisos e narizes sem vestígio de soco eram pouco dignos de um acadêmico germânico. Assim, os estudantes "coloridos" – que pertenciam a alguma corporação que usava cores no distintivo – viam-se obrigados a provocar o tempo todo outros estudantes e oficiais totalmente pacíficos a fim de poderem duelar. Nas corporações, todo novo estudante era adestrado para a luta, além de ser iniciado em outros costumes. Cada "raposa" – ou seja, cada calouro – tinha como tutor um membro da confraria, a quem precisava obedecer como um escravo e que, por sua vez, introduzia-o em artes nobres como beber até vomitar, esvaziar de um só trago uma grande caneca de cerveja para provar que não era um "fracote", ou berrar cânticos estudantis pelas ruas à noite em fila indiana, zombando da polícia. Tudo isso era tido como "viril", "estudantil", "alemão", e quando as corporações faziam passeatas aos sábados com suas bandeiras, bonés e fitas, esses rapazes tolos, levados por sua própria atividade a uma arrogância insana, sentiam que eram os verdadeiros representantes da juventude intelectual. Olhavam com desprezo para o "populacho" que não sabia apreciar dignamente essa cultura acadêmica e a virilidade alemã.

Para um pequeno colegial da província que chegasse a Viena ainda "verde", essa espécie de vida estudantil ousada e alegre podia parecer a quintessência de todo romantismo. Por décadas ainda, nas aldeias os notários e médicos já de uma certa idade contemplavam emocionados os floretes cruzados e as insígnias da corporação e exibiam com orgulho suas cicatrizes como marcas de sua carreira "acadêmica". A nós, entretanto, essa agitação estúpida e bruta só causava repugnância, e quando encontrávamos uma dessas hordas com fitas coloridas sabiamente nos esquivávamos; pois para nós, para quem a liberdade individual significava o máximo, esse prazer com a agressividade e ao mesmo tempo com o servilismo mostrava com enorme clareza o que havia de pior e de mais perigoso no espírito alemão. Além disso, sabíamos que atrás desse romantismo artificialmente mumificado escondiam-se objetivos práticos e astutamente calculados, pois pertencer a uma dessas corporações estudantis que se batiam em duelo assegurava a cada membro a proteção dos "veteranos" nos altos cargos e facilitava a futura carreira. A corporação Borússia de Bonn era o único caminho seguro para a diplomacia alemã, as associações católicas na Áustria, para as boas prebendas do partido social cristão dominante. E a maioria desses "heróis" sabia muito bem que as fitas coloridas no futuro haveriam de compensá-los pelo que perdiam em estudos, e que algumas cicatrizes na testa poderiam ser mais úteis em um emprego do que o que havia dentro da cabeça. A mera visão desses bandos rudes e militarizados, desses rostos retalhados e atrevidamente provocadores, azedou minha vontade de frequentar os espaços universitários; também os outros estudantes que queriam aprender de fato driblavam o saguão principal quando iam à biblioteca universitária e preferiam a discreta porta dos fundos a fim de evitar qualquer encontro com esses tristes heróis.

    Desde sempre, o conselho familiar resolvera que eu deveria estudar na universidade. Mas que faculdade escolher? Meus pais deixaram a decisão inteiramente a meu critério. Meu irmão mais velho já ingressara na empresa industrial paterna, de modo que não havia pressa em relação ao segundo filho. Afinal, tratava-se apenas de assegurar para a honra familiar o título de doutor, qualquer que fosse. Estranhamente, essa escolha tampouco me importava. Na verdade, nenhuma das ciências ensinadas na universidade me interessava, a mim, que há muito vendera minha alma à literatura. Eu tinha até mesmo uma desconfiança secreta, que até hoje não se dissipou, contra qualquer ensino universitário. Para mim, manteve-se inabaladamente válido o axioma de Emerson, segundo o qual bons livros substituem a melhor universidade, e até hoje continuo convencido de que alguém pode se tornar um excelente filósofo, historiador, filólogo, jurista ou qualquer outra coisa sem jamais ter frequentado uma universidade ou mesmo um liceu. Inumeráveis vezes a vida prática confirmou-me que antiquários sabem mais de livros do que os professores, e que negociantes de arte conhecem bem mais do que os eruditos em arte, que uma grande parte dos estímulos e das descobertas significativas em todos os ramos foi feita por pessoas de fora deles. Por mais prático, útil e proveitoso que o ensino universitário possa ser para o talento mediano, tão dispensável ele me parece para naturezas individuais produtivas, as quais ele pode até mesmo travar. Principalmente em uma universidade como a nossa em Viena, com seus seis ou sete mil estudantes, que pela superlotação de antemão impede o contato pessoal fértil entre professores e alunos e, pela sua fidelidade exagerada à tradição, parou no tempo, não encontrei um único homem que pudesse ter me fascinado pela sua ciência. Assim, o verdadeiro critério da minha escolha não foi a matéria que mais me ocuparia interiormente, mas, ao contrário, a que menos me ocuparia e me deixaria o máximo em tempo e liberdade para a minha verdadeira paixão. Decidi-me por fim pela filosofia – ou, melhor, pela filosofia "exata", como se dizia entre nós de acordo com o velho esquema –, mas com certeza não por um sentimento de vocação interior, pois minhas habilidades para o pensamento puramente abstrato são limitadas. Em mim, os pensamentos se desenvolvem sem exceção a partir de objetos, acontecimentos e figuras; tudo o que é puramente teórico e metafísico continua inapreensível para mim. Seja como for, na filosofia "exata" a matéria pura era mais restrita, a frequência de palestras e seminários mais fácil de burlar. Bastava entregar uma dissertação no final do oitavo semestre e prestar alguns exames. Desde o início dividi o meu tempo para nem me preocupar durante três anos com os estudos universitários! E depois, no último ano, com um esforço imenso dominar a matéria escolástica e preparar rapidamente qualquer dissertação! Assim, a universidade me teria dado tudo o que eu queria dela, alguns anos de liberdade completa para a minha vida e para meus esforços na arte: *universitas vitae.*

Ao FAZER O RETROSPECTO da minha vida, lembro-me de poucos momentos tão felizes quanto aqueles primeiros anos de universidade sem universidade. Eu era jovem e, por isso, não tinha ainda o sentimento de responsabilidade de precisar fazer um trabalho perfeito. Era razoavelmente independente, o dia tinha 24 horas e todas elas pertenciam a mim. Podia ler e fazer o que quisesse, sem ter que dar satisfação a ninguém, a nuvem do exame universitário ainda nem despontava no horizonte claro, pois como são longos três anos para quem tem dezenove, como podem ser ricos, plenos e cheios de surpresas e presentes!

A primeira coisa que fiz foi reunir meus poemas numa seleção que eu julgava rigorosa. Não me envergonho de admitir que para mim, que acabara de concluir o liceu, a tinta de impressão parecia o perfume mais agradável da Terra, mais doce do que o óleo de rosas de Xiraz; qualquer poema meu aceito em qualquer jornal era um novo ânimo à minha autoestima bastante fraca por natureza. Já não devia eu tomar impulso para o salto decisivo e tentar a publicação de um volume inteiro? O encorajamento dos meus amigos, que acreditavam mais em mim do que eu próprio, decidiu. Ousado, mandei o manuscrito logo para a editora que então era a mais representativa para a poesia lírica alemã, a Schuster & Löffler, editores das obras de Liliencron, Dehmel, Bierbaum, Mombert, de toda aquela geração que, junto com Rilke e Hofmannsthal, criara a nova poesia alemã. E – milagre! – sucederam-se aqueles momentos de felicidade inesquecíveis que nunca mais se repetem na vida de um escritor, mesmo depois dos maiores êxitos: chegou uma carta com o timbre da editora, que mantive por alguns instantes nas mãos sem coragem de abri-la. Então li, prendendo a respiração, que a editora decidira publicar o livro e até pedia preferência para editar os seguintes. Chegou o pacote com as primeiras provas, que eu abri com excitação desmedida, para ver o tipo, a diagramação, o aspecto embrionário da obra, e depois de mais algumas semanas o próprio livro, os primeiros exemplares que eu não me cansava de olhar, apalpar, comparar, mais e mais e mais. E, depois, as peregrinações pueris até as livrarias para ver se já havia algum exemplar na vitrine, se estava no centro da loja ou escondido em algum canto modesto. E depois a espera pelas cartas, pelas primeiras críticas, pela primeira resposta do desconhecido, do imprevisível – todas as inquietações, agitações, os entusiasmos pelos quais invejo secretamente qualquer jovem que lança seu primeiro livro no mundo. Mas esse meu enlevo foi apenas uma paixão do primeiro momento e de modo algum uma vaidade. O simples fato de que não só nunca mais quis reeditar esse volume *Silberne Saiten* (era assim que se chamava esse primeiro livro, hoje desaparecido) como não incluí nenhum daqueles poemas em minha *Poesia reunida* mostra o que eu pensava sobre esses poemas precoces. Eram versos de um pressentimento indeterminado e de inconsciente imitação, não tinham surgido de uma vivência própria, mas sim de uma paixão linguística. De qualquer maneira, revelavam certa musicalidade e suficiente sentimento estético para chamar a atenção de círculos interessados, e não posso me queixar de falta de estímulo. Liliencron e Dehmel, poetas proeminentes da época, deram ao jovem de dezenove anos um reconhecimento cordial e quase amigável. Rilke, idolatrado por mim, mandou-me como retribuição por "aquele livro tão bem-feito" uma edição especial de seus poemas mais recentes com uma dedicatória de "agradecimento", volume que consegui salvar dos escombros da Áustria para a Inglaterra como uma das recordações mais preciosas da minha juventude (onde estará ele hoje?). Claro que nos últimos tempos me parecia quase fantástico que aquele primeiro presente amistoso de Rilke para mim – o primeiro de muitos – tivesse quarenta anos e que a caligrafia conhecida me saudasse a partir do reino dos mortos. A surpresa mais imprevisível de todas, porém, foi que Max Reger – então maior compositor vivo ao lado de Richard Strauss – dirigiu-se a mim para pedir permissão para musicar seis poemas desse volume. Quantas vezes, de lá para cá, escutei um ou outro deles em recitais – meus versos, esquecidos e repudiados por mim mesmo, eternizados pela arte fraternal de um mestre.

Esses aplausos inesperados, acompanhados ainda por críticas públicas favoráveis, encorajaram-me a dar um passo que eu, com a minha incurável desconfiança contra mim mesmo, nunca teria empreendido, ou pelo menos não tão cedo. Já nos tempos do liceu, eu publicara, além de poemas, pequenas novelas e ensaios nos suplementos literários do modernismo, mas jamais ousara oferecer uma daquelas tentativas a um jornal poderoso e de grande circulação. Em Viena, só havia, na verdade, um único órgão de imprensa de alto nível, o *Neue Freie Presse*, que, por sua postura nobre, seu engajamento em prol da cultura e seu prestígio político, era para toda a monarquia austro-húngara o mesmo que o *The Times* significava para o mundo inglês e o *Le Temps* para o francês. Nem mesmo os jornais do Império Alemão se esforçavam tanto por um nível cultural representativo. Seu editor, Moritz Benedikt, homem de uma fenomenal capacidade de organização e incansável operosidade, empregava toda sua energia quase demoníaca para sobrepujar os jornais alemães no campo da literatura e cultura. Quando desejava algo de um autor renomado, não poupava gastos, mandando dez, vinte telegramas, concedendo qualquer adiantamento que fosse necessário; os suplementos literários das edições dos feriados de Natal e Ano-Novo eram grandes volumes com os maiores nomes da época: Anatole France, Gerhart Hauptmann, Ibsen, Zola, Strindberg e Shaw achavam-se reunidos nesse jornal, que tantos serviços prestou para a orientação literária da cidade inteira, do país inteiro. Naturalmente "progressista" e liberal em sua visão de mundo, sólido e cuidadoso em sua postura, esse jornal representou de maneira exemplar o elevado nível cultural da velha Áustria.

Esse templo do "progresso" abrigava ainda um santuário especial, o chamado *feuilleton* que, como os grandes diários parisienses, *Le Temps* e o *Journal des Débats*, publicava os ensaios mais sólidos e completos sobre poesia, teatro, música e arte, nitidamente separados das coisas efêmeras da política e do cotidiano. Ali, a palavra só era concedida às autoridades, aos que haviam provado a sua competência. Só a solidez do julgamento, a experiência comparada de vários anos e uma forma artística perfeita podiam elevar um autor a esse lugar santo depois de anos provando sua capacidade. Ali, Ludwig Speidel, um mestre da descrição de minúcias, e Eduard Hanslick tinham a mesma autoridade papal para questões de teatro e de música como Sainte-Beuve em Paris nos seus *Lundis*; diziam "sim" ou "não" e decidiam o êxito de uma obra, de uma peça, de um livro em Viena, e com isso muitas vezes o êxito de uma pessoa. Cada um desses artigos constituía o assunto do dia nos círculos cultos. Eram discutidos, criticados, admirados ou hostilizados, e se um dia surgisse um nome novo entre os autores já consagrados e respeitados do *feuilleton*, era um acontecimento. Da geração mais nova, só Hofmannsthal conseguira ingressar ali com alguns de seus maravilhosos ensaios; de resto, autores mais jovens estavam restritos a entrar discretamente na contracapa da página literária. Quem escrevia na primeira página já tinha seu nome gravado em mármore para Viena.

Não consigo compreender hoje como tive coragem de oferecer um pequeno trabalho literário ao *Neue Freie Presse*, oráculo dos meus antepassados e morada dos sete vezes ungidos. Mas, afinal de contas, eu não podia esperar mais do que uma recusa. O redator do *feuilleton* só recebia uma vez por semana, entre duas e três da tarde, já que, devido ao rodízio regular dos colaboradores célebres, só raríssimas vezes havia espaço para o trabalho de alguém de fora. Não foi sem palpitações que eu subi a pequena escada em caracol até o escritório e me fiz anunciar. Depois de alguns minutos, o empregado voltou avisando que o redator mandara me chamar, e eu entrei no estreito e apertado escritório.

O EDITOR DO *feuilleton* do *Neue Freie Presse* se chamava Theodor Herzl e foi o primeiro homem de projeção histórica diante do qual me vi – naturalmente sem saber que enorme mudança ele viria a causar no destino do povo judeu e na história do nosso tempo. Sua posição, então, ainda era ambígua e indefinida. Começara com tentativas poéticas, revelara cedo um brilhante talento jornalístico e se tornara o predileto do público vienense, primeiro como correspondente em Paris e depois como redator do *feuilleton* do *Neue Freie Presse*. Seus artigos – ainda hoje encantadores pela riqueza em observações perspicazes e muitas vezes sábias, pela sua graça estilística, seu charme nobre, que tanto nas notícias alegres como nas críticas jamais perdia sua nobreza inata – eram o que de mais culto se poderia imaginar no jornalismo, e o encanto de uma cidade que burilara o senso da sutileza. Ele tivera sucesso até no Burgtheater com uma peça: era agora um homem respeitado, idolatrado pela juventude, estimado pelos nossos pais, até que um belo dia aconteceu o inesperado. O destino sempre sabe achar um caminho para buscar a pessoa de que precisa para seus fins secretos, mesmo quando ela quer se esconder.

Theodor Herzl tivera uma experiência em Paris que abalara a sua alma, uma daquelas horas que transformam uma vida inteira: como correspondente, assistira à degradação pública de Alfred Dreyfus e vira como arrancaram as dragonas do seu uniforme militar, enquanto o homem pálido exclamava: "Sou inocente." E nesse segundo ele sabia, até o íntimo de seu ser, que Dreyfus era inocente e que carregara a terrível suspeita da traição unicamente por ser judeu. Ocorre que a sina dos judeus já fizera Theodor Herzl sofrer em seu orgulho varonil e firme em seus tempos de estudante – ou melhor, graças ao seu instinto profético de intuição, ele já a pressentira em toda a sua tragicidade numa época em que não parecia ser um destino sério. Com o sentimento de ser um líder predestinado, o que se justificava tanto pela sua figura magnificamente imponente como pela generosidade de seu pensamento e sua visão de mundo, ele concebeu então o plano fantástico de acabar de uma vez por todas com o problema judaico, juntando o judaísmo com o cristianismo através de um batismo de massa voluntário. Pensando sempre em dimensões dramáticas, imaginara conduzir em uma longa procissão os milhares e milhares de judeus austríacos até a catedral de São Estêvão, a fim de libertar o povo acossado e apátrida para sempre da maldição da segregação e do ódio através de um ato exemplarmente simbólico. Não demorou para ele reconhecer a inexequibilidade desse plano. Anos de trabalho o haviam desviado do problema original de sua vida, cuja "solução" ele considerava sua verdadeira missão; no momento da degradação de Dreyfus, no entanto, a ideia da eterna proscrição de seu povo o perpassou como um punhal. Se a segregação é inevitável, pensou, então que seja total! Se a humilhação volta e meia se torna a nossa sina, vamos enfrentá-la com orgulho. Se sofremos pela falta de pátria, vamos construir uma própria! Assim foi que ele publicou sua brochura *O Estado dos judeus* para proclamar que a igualação assimiladora e a esperança de tolerância total eram impossíveis para o povo judeu, e que seria necessário fundar uma nova pátria na velha pátria, a Palestina.

Quando essa brochura fina mas potente como um projétil de aço foi publicada, eu ainda estava no liceu, mas me lembro bem da perplexidade geral e da irritação dos círculos burgueses judaicos em Viena. Que diabos, perguntavam-se zangados, aconteceu com esse escritor habitualmente tão sensato, irônico e culto? Que tolices ele anda fazendo e escrevendo? Por que devemos ir para a Palestina? A nossa língua é o alemão, não o hebraico, a nossa pátria é a bela Áustria. Afinal, não vivemos muito bem sob o governo do bom imperador Francisco José? Não temos garantida nossa sobrevivência, nossa posição? Não somos cidadãos com direitos iguais, cidadãos fiéis e antigos da amada Viena? E não vivemos numa época progressista, que em algumas décadas eliminará todos os preconceitos de confissão? Por que ele, que fala como judeu e quer ajudar o judaísmo, fornece argumentos aos nossos piores inimigos e tenta nos segregar, quando cada dia que passa nos aproxima mais do mundo alemão? Os rabinos se exaltavam nos seus púlpitos, o diretor do *Neue Freie Presse* proibiu a menção da palavra sionismo em seu jornal "progressista". O Tersites da literatura vienense, Karl Kraus, mestre do sarcasmo venenoso, escreveu uma brochura, *Uma coroa para Sião*, e quando Theodor Herzl entrava no teatro, em todas as fileiras se murmurava com ironia: "Sua Majestade chegou!"

No primeiro momento, Herzl podia se sentir incompreendido. Viena, onde se sentia mais seguro, com seu vasto prestígio, abandonava-o e até zombava dele. Mas então a resposta retumbou com tanta veemência e êxtase que ele se assustou com o movimento poderoso e amplo que despertara com algumas dezenas de páginas. Naturalmente, essa resposta não vinha dos judeus bem-situados e que viviam com conforto no Ocidente, e sim das gigantescas massas no Leste, do proletariado de guetos na Galícia, na Polônia, na Rússia. Sem imaginar, Herzl inflamara com a sua brochura o núcleo do judaísmo que ardia sob as cinzas do estrangeiro, o sonho milenar e messiânico da promessa da volta para a Terra Prometida confirmada pelos Livros Sagrados – essa esperança e, ao mesmo tempo, certeza religiosa, a única a dar ainda sentido à vida daqueles milhões de pessoas pisoteadas e escravizadas. Sempre quando alguém – profeta ou impostor – tangeu essa corda nos dois mil anos da maldição, pôs a vibrar a alma inteira do povo, mas nunca com tanta intensidade, com tanta retumbância. Com algumas dezenas de páginas, um único homem unira uma massa dispersa e desunida.

Esse primeiro momento, enquanto a ideia ainda tinha formas indeterminadas, como em sonho, estava destinado a ser o mais feliz na breve vida de Herzl. Quando começou a fixar os objetivos no espaço real, a unir as forças, teve de reconhecer quão heterogêneo se tornara esse seu povo entre os diferentes povos e destinos, os judeus religiosos, os liberais, os socialistas, os capitalistas, uns competindo com os outros nas mais diferentes línguas e todos sem a disposição de se sujeitar a uma única autoridade. Naquele ano de 1901, quando o vi pela primeira vez, encontrava-se em plena luta e talvez estivesse também em luta consigo próprio; ainda não acreditava suficientemente no êxito de sua ideia para abdicar do cargo que mantinha a si e a sua família. Ainda precisava se dividir entre o pequeno serviço jornalístico e a tarefa que constituiu sua verdadeira vida. Quem me recebeu, então, ainda foi o Herzl redator do *feuilleton*.

THEODOR HERZL SE LEVANTOU para me cumprimentar e logo senti que o apelido irônico "rei de Sião" tinha algo de verdadeiro: parecia mesmo um rei com sua testa alta, os traços acentuados, sua longa barba negra de sacerdote, quase azulada, e seus olhos melancólicos de um azul profundo. Os gestos amplos e um tanto teatrais não pareciam artificiais porque eram condicionados por uma nobreza natural, e não teria sido necessária essa oportunidade especial para ele me parecer imponente. Mesmo diante da escrivaninha usada e abarrotada de papéis naquela pequena sala de redação miseravelmente apertada e com apenas uma janela, ele parecia um xeque beduíno; uma túnica branca ondulada o vestiria tão bem quanto seu fraque preto cuidadosamente talhado segundo figurino parisiense. Depois de uma breve pausa proposital – ele adorava esses pequenos efeitos, como observei depois, e provavelmente os estudara no Burgtheater –, estendeu-me a mão de maneira condescendente e, apesar disso, gentil. Apontando para a poltrona a seu lado, disse: "Acho que já ouvi ou li seu nome em algum lugar. Poesia, não?" Assenti. "Bem", disse, recostando-se, "e o que o traz aqui?"

Relatei que queria lhe apresentar um pequeno trabalho em prosa e lhe estendi o manuscrito. Ele olhou a página de rosto, folheou o resto até a última para medir a dimensão e se recostou na poltrona. Para meu espanto (eu não esperava isso), percebi que ele já começara a ler o manuscrito. Leu devagar, página por página, sem erguer os olhos. Depois da última folha, dobrou lentamente o manuscrito, colocou-o num envelope ainda sem levantar o olhar e fez uma anotação a lápis azul. Só então, depois de ter me mantido em estado de expectativa com essas maquinações misteriosas, ergueu o olhar escuro e pesado e disse com uma solenidade consciente e lenta: "Tenho o prazer de lhe dizer que o seu belo trabalho foi aceito para o *feuilleton* do *Neue Freie Presse*." Era como se Napoleão tivesse prendido a cruz da Legião de Honra no peito de um jovem sargento em pleno campo de batalha.

À primeira vista, parece um episódio pequeno e insignificante. Mas é preciso ser vienense, e vienense daquela geração, para entender que impulso esse apoio significava. Com ele, eu, aos dezenove anos, fora alçado da noite para o dia a uma posição de fama, e Theodor Herzl, que desde o primeiro momento se mostrou simpático a mim, logo se aproveitou de um ensejo casual para escrever em um de seus próximos ensaios que não se deveria acreditar em uma decadência da arte em Viena, mas que, pelo contrário, além de Hofmannsthal existia uma série de jovens talentos promissores, citando o meu nome em primeiro lugar. Sempre percebi como distinção especial que um homem da relevância ímpar de um Theodor Herzl fosse o primeiro a me proteger em uma posição de grande visibilidade e responsabilidade, e foi para mim uma grave decisão a de não me associar ativamente e como líder a seu movimento sionista – o que ele percebeu como ingratidão.

Mas não consegui estabelecer um elo de verdade, eu estranhava acima de tudo a hoje inimaginável falta de respeito com que justo os adeptos se posicionavam em relação à pessoa de Herzl. Os que vinham do Leste acusavam-no de nada entender do judaísmo, nem mesmo conhecer seus costumes, os economistas clássicos o consideravam um mero editor de *feuilleton*, cada qual tinha sua objeção, e nem sempre a expressava do modo mais respeitoso. Eu sabia muito bem como justo naquele momento teriam feito bem a Herzl pessoas totalmente subordinadas, sobretudo gente jovem, e esse espírito combativo, renitente, da oposição constante, a falta de subordinação honesta, afável, afastou-me do movimento, do qual só me aproximara curioso por causa de Herzl. Quando certa vez falamos sobre o assunto, admiti abertamente a minha irritação com a falta de disciplina em suas fileiras. Ele sorriu, um pouco amargo, e disse: "Não se esqueça, estamos acostumados há séculos a brincar com problemas e brigar com ideias. Há dois mil anos, nós, judeus, não temos prática histórica de fazer algo real no mundo. É preciso aprender a dedicação incondicional, e eu próprio ainda não a aprendi, pois em meio a tudo isso ainda escrevo meus suplementos e continuo sendo redator do *feuilleton* do *Neue Freie Presse*, quando a minha obrigação deveria ser não ter nenhum pensamento além desse único, não colocar sequer um rabisco diferente em um pedaço de papel. Mas estou a caminho de melhorar, eu mesmo quero aprender primeiro essa doação incondicional e, quem sabe, outros também aprendam." Lembro que essas palavras me impressionaram profundamente, pois nenhum de nós compreendia como durante tanto tempo Herzl não conseguia se decidir por abrir mão de seu cargo no *Neue Freie Presse* – achávamos que era por causa da sua família. Só bem mais tarde o mundo soube que não era bem assim, que ele sacrificara seu patrimônio pessoal pela causa. E o quanto ele próprio sofreu com esse dilema, isso não apenas essa conversa me revelou, como também muitas anotações em seus diários.

Depois ainda o vi algumas vezes, mas de todos os encontros só um se tornou importante e inesquecível, talvez por ser o último. Após um período no exterior, comunicando-me com Viena apenas por cartas, por fim um dia o encontrei no parque da cidade. Parecia vir da redação, caminhava lentamente e um pouco encurvado; não era mais o antigo passo elástico. Cumprimentei-o com polidez e quis prosseguir, mas ele veio logo em minha direção e me estendeu a mão. "Por que se esconde? Você não precisa disso." Ele admirava em mim que tivesse me refugiado tantas vezes no estrangeiro. "É nosso único caminho", disse. "Tudo o que sei aprendi no exterior. Só lá nos habituamos a pensar com distanciamento. Estou convicto de que jamais teria tido a coragem para aquela primeira concepção, teriam-na destruído enquanto ainda germinava e crescia. Mas graças a Deus quando a trouxe para cá tudo estava pronto e eles não puderam fazer nada além de dar patadas." Em seguida, falou com muita amargura de Viena; era lá que encontrara os maiores obstáculos, e sem novos impulsos vindos de fora, sobretudo do Leste e agora também dos Estados Unidos, já teria se cansado. "Afinal, o meu erro foi ter começado tarde demais", disse ele. "Victor Adler já liderava os social-democratas aos trinta anos, nos seus anos mais aguerridos, sem falar das grandes personalidades da história. Se soubesse como sofro ao pensar nos anos perdidos, que não tenha me ocupado mais cedo com a minha tarefa. Fosse minha saúde tão boa quanto minha força de vontade, tudo estaria bem, mas o tempo não volta." Eu o acompanhei ainda por um bom pedaço no caminho até a sua casa. Ali, ele parou, estendeu-me a mão e disse: "Por que nunca vem me visitar? Nunca veio à minha casa. Telefone antes, arranjarei tempo." Eu lhe prometi, firmemente determinado a não cumprir a promessa, pois quanto mais amo alguém, mais respeito o seu tempo.

Mas acabei indo, poucos meses depois. A doença que começara a vergá-lo então abateu-o de repente, e só me restou acompanhá-lo ao cemitério. Foi um dia singular, em julho, dia inesquecível para todos os que participaram. Pois de repente, em todas as estações da cidade, com todos os trens, dia e noite, de todos os reinos, todas as nações, chegou gente – judeus ocidentais, orientais, russos, turcos, que acorriam de todas as províncias e cidadezinhas, o susto estampado no rosto; em nenhum momento, antes, ficou tão visível o que as brigas e o falatório haviam ocultado: que o líder de um grande movimento havia morrido. Foi uma romaria sem fim. De repente, Viena percebeu que quem morrera não havia sido apenas um escritor ou poeta mediano, mas sim um daqueles formadores de ideias que só em intervalos gigantescos surgem, triunfais, em um país ou em meio a um povo. No cemitério houve um tumulto, era gente demais afluindo até o caixão, chorando, lamentando-se, gritando em um desespero que se tornou selvagem, virou uma agitação, quase uma fúria; toda a ordem se rompeu por uma espécie de luto elementar e extático, como eu jamais vi nem antes nem depois em um enterro. E em meio a essa dor violenta, nascida das profundezas de uma multidão de milhões, pude medir pela primeira vez quanta paixão e quanta esperança trouxe ao mundo esse homem único e solitário através da força de uma única ideia.

A verdadeira importância do meu ingresso solene no *feuilleton* do *Neue Freie Presse* manifestou-se em minha vida particular. Ganhei uma segurança inesperada perante minha família. Meus pais lidavam pouco com literatura e não emitiam opiniões a respeito dela; para eles, como para toda a burguesia vienense, importava o que era elogiado no *Neue Freie Presse* e não tinha importância o que era ignorado ou criticado. Para eles, o que estava escrito no *feuilleton* parecia garantido pela máxima autoridade, pois quem ali opinava e julgava já despertava respeito pela simples posição. E agora imaginemos uma família que, com respeito e expectativa, dirige diariamente seu olhar para a capa do seu jornal e uma bela manhã descobre o fato incrível de que o rapaz de dezenove anos sentado à sua mesa, bastante desorganizado e que nem mesmo se distingue na escola, cujos escritos eles haviam aceitado como "brincadeiras inofensivas" (em todo caso, melhor do que o jogo de cartas ou o flerte com meninas levianas), podia tomar a palavra em função de suas opiniões (em casa, nem sempre respeitadas) nesse lugar de responsabilidade, entre os homens famosos e experientes. Tivesse eu escrito os mais belos poemas de Keats, Hölderlin ou Shelley, não teria produzido em todo o meu entorno uma mudança tão radical. Quando eu entrava no teatro, apontavam para esse enigmático Benjamin que misteriosamente ingressara nos sagrados domínios dos velhos e veneráveis. E, como passei a publicar com frequência e quase com regularidade no *feuilleton*, logo corri o risco de me tornar uma pessoa respeitada na cidade; por sorte, no entanto, escapei a esse perigo a tempo quando, um belo dia, surpreendi meus pais com a informação de que iria estudar em Berlim no semestre seguinte. E a minha família respeitava por demais a minha pessoa – ou melhor, o *Neue Freie Presse*, em cuja sombra dourada eu estava – para não atender ao meu desejo.

Naturalmente eu não pretendia "estudar" em Berlim. Assim como em Viena, só fui à universidade duas vezes ao longo de um semestre – a primeira para me inscrever nas preleções, a segunda para obter o certificado da minha suposta frequência. O que eu procurava em Berlim não eram colegas nem professores, mas uma forma elevada e ainda mais perfeita de liberdade. Em Viena, eu me sentia em todo caso ligado ao meio. Os colegas da literatura com quem privava eram quase todos oriundos da mesma camada judaico-burguesa da qual eu proviera. Naquela cidade estreita, em que todos sabiam de todos, eu inevitavelmente era o filho de uma "boa família", e estava cansado da tal "boa sociedade": queria precisamente "más" companhias, uma forma não forçada e não controlada de vida. Nem mesmo procurei saber quem eram os docentes de filosofia na universidade; para mim bastava saber que a "nova" literatura lá era mais ativa e impulsiva do que entre nós, que lá eu poderia encontrar Dehmel e outros poetas da jovem geração, que lá incessantemente eram fundadas revistas, cabarés, teatros, em suma, que lá "acontecia alguma coisa".

De fato, cheguei a Berlim num momento histórico muito interessante. Desde 1870, quando a pequena capital do reino prussiano, um tanto sóbria, sem luxo nem riqueza, transformara-se na residência do imperador da Alemanha, o pequeno lugar às margens do Spree vivera uma poderosa ascensão. Mas ainda não cabia a Berlim a liderança em questões artísticas e culturais; o verdadeiro centro das artes plásticas ainda era Munique, com seus pintores e poetas, enquanto a Ópera de Dresden dominava na música e as pequenas capitais atraíam elementos valiosos. Sobretudo Viena, com sua tradição secular, sua força concentrada, seu talento natural, ainda superava Berlim. Mas nos últimos anos tudo começara a mudar com a rápida ascensão econômica da Alemanha. As grandes empresas e as famílias com fortuna se transferiram para Berlim, e uma nova riqueza, junto com um grande empreendedorismo, abriu oportunidades maiores à arquitetura e ao teatro do que em qualquer outra grande cidade alemã. Protegidos pelo imperador Guilherme, os museus foram ampliados. Em Otto Brahm o teatro encontrou um diretor exemplar, e precisamente o fato de não existir uma tradição, uma cultura secular, atraía a juventude a tentar. Pois tradição em geral também significa barreira. Viena, amarrada ao antigo, idolatrando seu próprio passado, mostrava-se cautelosa e em compasso de espera em relação a jovens e a experimentos ousados. Em Berlim, no entanto, cidade que pretendia se construir rapidamente e de forma personalizada, todos procuravam o novo. Por isso, era natural que os jovens de toda a Alemanha e até da Áustria afluíssem a Berlim, e os êxitos deram razão aos talentosos entre eles: o vienense Max Reinhardt teria que esperar duas décadas até alcançar em sua cidade a posição que, em Berlim, levou dois anos para conquistar.

Foi justo nesse momento da transição de simples capital para metrópole que eu cheguei a Berlim. A primeira impressão – depois da beleza farta de Viena, legada pelos grandes antepassados – era de certo modo decepcionante; a marcha decisiva para o oeste, onde devia se impor a nova arquitetura em lugar das casas um tanto ostentativas do Tiergarten, acabara de começar, o centro da cidade ainda era formado pela Friedrichstrasse, arquitetonicamente monótona, e a Leipziger Strasse, com sua pompa desajeitada. Era difícil chegar de bonde até subúrbios como Wilmersdorf, Nikolassee, Steglitz; os lagos da região de Mark nos arredores, com sua beleza agreste, ainda exigiam naqueles tempos uma espécie de expedição. Afora a velha avenida Unter den Linden, não existia um verdadeiro centro da cidade, não havia um passeio como Am Graben, em Viena, e graças à velha mania prussiana de economizar faltava uma elegância generalizada. As mulheres iam ao teatro em roupas feitas em casa, sem estilo, em todo lugar sentia-se falta da mão leve, hábil e esbanjadora que, em Viena como em Paris, sabia transformar algo barato em um supérfluo encantador. Em cada detalhe transparecia a mesquinha economia fredericiana; o café era ralo e ruim, porque se economizava cada grão, a comida era insípida, sem sal nem tempero. Por toda parte reinavam o asseio e uma ordem rigorosa e acurada, no lugar do nosso ritmo de vida musical. Para mim, nada parecia mais característico, por exemplo, do que o contraste entre minha senhoria em Viena e a de Berlim. A mulher que me alugava o quarto em Viena era alegre, falastrona, não mantinha tudo em perfeita limpeza, esquecia isso ou aquilo levianamente, mas era sempre solícita e entusiasmada. A berlinense era correta e mantinha tudo sempre imaculado, mas na sua primeira cobrança do aluguel encontrei contabilizado, em uma caligrafia limpa e vertical, cada pequeno serviço que ela prestara: três centavos por um botão que pregara na calça, vinte centavos por ter eliminado uma mancha de tinta no tampo da mesa, até finalmente, depois de um forte traço de soma, o total de irrisórios 67 centavos. Primeiro tive de rir, mas poucos dias depois eu próprio já me tornara vítima desse constrangedor senso de ordem prussiano, passando a manter um diário de despesas pela primeira e última vez em minha vida.

Amigos de Viena haviam me dado uma série de cartas de recomendação. Mas não entreguei nem uma única. Afinal, o verdadeiro sentido da minha escapada era libertar-me de toda e qualquer atmosfera segura e burguesa, passando a depender, em vez disso, só de mim mesmo. Eu queria conhecer exclusivamente pessoas até as quais eu achara o caminho graças aos meus próprios esforços literários – de preferência, pessoas interessantes; afinal, não lera a *Bohème* em vão e, aos vinte anos, desejava vivenciar coisas parecidas.

Não precisei procurar muito para chegar a um grupo formado de maneira desordenada e sem seleção. Ainda em Viena, eu colaborara com o principal jornal do movimento "modernista" berlinense, que se chamava quase ironicamente *Die Gesellschaft* [A sociedade] e era dirigido por Ludwig Jacobowski. Pouco antes de sua morte precoce, esse jovem poeta fundara uma associação de nome muito sedutor para jovens, *Die Kommenden* [Os vindouros], que se reunia uma vez por semana no primeiro andar de um café na Nollendorfplatz. Esse grupo enorme, que imitava a *Closerie des Lilas* de Paris, reunia o que havia de mais heterogêneo – poetas e arquitetos, esnobes e jornalistas, jovens vestidas de artesãs ou de escultoras, estudantes russos e escandinavas louríssimas que tentavam se aperfeiçoar na língua alemã. A própria Alemanha tinha ali representantes de todas as suas províncias – vestfalianos ossudos, probos bávaros, judeus da Silésia, todos misturados em acirradas discussões em um ambiente de descontração. De vez em quando liam-se poemas ou dramas, mas o principal, para todos, era conhecer-se. Em meio a esses jovens que se comportavam intencionalmente como boêmios, havia um senhor idoso de barba grisalha, comovente como um Papai Noel, respeitado e amado por todos, por ser um verdadeiro poeta e verdadeiro boêmio: Peter Hille. Esse septuagenário de olhos azuis observava com bonomia e sem malícia esse estranho bando de crianças, sempre metido em sua capa de chuva cinzenta que escondia um terno em frangalhos e roupa muito encardida. Ficava feliz quando um de nós insistia para que lesse seus poemas. Então, tirava do bolso do casaco manuscritos amassados e lia. Eram poemas de qualidade irregular, improvisos de um gênio lírico, mas feitos muito ao acaso. Ele os escrevia a lápis, no bonde ou no café, depois os esquecia e só com muito esforço conseguia reencontrar as palavras no papel amarrotado e sujo. Nunca tinha dinheiro, mas não se preocupava com dinheiro, dormia ora aqui, ora acolá na casa de alguém, e sua despreocupação, sua absoluta falta de ambição eram comoventemente genuínas. Não dava para entender quando e como esse bom homem da floresta viera para a cidade grande de Berlim e o que queria ali. Mas ele não queria nada, não queria ser famoso, ser homenageado, e, graças à sua natureza poética sonhadora, era mais despreocupado e livre do que qualquer outra pessoa que conheci na vida. Ao seu redor, os ambiciosos discutiam; ele escutava, ameno, não brigava com ninguém, às vezes erguia a taça para um brinde gentil, mas quase não se intrometia na conversa, dava a impressão de que, mesmo durante o mais agitado tumulto, na sua cabeça desgrenhada e um pouco cansada os versos e as palavras se procuravam sem se tocar ou achar.

A sinceridade e a infantilidade que emanavam desse poeta ingênuo – praticamente esquecido hoje mesmo na Alemanha – instintivamente desviaram a minha atenção do presidente eleito da associação *Die Kommenden*. No entanto, as ideias e as palavras desse homem, mais tarde, seriam decisivas para a formação de vida de incontáveis pessoas. Em Rudolf Steiner – fundador da antroposofia, cujos adeptos mandaram construir maravilhosas escolas e academias para a disseminação de sua doutrina – encontrei pela primeira vez, depois de Theodor Herzl, um homem que recebera do destino a missão de mostrar o caminho a milhões de pessoas. Pessoalmente Steiner não dava tanto a impressão de líder quanto Herzl, mas era mais sedutor. Seus olhos escuros eram habitados por uma força hipnótica, e eu o escutava melhor e com mais crítica quando não olhava para ele, pois o seu rosto ascético e magro, marcado pela paixão pelo intelecto, era apropriado para ser convincente, e não só para mulheres. Naquele tempo, Rudolf Steiner ainda não chegara à sua própria doutrina, ainda era alguém que buscava e aprendia; ocasionalmente nos falava da *Doutrina das cores* de Goethe, cuja imagem em sua exposição tinha mais de um Fausto, um Paracelso. Era excitante ouvi-lo falar, pois sua cultura era estupenda e grandiosamente diversa, em especial comparada com a nossa, que se limitava à literatura. Eu sempre voltava entusiasmado e ao mesmo tempo deprimido das suas palestras e de algumas conversas particulares. Mesmo assim: quando hoje me pergunto se, naquela época, eu teria vaticinado a esse jovem um tal efeito de massa psicológico e ético, para minha vergonha sou forçado a dizer que não. Imaginava que, com seu espírito inquisidor, fizesse grandes realizações na ciência, e não teria ficado surpreso em ouvir falar de uma grande descoberta biológica realizada pelo seu espírito intuitivo. Mas quando, anos depois, conheci o grandioso Goetheanum em Dornach, essa "Escola da Sabedoria" fundada pelos seus discípulos com o caráter de academia platônica da "antroposofia", fiquei um pouco desapontado que a influência de Steiner tivesse se perdido tanto na vida real, resvalando por vezes até a banalidade. Não me compete julgar a antroposofia, porque até hoje não está claro para mim o que ela quer e significa; acredito até que, na essência, o seu efeito sedutor não dependeu tanto da ideia, e sim da personalidade fascinante de Rudolf Steiner. Seja como for, poder ter conhecido um homem de tanta energia magnética naquela fase em que ele ainda conversava com jovens de maneira amistosa e pouco dogmática foi, para mim, um ganho inestimável. Seu saber fantástico e ao mesmo tempo profundo me fez ver que a verdadeira universalidade, que na nossa arrogância de colegiais já julgávamos haver adquirido, não pode ser obtida mediante a leitura e a discussão superficial, e sim somente através de muito esforço ardente durante vários anos.

Mas naquela fase de recepção, em que se travam amizades com rapidez e as diferenças sociais ou políticas ainda não estão enrijecidas, é mais fácil para um jovem aprender o essencial com seus competidores do que com os que lhe são superiores. Mais uma vez, percebi – dessa vez, num grau mais elevado e mais internacional do que no liceu – o quanto o entusiasmo coletivo é fértil. Enquanto meus amigos vienenses quase todos vinham da burguesia, até mesmo em 90% da burguesia judaica, fazendo com que nós praticamente duplicássemos e multiplicássemos nossos pendores, os jovens desse novo mundo vinham de camadas inteiramente opostas, de cima, de baixo, um era aristocrata prussiano, o outro filho de armador de Hamburgo, o terceiro de uma família camponesa da Vestfália; de repente, passei a viver numa roda em que existia até mesmo a verdadeira pobreza com roupa rasgada e sapatos gastos, portanto numa esfera com a qual nunca tivera contato em Viena. Sentava-me à mesa com grandes bebedores, com homossexuais e morfinômanos e, orgulhoso, apertei a mão de um vigarista muito conhecido e que já tinha sido punido (e que depois publicou suas memórias e, dessa maneira, chegou a nós, escritores). Tudo aquilo em que eu mal acreditava nos romances realistas reunia-se e apertava-se nos pequenos cafés e restaurantes aos quais eu era levado, e quanto pior a reputação de alguém, maior o meu interesse em conhecer a pessoa. Esse meu amor especial – ou curiosidade – por gente em situação de risco me acompanhou a vida inteira; até nos anos em que teria sido mais conveniente ser mais seletivo, meus amigos muitas vezes me repreenderam por eu me relacionar com indivíduos amorais, pouco confiáveis e comprometedores. Talvez tenha sido precisamente a esfera de solidez da qual eu provinha, e o fato de até um certo grau eu me sentir complexado pela "segurança", que me fizeram parecer fascinantes todos os que quase jogavam fora com desprezo sua vida, seu tempo, seu dinheiro, sua reputação – os passionais, os monomaníacos da simples existência sem objetivo, e talvez se note nos meus romances e nas novelas essa predileção por todas as figuras intensas e indômitas. A isso se juntava ainda a sedução pelo exótico, estrangeiro; quase todos eles trouxeram um presente de um mundo desconhecido à minha curiosidade. No desenhista E.M. Lilien, filho de um pobre mestre torneiro ortodoxo de Drohobycz, encontrei pela primeira vez um verdadeiro judeu do Oriente e, assim, um judaísmo que eu desconhecia em sua força e em seu obstinado fanatismo. Um jovem russo me traduziu as mais belas passagens dos *Irmãos Karamázov*, livro até então desconhecido na Alemanha; uma jovem sueca me mostrou pela primeira vez quadros de Munch; eu frequentava os ateliês de pintores (aliás, maus pintores) para observar sua técnica, um crente me introduziu num círculo espírita – eu sentia a vida em mil formas e variedades e não me cansava. A intensidade, que no liceu se esgotava só nas simples formas, em rima e verso e palavra, voltou-se agora para as pessoas; de manhã cedo até de noite eu passava o tempo com pessoas sempre novas e diferentes que me entusiasmavam, decepcionavam e até ludibriavam. Acho que em dez anos não me entreguei tanto à sociabilidade intelectual como nesse curto semestre em Berlim, o primeiro da liberdade completa.

PARECIA NATURAL QUE essa variedade de estímulos provocasse um aumento da minha vontade de produzir. Na realidade, aconteceu exatamente o contrário: minha autoestima, estimulada pela exaltação intelectual no liceu, encolheu bastante. Quatro meses depois da publicação daquele volume de poemas imaturos eu já não compreendia mais de onde tirara a coragem de editá-lo; continuava achando que os versos eram uma boa e hábil obra de artesanato, em parte até considerável, originados de um prazer lúdico ambicioso com a forma, mas pouco genuínos em sua sentimentalidade. Da mesma forma, desde esse primeiro contato com a realidade comecei a sentir um cheiro de papel perfumado nas minhas primeiras novelas; escritas com total desconhecimento da realidade, tinham sido feitas com uma técnica copiada em segunda mão. Um romance que, para agradar o meu editor, eu levara quase pronto para Berlim, faltando um capítulo, logo foi lançado às chamas, pois minha fé na competência da minha classe de liceu sofrera um duro golpe com essa primeira olhada para a vida verdadeira. Era como se eu tivesse retrocedido algumas séries na escola. De fato, depois do meu primeiro volume de poemas fiz um intervalo de seis anos antes de publicar o segundo, e só depois de três ou quatro anos publiquei o primeiro livro em prosa; seguindo o conselho de Dehmel, a quem sou grato até hoje, aproveitei o tempo para traduzir de línguas estrangeiras, o que considero ainda hoje a melhor possibilidade para um jovem poeta de compreender da maneira mais profunda e criativa o espírito da própria língua. Traduzi os poemas de Baudelaire, alguns de Verlaine, Keats, William Morris, um pequeno drama de Charles van Lerberghe, um romance de Camille Lemonnier, *pour me faire la main* – para exercitar a mão. Justamente porque qualquer língua estrangeira, em suas nuances particulares, cria resistências para a recriação, ela desafia as forças da expressão que, de outra maneira, não se desenvolvem, e essa luta em extrair com tenacidade da língua estrangeira o que ela tem de mais peculiar, incluindo-o plasticamente no próprio idioma, sempre significou para mim um prazer artístico especial. Como esse trabalho silencioso e nada gratificante exige paciência e perseverança – virtudes que, por leviandade e ousadia, eu ignorava no liceu –, passei a gostar muito dele; pois nessa modesta atividade de mediar bens artísticos sofisticados eu senti pela primeira vez a segurança de estar fazendo algo de fato útil, algo que justificava a minha existência.

EM MEU ÂMAGO, meu caminho para os próximos anos tornara-se claro: ver muito, aprender muito e só começar depois! Não querer me apresentar ao mundo com publicações prematuras, e sim primeiro saber o que o mundo tem de essencial! Berlim, com seus estímulos fortes, apenas aumentara a minha sede. Olhei à minha volta para escolher que país visitar no verão. Minha escolha recaiu sobre a Bélgica. Esse país tivera uma conjuntura artística extraordinária na virada do século, tendo até suplantado de uma certa maneira a França em intensidade. Khnopff, Rops na pintura, Constantin Meunier e Minne na escultura, Van der Velde no artesanato, Maeterlinck, Eekhoud, Lemonnier na poesia davam uma medida grandiosa da nova força europeia. Sobretudo, era Émile Verhaeren quem me fascinava, porque ele apontara um caminho totalmente novo para a poesia lírica; eu de certa forma descobrira para mim Verhaeren, que na Alemanha ainda era completamente desconhecido – a literatura oficial o confundiu durante muito tempo com Verlaine, assim como trocava Rolland por Rostand. E ser o único a gostar de alguém sempre significa gostar duplamente.

Talvez seja necessário abrir aqui um pequeno parêntese. Nosso tempo vive rápido demais e vive um excesso de fatos para poder conservar uma boa lembrança deles, e não sei se o nome de Émile Verhaeren ainda significa alguma coisa hoje. Verhaeren fora o primeiro de todos os poetas franceses que tentara dar à Europa o que Walt Whitman deu aos Estados Unidos: a profissão de fé na época, no futuro. Ele começara a amar o mundo moderno e quis conquistá-lo para a poesia. Enquanto para outros a máquina representava o mal, as cidades, a fealdade, e a contemporaneidade, o prosaico, ele se entusiasmava por cada nova invenção, cada nova façanha tecnológica. E ele se entusiasmava com o seu próprio entusiasmo, entusiasmava-se conscientemente, a fim de sentir-se com mais intensidade nessa paixão. Os pequenos poemas do início se transformaram em grandes hinos que fluíam. *"Admirez-vous uns les autres"*, admirem-se uns aos outros, esse era o seu lema para os povos da Europa. Todo o otimismo da nossa geração, esse otimismo não mais compreensível na atual época do nosso mais terrível retrocesso, encontrou nele a sua primeira expressão poética, e alguns de seus melhores poemas ainda haverão de testemunhar por muito tempo a Europa e a humanidade que então sonhávamos ter.

Na verdade, eu fora a Bruxelas para conhecer Verhaeren. Mas Camille Lemonnier, esse poeta forte do *Mâle* – hoje desconhecido – de quem eu traduzira um romance para o alemão, disse-me, lamentando, que Verhaeren só raras vezes saía de sua pequena aldeia para Bruxelas, e que agora também estava ausente. Para me compensar pela decepção, ele me deu cartas de apresentação das mais cordiais para outros artistas belgas. Assim, vi o idoso mestre Constantin Meunier, esse trabalhador heroico, e depois dele Van der Stappen, cujo nome foi praticamente esquecido pela história da arte de hoje. E, no entanto, como era gentil esse flamengo baixinho de bochechas redondas, e com quanta amabilidade receberam a mim, jovem, ele e sua grande e larga mulher holandesa, sempre alegre. Mostrou-me suas obras, falamos longamente nessa manhã clara sobre arte e literatura, e a bondade dessas duas pessoas logo me tirou qualquer timidez. Sem meias palavras, disse-lhes que lamentava perder em Bruxelas aquele por cuja causa eu viera: Verhaeren.

Teria falado demais? Teria dito algo insensato? Seja como for, percebi que tanto Van der Stappen quanto a mulher sorriram discretamente e se entreolharam. Percebi uma concordância secreta entre ambos, incitada pela minha fala. Fiquei constrangido e quis me despedir, mas ambos recusaram e disseram que eu tinha de almoçar com eles, de qualquer maneira. E de novo o misterioso sorriso andou de um olhar para o outro. Percebi que, se ali havia algum segredo, era um segredo gentil, e abri mão com prazer do planejado passeio a Waterloo.

Logo chegou a hora do almoço, já estávamos sentados na sala – no rés do chão, como em todas as casas belgas, vendo-se a rua através dos vidros coloridos –, quando de repente uma sombra parou diante da janela. Um dedo bateu no vidro colorido, ao mesmo tempo o relógio de súbito bateu a hora. "*Le voilà*, ei-lo", disse a senhora Van der Stappen, levantando-se, e ele entrou, os passos enérgicos e pesados: Verhaeren. À primeira vista eu reconheci o seu rosto que já vira em fotografias. Como tantas outras vezes, Verhaeren estava hospedado na casa dos Van der Stappen, e ao saberem que eu o procurara em vão por toda parte, combinaram tacitamente através de olhares não me contar nada, e sim surpreender-me com sua presença. E ali estava ele diante de mim, sorrindo com a travessura bem-sucedida da qual ficou sabendo. Pela primeira vez senti o aperto de sua mão vigorosa, pela primeira vez senti seu olhar claro e bondoso. Chegou, como sempre, como que carregado de relatos e de entusiasmo. Já começou a contar enquanto se servia fartamente. Estivera com amigos em uma galeria e ainda exultava. Sempre chegava daquela maneira, sempre exultante com uma experiência fortuita, e esse entusiasmo se tornara um hábito sagrado; era como se uma chama saísse repetidamente dos seus lábios, e ele sabia reproduzir a palavra magistralmente com gestos nítidos. Com as primeiras palavras, já envolvia o seu interlocutor, porque estava totalmente aberto, acessível a qualquer novidade, sem recusar nada, pronto para todos. Era como se se lançasse com todo o seu ser em direção ao outro, e, assim como dessa primeira vez, vivenciei feliz centenas de vezes esse impacto intempestivo e avassalador de sua natureza sobre outras pessoas. Ele ainda não sabia nada a meu respeito, mas já me oferecia sua confiança só por ter ouvido que sua obra me agradava.

Depois do almoço e da primeira boa surpresa, veio a segunda. Van der Stappen, que há muito queria realizar um antigo sonho seu e de Verhaeren, estava há dias trabalhando em um busto do poeta; naquele dia seria realizada a última sessão. Segundo Van der Stappen, minha presença era uma feliz dádiva do destino, pois ele precisava de alguém que conversasse com o eterno impaciente enquanto este posava de modelo, para que o seu rosto se avivasse ao falar e escutar. E assim passei duas horas olhando fundo para o semblante inesquecível de Verhaeren, a fronte alta já marcada por rugas dos anos difíceis, encimada pelos pesados cachos cor de ferrugem, o rosto ossudo rigidamente coberto por uma pele bronzeada, marcada pelo vento; duro e rochoso o queixo proeminente; e, por sobre os lábios finos, grande e poderoso o bigode caído à la Vercingetórix. O nervosismo estava nas mãos, nessas mãos esguias, delicadas e, no entanto, vigorosas, em que as veias pulsavam intensamente sob a pele fina. Todo o vigor de sua vontade se projetava para a frente nos largos ombros de camponês, para os quais a cabeça pequena, enervada, ossuda parecia quase pequena demais: só quando ele caminhava é que se via a sua força. Quando olho para o busto hoje – nunca Van der Stappen logrou algo melhor do que a obra daquele momento –, sei como é verdadeiro e como abarca plenamente o seu ser. É o documento de uma grandeza poética, monumento de uma força imorredoura.

Nessas três horas passei a gostar desse homem como gostei dele pelo resto da minha vida. Ele tinha uma segurança em seu ser que não parecia vaidosa nem por um instante. Manteve-se independente do dinheiro, preferia viver uma vida simples no campo a escrever uma linha que só tivesse valor no momento. Manteve-se independente do sucesso e não se esforçava em multiplicá-lo através de concessões e favores e camaradagem – bastavam-lhe os amigos e sua lealdade. Manteve-se independente até mesmo da mais perigosa tentação de um caráter, a fama, quando ela finalmente o atingiu no ápice de sua vida. Manteve-se aberto em todos os sentidos, sem qualquer entrave, sem que a vaidade o confundisse – um homem livre e alegre, que se entusiasmava facilmente; quem estivesse com ele se sentia animado em sua própria vontade de viver.

Ali estava ele, em carne e osso, diante de mim, o jovem – o poeta, assim como eu o desejara, como o sonhara. E já nessa primeira hora do encontro pessoal tomei a decisão de servir a esse homem e à sua obra. Era uma decisão deveras ousada, pois esse cantador da Europa era então ainda pouco conhecido na Europa, e eu sabia de antemão que a tradução de sua obra poética monumental e dos seus três dramas em versos tiraria dois ou três anos da minha própria produção literária. Mas, ao decidir colocar toda a minha força, meu tempo e minha paixão a serviço da obra de outrem, eu me dei o melhor presente: uma missão moral. Minha busca e minhas tentativas indeterminadas tinham agora um sentido. E, se hoje devesse aconselhar um jovem escritor ainda inseguro sobre o caminho a seguir, procuraria convencê-lo a servir primeiro a uma obra maior como representante ou tradutor. Em todo serviço abnegado há para um principiante mais segurança do que na criação própria, e nada do que alguma vez foi feito com devoção terá sido em vão.

Nesses dois anos que empreguei quase exclusivamente em traduzir a obra poética de Verhaeren e em preparar um livro biográfico sobre ele, viajei muito, em parte também para fazer conferências públicas. E logo tive um agradecimento inesperado pela dedicação aparentemente ingrata à obra de Verhaeren; seus amigos no exterior tiveram sua atenção chamada para mim e logo se tornaram também meus amigos. Assim, um dia veio-me visitar Ellen Key, essa maravilhosa sueca que lutava com uma ousadia ímpar pela emancipação das mulheres naqueles tempos ainda tão cheios de resistência e, muito antes de Freud, alertou em seu livro *O século da criança* para a vulnerabilidade da juventude; por seu intermédio fui introduzido na Itália no círculo poético de Giovanni Cena e ganhei um importante amigo na pessoa do norueguês Johan Bojer. Georg Brandes, o mestre internacional da história da literatura, voltou seu interesse para mim, e, graças à minha publicidade, logo o nome de Verhaeren passou a ser mais conhecido na Alemanha do que em sua pátria. Kainz, o ator maior, e Moissi recitavam publicamente seus poemas na minha tradução. Max Reinhardt levou *O claustro* para os palcos alemães: eu podia, com razão, ficar satisfeito.

Chegara o tempo, porém, de me lembrar de outro compromisso que eu assumira além desse com Verhaeren. Eu tinha que encerrar finalmente minha carreira universitária e levar o título de doutor para casa. Agora, o desafio era estudar em alguns meses toda a matéria escolástica com que os estudantes mais sólidos haviam lutado durante quase quatro anos: com Erwin Guido Kolbenheyer, um amigo literário da juventude, que não costuma ser lembrado hoje por ter se tornado um dos poetas e acadêmicos oficiais da Alemanha hitlerista, varei as noites estudando. Mas as provas me foram facilitadas. O professor bondoso, que sabia demais da minha atividade literária pública para me vexar com quinquilharias, disse-me sorrindo em uma reunião prévia: "Imagino que não queira ser examinado em lógica exata", e de fato conduziu-me suavemente para aqueles territórios em que sabia que eu me movia com segurança. Foi a primeira vez que passei em um exame com louvor, e, espero, também a última. Agora estava externamente livre, e todos os anos até o dia de hoje foram dedicados com exclusividade à luta – em nossos dias cada vez mais dura – de também me manter interiormente livre.

Paris, cidade da eterna juventude

PARA O PRIMEIRO ano de liberdade conquistada eu me prometera Paris de presente. Só conhecera essa cidade inesgotável muito por alto em duas visitas anteriores e sabia que quem ali morou durante um ano na juventude leva para a vida inteira uma sensação incomparável de felicidade. Em nenhum outro lugar era possível sentir com os sentidos despertos que sua juventude se identifica tanto com a atmosfera como nessa cidade que se oferece a todos, mas que ninguém consegue explorar em sua totalidade.

Sei muito bem que já não existe mais essa Paris abençoada e leve da minha juventude; e que talvez nunca conseguirá recuperar aquela maravilhosa descontração depois que a mão mais pesada da Terra a marcou a ferro e a fogo. Na mesma hora em que comecei a redigir essas linhas, os exércitos e tanques alemães avançavam como uma massa cinzenta de cupins a fim de destruir na raiz as cores divinas, a felicidade abençoada, o verniz e a flor que nunca fenece desse conjunto harmônico. E agora tudo já aconteceu: a bandeira com a suástica tremula na Torre Eiffel, as tropas de choque negras marcham em desafio pelos Champs-Élysées de Napoleão, e, à distância, eu sinto como nos lares os corações se contraem, como estão humilhados os olhares burgueses antes tão benevolentes, quando os coturnos marcham pelos seus queridos bistrôs e cafés. Raras vezes uma desventura pessoal me atingiu tanto, deixando-me tão abalado e desesperado quanto o aviltamento dessa cidade, que tem como nenhuma outra a graça de tornar feliz qualquer pessoa que dela se aproxime. Será que algum dia ela voltará a dar a outras gerações o que deu para nós: a lição mais sábia, o exemplo mais maravilhoso de ser ao mesmo tempo livre e criadora, aberta para todos e enriquecendo-se cada vez mais nesse belo esbanjamento?

Eu sei, eu sei – não é só Paris que sofre hoje; por várias décadas, o restante da Europa também não será mais o que foi antes da Primeira Guerra Mundial. Uma certa treva nunca mais se dissipou no horizonte da Europa, antes tão claro; amargura e desconfiança entre os países, entre as pessoas, permanecem como um veneno que carcome o corpo mutilado. Por mais progresso que esse quarto de século entre as guerras tenha produzido nos campos social e tecnológico, não há mais nenhuma nação no nosso pequeno mundo ocidental que não tenha perdido incomensuravelmente muito de seu antigo prazer de viver e da descontração. Precisaríamos passar dias e dias contando como eram confiantes e puerilmente alegres os italianos, mesmo na mais amarga pobreza, como iam a suas *trattorias* e cantavam, fazendo piadas de seu péssimo governo, enquanto agora marcham, mal-humorados, com o queixo levantado e o coração aborrecido. É possível imaginar ainda algum austríaco, relaxado e leve em sua benevolência, confiando de maneira tão fiel em seu senhor imperial e em Deus, que lhe tornou a vida tão aprazível? Russos, alemães, espanhóis, ninguém mais sabe quanta liberdade e alegria o "Estado", esse espantalho sem coração e faminto, sugou-lhes do âmago da alma. Todos os povos sentem apenas que uma nuvem estranha pesa sobre suas vidas, larga e carregada. Mas nós, que ainda chegamos a conhecer o mundo da liberdade individual, sabemos e podemos testemunhar como antes a Europa se comprazia, despreocupada, com seu jogo de caleidoscópio colorido. E estremecemos ao ver como nosso mundo ficou à sombra, escurecido, escravizado e aprisionado por causa da sua sanha suicida.

E, no entanto, em nenhum outro lugar era possível sentir a despreocupação ingênua e, ao mesmo tempo, maravilhosamente sábia da existência de maneira tão feliz como em Paris, onde ela era confirmada pela beleza das formas, pela suavidade do clima, riqueza e tradição. Cada um de nós, jovens, absorvia uma parte dessa leveza e acrescentava outro tanto. Não importa que fossem chineses ou escandinavos, espanhóis ou gregos, brasileiros ou canadenses: todos se sentiam em casa à beira do Sena. Não havia obrigações, podia-se falar, pensar, rir, brigar, cada um vivia como queria, acompanhado ou sozinho, esbanjando ou economizando o seu dinheiro, em luxo ou na boemia, havia espaço para qualquer esquisitice e todas as possibilidades eram atendidas. Havia os restaurantes sublimes com todas as mágicas culinárias e tipos de vinho a duzentos ou trezentos francos, com conhaques horrivelmente caros da época de Marengo ou Waterloo, mas também era possível comer e beber bem em qualquer comerciante de vinho na esquina. Nos lotados restaurantes estudantis do Quartier Latin, por alguns centavos podia-se comer as mais finas iguarias antes ou depois de um bife suculento, acompanhado de vinho tinto ou branco e de uma deliciosa *baguette*. Qualquer traje era permitido, os estudantes passeavam com seus barretes coquetes pelo Boulevard Saint-Michel, os artistas por sua vez exageravam, com enormes chapéus de feltro e românticos casacos pretos de veludo, os operários caminhavam despreocupados com seus uniformes azuis ou em mangas de camisa pelos bulevares mais elegantes, as amas, com suas largas toucas da Bretanha, os rapazes que serviam o vinho em seus aventais azuis. Não precisava ser o feriado de 14 de julho para que alguns pares começassem a dançar nas ruas depois da meia-noite, e o policial ria – afinal, a rua é de todos! Ninguém tinha vergonha de ninguém, as moças mais lindas não se constrangiam em caminhar abraçadas com um negro retinto até o *petit hôtel* mais próximo – quem, em Paris, se preocupava com bobagens como raça, classe ou origem, às quais só mais tarde se passou a dar importância? Andava-se com um, dormia-se com outro, com quem desse prazer, mandando todos os demais para o inferno. Ah, é preciso ter conhecido Berlim para poder amar Paris, era preciso ter vivenciado o servilismo voluntário da Alemanha com sua consciência de classe desengonçada e dolorosamente aguda, em que a mulher do oficial não podia se relacionar com a mulher do professor e muito menos com a madame do comércio ou, suprema desonra, com a mulher operária. Em Paris, no entanto, o legado da Revolução continuava vivo no sangue: o operário proletário se sentia tão livre e plenamente cidadão quanto seu patrão, o garçom apertava descontraído a mão do general engalanado no café, as mulheres burguesas sólidas e zelosas não torciam o nariz para a prostituta que morava no mesmo corredor, mas conversavam diariamente com ela na escadaria, e seus filhos lhe davam flores. Certa vez eu vi camponeses da Normandia chegando de um batizado para um restaurante elegante – Laurie, perto da igreja da Madeleine. Entraram pisando forte como cavalos com seus sapatos pesados e vestidos com trajes típicos, com tanta pomada nos cabelos que recendia até a cozinha. Falavam cada vez mais alto, quanto mais bebiam, cutucando suas mulheres gordas na cintura e rindo, sem a menor vergonha. Não os incomodava nem um pouco sentar como camponeses entre fraques e vestidos elegantes, mas nem o garçom meticulosamente barbeado torcia o nariz, como teria feito na Alemanha ou na Inglaterra com clientes tão rurais, e sim os servia com os mesmos modos educados e perfeitos que teria com ministros e excelências, e o *maître* teve especial prazer em cumprimentar com cordialidade os clientes algo coloquiais. Paris conhecia apenas a convivência dos opostos lado a lado, nada de acima ou abaixo; entre as avenidas luxuosas e as ruelas sujas não havia nenhuma fronteira visível, e por toda parte havia a mesma vida animada e alegre. Os músicos de rua animavam os pátios dos subúrbios; nas janelas, ouvia-se o canto das *midinettes* ao trabalho, sempre havia um riso no ar ou uma saudação bem-humorada. Se aqui ou ali dois cocheiros se engalfinhavam, depois davam-se as mãos, tomavam um copo de vinho, abrindo algumas das ostras baratíssimas. Nada era difícil ou formal. Era tão fácil iniciar um relacionamento com uma mulher como terminá-lo. Cada panela encontrava a sua tampa, cada jovem achava uma namorada alegre e que não sofria de excesso de pudor. Ah, como era leve e boa a vida, especialmente quando se era jovem! Só flanar pela cidade era já um prazer e, ao mesmo tempo, uma lição permanente, pois tudo estava sempre aberto a todos, e podia-se entrar no quiosque de um buquinista e folhear os livros durante um quarto de hora sem que o comerciante começasse a chiar. Podia-se visitar as pequenas galerias e degustar tudo nas lojinhas de *bric-à-brac*, era possível participar nos leilões do Hotel Drouot e conversar nos jardins com as governantas; uma vez iniciado o passeio, não era fácil terminá-lo, pois a rua atraía como um ímã e mostrava as novidades sem parar, como se fosse um caleidoscópio. Quando vinha o cansaço, podia-se sentar no terraço de um dos dez mil cafés e escrever correspondências em papel de carta dado de graça, ouvindo as explicações dos vendedores ambulantes sobre seus apetrechos e objetos supérfluos. Só uma coisa era difícil: ficar em casa ou ir para casa, sobretudo quando irrompia a primavera, quando a luz brilhava prateada e macia no Sena, quando as árvores nos bulevares começavam a se cobrir de verde e as moças portavam um ramo de violetas comprado por um centavo; mas na verdade não precisava ser primavera para que se ficasse de bom humor em Paris.

Na época em que a conheci, a cidade ainda não estava fundida em uma unidade como hoje, devido aos metrôs e aos automóveis; o trânsito ainda era dominado sobretudo pelos poderosos ônibus, puxados por cavalos pesados e suados. Verdade: não havia maneira mais confortável de descobrir Paris do que a partir do "Imperial", do primeiro andar dessas carroças largas, ou então dos carros abertos, que tampouco corriam muito. Mas de Montmartre até Montparnasse ainda era uma pequena viagem, e, considerando a natureza econômica dos pequeno-burgueses parisienses, eu acreditava nas histórias de que ainda havia parisienses da margem direita que jamais tinham ido para a margem esquerda, e crianças que só tinham brincado no Jardim de Luxemburgo, sem nunca ter visto as Tulherias ou o Parc Monceau. O verdadeiro burguês ou *concierge* preferia ficar em casa, no seu bairro; criava sua pequena Paris na grande Paris, e, por isso, cada um desses *arrondissements* guardava o seu caráter único e até provinciano. Assim, para um estranho era preciso decidir onde ficar domiciliado. O Quartier Latin já não me atraía. Eu para ali acorrera numa breve estada aos vinte anos, indo diretamente do trem; já na primeira noite fora ao Café Vachette e pedira que me mostrassem respeitosamente o lugar de Verlaine e a mesa de mármore que ele ficava golpeando com seu pesado bastão, depois de ter bebido, exigindo respeito. Para homenageá-lo, eu, que não gostava de álcool, tomara um copo de absinto, embora nem gostasse dessa beberagem esverdeada, mas como jovem respeitoso imaginara ter o dever de cumprir o ritual dos poetas líricos da França no Quartier Latin; se pudesse, teria morado numa mansarda de quinto andar próximo da Sorbonne para poder vivenciar de modo mais fiel o "verdadeiro" ambiente do Quartier Latin, tal qual o conhecera nos livros. Já aos 25, no entanto, minha percepção não era mais tão ingenuamente romântica, e o bairro estudantil me pareceu muito internacional, pouco parisiense. Sobretudo, eu não queria eleger o meu domicílio de acordo com reminiscências literárias, e sim onde pudesse fazer o meu próprio trabalho da melhor maneira possível. Logo comecei a procurar. A Paris elegante, com os Champs Élysées, não parecia nada adequada nesse sentido, muito menos o quarteirão em torno do Café de la Paix, onde todos os estrangeiros ricos dos Bálcãs se encontravam e ninguém falava francês, exceto os garçons. Muito mais me atraía a esfera calma de Saint-Sulpice, margeada por igrejas e mosteiros, onde Rilke e Suarès gostavam de morar; de preferência eu teria alugado casa na Ilha de Saint-Louis, para ficar ligado igualmente aos dois lados de Paris, a *rive droite* e a *rive gauche*. Mas ao passear pela cidade consegui encontrar já na primeira semana algo ainda mais belo. Flanando pelas galerias do Palais, descobri, entre os casarões construídos no século XVIII por Prince Egalité nesse quarteirão imenso, um único palacete, que já fora elegante, transformado em um pequeno hotel, algo primitivo. Pedi para ver um dos quartos e percebi, encantado, que a vista da janela dava para os jardins do Palais Royal, que era fechado logo quando escurecia. A partir de então, o único ruído era o leve murmurar da cidade, indefinido e rítmico, como o incessante bater das ondas em uma costa distante, as estátuas brilhavam ao luar e, nas primeiras horas da madrugada, o vento às vezes trazia um cheiro condimentado de verduras do mercado Les Halles, próximo dali. Nesse quarteirão histórico do Palais Royal tinham habitado os poetas e estadistas dos séculos XVIII e XIX, vis à vis ficara a casa onde Balzac e Victor Hugo tantas vezes subiram a centena de degraus estreitos até a mansarda da minha idolatrada poetisa Marceline Desbordes-Valmore, ali brilhava, em mármore, o local onde Camille Desmoulins conclamara o povo a atacar a Bastilha, ali havia a calçada coberta onde o pobre pequeno tenente Bonaparte procurara alguma alma caridosa entre as damas não muito virtuosas que por ali flanavam. Cada pedra, ali, falava da história da França. Além disso, uma rua mais para a frente, ficava a Biblioteca Nacional, onde eu passava as minhas manhãs, e próximo dali o Museu do Louvre com seus quadros, os bulevares com seu turbilhão humano;

finalmente eu estava no lugar onde sonhara estar; ali onde havia séculos pulsava, quente e rítmico, o coração da França, na Paris mais profunda. Lembro como, certa vez, André Gide foi me visitar e, surpreso com essa calma no meio do coração de Paris, disse: "Os estrangeiros precisam nos mostrar os lugares mais belos da nossa própria cidade." E, de fato, eu não poderia ter encontrado nada mais tipicamente parisiense e, ao mesmo tempo, afastado do que esse quarto de estudos romântico no círculo mais interno da cidade mais viva do mundo.

Quanto perambulei então pelas ruas, quanta coisa vi, quanto procurei em minha sofreguidão! Pois eu não queria viver apenas a Paris de 1904; com os sentidos, com o coração, eu buscava também a Paris de Henrique IV e Luís XIV e a Paris de Napoleão e da Revolução Francesa, a Paris de Rétif de la Bretonne e de Balzac, de Zola e de Charles-Louis Philippe com todas as suas ruas, figuras e acontecimentos. De forma convincente, percebi ali, como sempre na França, o quanto uma grande literatura voltada para a verdade devolve em força perene ao seu povo, pois tudo em Paris já me era familiar antes de eu ver com meus olhos, por causa da arte representativa dos poetas, dos romancistas, dos historiadores, dos narradores dos costumes. A cidade só se tornava viva no encontro, a visão física se tornava reconhecimento, aquele prazer da "anagnose" grega que Aristóteles considerava o maior e mais misterioso de todos os prazeres artísticos. Mesmo assim: no seu mais profundo e íntimo, nunca conhecemos um povo ou uma cidade através dos livros e nem por passeios zelosos, e sim através de suas melhores pessoas. Unicamente a amizade espiritual com os vivos nos proporciona o conhecimento das verdadeiras relações entre o povo e o país; toda observação exterior dá uma imagem falsa e precipitada.

Foi-me dado ter tais amizades, a melhor delas com Léon Bazalgette. Graças à minha estreita amizade com Verhaeren, que eu visitava duas vezes por semana em Saint-Cloud, eu escapara de entrar, como a maioria dos estrangeiros, no círculo instável de pintores e literatos internacionais que povoavam o Café du Dôme (no fundo, eram os mesmos em qualquer parte –

em Munique, Roma e Berlim). Com Verhaeren eu visitava os pintores e os poetas que, no meio dessa cidade lasciva e temperamental, viviam cada um em sua calma criadora, como em uma ilha solitária do trabalho, e ainda conheci o ateliê de Renoir e dos melhores de seus alunos. Vista de fora, a existência desses impressionistas, cujas obras hoje são vendidas por dezenas de milhares de dólares, em nada diferia da de um pequeno-burguês e aposentado; alguma casinha com um ateliê anexo, nada daquele "aparato" que ostentava, por exemplo, Lenbach em Munique e outras celebridades com suas mansões de luxo em estilo pompeiano. Tão simples como a vida dos pintores era a dos poetas, de quem logo me tornei íntimo. Em geral, tinham pequenos cargos públicos em que havia pouco trabalho positivo; o grande respeito pela realização intelectual, que na França se estendia dos postos mais baixos até os mais elevados, havia muitos anos produzira o método inteligente de dar sinecuras insignificantes a poetas e escritores que não tiravam altos rendimentos do seu trabalho; eram nomeados, por exemplo, bibliotecários no Ministério da Marinha ou no Senado. Isso garantia um pequeno salário e só dava pouco trabalho, pois os senadores muito raramente pediam um livro, e assim o feliz proprietário de uma dessas prebendas podia escrever seus versos durante o expediente com tranquilidade e conforto no velho palácio do Senado, tendo o Jardim de Luxemburgo diante da janela, sem jamais se preocupar com honorários. E essa modesta garantia lhes bastava. Outros eram médicos, como mais tarde Duhamel e Durtain, ou tinham uma pequena loja de quadros, como Charles Vidrac, ou eram professores de ginásio, como Jules Romains e Jean Richard Bloch, trabalhavam na Agência Havas, como Paul Valéry, ou ajudavam em editoras. Mas nenhum deles tinha a pretensão de seus sucessores que, estragados pelo cinema ou pelas altas tiragens, tentavam assentar sua vida cheios de louvor para si a partir de um primeiro pendor artístico. O que esses poetas queriam das suas modestas profissões, abraçadas por eles sem ambição, não era mais do que um pouco de segurança para a vida exterior, que lhes garantisse a autonomia para a obra interior. Graças a essa segurança, podiam ignorar os grandes e corruptos jornais diários parisienses, escrever sem qualquer honorário para suas pequenas revistas, mantidas com sacrifício pessoal, e aceitar que suas peças fossem encenadas apenas em pequenos teatros literários e que seus nomes no início só fossem conhecidos no próprio círculo: durante muitas décadas, só uma pequena elite conheceu Claudel, Péguy, Suarès e Valéry. Eram os únicos em meio à cidade apressada e operosa que não tinham pressa. Para eles, viver com tranquilidade, trabalhar com tranquilidade para um tranquilo grupo fora da "*foire sur la place*", do mercado, era mais importante do que aparecer, e não se envergonhavam em levar uma vida apertada e pequeno-burguesa para, em compensação, poder pensar livre e ousadamente na arte. Suas mulheres cozinhavam e cuidavam do lar; era um ambiente simples e, no entanto, muito cordial nesses serões entre amigos. Sentava-se em cadeiras baratas de palha em volta de uma mesa coberta com uma toalha quadriculada, com a mesma simplicidade do mecânico do mesmo andar, mas sentindo-se livre e à vontade. Não tinham telefone, máquina de escrever, secretários, evitavam todos os equipamentos tecnológicos tanto quanto o aparato intelectual da propaganda. Escreviam seus livros à mão, como se fazia há mil anos, e mesmo nas grandes editoras como a Mercure de France não havia ditafone nem aparelhagem complicada. Nada se gastava com a aparência, com prestígio e reputação; todos esses jovens poetas franceses viviam, como todo o povo, para a alegria da vida, ainda que para sua forma mais sublime, a alegria criadora com o trabalho. Como esses novos amigos, com sua ética humana, modificaram a imagem que eu tinha do poeta francês! Como sua maneira de viver era diferente daquela descrita por Bourget e pelos outros famosos romancistas da época, para quem o *salon* era o mundo! E como suas mulheres mudaram a ideia criminosamente falsa que nós, através da leitura do livro, fazíamos da mulher francesa como uma mundana que só pensa em aventuras, esbanjamento e brilharecos. Nunca vi donas de casa melhores e mais discretas do que ali, no círculo fraternal – econômicas, modestas e alegres mesmo nas circunstâncias mais comedidas, preparando pequenos milagres em fogões minúsculos, cuidando dos filhos e, em tudo, interessadas nas atividades intelectuais dos seus maridos! Só quem viveu nesses círculos como amigo, como camarada, conhece a verdadeira França.

O que, em meio a essa geração de poetas, havia de mais extraordinário em Léon Bazalgette – esse amigo dos meus amigos, cujo nome é injustamente esquecido na maioria dos trabalhos sobre a literatura francesa moderna – é que usava sua energia criadora exclusivamente em favor de obras alheias, economizando, assim, toda a sua maravilhosa intensidade para as pessoas que amava. Nele, o "camarada" nato, conheci em carne e osso o tipo absoluto do homem que se dedica, um devotado que vê sua missão de vida unicamente em fazer com que os valores essenciais da época tenham efeito e nem sequer ambiciona se gabar por ser seu descobridor ou patrocinador. Seu entusiasmo ativo não era mais do que uma função natural de sua consciência moral. De aparência algo militar, embora fosse um ardoroso antimilitarista, Bazalgette tinha no trato pessoal a cordialidade de um verdadeiro camarada. Sempre pronto para ajudar, para dar conselhos, inabalável em sua honradez, pontual como um relógio, ocupava-se de tudo o que dizia respeito aos outros, mas nunca em vantagem própria. O tempo não significava nada para ele, dinheiro não significava nada para ele, em se tratando de um amigo, e tinha amigos no mundo inteiro, um grupo pequeno, porém seleto. Gastara dez anos em aproximar o poeta Walt Whitman dos franceses por meio da tradução de todos os poemas e de uma monumental biografia. Tentar dirigir o olhar espiritual de sua nação para além das fronteiras com esse exemplo de um homem livre e que amava o mundo, tentar tornar seus compatriotas mais varonis e mais camaradas – esse foi o seu objetivo. Apesar de ser o melhor francês, Bazalgette foi, ao mesmo tempo, o antinacionalista mais apaixonado.

Em pouco tempo nos tornamos amigos íntimos e fraternais, porque ambos éramos antinacionalistas, porque ambos amávamos servir com dedicação e sem benefício próprio a obras alheias e porque considerávamos a independência espiritual o *primum et ultimum* da vida. Nele, conheci pela primeira vez aquela França "subterrânea"; quando mais tarde li, em Rolland, como Olivier se encontra com o alemão Johann Christoph, quase pensei ver retratado o nosso encontro pessoal. O fato mais belo da nossa amizade, que se tornou inolvidável para mim, é que ela precisava superar sempre um ponto delicado, cuja resistência tenaz em circunstâncias normais impediria uma intimidade honesta e cordial entre dois escritores. Esse ponto delicado era que Bazalgette, com sua maravilhosa honestidade, recusava decididamente tudo o que eu escrevia então. Gostava de mim pessoalmente, tinha o maior respeito que se possa imaginar pelo meu devotamento à obra de Verhaeren. Toda vez que eu chegava a Paris, ele estava na estação e era o primeiro a me cumprimentar; onde podia me ajudar, lá estava ele, e nós harmonizávamos em todas as coisas decisivas mais do que irmãos. Mas para os meus próprios trabalhos costumava proferir um "não" decidido. Conhecia poemas e prosa da minha autoria pelas traduções de Henri Guilbaux (que, depois, na Primeira Guerra, desempenhou um papel importante como amigo de Lênin) e os recusava franca e decididamente. Impiedoso, criticava que nada daquilo tinha relação com a realidade, que era literatura esotérica (a qual ele odiava profundamente) e que se irritava por logo eu escrever aquilo. Incondicionalmente honesto consigo próprio, não fazia concessões nem nesse ponto, nem por cortesia. Quando, certa vez, dirigia uma revista, pediu-me ajuda – ou seja, no sentido de que eu lhe arranjasse colaboradores importantes na Alemanha, portanto contribuições que fossem melhores do que as minhas. De mim mesmo, seu amigo mais próximo, não pediu e não publicou nada, embora, ao mesmo tempo, revisse devotado e sem qualquer remuneração a tradução francesa de um dos meus livros para uma editora, tudo por fiel amizade. O fato de nossa amizade fraternal não ter enfraquecido nem por uma hora ao longo de dez anos tornou-a ainda mais cara para mim. E nunca um aplauso me alegrou mais do que o de Bazalgette quando eu, durante a Primeira Guerra – e anulando todo o trabalho anterior –, finalmente cheguei a um estilo pessoal. Pois eu sabia: o seu "sim" para as minhas obras novas era tão honesto quanto fora o seu decisivo "não" durante dez anos.

SE ESCREVO O CARO NOME de Rainer Maria Rilke, embora fosse um poeta alemão, no capítulo dos dias que passei em Paris, faço-o porque em Paris tivemos os nossos mais frequentes e melhores encontros e porque sempre vejo o seu rosto, como em quadros antigos, destacado contra o cenário dessa cidade, que amou como nenhuma outra. Se penso nele e naqueles outros mestres da palavra cinzelada com sublime arte de ourivesaria, se penso nesses nomes venerados que iluminaram a minha juventude como constelações inatingíveis, assalta-me irresistivelmente a nostálgica pergunta: na nossa época atual de turbulências e de consternação geral ainda poderão existir poetas puros, dedicados apenas à construção lírica? Não será uma geração esquecida que eu pranteio com amor, uma geração sem sucessores em nossos dias perturbados por todos os furacões do destino, esses poetas que nada exigiam da vida exterior, nem o interesse da grande massa, nem insígnias, dignidade e lucros, que nada almejavam senão ligar estrofe a estrofe em um esforço quieto, porém apaixonado, cada verso impregnado de música, brilhando em cores, ardente de imagens? Eles formavam uma corporação, uma ordem quase monástica em meio aos nossos dias ruidosos, eles, que conscientemente davam as costas ao cotidiano, para quem no universo não havia nada mais importante do que a sonoridade delicada – e que perdurava para além do barulho do tempo – quando uma rima, ajustando-se à outra, produzia aquele movimento indescritível, mais suave do que o som de uma folha caindo ao vento, mas que tocava as almas mais longínquas com suas vibrações. E como era edificante para nós, jovens, a presença dessas pessoas fiéis a si mesmas, como eram exemplares esses servos e guardiões severos da linguagem, que davam seu amor unicamente à palavra purificada, à palavra que não era destinada ao tempo e ao jornal, mas ao que era permanente e eterno. Dava quase vergonha olhar para eles, pois viviam de maneira modesta, insignificante, invisível, um como um camponês no campo, outro numa profissão modesta, o terceiro vagando pelo mundo como um peregrino apaixonado, todos eles conhecidos apenas por poucos, mas amados intensamente por esses poucos. Um vivia na Alemanha e outro na França, um terceiro na Itália, e cada qual na mesma terra, pois viviam exclusivamente na poesia, e ao evitar com rígida renúncia tudo o que era efêmero, fazendo suas obras de arte faziam da própria vida uma obra de arte. Sempre me parece admirável o fato de termos tido poetas tão perfeitos entre nós na nossa juventude. Mas não cesso de me perguntar também numa espécie de inquietação interior: será que nos nossos tempos, nas nossas novas maneiras de vida, que expulsam o ser humano criminosamente de qualquer recolhimento interior como o incêndio numa floresta expulsa os animais de seus esconderijos mais recônditos, poderão existir essas almas totalmente devotadas à arte lírica? Sei bem que sempre se repete o milagre de um poeta, e o consolo comovente de Goethe em sua nênia dedicada a Lord Byron é eternamente verdadeiro: "Pois a terra voltará a gerá-los, como sempre os gerou." De novo, e sempre de novo, tais poetas surgirão em um retorno abençoado, pois a imortalidade de tempos em tempos concede esse precioso aval, mesmo à época mais indigna. Mas não é precisamente a nossa época a que não permite nenhum silêncio nem mesmo ao mais puro, ao mais marginal, aquele silêncio da espera e da maturação e da reflexão e da concentração, como ainda foi possível no tempo melhor e mais tranquilo do mundo europeu pré-guerra? Não sei quanto todos esses poetas, Valéry, Verhaeren, Rilke, Pascoli, Francis Jammes, ainda valem hoje, quanto valem para uma geração em cujos ouvidos ecoou por vários anos, em vez dessa suave música, o ruído da roda do moinho da propaganda e duas vezes o troar dos canhões. Só sei, e sinto o dever de exprimir com gratidão, que lição, que felicidade foi para nós a presença desses homens tão sagradamente devotados à perfeição em meio a um mundo que já ia se mecanizando. Olhando em retrospecto para a minha vida, quase não percebo felicidade maior do que me haver sido permitido estar próximo de alguns deles e de, várias vezes, minha veneração ter se associado a uma longa amizade.

De todos esses poetas talvez nenhum tenha vivido de maneira mais modesta, misteriosa e invisível do que Rilke. Mas não era uma solidão voluntária, forçada ou mascarada de sacerdócio como a que, por exemplo, Stefan George celebrava na Alemanha. De certa maneira, a calma crescia em torno dele, para onde quer que fosse ou onde quer que se achasse. Como ele fugia de todo barulho e até da fama – essa "soma de mal-entendidos reunida em torno de um nome", como ele disse certa vez de maneira tão elegante –, essa vaga vaidosa de curiosidade só molhava o seu nome, e nunca a sua pessoa. Era difícil encontrar Rilke. Ele não tinha casa nem endereço onde se pudesse procurá-lo, nenhum lar, nenhuma morada fixa, nem emprego. Estava sempre a caminho pelo mundo, e ninguém, nem ele próprio, sabia de antemão para onde iria. Para sua alma incomensuravelmente sensível e suscetível, qualquer decisão inamovível, qualquer plano e qualquer anúncio já era uma carga. Por isso, só se podia encontrá-lo por acaso. Alguém podia estar numa galeria italiana e percebia, sem saber direito de quem vinha, um gentil e discreto sorriso em sua direção. Só então era possível reconhecer seus olhos azuis que, quando nos olhavam, animavam seus traços discretos com sua luz interior. Precisamente essa discrição, no entanto, era o mistério mais profundo de seu ser. Milhares de pessoas devem ter passado por esse jovem de bigode louro que pendia levemente melancólico e suas formas de rosto algo eslavas, sem nenhum traço que chamasse a atenção, sem imaginar que ele era um poeta, um dos maiores do nosso século. O que ele tinha de especial só se revelava no trato mais íntimo: a extraordinária moderação de seu ser. Tinha um modo indescritivelmente suave de se aproximar e de falar. Ao entrar numa sala com várias pessoas reunidas, fazia-o de maneira tão silenciosa que quase ninguém notava a sua chegada. Ficava então sentado, escutando, às vezes erguia a cabeça involuntariamente, quando alguma coisa parecia interessá-lo, e quando ele próprio começava a falar, sempre o fazia sem qualquer afetação ou ênfase particular. Narrava com a naturalidade, a simplicidade e o afeto com que uma mãe conta uma história ao filho, era maravilhoso escutar e perceber como o tema mais banal se tornava claro e relevante. Mas, tão logo notava que era o centro da atenção de uma roda maior, interrompia sua fala e voltava a mergulhar no silêncio, limitando-se a escutar. Em cada movimento, em cada gesto, havia essa discrição, e mesmo quando ria era só com um som apenas insinuado. A sutileza, para ele, era uma necessidade, e nada o perturbava tanto quanto o barulho e, no campo do sentimento, qualquer veemência. "Essas pessoas que cospem suas emoções como sangue me cansam", disse-me certa vez. "Por isso, só convivo com os russos em pequenas doses, como um licor." Assim como o comedimento no comportamento, a ordem, a limpeza e o silêncio eram necessidades físicas para ele. Ter que andar em bondes superlotados ou ficar sentado em um restaurante ruidoso o agitava por algumas horas. Não suportava qualquer vulgaridade, e, embora vivesse em condições limitadas, seus trajes sempre revelavam uma soma de cuidado, asseio e bom gosto. Também eram uma obra-prima bem-pensada e poética da discrição, mas sempre com um detalhe pessoal, quase insignificante, que lhe dava prazer, como uma fina correntinha de prata em torno do punho. Pois seu senso estético para a perfeição e a simetria ia até a esfera mais íntima e pessoal. Uma vez assisti em seu apartamento como fazia as malas antes de uma viagem – e ele recusou a minha ajuda, com razão. Era como um mosaico, cada pecinha sendo colocada em seu espaço cuidadosamente reservado; eu teria considerado um crime destruir essa composição floral com um gesto de ajuda. E esse seu senso estético elementar o acompanhava até o detalhe mais secundário; além do fato de compor seus manuscritos cuidadosamente no papel mais bonito com sua caligrafia redonda, de modo que cada linha ficasse num espaço igual com a outra, como que medida com a régua: mesmo para a carta mais indiferente ele escolhia papel de primeira qualidade, e a sua escrita caligráfica regular, redonda e rítmica ia até a margem. Jamais ele se permitia riscar uma palavra, nem mesmo na anotação mais apressada. Toda vez que uma frase ou uma expressão não lhe pareciam adequadas, reescrevia a carta inteira com sua grandiosa paciência. Rilke nunca entregava nada que não estivesse perfeito.

Essa suavidade e, ao mesmo tempo, concentração de seu ser necessariamente influenciavam qualquer um que se aproximasse de Rilke. Era impossível imaginá-lo veemente, assim como era impossível imaginar qualquer pessoa que em sua presença não perdesse toda exaltação e arrogância por causa das vibrações do seu silêncio. Sua moderação atuava como uma força moral e educativa que continuava a agir misteriosamente. Depois de cada conversa mais longa com Rilke, uma pessoa se tornava incapaz de qualquer vulgaridade durante horas ou até dias. Claro, essa constante temperança do seu ser, esse nunca-querer-se-doar-inteiramente, logo impunha uma barreira a qualquer cordialidade; acredito que poucas pessoas podem se vangloriar de ter sido amigas de Rilke. Nos seis volumes publicados de suas cartas, quase nunca ele trata alguém como tal, e desde seus tempos de escola não deve mais ter usado o tu fraternal e íntimo. Para sua extraordinária sensibilidade, teria sido insuportável deixar alguém ou alguma coisa chegar muito próximo, e em especial tudo o que fosse muito acentuadamente masculino provocava nele um mal-estar absolutamente físico. Era-lhe mais fácil conversar com mulheres. Escrevia-lhes mais e com prazer, e era mais desembaraçado na conversa. Talvez fosse pela ausência da sonoridade gutural em suas vozes, pois vozes desagradáveis o faziam sofrer. Lembro-me dele conversando com um alto aristocrata: encurvado, com os ombros dolorosamente encolhidos e sem erguer os olhos para não trair o quanto sofria fisicamente com aquele desagradável falsete. Por outro lado, como era bom estar com ele quando gostava de alguém! Sentia-se então a sua bondade interior, embora fosse parcimoniosa em palavras e gestos, como uma irradiação quente e benéfica que chegava às profundezas da alma.

Embora tímido e retraído, em Paris, a cidade que expande o coração, Rilke parecia mais aberto, talvez também porque ali não se conhecia a sua obra e o seu nome, e, anônimo, ele se sentia sempre mais livre e feliz. Visitei-o em dois quartos de aluguel diferentes. Ambos eram simples e sem adornos, mas logo ganhavam estilo e tranquilidade, graças ao seu senso estético. Jamais poderia ser um prédio grande com vizinhos barulhentos. De preferência, um prédio antigo, ainda que mais incômodo, em que pudesse se sentir bem, e, com seu senso de ordem, tinha a capacidade de logo transformar o interior em um espaço adequado à sua personalidade. Em geral cercava-se de poucas coisas, mas sempre havia flores num vaso ou numa floreira, talvez oferecidas por mulheres, talvez carinhosamente compradas por ele próprio. Havia sempre livros na parede, em belas encadernações ou cuidadosamente encapados com papel, pois Rilke amava os livros como se fossem animais mudos. Na escrivaninha, lápis e penas em fileira, as folhas de papel branco em arrumação acurada; um ícone russo e um crucifixo que, acredito, o acompanhavam em todas as suas viagens conferiam ao seu local de trabalho um caráter levemente religioso, embora sua religiosidade não estivesse presa a um dogma determinado. Notava-se em cada detalhe a escolha esmerada e o cuidado carinhoso. Se alguém lhe emprestava um livro que ele não conhecia, ele o devolvia embrulhado em papel de seda sem dobras e atado com uma fita colorida, como se fosse um presente de festa; ainda me lembro do dia em que trouxe para o meu quarto como precioso presente o manuscrito da *Canção de amor e de morte*, e guardo até hoje a fita que o envolveu. Mas o melhor de tudo era passear em Paris com Rilke, pois isso significava ver mesmo os detalhes mais insignificantes com outros olhos; ele notava qualquer minúcia e gostava até de ler em voz alta os nomes das firmas nas tabuletas, quando lhe pareciam rítmicos; conhecer Paris, essa cidade, até seus últimos cantos e recantos era, para ele, uma paixão, talvez a única que jamais percebi nele. Certa vez nos encontramos na casa de amigos comuns e eu lhe contei que por acaso chegara no dia anterior até a velha "Barrière", onde as últimas vítimas da guilhotina tinham sido enterradas no Cimetière de Picpus, entre elas André Chénier; descrevi-lhe esse pequeno campo comovente com seus túmulos dispersos, raras vezes vistos por estranhos, e contei-lhe como, na volta, em uma das ruas, vislumbrei através de um portão um convento com uma espécie de beguina que dava voltas em silêncio, com um rosário na mão, como num sonho piedoso. Foi uma das poucas vezes que vi esse homem normalmente tão suave e moderado quase impaciente. Ele disse que precisava de qualquer maneira ver o túmulo de André Chénier e o convento e pediu que o levasse até lá. Fomos logo no dia seguinte. Ele permaneceu numa espécie de imobilidade extática diante desse cemitério solitário, que chamou de "o mais lírico de toda Paris". Mas na volta o portão do convento estava fechado. Foi quando pude testemunhar a sua silenciosa paciência, que ele dominava na vida tanto quanto na sua obra. "Esperemos o acaso", disse ele. E, com a cabeça ligeiramente inclinada, ficou parado de maneira a poder olhar através do portão, caso ele se abrisse. Esperamos talvez uns vinte minutos. Foi quando chegou uma das religiosas da ordem e tocou a campainha. "Agora", sussurrou, baixinho e nervoso. Mas a religiosa percebeu a sua silenciosa expectativa – como já disse, tudo nele podia ser percebido atmosfericamente. Aproximou-se e perguntou-lhe se estava esperando alguém. Rilke sorriu para ela com aquele seu sorriso terno, que imediatamente despertava confiança, e disse com franqueza que gostaria de ver o claustro. Sorrindo também, a freira disse que lamentava, mas que não podia deixá-lo entrar. Mas sugeriu que fosse até a casinha do jardineiro ao lado, pois da janela do piso superior teria uma bela vista. E assim Rilke conseguiu também isso, como tantas outras coisas.

Várias vezes ainda nossos caminhos se cruzaram, mas sempre que penso em Rilke vejo-o em Paris, cuja hora mais triste ele não teve o desgosto de vivenciar.

Pessoas dessa espécie rara foram um grande ganho para um principiante; mas eu ainda iria receber o ensinamento decisivo, que haveria de valer para a vida toda. Foi um presente do acaso. Na casa de Verhaeren, havíamos nos envolvido numa discussão com um historiador da arte que lamentou ter terminado o tempo da grande escultura e pintura. Protestei energicamente. Afinal Rodin não era vivo ainda, um escultor tão grande quanto todos os grandes do passado? Comecei a enumerar suas obras e, como quase sempre quando se luta contra uma outra opinião, tornei-me veemente. Verhaeren sorriu, quieto. "Alguém que ama tanto Rodin deveria conhecê-lo", disse no final. "Amanhã vou ao seu ateliê. Se quiser, pode ir comigo."

Claro que eu queria. Nem dormi, de tão contente. Uma vez junto de Rodin, no entanto, fiquei mudo. Não consegui dirigir-lhe a palavra e fiquei parado entre as estátuas como se fosse uma delas. Parece que Rodin gostou desse meu constrangimento, pois na despedida o velho escultor me perguntou se eu gostaria de conhecer seu verdadeiro ateliê em Meudon e até me convidou para almoçar. Com isso, tive minha primeira lição: a de que os grandes homens sempre são os mais bondosos.

A segunda foi que quase sempre eles são os mais simples em seu modo de viver. À mesa desse homem – cuja fama enchia o mundo, cujas obras estavam presentes, traço por traço, para nossa geração, como se fossem amigos próximos – comia-se de modo tão simples quanto na casa de um camponês médio: uma boa e substanciosa carne, algumas azeitonas, frutas em fartura e um bom vinho de mesa. Isso me deu mais coragem, e no final eu já falava sem constrangimento, como se já conhecesse há muitos anos o velho e sua esposa.

Depois do almoço fomos até o ateliê. Era uma sala majestosa que reunia as réplicas de suas mais importantes obras; entre elas, viam-se centenas de pequenos estudos – uma mão, um braço, uma crina de cavalo, uma orelha feminina, em geral só em gesso; até hoje me lembro com exatidão de alguns daqueles esboços feitos por ele como exercício, e poderia falar longamente sobre essa hora no ateliê. Por fim, o mestre me levou até um pedestal no qual estava escondida a sua última obra, uma estátua de mulher, coberta por panos úmidos. Com suas mãos pesadas e enrugadas de camponês, ele soltou os panos e recuou. "Admirável!", soltei, sem querer, e imediatamente me envergonhei dessa banalidade. Mas, com a tranquila objetividade em que não há um só grão de vaidade, ele murmurou, observando sua própria obra: "Não é mesmo?" Em seguida, hesitou. "Só ali, no ombro... um momento!" Tirou o casaco, vestiu o guarda-pó branco, pegou uma espátula e alisou com um movimento magistral no ombro a pele macia, quase viva, da mulher. Novamente, recuou. "E aqui", murmurou. Novamente, aumentou o efeito com um minúsculo detalhe. Depois, não falou mais. Avançava e recuava, olhava a estátua no espelho, murmurava e proferia sons ininteligíveis, modificava, corrigia. Seu olhar, afável e disperso à mesa, tremia agora sob a influência de estranhas luzes; parecia mais alto e mais jovem. Trabalhou, trabalhou, trabalhou com toda a paixão e força de seu poderoso e pesado corpo; cada vez que avançava ou recuava, o assoalho estalava. Mas ele não escutava. Nem percebia que atrás dele estava um jovem em silêncio, com o coração palpitante, embevecido por poder assistir a esse mestre singular durante o trabalho. Ele se esquecera totalmente de mim. Eu não existia para ele. Havia apenas a estátua, a obra, e, atrás dela, invisível, a ideia da perfeição absoluta.

Passaram-se quinze minutos, meia hora, não sei mais quanto tempo. Os grandes momentos estão sempre além do tempo. Rodin estava tão absorto, tão mergulhado no seu trabalho, que nem um trovão o teria despertado. Seus movimentos iam se tornando cada vez mais violentos, quase furiosos; foi tomado por uma espécie de exaltação ou de ebriedade, trabalhando cada vez mais rápido. Então, suas mãos foram se tornando mais lentas. Pareciam ter reconhecido que não havia mais o que fazer. Recuou uma, duas, três vezes, sem modificar mais nada. Depois, murmurou alguma coisa, recolocou os panos em torno da estátua tão carinhosamente quanto se coloca um xale nos ombros da mulher amada. Respirou profundamente, aliviado. Seu corpo pareceu tornar-se pesado de novo. O fogo se apagara. Então veio o que para mim foi inacreditável, a grande lição: ele tirou o guarda-pó, vestiu o casaco e já ia sair. Esquecera-se totalmente de mim nessa hora de extrema concentração. Não sabia mais que ali havia um jovem, que ele próprio levara ao ateliê para lhe mostrar suas obras, estremecido, prendendo a respiração, imóvel como as suas estátuas.

Dirigiu-se até a porta. Quando ia trancá-la, descobriu-me e olhou para mim quase zangado: quem era esse jovem estranho que entrara escondido em seu ateliê? Mas logo se lembrou de tudo e veio a mim quase envergonhado. "Desculpe", começou. Mas eu não o deixei continuar a falar. Apenas tomei a sua mão, agradecido; tive vontade de beijá-la. Nessa hora se revelou para mim o mistério eterno de toda grande arte, de toda produção terrestre: concentração, a reunião de todas as forças, de todos os sentidos, o estar fora de si, fora do mundo, que ocorre com cada artista. Eu aprendi algo para o resto da minha vida.

MINHA INTENÇÃO FORA seguir de Paris para Londres no final de maio. Mas fui obrigado a antecipar minha partida em quinze dias, porque meu apartamento encantador se tornara inóspito por uma circunstância inesperada. Foi um estranho episódio que me divertiu bastante, mas ao mesmo tempo deixou entrever o modo de pensar de diversas classes sociais francesas.

Eu estivera fora de Paris durante os dois feriados de Pentecostes para admirar com amigos a maravilhosa catedral de Chartres, que eu ainda não conhecia. Quando voltei ao meu quarto de hotel na terça de manhã e quis trocar de roupa, não encontrei a minha mala que ficara pacificamente num canto do quarto durante todos esses meses. Desci para falar com o dono do hotel que se revezava na minúscula portaria com a mulher durante o dia, um marselhês baixinho, gordo, de bochechas vermelhas, com quem eu muitas vezes fizera piadas e até jogara tric-trac, seu jogo predileto, no café em frente. Ele logo se exaltou muito e gritou, indignado, batendo com o punho na mesa: "Então foi isso mesmo!" Enquanto vestia o casaco às pressas – como sempre, estava em mangas de camisa – e calçava sapatos em vez das pantufas confortáveis, explicou-me a situação. Talvez seja necessário lembrar primeiro uma particularidade dos hotéis e dos prédios em Paris para tornar a história mais compreensível. Em Paris, os hotéis menores e também a maioria dos prédios particulares não têm chaves, mas o *concierge*, o porteiro, abre a porta automaticamente no momento em que se toca a campainha do lado de fora. Acontece que, nos hotéis pequenos e nos prédios, o dono ou o porteiro não passa a noite inteira na portaria, mas abre a porta da cama mesmo, apertando um botão – em geral, meio adormecido. Quem sai do prédio precisa gritar *"le cordon, s'il vous plaît"*,* e cada pessoa que quer entrar precisa dizer o seu nome, de modo que, teoricamente, nenhum estranho pode entrar à noite nos prédios. Pois bem. Às duas da manhã, o sino tocara no meu hotel, alguém falara um nome que parecia o de um morador do hotel, e ainda pegara uma das chaves de quarto que ficavam penduradas na portaria. A obrigação do porteiro teria sido verificar a identidade do visitante tardio através da vidraça, mas tudo indica que estava com muito sono. Mas quando depois de uma hora alguém gritou *"cordon, s'il vous plaît"*, dessa vez para deixar o prédio, ele estranhara, depois de já ter aberto a porta, que alguém ainda quisesse sair de casa às duas da manhã. Contou que se levantara e ainda vira na rua alguém saindo com uma mala, tendo logo seguido o suspeito de roupão e de pantufas. Mas ao ver que o sujeito, após dobrar a esquina, entrara em um pequeno hotel da rua des Petits Champs, nem imaginara que fosse um ladrão ou um arrombador, voltando a se deitar.

Irritado com o seu engano, ele me levou ao posto policial mais próximo. Logo pediram informações no hotel da rua des Petits Champs e descobriram que a minha mala ainda estava lá, mas não o ladrão, que certamente saíra para tomar seu café da manhã em algum botequim vizinho. Dois detetives ficaram na portaria do hotel da rua des Petits Champs para

---

* "O cordão, por favor!" Em francês no original.

pegar o gatuno; e quando ele, sem suspeitar de nada, voltou meia hora depois, foi preso imediatamente.

Então, o hoteleiro e eu tivemos de ir até a polícia para assistir ao inquérito. Fomos conduzidos à sala do subchefe, um senhor enormemente gordo, bonachão, bigodudo, sentado com a jaqueta desabotoada diante da mesa desarrumada e cheia de papéis. A sala inteira recendia a tabaco, e uma grande garrafa de vinho em cima da mesa mostrava que o homem não fazia parte de forma alguma da irmandade sagrada dos servos cruéis e inimigos da vida. Por sua ordem, primeiro trouxeram a mala para que eu constatasse se faltava algo essencial. O único objeto de valor aparentemente era uma carta de crédito de dois mil francos – já bastante usada depois de meses de permanência em Paris – que obviamente era inútil para qualquer estranho e de fato estava intacta no fundo da mala. Depois que ficou consignado na ata que eu reconhecia a mala como sendo de minha propriedade e que nada fora retirado dela, o funcionário mandou trazerem o ladrão, cujo aspecto eu esperei com curiosidade nada pequena.

E valeu a pena. Entre dois robustos sargentos, fazendo parecer ainda mais grotesca sua aparência magra, surgiu um pobre-diabo, bastante roto, sem colarinho, com um bigodinho caído e um rosto de camundongo triste, visivelmente esfomeado. Era, se me permitem dizer, um mau ladrão, o que ficou comprovado pela sua técnica desajeitada de não ter fugido logo na manhã seguinte com a mala. Ficou de olhos baixos diante do poderoso policial, tremendo levemente, como se estivesse com frio, e para minha vergonha devo confessar que não apenas tive pena como até senti uma espécie de simpatia por ele. E essa compaixão ainda foi reforçada quando um policial arrumou sobre uma grande tábua todos os objetos encontrados durante a revista física. Era difícil imaginar uma coleção mais estranha: um lenço muito sujo e rasgado, um chaveiro com uma dúzia de cópias de chaves e gazuas de todos os tamanhos que batiam umas contra as outras produzindo sons musicais, uma carteira usada e felizmente nenhuma arma, provando que esse ladrão exercia o seu ofício com perícia, mas de maneira pacífica.

Primeiro revistaram a carteira diante dos nossos olhos. O resultado foi surpreendente. Não que contivesse cédulas de mil ou de cem francos, ou pelo menos uma única cédula bancária – ela guardava nada menos do que 27 fotografias de dançarinas e atrizes famosas muito decotadas, bem como três ou quatro nus artísticos, revelando nenhum outro delito senão o de que esse rapaz magro e triste era um amante apaixonado da beleza e desejava deixar os astros inatingíveis do mundo teatral parisiense descansando pelo menos sob a forma de imagem junto do seu coração. Embora o delegado observasse esses nus artísticos um a um com olhar severo, não me passou despercebido que essa estranha mania de colecionador num delinquente de tal condição o divertia tanto quanto a mim. Pois também a minha simpatia por esse pobre criminoso aumentara consideravelmente por causa do seu pendor pelo estético e belo, e quando o delegado me perguntou, pegando solenemente a pena, se eu desejava prestar queixa contra ele, respondi com um rápido e óbvio "não".

Para se compreender a situação, talvez seja preciso abrir um novo parêntese. Enquanto, no caso de delito, entre nós e em muitos outros países, a queixa se dá *ex officio* – ou seja, o Estado assume o processo sem perguntar a ninguém –, na França o lesado tem a opção de prestar queixa ou não. A mim, essa concepção do direito parece mais justa do que a chamada justiça rígida. Pois ela abre a possibilidade de perdoar a outra pessoa alguma maldade que ela fez. Na Alemanha, por exemplo, quando uma mulher fere seu amado com o revólver em um ataque de ciúme, os pedidos e as súplicas da pessoa em questão não a protegem de ser sentenciada. O Estado interfere, arranca a mulher – que a vítima talvez tenha passado a amar ainda mais por causa de sua paixão – do lado do homem e a joga na prisão, enquanto na França ambos voltam para casa abraçados depois do perdão e podem considerar a questão resolvida entre si.

Mal eu acabara de proferir o meu resoluto "não", aconteceu um tríplice incidente. O homem magro entre os dois policiais endireitou-se de repente e me fitou com um olhar indescritível de gratidão que eu jamais haverei de esquecer. Satisfeito, o delegado guardou a pena; também a ele foi visivelmente agradável o fato de que a minha recusa em perseguir o ladrão lhe economizaria mais trabalho de redação. Já o dono do hotel ficou incomodado. Ficou vermelho como um tomate e começou a gritar para mim que eu não podia fazer isso, que esse canalha precisava ser exterminado e que eu não tinha ideia dos prejuízos causados por esse tipo de gente. Disse que as pessoas corretas precisavam estar alertas noite e dia contra esses vigaristas, que isso iria encorajar cem outros. Ali explodiram toda a honradez e sinceridade e ao mesmo tempo a mesquinharia dos pequeno-burgueses incomodados em seus negócios. Considerando todo o incômodo que tivera com o caso, exigiu de mim de modo absolutamente grosseiro e ameaçador que eu revogasse o perdão. Mas me mantive firme. Disse, decidido, que estava com minha mala em mãos e que, com isso, tudo estava resolvido para mim. Disse ainda que jamais prestara queixa contra ninguém e que só conseguiria almoçar tranquilamente um bife suculento se soubesse que outra pessoa não teria que comer na prisão por minha causa. O dono do meu hotel respondia cada vez mais exaltado, e quando o delegado explicou que não ele, mas eu teria que decidir e que, pela minha recusa, a questão estava resolvida, ele deu meia-volta de repente, e, furioso, deixou a sala, batendo a porta. O delegado levantou-se, sorriu do hoteleiro e me estendeu a mão, num pacto tácito. Com isso estava consumada a ação policial e eu fiz menção de pegar a minha mala para levá-la para casa. Nesse momento, aconteceu algo insólito. Apressadamente, o ladrão se aproximou, humilde. "Oh, não, *monsieur*", disse ele. "Eu levo a mala até o seu hotel." Assim, saí caminhando, enquanto atrás de mim o ladrão agradecido carregava a mala ao longo das quatro ruas até o meu hotel.

Dessa maneira, uma questão que se iniciara de maneira desagradável parecia ter sido resolvida da maneira mais alegre e agradável. Mas ela ainda produziu em rápida sequência dois epílogos aos quais devo contribuições instrutivas para o meu conhecimento da psique francesa. Quando cheguei à casa de Verhaeren no dia seguinte, ele me cumprimentou com um sorriso malicioso. "Mas que aventuras estranhas você vem tendo aqui em Paris", disse ele, brincando. "Sobretudo eu não sabia que você era um rapaz tão rico." Inicialmente, não entendi o que ele quis dizer. Ele me mostrou o jornal, e pasme! Havia uma reportagem imensa sobre o incidente do dia anterior, só que mal reconheci os verdadeiros fatos naquela ficção romântica. Com eminente arte jornalística, narrava-se ali como num hotel do centro se roubara a mala de um nobre estrangeiro – eu me tornara nobre para ser mais interessante – e que a mala continha uma série de preciosíssimos objetos de valor, entre eles uma carta de crédito de vinte mil francos – os dois mil haviam sido decuplicados da noite para o dia –, além de outros objetos insubstituíveis (que, na verdade, consistiam unicamente em camisas e gravatas). Primeiro parecera impossível encontrar um rastro, uma vez que o ladrão cometera o ato com grande refinamento e supostamente com o mais preciso conhecimento da localidade. Mas o subchefe policial do bairro, *monsieur* Fulano de Tal, logo teria tomado todas as medidas com sua "conhecida energia" e sua "grande perspicácia". Por ordem sua, dada pelo telefone, no espaço de uma única hora todos os hotéis e pensões de Paris teriam sido minuciosamente investigados, e suas medidas, executadas com a precisão costumeira, teriam levado à detenção do malfeitor em tempo recorde. O diretor-geral da polícia teria manifestado imediatamente seu reconhecimento por essa façanha destacada ao bom funcionário, porque, com sua ação e visão, dera mais uma vez um exemplo brilhante da magistral organização da polícia parisiense. Naturalmente, não havia nada de verdadeiro naquele relato; o bom funcionário não precisara sair nem um minuto da sua escrivaninha, nós lhe fornecemos o ladrão com a mala diretamente. Mas ele aproveitou a boa oportunidade para tirar dela o seu ganho pessoal em termos de publicidade.

    Se, para o ladrão e para a polícia, o episódio terminara bem, não foi o meu caso. A partir desse momento, o meu anfitrião antes tão jovial fez de tudo para estragar o resto da minha estada no hotel. Eu descia as escadas e saudava educadamente a sua mulher na portaria; ela não me respondia e virava ofendida a sua cabeça honrada de burguesa. O empregado já não arrumava o meu quarto direito. As cartas se perdiam de maneira misteriosa. Mesmo nas lojas vizinhas e na tabacaria onde, devido ao meu alto consumo, eu normalmente era saudado como um bom cliente, de repente eu topava com fisionomias gélidas. Toda a moral pequeno-burguesa ofendida – não apenas da casa, mas também da rua inteira e até mesmo do bairro – estava contra mim, por eu ter "ajudado" o ladrão. E a mim por fim nada mais restou senão me mudar com a mala recuperada e deixar o hotel confortável como se eu próprio fosse o criminoso.

Depois de Paris, Londres foi para mim como quando, num dia muito quente, alguém pisa na sombra: no primeiro instante sente-se um calafrio, mas logo em seguida os olhos e os sentidos se acostumam. De antemão, eu programara dois a três meses, por assim dizer obrigatórios, de Inglaterra, pois como compreender o nosso mundo e valorizá-lo em suas forças sem conhecer o país que durante séculos vem fazendo o mundo andar nos seus trilhos? Também esperava polir o meu inglês enferrujado (que, aliás, nunca se tornou de fato fluente) com muita conversação e animada sociabilidade. Infelizmente, isso não aconteceu; como todos nós do continente, eu tinha poucos contatos literários do outro lado do canal da Mancha, e em todas as conversas de café da manhã e *small talks* na nossa pequena pensão sobre a corte e as corridas e festas eu me sentia miseravelmente incompetente. Quando discutiam política, eu não conseguia acompanhar, porque falavam de Joe sem que eu soubesse que se referiam a Chamberlain, e chamavam todos os *sirs* sempre pelo prenome. Para o dialeto dos cocheiros, por outro lado, durante muito tempo foi como se eu tivesse cera nos ouvidos. Assim, não progredi no ritmo esperado. Tentei aprender um pouco de boa dicção nas igrejas, dos padres que pregavam, duas ou três vezes assisti a processos nos tribunais, ia ao teatro para escutar um bom inglês – mas sempre tive que buscar com muito esforço o que em Paris havia em abundância: sociabilidade, camaradagem e alegria. Não encontrei ninguém para discutir as coisas que eu considerava mais importantes; aos bem-intencionados entre os ingleses, eu devia parecer um sujeito muito cru e canhestro com minha indiferença ilimitada em relação a esporte, jogo, política e o que quer que os ocupasse. Em parte nenhuma consegui me inserir em um grupo ou um círculo; assim, passei nove décimos do meu tempo londrino trabalhando no meu quarto ou no Museu Britânico.

Inicialmente, claro, tentei passear bastante. Nos primeiros oito dias já cruzara Londres de um lado a outro, até ficar com as solas dos pés fervendo. Com senso de responsabilidade estudantil, visitei todas as atrações dos guias, do museu de cera de Madame Tussaud até o Parlamento, aprendi a tomar *ale* e substituí o cigarro parisiense pelo cachimbo local. Tentei me adaptar em centenas de detalhes, mas nem socialmente, nem em termos literários consegui estabelecer um verdadeiro contato, e quem vê a Inglaterra só de fora não vê a essência – passa pelo que é essencial como se passa pelas empresas milionárias na City, das quais por fora só se veem as bem-polidas tabuletas de estanho estereotipadas. Fui introduzido em um clube, mas não sabia o que fazer ali; a mera visão das fundas poltronas de couro – e todo o ambiente, aliás – causou em mim uma espécie de sonolência intelectual, porque eu não merecera o relaxamento sábio como os outros através de uma ocupação que exigia concentração ou através do esporte. Essa cidade expelia o ocioso, o mero observador, como se fosse um corpo estranho, a não ser que ele, rico em milhões, soubesse colocar o ódio na categoria de uma arte elevada e sociável, enquanto Paris o deixava rolar junto alegremente em sua engrenagem mais quente. Reconheci meu erro tardiamente: eu devia ter passado esses dois meses londrinos com alguma forma de ocupação, como estagiário em um negócio, como secretário em um jornal, para poder penetrar na vida inglesa pelo menos a espessura de um dedo. Como mero observador externo, vivenciei pouco, e só adquiri uma imagem da verdadeira Inglaterra muitos anos depois, durante a guerra.

Dos poetas na Inglaterra só conheci Arthur Symons. Ele, por sua vez, me intermediou um convite para W.B. Yeats, cujos poemas eu amava e de quem, por pura alegria, traduzira uma parte de "The shadowy waters", suave drama em versos. Não sabia que seria uma noite de palestra: havia um pequeno grupo de convidados, estávamos sentados sem muito espaço na sala nada ampla, parte de nós em banquinhos ou até mesmo no chão. Por fim Yeats começou, depois de ter acendido duas velas de altar gigantescas ao lado de um púlpito preto (ou forrado de preto). Todas as outras luzes no recinto foram apagadas, ressaltando a cabeça enérgica com seus cachos escuros à luz das velas. Yeats lia lentamente, com uma voz grave melódica, sem jamais cair num tom de declamação, cada verso ganhando o seu peso metálico pleno. Era lindo. Era deveras solene. E a única coisa que me irritava era o preciosismo da encenação, a túnica preta que conferia a Yeats um ar de sacerdote, a fumaça das gordas velas de cera e que, se bem me lembro, exalavam um leve cheiro condimentado; com isso, o prazer literário se tornou mais uma celebração de poemas do que uma leitura espontânea – o que, por outro lado, produziu uma nova atração para mim. Involuntariamente me lembrei, comparando, de como Verhaeren lia seus poemas: em mangas de camisa, a fim de poder enfatizar melhor o ritmo com os braços vigorosos, sem pompa ou encenação; ou como ocasionalmente Rilke declamava alguns versos de um livro, de maneira simples e clara, em serviço silencioso à palavra. Foi a primeira leitura de poemas "encenada" à qual assisti, e mesmo tendo resistido um pouco desconfiado a esse culto, apesar de todo o meu amor pela sua obra, Yeats teve na ocasião um convidado grato.

Mas a verdadeira descoberta poética que fiz em Londres não foi de um artista vivo, e sim de um atualmente esquecido: William Blake, esse gênio solitário e problemático que me fascina até hoje com sua mistura de falta de jeito e perfeição sublime. Um amigo me aconselhara a pedir que me mostrassem, no *printroom* do Museu Britânico, então administrado por Lawrence Binyon, os compêndios ilustrados a cor de *Europa*, *América* e *O livro de Jó*, que hoje se tornaram objetos raríssimos nos antiquários, e fiquei encantado. Conheci ali, pela primeira vez, uma dessas naturezas mágicas que, sem saber seu caminho com clareza, são transportadas por visões, como em asas de anjo, através de todos os recantos selvagens da fantasia; durante dias e semanas tentei penetrar mais fundo no labirinto dessa alma ingênua e, ao mesmo tempo, demoníaca, e traduzir alguns de seus poemas para o alemão. O desejo de possuir uma folha de papel feita pela sua mão tornou-se quase uma cobiça, mas pareceu primeiro ser apenas uma possibilidade de sonhos. Foi quando, um dia, meu amigo Archibald G.B. Russel, que então já era o maior conhecedor de Blake, contou-me que numa exposição organizada por ele seria colocado à venda um dos *"visionary portraits"* – em sua (e na minha) opinião o mais belo desenho a lápis do mestre, o *King John*. "Nunca se cansará dele", prometeu Russel, e ele tinha razão. Entre meus livros e desenhos, essa folha me acompanhou por mais de trinta anos, e quantas vezes o olhar mágico e iluminado desse rei louco olhou para mim da parede. De todos os meus bens perdidos e distantes, é esse desenho que mais me faz falta na minha peregrinação. O gênio da Inglaterra, que tentei em vão reconhecer nas ruas e cidades, de repente se revelara para mim na figura verdadeiramente astral de Blake. Eu ganhara um novo amor entre tantos neste mundo.

Desvios no caminho em busca de mim mesmo

PARIS, INGLATERRA, ITÁLIA, Espanha, Bélgica, Holanda: essa peregrinação curiosa e o nomadismo tinham sido agradáveis e, em muitos aspectos, produtivos. Mas, afinal, necessitamos de um ponto estável do qual partimos e ao qual sempre regressamos – e em que momento soube isso melhor do que agora, que meu peregrinar pelo mundo não é mais voluntário, e sim acossado? Uma pequena biblioteca se acumulara nos anos decorridos desde a escola, quadros e lembranças; os manuscritos começaram a formar grandes pacotes, e não era possível carregar sempre essa carga bem-vinda em malas por toda parte. Assim, aluguei um pequeno apartamento em Viena, mas não devia ser uma moradia definitiva, apenas um *pied-à-terre*, como dizem de forma tão apropriada os franceses. Pois o sentimento da provisoriedade misteriosamente dominou minha vida até a Primeira Guerra Mundial. Em tudo o que eu empreendia – nos meus trabalhos, que só percebia como tentativas, e mesmo com as mulheres de quem ficava amigo –, eu me persuadia de que ainda não era o verdadeiro, o definitivo. Assim, dei à minha juventude o sentimento de ainda não estar comprometido ao extremo, e ao mesmo tempo o prazer de provar, experimentar e fruir sem responsabilidades. Já chegado à idade em que outros estavam há muito casados, tinham filhos e posições importantes e se viam obrigados a dar o máximo de si com toda a energia, eu ainda me considerava um jovem, um principiante que tinha muito tempo diante de si, e hesitava em me fixar em qualquer coisa definitiva. Assim como considerava o meu trabalho um preparativo, um cartão de visita que apenas anunciava a minha existência à literatura, o meu apartamento não precisaria ser muito mais do que um mero endereço. Escolhi de propósito um lugar pequeno e situado na periferia para que as despesas não tolhessem a minha liberdade. Não comprei móveis especialmente bons, pois não queria "poupá-los", como vira na casa dos meus pais, em que cada poltrona tinha uma capa que só era tirada quando chegava visita. Conscientemente, quis evitar me estabelecer em Viena e, assim, estar preso sentimentalmente a um determinado lugar. Durante muitos anos, pareceu-me um erro esse "educar-me para o provisório", mas depois, quando inúmeras vezes me vi obrigado a abandonar cada lar que eu montava e vi ruir à minha volta tudo o que se havia formado, esse estranho sentimento de não querer me prender tornou-se útil para mim. Por ter aprendido cedo essa atitude, ela me facilitou toda perda e toda despedida.

NESSE PRIMEIRO APARTAMENTO eu ainda não tinha muitas preciosidades para guardar. Mas aquele desenho de Blake adquirido em Londres já adornava a parede, assim como um dos mais belos poemas de Goethe em sua fluente caligrafia – então a pérola da coleção que eu iniciara já no liceu. Com o mesmo espírito de manada com que todo o nosso grupo literário fazia versos, nós então perseguíamos poetas, atores e cantores em busca de autógrafos, sendo que a maioria entre nós abandonou esse esporte, assim como os versos, no final da escola, enquanto em mim a paixão por essas sombras terrenas de figuras geniais só fez crescer e se aprofundar. As meras assinaturas já não me interessavam, e nem a celebridade internacional ou os prêmios de um homem; o que eu procurava eram escritos originais ou esboços de poemas ou composições, pois o que me interessava mais do que qualquer outra coisa era o problema da origem de uma obra de arte, tanto nas formas biográficas quanto nas psicológicas. Aquele misterioso segundo de transição, quando um verso, uma melodia sai do invisível e entra para a esfera terrena a partir da visão e da intuição e da fixação gráfica de um gênio: onde mais pode ser perscrutada, verificada, do que nos escritos originais feitos com muita luta ou produzidos como que em transe? Não posso conhecer um artista se tenho diante de mim apenas a sua obra já pronta, e assumo inteiramente a palavra de Goethe de que, para compreender as grandes criações, não basta vê-las em sua perfeição, mas também durante a sua evolução. Mas também em termos puramente visuais, um primeiro esboço de Beethoven, com seus traços selvagens, impacientes, sua incrível barafunda de motivos iniciados e rejeitados, com a fúria criadora de sua natureza demoníaca, tem para mim um efeito intelectualmente excitante; sou capaz de contemplar, encantado e apaixonado, uma dessas folhas cheias de hieróglifos, como outros um quadro já pronto. Uma página corrigida de Balzac, em que praticamente cada frase está dilacerada, cada linha reescrita, a margem branca roída de tantos traços, sinais e palavras, é para mim a imagem da erupção de um Vesúvio humano; e ver qualquer poema que amei ao longo de décadas pela primeira vez na escrita original, em sua primeira forma terrena, desperta em mim um sentimento de respeito religioso; quase não ouso tocá-lo. À vaidade de possuir algumas dessas páginas juntou-se em mim a ambição quase esportiva de adquiri-las, de caçá-las em leilões ou catálogos; quantas horas de emoção devo a essa busca, quantos acasos fascinantes! Uma vez se chegava tarde demais, noutra, uma peça cobiçada se revelava uma falsificação, e já uma terceira vez acontecia um milagre: eu possuía um pequeno manuscrito de Mozart, mas só com meia alegria, pois faltava um trecho da música, que alguém cortara. Eis que, num leilão em Estocolmo, apareceu aquela tira cortada por algum vândalo amoroso há cinquenta ou cem anos, permitindo completar a ária da maneira que Mozart a deixou um século e meio atrás. Naquela época, meus rendimentos com a atividade literária ainda eram insuficientes para comprar em grande estilo, mas qualquer colecionador sabe o quanto aumenta o prazer em um objeto quando é preciso se privar de outro prazer para adquiri-lo. Além disso, eu pedia contribuições a todos os meus amigos poetas. Rolland me deu um volume do seu *Jean Christophe*; Rilke, sua obra mais popular, *A canção de amor e de morte*; Claudel, *A anunciação à Virgem Maria*; Górki, um grande rascunho; Freud, uma dissertação; todos eles sabiam que nenhum museu guardaria com mais carinho seus manuscritos. Quantos desses objetos se dispersaram hoje em todas as direções, junto com outros que davam menos prazer!

Só por um acaso descobri mais tarde que o mais singular e precioso objeto de museu literário não estava no meu armário, e sim no mesmo prédio na periferia. Acima de mim, em um apartamento igualmente modesto, morava uma senhora grisalha, professora de piano. Um dia, muito gentil, ela me abordou na escada, dizendo-se preocupada por, durante o meu trabalho, eu ser ouvinte involuntário de suas aulas e esperando que não fosse demasiadamente perturbado pela arte imperfeita de suas alunas. Na conversa, soube que sua mãe ainda morava com ela e, semicega, quase nunca saía, e que essa senhora de oitenta anos não era ninguém menos do que a filha do médico particular de Goethe, dr. Vogel, e que tinha sido levada à pia batismal em 1830 por Ottilie von Goethe na presença do próprio Goethe. Fiquei um pouco tonto – havia ainda em 1910 uma pessoa na Terra sobre a qual pousara o santo olhar de Goethe! Ocorre que sempre tive um particular sentimento de respeito para qualquer manifestação terrena do gênio, e além daquelas folhas manuscritas eu reunia qualquer relíquia que conseguia encontrar; mais tarde, um cômodo da minha casa – na minha "segunda" vida – foi uma sala de culto, se assim posso dizer. Ali estavam a escrivaninha de Beethoven e seu pequeno cofre, do qual ele, no leito, com a mão trêmula já tocada pela morte, tirava as pequenas quantias para entregar à empregada; ali havia uma folha do seu livro de cozinha e um cacho de seu cabelo já grisalho. Durante anos conservei num vidro uma pena de Goethe para escapar à tentação de pegá-la com a minha mão indigna. Mas como era incomparável em relação a esses objetos sem vida uma pessoa, um ser vivo que respira, que os olhos escuros e redondos de Goethe haviam contemplado consciente e carinhosamente – um último fio fino que poderia arrebentar a qualquer momento unia por meio dessa frágil criatura o mundo olímpico de Weimar com o casual prédio de subúrbio na Kochgasse 8. Pedi licença para visitar Frau Demelius; fui recebido com prazer e bondade pela senhora idosa, e em seu quarto encontrei vários objetos do lar do imortal, dados pela neta de Goethe, sua amiga de infância: o par de castiçais que ficava sobre a mesa de Goethe e outros objetos da casa no Frauenplan de Weimar. Mas não era ela própria um milagre, essa anciã com a touca sobre os cabelos já ralos, cuja boca enrugada gostava de contar como passara os primeiros quinze anos de sua juventude na casa no Frauenplan, que ainda não era museu, como hoje, e que guardava os objetos intocados desde a hora em que o maior poeta alemão deixou para sempre o seu lar e o mundo? Como ocorre com as pessoas idosas, ela via essa época de sua juventude com a maior vivacidade; fiquei comovido com sua indignação contra a Sociedade Goethe, a qual teria cometido uma grave indiscrição ao publicar "já agora" as cartas de amor de sua amiga de infância, Ottilie von Goethe – "já agora" –, ah, ela esquecera que Ottilie morrera havia meio século! Para ela, a predileta de Goethe ainda era viva e jovem, para ela as coisas que para nós há muito se tornaram pré-história e lenda ainda eram verdade! Sempre, em sua presença, eu sentia uma atmosfera sobrenatural. Morava nessa casa de pedras, falava ao telefone, tinha luz elétrica, ditava as cartas que iam sendo escritas à máquina, e 22 degraus acima eu ficava enlevado em um outro século, na sombra sagrada do mundo de Goethe.

Mais tarde, encontrei várias vezes mulheres de cabeça branca que haviam vivido no mundo heroico e olímpico, Cosima Wagner, a filha de Liszt, dura, rígida mas imponente em seus gestos patéticos; Elisabeth Forster, a irmã de Nietzsche, baixinha, graciosa, coquete; Olga Monod, a filha de Alexander Herzen, que em criança ficava no colo de Tolstói. Escutei Georg Brandes, já idoso, narrando seus encontros com Walt Whitman, Flaubert e Dickens, ou Richard Strauss como viu pela primeira vez Richard Wagner. Mas nada me comoveu tanto quanto o semblante daquela idosa, a última entre os vivos que os olhos de Goethe ainda haviam fitado. E talvez eu, por outro lado, já seja o último que hoje pode dizer: conheci uma pessoa sobre cuja fronte a mão de Goethe repousou um instante carinhosamente.

Eu encontrara o lugar para descansar nos períodos entre as viagens. Mais importante, no entanto, foi outro lugar que encontrei ao mesmo tempo – a editora que durante trinta anos abrigou e promoveu toda a minha obra. Tal escolha constitui importante decisão na vida de um autor, e não poderia ter sido mais feliz para mim. Alguns anos antes, um poeta diletante cultíssimo tivera a ideia de aplicar a sua fortuna não em uma estrebaria de cavalos de corrida, e sim em uma obra intelectual. Alfred Walter

Heymel, ele próprio um poeta insignificante, resolvera fundar uma editora na Alemanha, país onde o mercado editorial, como em toda parte, estava fundamentado no objetivo comercial. A sua editora, no entanto, não teria os ganhos materiais como prioridade; mais ainda: antevendo constantes perdas, a decisão de publicar não teria como parâmetro o valor de venda da obra, e sim seu valor intrínseco. A literatura de entretenimento, por mais rentável que pudesse ser, seria excluída daquele catálogo, oferecendo-se, em compensação, abrigo para obras mais sutis e de mais difícil acesso. Reunir exclusivamente títulos do mais puro gosto artístico na apresentação mais pura, esse foi o lema dessa editora exclusiva, que inicialmente contava apenas com o parco público constituído por conhecedores, e que, com a orgulhosa pretensão do isolamento, chamou-se Die Insel [A Ilha] e, mais tarde, Insel Verlag [Editora Ilha]. Nela, nada devia ser impresso apenas com objetivos comerciais, mas a cada obra literária seria dada uma aparência que correspondesse à sua perfeição interior. Assim, cada obra se tornou um projeto individual, com o desenho do título, a diagramação, o tipo e o papel; até mesmo os prospectos e o papel timbrado nessa editora ambiciosa elevaram-se e se tornaram objeto de cuidado apaixonado. Não me lembro, por exemplo, de ter encontrado um único erro tipográfico em qualquer um de meus livros ao longo de trinta anos, ou mesmo uma linha corrigida numa carta recebida da editora: tudo, mesmo o menor detalhe, tinha a ambição de ser exemplar.

As obras líricas de Hofmannsthal e de Rilke estavam reunidas na Insel Verlag, e isso de antemão estabelecia o grau máximo como o único parâmetro válido. Pode-se, pois, imaginar a minha alegria, o meu orgulho, quando, aos 26 anos, fui declarado digno de ser um cidadão permanente dessa "ilha". Para o mundo externo, essa cidadania significava uma posição literária mais elevada, dentro de mim, um compromisso maior. Quem entrasse nesse seleto círculo precisava exercer disciplina e comedimento, não podendo ser acusado de nenhuma leviandade literária, de nenhuma pressa jornalística, pois o selo da Insel Verlag em um livro reforçava de antemão para milhares – e, depois, centenas de milhares – de leitores a garantia tanto de qualidade interior como de perfeição gráfica modelar.

Para um autor, não pode haver felicidade maior do que, jovem ainda, encontrar uma editora jovem e crescerem juntos em relevância; só uma evolução conjunta cria um laço vital orgânico entre ele, sua obra e o mundo. Em pouco tempo, uma cordial amizade me unia ao diretor da Insel Verlag, professor Kippenberg, fortalecida ainda pela nossa mútua paixão de colecionadores, pois a coleção particular goethiana de Kippenberg cresceu paralelamente ao aumento da minha coleção de manuscritos originais ao longo desses trinta anos conjuntos, até se tornar a mais monumental em mãos de um particular. Recebi dele valiosos conselhos e igualmente valiosas dissuasões; por meu lado, graças ao meu especial conhecimento da literatura estrangeira, fui capaz de lhe dar importantes estímulos. Assim, a Coleção Insel, que, com seus muitos milhões de exemplares, construiu uma verdadeira metrópole cosmopolita em torno da "torre de marfim" original, surgiu por uma proposta minha. Trinta anos depois do início, estávamos em uma situação bem diferente da inicial: o pequeno empreendimento tornara-se uma das editoras mais poderosas, o autor inicialmente lido em pequenos círculos avançara para um dos mais lidos da Alemanha. De fato, foi preciso acontecer uma catástrofe mundial e a força mais bruta da lei para desfazer essa união que foi tão feliz para ambos. Confesso que me foi mais fácil deixar lar e pátria depois de não ver mais o selo tão conhecido nos meus livros.

O caminho estava aberto. Eu começara a publicar cedo demais, mas estava convencido de que aos 26 anos ainda não criara obras verdadeiras. A mais bela conquista da minha juventude – a relação e a amizade com os melhores espíritos criadores da época – estranhamente foi um perigoso entrave para a minha atividade produtiva. Eu aprendera bem demais a conhecer os valores reais; e isso me tornou hesitante. Devido a essa falta de coragem, tudo o que publiquei, além de traduções, limitou-se em cautelosa economia a formatos pequenos, como novelas e poemas; durante muito tempo não tive coragem de começar a escrever um romance (isso ainda perduraria por quase trinta anos). A primeira vez que me atrevi a escrever uma obra mais longa foi um drama, e logo com essa primeira tentativa começou uma grande tentação, e vários sinais favoráveis me impeliram a ceder a ela. No verão de 1905 ou 1906, escrevera uma peça – de acordo com o estilo do nosso tempo, naturalmente era um drama em versos, em estilo clássico. Chamava-se *Tersites*; dizer o que penso dessa peça que hoje vale só pela forma é supérfluo já pelo fato de que nunca mais a reeditei, como aconteceu com quase todos os livros antes dos meus 32 anos. Seja como for, esse drama já revelava certo traço da minha disposição interior, que nunca toma o partido dos chamados "heróis", mas sempre vê a tragédia só nos vencidos. Em minhas novelas é sempre o vencido pelo destino que me atrai; nas biografias, a figura de quem tem razão não no espaço do sucesso, mas unicamente no sentido moral – Erasmo, e não Lutero; Maria Stuart, e não Elisabeth; Castellio, e não Calvino. Da mesma forma, não fiz de Aquiles a figura heroica, e sim do mais insignificante de seus adversários, Tersites – a pessoa que sofre em vez daquele que, por sua força e habilidade, causa sofrimento nos outros. Não mostrei o drama concluído a um ator, nem mesmo a um amigo, pois já tinha experiência para saber que dramas em versos brancos e vestimentas gregas, mesmo escritos por Sófocles ou Shakespeare, não são adequados para darem lucro no palco. Só por formalidade, pedi para enviarem alguns exemplares para os grandes teatros, e depois esqueci que dera essa ordem.

Qual não foi minha surpresa, por isso, quando depois de três meses recebi uma carta cujo envelope levava o carimbo Königliches Schauspielhaus Berlin. O que pode o teatro real prussiano querer de mim?, pensei. Para meu espanto, o diretor Ludwig Barnay, que tinha sido um dos maiores atores alemães, informou-me que a peça tinha lhe causado uma forte impressão e que chegara a propósito, porque o Aquiles era o papel longamente procurado para Adalbert Matkowsky. Pediu-me que cedesse os direitos para a estreia ao Teatro Real de Berlim.

Quase levei um susto de alegria. A nação alemã tinha então dois grandes atores, Adalbert Matkowsky e Josef Kainz; o primeiro, um alemão do Norte, incomparável pela veemência elementar de seu ser e sua paixão arrebatadora; o segundo, nosso vienense Josef Kainz, maravilhava o público pela sua graça espiritual, sua arte retórica nunca mais equiparada, a maestria da palavra suave e também da metálica. Matkowsky então devia dar vida ao meu personagem, falar os meus versos, o teatro mais renomado da capital do Império Alemão servir de padrinho ao meu drama! Uma carreira dramatúrgica ímpar parecia estar se abrindo a mim, que nunca a procurara.

Mas desde então aprendi a nunca fruir a expectativa de uma apresentação teatral antes que o pano se abra. Os ensaios efetivamente começaram, um depois do outro, e os amigos me asseguraram que Matkowsky nunca foi mais grandioso, mais varonil do que naqueles ensaios em que declamava os meus versos. Eu já reservara a passagem de trem leito para Berlim, quando chegou um telegrama à última hora: adiamento devido ao adoecimento de Matkowsky. Achei que era um pretexto, como ocorre no teatro quando não se pode cumprir um prazo ou uma promessa. Mas oito dias depois os jornais noticiaram a morte de Matkowsky. Meus versos haviam sido os últimos falados pelos seus maravilhosos e eloquentes lábios.

Acabou, pensei. Tudo acabado. Dois outros importantes teatros de corte, o de Dresden e o de Kassel, queriam a peça, mas eu perdera o interesse. Não conseguia imaginar nenhum outro Aquiles depois de Matkowsky. Foi quando chegou uma notícia ainda mais surpreendente: certa manhã, um amigo me acordou dizendo que tinha sido enviado por Josef Kainz, que conhecera a peça por acaso e vira um papel para si – não o de Aquiles, que Matkowsky iria representar, mas a trágica contraparte de Tersites, e que iria procurar imediatamente o Burgtheater. O diretor Schlenther viera de Berlim como precursor do realismo, em voga, e como realista dirigia o Hoftheater, para grande dissabor dos vienenses; escreveu-me imediatamente que vira o que o meu drama tinha de interessante, mas que não enxergava sucesso além da estreia.

Acabou, pensei mais uma vez, cético como sempre fui em relação a mim e à minha obra literária. Kainz, porém, ficou indignado. Convidou-me para sua casa; pela primeira vez vi o deus da minha juventude, a quem nós, colegiais, adoraríamos ter beijado as mãos e os pés, diante de mim, o corpo flexível como uma mola, o rosto espirituoso e animado por maravilhosos olhos escuros, ainda aos cinquenta anos. Era um prazer ouvi-lo falar. Cada palavra tinha o mais puro contorno, mesmo na conversa particular, cada consoante a sonoridade polida, cada vogal vibrava plena e clara; até hoje não posso ler alguns poemas que ouvi recitados por ele sem que sua voz me acompanhe escandindo com força, com seu ritmo perfeito, sua fluência heroica; nunca mais tive tanto prazer em ouvir a língua alemã. E eis que esse homem que eu venerava como um deus se desculpava a mim, jovem escritor, por não haver conseguido fazer com que a minha peça fosse aos palcos. Mas não deveríamos mais nos perder, reforçou ele, dizendo que tinha um pedido – eu quase sorri: Kainz, um pedido para mim! Ele estava fazendo muitas turnês e contava com duas peças de um ato. Faltava-lhe uma terceira, e imaginava uma peça em versos, se possível, e de preferência com uma daquelas torrentes líricas que ele, graças à sua grandiosa técnica retórica – *ímpar* na dramaturgia alemã –, conseguia despejar num jato cristalino, sem tomar fôlego, sobre uma plateia que também prendia a respiração. Perguntou-me se eu podia escrever-lhe uma dessas peças de um só ato.

Prometi tentar fazê-lo. E, como diz Goethe, a vontade pode, às vezes, "comandar a poesia". Esbocei o rascunho de um ato, *O comediante transformado*, uma peça levíssima que se passa na época do rococó com dois grandes monólogos lírico-dramáticos. Sem querer, imaginei em cada palavra a sua vontade, tentando entrar com todo ardor na personalidade e mesmo no jeito de falar de Kainz; assim, esse trabalho imprevisto tornou-se por acaso um daqueles episódios felizes que nunca são realizados pela mera habilidade, mas unicamente pelo entusiasmo. Três semanas depois, mostrei a Kainz o rascunho semipronto, com uma das "árias" já embutidas. Ele ficou sinceramente entusiasmado. Logo a seguir, recitou duas vezes aquela torrente a partir do manuscrito, a segunda vez já com inesquecível perfeição. Visivelmente impaciente, perguntou de quanto tempo eu ainda precisaria para terminar. Um mês. Ótimo! Tudo se encaixaria muito bem! Viajaria por algumas semanas para uma temporada na Alemanha, depois de sua volta os ensaios haveriam de começar imediatamente, pois essa peça tinha que ser representada no Burgtheater. Depois disso, prometeu, iria levá-la como parte do repertório para onde quer que fosse viajar, pois caiu-lhe como uma luva. "Como uma luva!" Repetiu essa expressão várias vezes, apertando minha mão cordialmente três vezes.

Parece que ele ainda alvoroçou o Burgtheater antes de sua partida, pois o diretor em pessoa me telefonou para que lhe mostrasse o esboço da peça em um ato, e já a aceitou. Os papéis dos coadjuvantes de Kainz foram distribuídos entre os atores do Burgtheater para leitura. Mais uma vez, parecia que eu ganhara a aposta mais alta sem ter empenhado muito – o Burgtheater, orgulho da nossa cidade, e no Burgtheater, ainda por cima, o maior ator da época – ao lado da Duse – numa obra minha: era quase demais para um principiante. Agora havia um único perigo, o de que Kainz mudasse de opinião diante da peça concluída, mas isso era improvável! De qualquer maneira, a impaciência agora estava do meu lado. Finalmente, li no jornal que Josef Kainz voltara de sua turnê. Hesitei durante dois dias por educação, para não assaltá-lo logo depois de sua chegada. No terceiro dia, tomei coragem e entreguei o meu cartão ao velho e bem conhecido porteiro do Hotel Sacher, onde Kainz morava então: "Quero visitar o ator Kainz!" O velho me fitou surpreso por sobre o *pince-nez*. "Como, não sabe ainda, doutor?" Não, eu não sabia. "Levaram-no esta manhã para a clínica." Só então fiquei sabendo: Kainz voltara gravemente doente da sua turnê em que ele, dominando heroicamente as dores mais terríveis diante de um público que nada imaginava, atuou pela última vez em seus grandes papéis. No dia seguinte, foi operado de um câncer. Os boletins publicados nos jornais ainda nos fizeram esperar por uma melhora, e eu o visitei no hospital. Estava cansado, magro, os olhos escuros pareciam ainda maiores no rosto decaído, e me assustei: pela primeira vez se desenhava um bigode grisalho sobre os lábios eternamente juvenis, tão maravilhosamente eloquentes; vi um homem velho, moribundo. Sorriu-me com tristeza. "Será que o bom Deus ainda me deixará representar nossa peça? Isso poderia me curar ainda." Mas poucas semanas depois estávamos junto de seu ataúde.

SERÁ COMPREENSÍVEL o meu mal-estar em insistir na dramaturgia e a preocupação que surgia desde então, mal entregava uma nova peça a um teatro. O fato de que os dois maiores atores da Alemanha morreram depois de ensaiarem meus versos me tornou supersticioso, não me envergonho de admiti-lo. Só alguns anos depois me animei de novo a escrever obras dramáticas, e quando o novo diretor do Burgtheater, barão Alfred von Berger, um eminente especialista do teatro e mestre na arte de declamar, aceitou imediatamente o drama, verifiquei quase ansioso a lista dos atores escolhidos e respirei, paradoxalmente aliviado: "Graças a Deus, não há nenhum ator famoso entre eles!" A fatalidade não tinha ninguém para atingir. Mesmo assim, aconteceu o improvável. Quando se fecha uma porta à desgraça, ela penetra pela outra. Eu só pensara nos atores, e não no diretor, o barão Von Berger, que reservara para si a direção da minha tragédia *A casa ao mar* e já esboçara as marcações de cena. De fato: quinze dias antes do início dos ensaios, ele morreu. A maldição que parecia pesar sobre minhas obras dramáticas estava ainda em vigor; continuei inseguro mesmo quando, mais de uma década mais tarde, depois da Primeira Guerra, *Jeremias* e *Volpone* foram levados à cena em todas as línguas imagináveis. E agi conscientemente contra os meus interesses quando terminei, em 1931, uma nova peça, *O cordeiro do pobre*. Um dia depois de ter enviado o manuscrito ao meu amigo Alexander Moissi, recebi um telegrama para que lhe reservasse o papel principal para a estreia. Moissi, que trouxera uma sonoridade sensual ainda desconhecida da sua pátria italiana para os palcos alemães, era então o único grande sucessor de Josef Kainz. Uma figura encantadora, inteligente, vivaz e, além disso, ainda uma pessoa bondosa e entusiasmada, conferia a cada obra que representava algo do seu encanto pessoal; eu não poderia imaginar melhor representante para o papel. Mas, quando ele me fez a proposta, lembrei-me de Matkowsky e Kainz, e recusei o seu pedido com uma evasiva qualquer sem lhe contar o verdadeiro motivo. Sabia que ele herdara de Kainz o chamado Anel de Iffland, que o maior ator da Alemanha sempre deixava como legado ao seu sucessor. Será que, no final, ele herdaria também o destino de Kainz? Em todo caso, eu não queria ser pela terceira vez o motivo da desgraça do maior ator alemão vivo. Assim, por superstição e por amor a ele, abri mão da perfeição na representação quase decisiva para a minha peça. Mesmo assim, não pude protegê-lo pela minha abdicação, embora tivesse lhe recusado o papel, embora desde então eu não tivesse levado mais nenhuma peça ao palco. Ainda eu continuaria enredado, sem a menor culpa, na desgraça alheia.

TENHO CONSCIÊNCIA de me tornar suspeito de estar contando uma história de fantasmas. Matkowsky e Kainz: podem ser explicados pelo acaso. Mas como explicar o caso de Moissi depois deles, mesmo tendo-lhe recusado o papel e nunca mais escrito nenhum drama depois? Foi assim: anos e anos mais tarde – antecipo aqui a minha crônica –, no verão de 1935, eu me encontrava em Zurique, sem nada imaginar, quando de repente recebi um telegrama de Alexander Moissi, de Milão, dizendo que chegaria a Zurique especialmente para me ver e pedindo que o esperasse sem falta. "Curioso", pensei, "o que pode ser tão urgente? Não tenho nenhuma peça nova e, ao longo dos anos, tornei-me indiferente ao teatro." Mas claro que o esperei com alegria, pois de fato tinha uma afeição fraterna por esse homem afetuoso e cordial. Ele saltou do trem, abraçamo-nos à maneira italiana, e ainda no carro ele me falou com sua maravilhosa sofreguidão o que esperava de mim. Queria me fazer um pedido, um grande pedido. Pirandello lhe rendera uma homenagem especial, indicando-o para a estreia da sua peça *Non si sa mai*, e não era apenas a estreia italiana, mas a verdadeira estreia mundial, que aconteceria em Viena, em língua alemã. Era a primeira vez que um tal mestre da Itália dava ao estrangeiro a primazia; nem Paris a merecera. Acontece que Pirandello, receando que a musicalidade e a sonoridade de sua prosa pudessem se perder na tradução, tinha um desejo especial. Não queria que um tradutor qualquer vertesse a peça para o alemão, e sim eu, cuja habilidade linguística ele apreciava havia muito tempo. Pirandello naturalmente hesitara em me fazer desperdiçar o meu tempo com tradução! Assim, Moissi assumira a missão de trazer a mim o pedido de Pirandello. Efetivamente, havia anos que eu já não traduzia mais. Mas eu venerava Pirandello, com quem tivera alguns bons encontros, e não quis decepcioná-lo, e acima de tudo era para mim uma alegria poder dar uma prova de camaradagem a um amigo tão íntimo quanto Moissi. Por uma ou duas semanas, suspendi o meu trabalho; pouco tempo depois, estava sendo anunciada a estreia da peça de Pirandello na minha tradução, que ainda por cima, por motivos políticos, devia ser revestida de grande solenidade. Pirandello confirmara pessoalmente a sua presença, e como Mussolini então ainda era tido como o patrono declarado da Áustria, os círculos oficiais, encabeçados pelo chanceler, anunciaram a sua participação. A noite seria uma demonstração política da amizade ítalo-austríaca (na verdade, do protetorado da Itália sobre a Áustria).

Eu próprio me encontrava por acaso em Viena nos dias em que deveriam começar os primeiros ensaios. Estava ansioso por rever Pirandello e curioso por ouvir as palavras da minha tradução na dicção musical de Moissi. Mas com semelhança fantasmagórica repetiu-se, um quarto de século depois, o mesmo fato. Quando abri o jornal de manhã, li que Moissi havia chegado da Suíça com uma forte gripe e que os ensaios teriam de ser adiados por causa do seu adoecimento. Uma gripe, pensei, não pode ser tão grave. Mas meu coração bateu forte quando me aproximei do hotel – graças a Deus, eu me consolava, não é o Hotel Sacher, e sim o Grand Hotel! – para visitar o amigo doente; a lembrança daquela triste visita a Kainz me arrepiava. E exatamente o mesmo se repetiu, um quarto de século depois, de novo com o maior ator alemão de seu tempo. Não me permitiram mais ver Moissi, o delírio febril já começara. Dois dias depois, como no caso de Kainz, em vez de assistir ao ensaio, estava junto do seu ataúde.

Ao mencionar essa última realização da maldição mística que pairava sobre minhas tentativas dramatúrgicas, antecipei-me no tempo. Claro que não vejo mais do que um acaso nessa repetição. Mas sem dúvida as mortes de Matkowsky e Kainz em tão pouco espaço de tempo exerceram uma influência decisiva na direção da minha vida. Se eles tivessem levado aos palcos os primeiros dramas do autor de então apenas 26 anos, graças à sua arte, capaz de levar mesmo a peça mais fraca ao sucesso, eu teria aparecido mais rápido para o grande público, talvez de maneira injustamente rápida, perdendo anos de aprendizado lento e de descoberta do mundo. Na época, senti-me compreensivelmente perseguido pelo destino, já que desde o início o teatro me apresentou possibilidades sedutoras, com as quais eu jamais sonhara, para me roubá-las cruelmente no último instante. Mas só nos primeiros anos da juventude o acaso ainda parecia idêntico ao destino. Mais tarde sabemos que a verdadeira trajetória da vida é determinada por uma força interior: por mais que o nosso caminho pareça se desviar sem sentido dos nossos desejos, sempre afinal nos conduz à nossa meta invisível.

Para além da Europa

SERÁ QUE, NAQUELA época, o tempo corria mais rápido do que hoje, quando está lotado de acontecimentos que modificarão o nosso mundo durante séculos, da pele às entranhas? Ou os meus últimos anos de juventude antes da Primeira Guerra me parecem tão embaçados porque transcorreram com trabalho regular? Eu escrevia, publicava, o meu nome já era bastante conhecido na Alemanha e fora dela, eu tinha adeptos e já tinha também adversários, o que fala em favor de uma certa idiossincrasia; todos os grandes jornais do Império estavam à minha disposição, eu não precisava mais enviar contribuições, mas era solicitado a escrever. No meu íntimo, contudo, não me iludo de que tudo o que fiz e escrevi naqueles anos não tem mais importância hoje; todas as nossas ambições, nossas preocupações, nossas decepções e amarguras de então me parecem hoje bem liliputianas. Obrigatoriamente as dimensões desse tempo mudaram a nossa maneira de ver as coisas. Tivesse eu começado este livro há alguns anos, teria falado de conversas com Gerhart Hauptmann, com Arthur Schnitzler, com Beer-Hofmann, Dehmel, Pirandello, Wassermann, Shalom Asch e Anatole France (essa última foi divertida, pois o velho senhor nos serviu histórias indecentes a tarde inteira, mas com superior seriedade e uma graça indescritível). Poderia relatar sobre as grandes estreias, da Oitava Sinfonia de Gustav Mahler em Munique, do *Cavaleiro da Rosa* em Dresden, da Karsavina e de Nijinski, pois como espectador vivazmente curioso fui testemunha de muitos eventos artísticos "históricos". Mas tudo o que já não tem mais relação com os problemas da nossa época se torna sem importância em face de nossos parâmetros mais rígidos para coisas essenciais. Hoje, aqueles homens que na minha juventude guiaram o meu olhar para as coisas literárias me parecem menos importantes do que aqueles que o desviaram para a realidade.

Entre eles, em primeira linha, está um homem que, em uma das épocas mais trágicas, precisou dirigir o destino do Império Alemão e foi atingido pelo primeiro tiro assassino dos nacional-socialistas, onze anos antes da tomada do poder por Hitler: Walther Rathenau. Nossa relação de amizade era antiga e cordial; começara de maneira insólita. Um dos primeiros homens a quem eu devia gratidão já aos dezenove anos por me apoiar foi Maxilimian Harden, cuja revista *Zukunft* desempenhou um papel decisivo nas últimas décadas do Império. Harden – levado à política pessoalmente por Bismarck, que gostava de usá-lo como porta-voz ou para-raios – derrubava ministros, fez explodir o caso Eulenburg, fazia tremer o palácio imperial a cada semana diante de outros ataques e revelações; mas o amor particular de Harden continuou sendo, apesar de tudo isso, o teatro e a literatura. Um dia saiu na *Zukunft* uma série de aforismos assinada com um pseudônimo de que já não me lembro e que me chamou a atenção pela sua especial sabedoria, bem como concisão da palavra. Na condição de colaborador fixo, escrevi para Harden: "Quem é esse novo homem? Há anos não leio aforismos tão bem polidos."

A resposta não veio de Harden, mas de um senhor que assinou Walther Rathenau e que, como depreendi de sua carta e soube também de outras pessoas, não era outro senão o filho do todo-poderoso diretor da Companhia Berlinense de Eletricidade, ele próprio um grande comerciante, grande industrial, membro do conselho administrativo de inúmeras empresas, um dos novos comerciantes alemães "cosmopolitas", como disse Jean Paul. Escreveu-me com muita cordialidade e gratidão, dizendo que a minha carta fora a primeira reação que recebera à sua tentativa literária. Embora no mínimo dez anos mais velho do que eu, confessou-me abertamente a sua insegurança sobre se de fato deveria já publicar um volume de pensamentos e aforismos seus. Afinal, disse, era um estranho na literatura, tendo dedicado toda a sua atividade à economia. Eu o encorajei sinceramente, continuamos a nos corresponder, e quando fui a Berlim de novo lhe telefonei. Uma voz hesitante respondeu: "Ah, o senhor está aqui! Que pena, parto amanhã cedo às seis para a África do Sul..." Eu o interrompi: "Então nos vemos em outra ocasião." Mas a voz continuou, refletindo vagarosamente: "Não, espere... um momento... Tenho reuniões a tarde inteira... À noite preciso ir ao ministério e depois tenho mais um jantar no clube... Mas poderia vir à minha casa às onze e quinze?" Respondi que sim. Conversamos até as duas da manhã. Às seis, viajou – como soube mais tarde, por ordem do imperador alemão – para o Sudoeste Africano.

Relato esse detalhe porque é tão característico de Rathenau. Esse homem ocupadíssimo sempre tinha tempo. Vi-o nos dias mais difíceis da guerra e pouco antes da Conferência de Gênova, e poucos dias antes de seu assassinato ainda percorri com ele a mesma estrada em que foi morto, no mesmo automóvel em que foi assassinado. Seu dia era constantemente dividido até o último minuto, e mesmo assim ele conseguia passar sem esforço de um assunto para outro, porque o seu cérebro estava sempre em prontidão, um instrumento de uma precisão e rapidez como jamais conheci em nenhuma outra pessoa. Falava de maneira fluente, como se estivesse lendo de uma folha invisível, mas formando cada frase de modo tão plástico e claro que, fosse estenografada, a sua conversa geraria uma exposição pronta para ser impressa. Assim como dominava o alemão, falava francês, inglês e italiano, sua memória nunca o abandonava, nunca precisava preparar-se em especial para algum assunto. Quem falasse com ele sentia-se ao mesmo tempo burro, insuficientemente culto, inseguro, confuso face à sua objetividade sempre ponderada e que via tudo com clareza. Mas havia alguma coisa nessa lucidez brilhante, na clareza cristalina de seu pensamento, que me constrangia da mesma forma como, em sua casa, os móveis mais seletos e os quadros mais belos. Seu espírito era um aparelho genialmente inventado, sua casa como um museu, e em seu castelo feudal Königin Luise, na região da Mark, eu não conseguia me sentir à vontade, tal era a ordem, a nitidez, a limpeza. Havia algo de transparente como cristal – e, por isso, imaterial – em seu pensamento; raras vezes senti a sina trágica do judeu com mais intensidade do que em sua figura, que, com toda a visível superioridade, era cheia de uma profunda intranquilidade e incerteza. Meus outros amigos, como por exemplo Verhaeren, Ellen Key,

Bazalgette, não tinham um décimo de sua inteligência, um centésimo de sua universalidade e do seu cosmopolitismo, mas se sentiam seguros. Em Rathenau, sempre senti que, com toda a sua incomensurável inteligência, faltava o solo sob seus pés. Toda a sua existência era um único conflito feito de contradições sempre novas. Herdara todo o poder possível do pai, mas não queria ser seu herdeiro, era comerciante e queria sentir-se artista, possuía milhões e brincava com ideias socialistas, percebia-se como judeu e coqueteava com Cristo. Pensava em dimensões internacionais e idolatrava o prussianismo, sonhava com uma democracia popular e se sentia honrado toda vez que era recebido para dar conselhos pelo imperador Guilherme, cujas fraquezas e vaidades ele via com nitidez, sem por isso conseguir dominar a própria vaidade. Assim, a sua atividade incessante talvez não passasse de um opiáceo para esconder o nervosismo interior e matar a solidão que envolvia a sua vida mais íntima. Só na hora da responsabilidade, quando em 1919, depois do colapso das Forças Armadas alemãs, recebeu a pior missão da história – a de restaurar a Alemanha arruinada do caos –, de repente as enormes forças potenciais se tornaram nele uma só força. E ele criou para si a grandeza que era inata ao seu gênio ao dedicar a sua vida a uma única ideia: salvar a Europa.

ALÉM DE ALGUMAS perspectivas amplas em conversas animadas – comparáveis, em intensidade intelectual e lucidez, talvez só às conversas com Hofmannsthal, Valéry e o conde Keyserling –, além da ampliação do meu horizonte da literatura para os fatos históricos contemporâneos, devo a Rathenau o primeiro incentivo a viajar para fora da Europa. "Não poderá compreender a Inglaterra enquanto conhecer apenas a ilha", disse-me. "E não conhecerá o nosso continente enquanto não sair dele pelo menos uma vez. O senhor é um homem livre, aproveite a liberdade! A literatura é uma profissão maravilhosa, porque nela a pressa é supérflua. Um ano mais, um ano menos não faz diferença para um livro de verdade. Por que não viaja para a Índia e para os Estados Unidos?" Essas palavras casuais calaram fundo em mim, e resolvi seguir imediatamente o seu conselho.

A Índia me impressionou de um modo mais sinistro e deprimente do que eu imaginara. Assustei-me com a miséria das criaturas esquálidas, a seriedade sem alegria nos olhares negros, a monotonia muitas vezes cruel da paisagem e, sobretudo, com a rígida separação em camadas de classes e raças, da qual já tivera uma amostra a bordo. Duas encantadoras jovens esbeltas, de olhos negros, cultas e educadas, modestas e elegantes, viajavam no nosso navio. Logo no primeiro dia reparei que se mantinham afastadas ou eram mantidas longe por uma barreira para mim invisível. Não apareciam para dançar, não participavam das conversas, mas sentavam-se à parte, lendo livros ingleses ou franceses. Só no segundo ou terceiro dia descobri que não eram elas que evitavam a companhia dos ingleses, mas sim eles que se mantinham afastados dos *halfcasts*, embora essas encantadoras jovens fossem filhas de um grande comerciante parse e de uma francesa. Haviam passado dois ou três anos em um pensionato em Lausanne e na *finishing school* na Inglaterra, com direitos totalmente iguais; mas no navio para a Índia começou essa proscrição social fria e invisível, e nem por isso menos cruel. Pela primeira vez eu via a peste da pureza racial, que se tornou mais fatídica para o nosso mundo do que a verdadeira peste nos séculos passados.*

Esse primeiro encontro aguçou o meu olhar desde o início. Usufruí com alguma vergonha do respeito – há muito desaparecido, por nossa própria culpa – pelo europeu como se fosse uma espécie de deus branco, o qual, quando fazia uma expedição turística por exemplo ao Ceilão, invariavelmente era acompanhado por doze a quatorze servos, pois qualquer outra coisa estaria abaixo de sua "dignidade". Não consegui me libertar do estranho sentimento de que as décadas e os séculos vindouros haveriam de gerar modificações e transformações dessas condições absurdas das quais nós, na Europa que se imaginava tão segura, não fazíamos a menor ideia. Graças a essas observações não vi na Índia o colorido róseo como algo "romântico", como Pierre Loti, mas como uma advertência, e não foram

---

* *Halfcast*: pessoa de origem racial mista; *finishing school*: escola de etiqueta. Ambos em inglês no original.

os templos maravilhosos, os palácios antigos e a paisagem do Himalaia que mais me enriqueceram durante essa viagem no sentido da formação interior, e sim as pessoas que conheci, pessoas de um tipo diferente, de um mundo diferente do que um escritor costuma encontrar no interior da Europa. Quem viajava para fora da Europa naquela época – quando ainda se faziam contas com mais parcimônia e ainda não havia agências de viagem para organizar excursões de lazer – quase sempre era um homem especial em sua classe social e sua posição; o comerciante não era um pequeno vendedor, e sim um grande negociante; o médico, um pesquisador de verdade; o empresário fazia parte da raça dos conquistadores – ousado, generoso, sem escrúpulos –, e mesmo o escritor era um homem com elevada curiosidade intelectual. Nos longos dias, nas longas noites da viagem, que então ainda não eram preenchidas pelo falatório do rádio, aprendi mais sobre as forças e tensões que movem o nosso mundo no trato com esse outro tipo de gente do que em uma centena de livros. A distância da pátria modifica o padrão interior. Após meu regresso, comecei a achar insignificantes as miudezas às quais antes dava um valor desmedido, e já não considerava a Europa o eterno eixo do nosso universo.

ENTRE OS HOMENS que conheci na minha viagem à Índia houve um que ganhou uma influência inesperada, se bem que não abertamente visível, na história da nossa época. Viajando de Calcutá para a Indochina e subindo o Irauádi em uma embarcação fluvial, passei horas com Karl Haushofer, que havia sido enviado para o Japão como adido militar da Alemanha, e sua mulher. Esse homem empertigado, magro, com seu rosto ossudo e um nariz aquilino, foi o primeiro a me fazer conhecer as extraordinárias qualidades e a disciplina interior de um oficial do estado-maior do exército alemão. Naturalmente, eu já lidara de vez em quando com militares em Viena – jovens gentis, amáveis e até mesmo divertidos, que em geral haviam fugido de famílias com posição modesta para o uniforme e procuravam tirar o melhor proveito do serviço. Haushofer, no entanto – isso logo se percebia –, provinha de uma família culta da alta burguesia. Seu pai publicara um bom número de poemas e fora, creio, professor na universidade, e sua erudição era universal mesmo além do âmbito militar. Incumbidos de estudar os cenários da guerra russo-japonesa *in loco*, ele e sua mulher haviam se familiarizado com a língua e a poesia japonesas; nele vi mais uma vez que toda ciência, mesmo a militar, quando abarcada com generosidade, necessariamente ultrapassa o domínio estreito da especialização e precisa tanger todas as outras ciências. Ele trabalhava o dia inteiro no navio, acompanhava com o binóculo todo detalhe, escrevia diários ou relatórios, estudava dicionários; raras vezes o vi sem um livro nas mãos. Como observador preciso, sabia expor muito bem; na conversa com ele, aprendi muito sobre os mistérios do Oriente e, uma vez de regresso, permaneci em contato amigável com a família Haushofer, trocávamos cartas e nos visitávamos em Salzburgo e Munique. Uma grave doença pulmonar que o manteve um ano em Davos ou Arosa, longe do exército, promoveu sua passagem para a ciência; uma vez curado, assumiu um comando durante a guerra. Na derrota, pensei com muita simpatia nele; podia imaginar como ele – que em seu retraimento trabalhara invisivelmente durante anos na construção da posição de poder da Alemanha e talvez também da máquina de guerra – sofreu ao ver o Japão, onde fez tantas amizades, entre os adversários vitoriosos.

Logo revelou-se que ele fora um dos primeiros a pensar de maneira sistemática e generosa em uma reconstrução da posição de poder da Alemanha. Ele editava uma revista de geopolítica, e, como tantas vezes acontece, no início não compreendi o sentido mais profundo desse novo movimento. Pensei honestamente que se tratava apenas de observar o jogo das forças no concerto das nações, e mesmo a expressão "espaço vital" dos povos – que ele, creio, foi o primeiro a cunhar – entendi no sentido de Spengler, como uma energia relativa e mutante de acordo com as épocas que cada nação manifesta uma vez no ciclo do tempo. Mesmo a reivindicação de Haushofer de estudar mais minuciosamente as propriedades individuais dos povos e construir um aparelho de instrução permanente de natureza científica pareceu-me absolutamente correta, porque imaginava que essa investigação serviria apenas a tendências que aproximassem os povos; talvez mesmo – não posso afirmar – a intenção original de Haushofer não tenha sido política. Seja como for, li os seus livros (nos quais, aliás, ele me citou uma vez) com o maior interesse e sem a menor suspeita, escutei de especialistas elogios às suas conferências como sendo muito instrutivas, e ninguém acusou suas ideias de servirem a uma nova política de poderio e de agressão, ou de estarem destinadas a motivar ideologicamente, sob nova roupagem, as velhas exigências de uma Grande Alemanha. Um dia, no entanto, quando mencionei o seu nome em Munique por acaso, alguém disse com toda naturalidade: "Ah, o amigo de Hitler?" Eu não poderia ter ficado mais surpreso. Pois em primeiro lugar a mulher de Haushofer não era de raça absolutamente pura e seus filhos – muito talentosos e simpáticos – não teriam passado pelas leis antissemitas de Nuremberg; além disso, eu não via possibilidade de um elo espiritual entre um erudito altamente culto e de pensamento universal e um agitador selvagem obstinado pelo germanismo no seu sentido mais estreito e brutal. Mas um dos alunos de Haushofer fora Rudolf Hess, e ele promovera a união. Hitler, em si pouco acessível à influência de novas ideias, sempre teve o instinto de se apropriar de tudo o que poderia ser de utilidade para seus objetivos pessoais; por isso, para ele a geopolítica desembocou e se esgotou completamente na política nacional-socialista, e ele se utilizou dela tanto quanto conseguiu para seus objetivos. A técnica do nacional-socialismo sempre foi a de criar um alicerce ideológico e pseudomoral para seus instintos de poder inequivocamente egoístas, e com esse conceito de "espaço vital" por fim surgiu um mantozinho filosófico para seu desejo de agressão, uma expressão aparentemente ingênua por sua possibilidade de definição vaga, que no caso de sucesso poderia justificar cada anexação, mesmo a mais arbitrária, como necessidade ética e etnológica. Assim, o meu velho companheiro de viagem – não sei se ciente e voluntariamente – foi responsável pela mudança fundamental e fatídica para o mundo no objetivo de Hitler, de início limitado estritamente ao nacionalismo e à pureza racial, mas que depois, com a teoria do espaço vital, degenerou no lema "Hoje a Alemanha é nossa, depois o mundo inteiro" – um exemplo igualmente evidente de que, pela influência da palavra, uma única fórmula pode se transformar em ação e fatalidade, como outrora as fórmulas dos enciclopedistas sobre o domínio da *raison*, da razão, finalmente se transformaram no seu oposto – o terror e a emoção das massas. Pelo que sei, Haushofer pessoalmente nunca assumiu uma posição visível no partido, talvez nunca tenha sido membro do partido; não vejo nele de forma nenhuma – como fazem os jornalistas de hoje – uma "eminência parda" demoníaca que, escondida nos bastidores, urde os planos mais perigosos e os insufla ao *Führer*. Mas não há dúvida de que foram as suas teorias que, mais do que os conselheiros mais raivosos de Hitler, inconsciente ou conscientemente impeliram a política agressiva do nacional-socialismo a passar do nacionalismo estreito para o âmbito universal; só a posteridade, com uma documentação melhor do que a disponível para nós contemporâneos, poderá colocar a figura de Haushofer na sua devida medida histórica.

A ESSA PRIMEIRA VIAGEM ultramarina seguiu-se, algum tempo depois, a segunda, para os Estados Unidos. Ela também foi motivada pelo único intuito de ver o mundo e, se possível, um pedaço do futuro que tínhamos diante de nós; creio mesmo que fui um dos pouquíssimos escritores que para lá viajaram não para tirar dinheiro ou proveito jornalístico, mas unicamente para confrontar uma imagem bastante imprecisa do novo continente com a realidade.

A minha imagem era bastante romântica, e não me envergonho de dizê-lo. Para mim, os Estados Unidos eram Walt Whitman, o país do novo ritmo, da futura fraternidade universal entre os povos; antes de embarcar, reli mais uma vez os dodecassílabos caudalosos do grande *Camerado* e pisei, portanto, em Manhattan com um sentimento aberto, fraternalmente largo, em vez da costumeira arrogância do europeu. Lembro ainda que a primeira coisa que fiz foi perguntar ao porteiro do hotel pelo túmulo de Walt Whitman, que eu queria visitar; com esse pedido naturalmente deixei o pobre italiano fortemente constrangido. Ele jamais ouvira esse nome.

A primeira impressão foi poderosa, embora Nova York ainda não tivesse aquela inebriante beleza noturna que tem hoje. Ainda faltavam as caudalosas cascatas luminosas na Times Square e o maravilhoso céu estrelado da cidade, que à noite ilumina as estrelas de verdade do firmamento com bilhões de estrelas artificiais. O cenário da cidade, assim como o trânsito, não tinha a generosidade ousada de hoje, pois a nova arquitetura ainda experimentava com muita incerteza os edifícios altos; mesmo o admirável apuro do gosto em vitrines e decorações apenas começava, timidamente. Mas olhar da Brooklyn Bridge – sempre vibrando em movimento – para o porto, e caminhar pelas avenidas, esses desfiladeiros de pedras, era descoberta e fascinação o bastante, que depois de dois ou três dias evidentemente deram lugar a outro sentimento, mais virulento: o sentimento da solidão máxima. Eu não tinha nada para fazer em Nova York, e em nenhum outro lugar uma pessoa desocupada podia estar mais deslocada do que ali. Ainda não havia os cinemas para se distrair durante uma hora, nem os pequenos cafés confortáveis, não havia ainda tantas lojas de arte, bibliotecas e museus como hoje; no aspecto cultural, tudo estava ainda muito atrasado em relação à Europa. Depois de ter visto em dois ou três dias os museus e as outras principais atrações, vaguei como um barco sem leme pelas ruas geladas e cheias de vento. Por fim essa falta de sentido em vagar pelas ruas se tornou tão forte que só consegui superá-la com um artifício. Inventei um jogo para brincar comigo mesmo. Como vagava completamente só, imaginei ser um dos incontáveis imigrantes que não sabiam o que fazer, e que só tinha sete dólares no bolso. "Vou fazer de espontânea vontade o que eles são obrigados a fazer", disse aos meus botões. Imagine que, o mais tardar depois de três dias, você é obrigado a ganhar o seu pão. Veja o que um estrangeiro precisa fazer para encontrar um meio de sobreviver, sem conhecer ninguém, sem ter nem amigos! Assim, comecei a ir de uma agência de emprego a outra para estudar os anúncios. Aqui se procurava um padeiro, ali um auxiliar de escritório que precisava saber francês e italiano, acolá um ajudante de livraria (esse último ao menos uma primeira oportunidade para o meu eu imaginário). Assim subi três andares de uma escada de ferro em caracol, perguntei pelo salário e o comparei nos anúncios de jornal com os preços de um quarto no Bronx. Depois de dois dias de procura eu encontrara teoricamente cinco empregos que poderiam me ajudar a sobreviver; assim conseguira me convencer, mais do que só flanando pela cidade, de quanto espaço, quantas possibilidades havia nesse país jovem para qualquer pessoa disposta a trabalhar, e isso me impressionou. Além disso, vagando assim de uma agência para outra, apresentando-me nas empresas, eu vislumbrara a divina liberdade daquele país. Ninguém me perguntou pela minha nacionalidade, minha religião, minha origem, sendo que eu viajara sem passaporte – coisa fantástica, comparando com o nosso mundo moderno de impressões digitais, vistos e autorizações policiais. Mas ali havia trabalho esperando pelo homem; isso por si decidia tudo. Em um minuto se fechava o contrato, sem a ingerência inibidora do Estado e formalidades e sindicatos nesses tempos de liberdade que já se tornara lendária. Graças a essa "busca por emprego", logo nos primeiros dias aprendi mais sobre os Estados Unidos do que em todas as semanas que se seguiram, quando cruzei confortavelmente Filadélfia, Boston, Baltimore, Chicago como turista, tendo passado unicamente algumas horas agradáveis em Boston com Charles Loeffler, que musicara alguns dos meus poemas; de resto, sempre só. Uma única vez uma surpresa interrompeu esse total anonimato da minha existência. Lembro-me nitidamente desse momento. Caminhava eu por uma larga avenida na Filadélfia; parei diante de uma grande livraria para ver pelo menos nos nomes dos autores alguma coisa que me fosse conhecida e familiar. De repente, espantei-me. Na vitrine dessa livraria, no canto interior esquerdo, havia seis ou sete livros alemães, e de um deles o meu nome saltou em minha direção. Olhei como que encantando para o livro e comecei a pensar. Algo do meu eu que ali vagava, anônimo e aparentemente sem sentido, por essas ruas estranhas, sem que ninguém o conhecesse, sem que ninguém prestasse atenção nele, já estivera ali antes de mim; o livreiro devia ter escrito o meu nome em um pedido para que aquele livro cruzasse o oceano em dez dias. Por um instante, dissipou-se a sensação de abandono, e quando, há dois anos, voltei a visitar a Filadélfia, inconscientemente voltei a procurar aquela vitrine.

Não tive coragem de ir até São Francisco – Hollywood ainda não havia sido inventada então. Mas pelo menos em um outro local ainda pude lançar o tão ansiado olhar para o oceano Pacífico, que me fascinava desde a minha infância por causa dos relatos da primeira circum-navegação, e pude fazê-lo de um local que hoje desapareceu – um local que jamais o olho de um mortal voltará a ver: os últimos morros de terra do canal do Panamá, então ainda em construção. Eu viajara para lá passando pelas Bermudas e pelo Haiti em um pequeno navio – nossa geração poética, afinal, fora educada por Verhaeren a admirar os milagres técnicos de nossa época como os nossos antepassados as antiguidades romanas. O próprio canal do Panamá era uma imagem inesquecível: aquele leito de rio dragado por máquinas, amarelo-ocre, fazendo arder mesmo a vista protegida por óculos escuros, um ar infernal, com milhões e bilhões de mosquitos, cujas vítimas se viam em intermináveis fileiras no cemitério. Quantos haviam sucumbido nessa obra iniciada pela Europa e que os Estados Unidos deveriam terminar! E agora, depois de trinta anos de catástrofes e desilusões, a obra ganhava contornos. Mais alguns meses com os últimos trabalhos nas eclusas, depois um dedo apertando um botão e os dois mares confluiriam para sempre, após milhares de anos; e eu fui um dos últimos da minha época a ainda vê-los separados, com plena e alerta consciência histórica. Foi uma boa despedida dos Estados Unidos, esse olhar para a sua maior e mais criativa obra.

Brilho e sombra sobre a Europa

AGORA EU VIVERA dez anos do novo século; conhecera a Índia, uma parte das Américas e da África; comecei a olhar para a nossa Europa com nova alegria e mais conhecimento. Nunca amei a nossa velha terra *mais* do que nesses últimos anos que precederam a Primeira Guerra Mundial, nunca esperei *mais* pela unificação da Europa, nunca acreditei *mais* em seu futuro do que nesse tempo em que julgávamos vislumbrar uma nova aurora. Mas na realidade já era o clarão do incêndio mundial que se aproximava.

Talvez seja difícil descrever para a geração atual, que cresceu entre catástrofes, derrotas e crises, para quem a guerra foi uma possibilidade constante e uma expectativa quase diária, a confiança no mundo que animava a nós, jovens, desde a virada do século. Quarenta anos de paz haviam fortalecido o organismo econômico dos países, a técnica acelerara o ritmo da vida, as descobertas científicas haviam tornado orgulhoso o espírito daquela geração; começou um surto de progresso perceptível quase no mesmo grau em todos os países da nossa Europa. A cada ano que passava, as cidades se tornavam mais belas e mais populosas. A Berlim de 1905 já não se parecia mais com a cidade que eu conhecera em 1901; a sede do governo se transformara em uma cidade cosmopolita que já tinha sido suplantada grandiosamente pela Berlim de 1910. Viena, Milão, Paris, Londres, Amsterdã – a cada vez que eu voltava, ficava surpreso e feliz; as ruas tornavam-se mais largas e suntuosas, os prédios públicos mais portentosos, as lojas mais luxuosas e de bom gosto. Percebia-se em todas as coisas como a riqueza crescia e se difundia; mesmo nós, escritores, o notávamos nas edições, que triplicaram, quintuplicaram, decuplicaram nesse período de dez anos. Em todo lugar surgiam novos teatros, bibliotecas, museus; conveniências que, como antes o banheiro e o telefone, tinham sido privilégio de pequenos círculos penetraram na pequena burguesia, e, com a redução da jornada de trabalho, o proletariado ascendia para pelo menos participar das pequenas alegrias e dos pequenos confortos da vida. O progresso estava por toda parte. Quem arriscava ganhava. Quem comprava uma casa, um livro raro, um quadro, via o valor crescendo. Quanto mais ousado e generoso um empreendimento, tanto mais seguro era o seu lucro. Com isso, uma maravilhosa despreocupação se apoderou do mundo, pois o que haveria de interromper essa ascensão, o que haveria de impedir o elã que extraía sempre novas forças do seu próprio movimento? Nunca a Europa foi mais forte, rica, bela, nunca acreditou mais intensamente em um futuro ainda melhor; ninguém, a não ser alguns velhos encarquilhados, tinha nostalgia dos "bons e velhos tempos".

Não só as cidades, mas também as pessoas se tornaram mais belas e saudáveis graças aos esportes, à melhor alimentação, à redução da jornada de trabalho e ao contato mais estreito com a natureza. O inverno, antes um tempo de isolamento que as pessoas passavam aborrecidas, jogando cartas em tavernas ou entediadas em cômodos superaquecidos, fora descoberto nas montanhas como um reservatório de sol filtrado, um néctar para os pulmões, um prazer para a pele irrigada. E as montanhas, os lagos, o mar não ficavam mais tão distantes quanto antes. A bicicleta, o automóvel, os trens elétricos haviam reduzido as distâncias e dado ao mundo uma nova sensação espacial. Aos domingos, milhares de pessoas com blusas esportivas de cores berrantes desciam as encostas nevadas em esquis e trenós, em todo lugar surgiam palácios dos esportes e piscinas. Justamente nas piscinas era possível observar nitidamente a transformação; enquanto na minha juventude um homem realmente esbelto chamava a atenção entre os indivíduos de pescoço grosso, barrigões e tórax murcho, agora figuras ágeis, bronzeadas pelo sol e enrijecidas pelo esporte participavam de alegres competições como na Antiguidade. Ninguém mais, exceto os mais pobres, ficava em casa aos domingos, todos os jovens caminhavam, escalavam e lutavam, treinados em todas as variedades esportivas. Quem estava de férias não ia mais para os arredores da cidade, como nos dias dos meus pais, ou então no máximo para a região alpina de Salzkammergut; as pessoas tinham se tornado curiosas em relação ao mundo, queriam saber se ele era bonito em toda parte e diferente; enquanto antes somente os privilegiados iam ao exterior, agora bancários e pequenos comerciantes viajavam para a Itália e a França. Viajar se tornara mais barato e mais confortável, e sobretudo era a nova espécie de coragem nas pessoas, uma nova ousadia que também as tornava mais audazes nas caminhadas, menos medrosas e econômicas na vida; as pessoas tinham vergonha de ter medo. A geração inteira decidiu se tornar mais juvenil; ao contrário do que ocorrera no mundo dos meus pais, cada pessoa tinha orgulho de ser jovem; de repente desapareceram as barbas dos mais jovens, depois os mais velhos os imitaram para não passarem por velhos. O lema agora era ser jovem, ser alegre, e não mais fingir respeitabilidade. As mulheres abandonaram os espartilhos que lhes apertavam os seios, abdicaram de guarda-sóis e véus porque já não temiam mais o ar e o sol, encurtaram as saias para melhor movimentar as pernas no tênis e já não se envergonhavam de mostrá-las. A moda se tornou cada vez mais natural, homens passaram a usar calções até o joelho, as mulheres montavam a cavalo, não se escondia e encobria mais nada. O mundo não apenas se tornara mais belo, como também mais livre.

Foi a saúde, a autoestima da geração que nos sucedeu que conquistou essa liberdade até mesmo nos costumes. Pela primeira vez viam-se moças sem governanta com rapazes em excursões e no esporte em camaradagem aberta e segura; não eram mais medrosas e pudicas; sabiam o que queriam e o que não queriam. Livres do controle medroso dos pais, ganhando suas vidas como secretárias e funcionárias, reservavam-se o direito de formar sua vida. A prostituição, única instituição do amor permitida no velho mundo, decresceu visivelmente graças a essa nova liberdade mais saudável, qualquer espécie de pudicícia se tornou antiquada. Nas piscinas públicas, retirou-se o tapume que até então separara impiedosamente a parte destinada aos cavalheiros da parte reservada às damas, mulheres e homens já não se envergonhavam mais de mostrar o seu corpo; nesses dez anos se reconquistou muito mais em liberdade, descontração e desembaraço do que antes em cem.

Pois o ritmo do mundo já era outro. Um ano, quanta coisa acontecia então em um ano! As invenções e descobertas se sucediam e num piscar de olhos todas elas se tornavam patrimônio de todos; pela primeira vez as nações sentiam mais coletivamente quando se tratava do coletivo. No dia em que o zepelim partiu para a primeira viagem, eu me encontrava a caminho da Bélgica, por acaso em Estrasburgo, onde ele, sob júbilo retumbante, circulava em torno da catedral, como se quisesse fazer uma reverência diante do prédio milenar. À noite, na casa de Verhaeren, na Bélgica, chegou a notícia de que a aeronave se espatifara em Echterdingen. Verhaeren tinha lágrimas nos olhos e estava terrivelmente emocionado. Não que ele, enquanto belga, fosse indiferente em relação à catástrofe alemã, mas como europeu, como homem do nosso tempo, sentiu tanto a vitória coletiva sobre os elementos quanto a provação coletiva. Exultamos em Viena quando Blériot sobrevoou o canal da Mancha como se fosse um herói da nossa pátria; por orgulho dos triunfos da nossa técnica e da nossa ciência, que se sucediam a cada hora, estava se formando pela primeira vez um sentimento coletivo europeu, uma consciência nacional europeia. Como são sem sentido essas fronteiras, se qualquer avião as ultrapassa brincando, dizíamos. Como são provincianos e artificiais essas barreiras alfandegárias e esses guardas das fronteiras, como tudo isso se contrapõe ao sentido do nosso tempo, que requer visivelmente a união e a fraternidade universal! Esse alçar voo do sentimento não era menos maravilhoso que o dos aeroplanos; tenho pena de quem não vivenciou enquanto jovem esses anos de confiança na Europa. Pois o ar à nossa volta não está morto nem vazio, ele traz em si a vibração e o ritmo da época, imprimindo-os inconscientemente no nosso sangue, no fundo do coração e do nosso cérebro. Naqueles anos, cada um de nós absorveu forças da bonança coletiva da época, aumentando sua própria confiança graças à confiança coletiva. Talvez nós, ingratos como são os seres humanos, não soubéssemos então com quanta segurança a onda nos carregava. Mas só quem conheceu essa época de confiança universal sabe que, desde então, tudo foi retrocesso e trevas.

Foi magnífica essa onda tônica de energia que de todas as costas da Europa batia nos nossos corações. Mas, sem que o imaginássemos, aquilo que nos dava felicidade era ao mesmo tempo perigo. A tempestade de orgulho e de confiança que então bramia sobre a Europa também trazia nuvens. A ascensão fora talvez rápida demais, os governos e as cidades se tornaram poderosos muito depressa, e sempre o sentimento de força seduz pessoas e governos a fazer uso ou a abusar dela. A França regurgitava de riqueza. E queria mais, queria mais uma colônia, embora nem tivesse gente para as colônias antigas; quase houve uma guerra por causa do Marrocos. A Itália queria a Cirenaica, a Áustria anexou a Bósnia. A Sérvia e a Bulgária, por sua vez, avançaram contra a Turquia, e a Alemanha, que ainda não participava, já preparava as garras para o golpe furioso. O sangue subiu à cabeça dos países. O desejo fecundo de consolidação interna começou a se transformar em toda parte, como se fosse uma contaminação por bacilos, em uma cobiça por expansão. Os industriais franceses, que tinham bons lucros, faziam propaganda contra os alemães, também montados na fartura, porque ambos queriam mais encomendas de canhões, Krupp e Schneider-Creusot. As companhias de navegação de Hamburgo, com seus enormes dividendos, trabalhavam contra as de Southampton, os camponeses húngaros contra os sérvios, os grandes conglomerados uns contra os outros – a conjuntura enlouquecera a todos, de um lado e de outro, e todos queriam ganhar mais e mais. Quando hoje, refletindo calmamente, nos perguntamos por que a Europa foi à guerra em 1914, não encontramos nenhum motivo razoável e nem mesmo uma causa direta. Não estavam em jogo ideias e nem os pequenos territórios limítrofes; não sei explicar essa guerra a não ser por esse excesso de energia, como trágica consequência do dinamismo interno acumulado nesses quarenta anos de paz e que buscava se descarregar à força. Cada país de repente se sentia forte e esquecia que os outros sentiam o mesmo, cada um queria mais e alguma coisa do outro. E o pior foi que justamente o sentimento que mais amávamos nos traiu: nosso otimismo conjunto. Pois cada um acreditava que, no momento final, o outro recuaria; assim, os diplomatas iniciaram o seu jogo do blefe mútuo. Quatro, cinco vezes – em

Agadir, na Guerra dos Bálcãs, na Albânia – o jogo não passou dos blefes; mas as grandes coalizões se tornaram mais coesas, cada vez mais militares. A Alemanha introduziu um imposto de guerra em plena paz; a França aumentou o tempo de serviço militar; finalmente, o excesso de força precisou ser descarregado, e os sinais meteorológicos nos Bálcãs apontaram para a direção de onde as nuvens vinham se aproximando da Europa.

Ainda não era nenhum pânico, mas uma inquietação constantemente acesa; sempre quando chegavam os estampidos dos Bálcãs sentíamos um leve mal-estar. Será que a guerra de fato nos invadiria sem que soubéssemos por que e para quê? Aos poucos – de maneira demasiadamente lenta e hesitante, como sabemos hoje! – as forças da oposição foram se reunindo. Havia o partido socialista, milhões de pessoas aqui e acolá que combatiam a guerra em seu programa; havia os poderosos grupos católicos sob a liderança do papa e alguns conglomerados mundialmente interligados; havia alguns poucos políticos sensatos que se insurgiram contra aquelas agitações clandestinas. Nós, escritores, também éramos contra a guerra, mas como sempre isolados, e não reunidos de forma coesa e decidida. Infelizmente, a posição da maioria dos intelectuais era de indiferença passiva, pois graças ao nosso otimismo o problema da guerra com todas as suas consequências morais ainda não penetrara no território das nossas preocupações – em nenhuma obra dos escritores proeminentes daquele tempo se encontra qualquer debate fundamental ou advertência veemente. Acreditávamos estar fazendo o bastante pensando como europeus e nos confraternizando no âmbito internacional, manifestando na nossa esfera, que, no entanto, só influenciava indiretamente a dimensão temporal, a profissão de fé no ideal da concórdia pacífica e da confraternização espiritual. Foi justo a nova geração a maior seguidora dessa ideia europeia. Em Paris, encontrei em volta do meu amigo Bazalgette um grupo de jovens que, diferentemente da geração anterior, renunciaram a qualquer nacionalismo estreito e imperialismo agressivo. Jules Romains, que depois escreveu na guerra a grande poesia dedicada à Europa, Georges Duhamel, Charles Vildrac, Durtain, René Arcos, Jean Richard Bloch, reunidos primeiro no grupo Abbaye e depois no Effort Libre, foram apaixonados paladinos de um europeísmo e inabaláveis, como mostrou a prova de fogo da guerra, em sua repulsa contra qualquer militarismo – uma juventude corajosa, talentosa, moralmente decidida como raras vezes despontou antes na França. Na Alemanha, foi Werfel com seu compêndio de poemas *Weltfreund* que deu à confraternização universal os acentos líricos mais fortes; o alsaciano René Schickele, colocado pelo destino entre as duas nações, trabalhou com paixão por uma concórdia; na Itália, G.A. Borgese nos saudava, como camarada; dos países escandinavos e eslavos chegavam mensagens de alento. "Venham para cá!", escreveu-me um grande escritor russo. "Mostrem aos pan-eslavistas, que nos querem atiçar para a guerra, que vocês, na Áustria, são contra ela." Ah, nós todos amávamos a nossa época, que nos carregava em suas asas, amávamos a Europa! Mas essa fé crédula em que a razão à última hora poderia impedir a loucura foi, ao mesmo tempo, nossa culpa. Certo, não observamos com suficiente desconfiança os sinais na parede, mas não é próprio da juventude ser crente e não desconfiada? Confiávamos em Jaurès, na Internacional Socialista, acreditávamos que os ferroviários prefeririam explodir os trilhos a deixar seus camaradas irem ao front como gado de abate, contávamos com as mulheres que recusariam entregar seus filhos e esposos ao demônio, estávamos convencidos de que a força espiritual e moral da Europa haveria de se manifestar, triunfante, no último instante crítico. Nosso idealismo comum, nosso otimismo baseado no progresso fizeram-nos ignorar e desprezar o perigo geral.

E mais: o que nos faltou foi alguém que nos organizasse e reunisse sistematicamente as forças latentes dentro de nós. Só tínhamos entre nós uma única pessoa que nos exortava, um único com capacidade de prever o futuro; o mais curioso é que ele vivia entre nós e durante muito tempo não sabíamos nada dele, desse homem destinado a ser nosso líder. Para mim, foi um dos momentos decisivos de sorte tê-lo descoberto na última hora, pois ele vivia no meio de Paris, bem distante da *foire sur la place*. Se alguém um dia empreender uma história sincera da literatura francesa no século XX, não poderá deixar de atentar para o espantoso fenômeno de que os jornais parisienses de então elogiavam todos os poetas e nomes imagináveis, ignorando, no entanto, os três mais importantes, ou então citando-os no contexto errado. De 1900 a 1914, nunca li no *Figaro* ou no *Matin* nenhuma menção ao nome de Paul Valéry como poeta; Marcel Proust era tido como dândi dos salões, Romain Rolland como um musicólogo culto. Eles tinham quase cinquenta anos quando o primeiro e tímido raio da fama atingiu os seus nomes, e sua grande obra foi feita nas trevas, no meio da cidade mais curiosa e intelectual do mundo.

Foi acaso ter descoberto Romain Rolland no momento oportuno. Em Florença, uma escultora russa me convidara a um chá para me mostrar os seus trabalhos e tentar fazer um esboço meu. Cheguei às quatro em ponto, esquecendo que ela era russa e, por isso, não ligava para o tempo e a pontualidade. Uma velha *babushka* – que, como fui informado, já fora ama de leite de sua mãe – conduziu-me até o ateliê em que o mais pitoresco era a desordem, e pediu-me que esperasse. Ao todo havia quatro pequenas esculturas, levei dois minutos para vê-las. Assim, para não perder tempo, peguei um livro, ou melhor, uns fascículos marrons espalhados por lá. *Cahiers de la Quinzaine* era o título, e me lembrei de já tê-lo ouvido antes em Paris. Mas quem podia acompanhar todas as pequenas revistas que surgiam pelo país afora como flores idealistas efêmeras, desaparecendo depois? Folheei o volume *A aurora* de Romain Rolland e comecei a ler, cada vez mais admirado e interessado. Quem era esse francês que conhecia tão bem a Alemanha? Em pouco tempo eu já estava agradecido à boa russa pela sua falta de pontualidade. Quando finalmente chegou, minha primeira pergunta foi: "Quem é esse Romain Rolland?" Ela não tinha informações precisas, e só depois de comprar os volumes restantes (os últimos da obra ainda estavam aparecendo) eu tive certeza: por fim achara a obra que não servia a uma única nação europeia, e sim a todas e à sua confraternização; achara o homem, o poeta que punha em jogo todas as forças morais: conhecimento com amor e desejo sincero de conhecimento, uma justiça refletida e apurada e uma crença entusiasmada na missão unificadora da arte. Enquanto nós nos perdíamos em pequenas manifestações, ele empreendera, calmo e paciente, a ação de mostrar os povos uns aos outros naquelas qualidades em que cada um era mais amável; era o primeiro romance conscientemente europeu que se completava ali, o primeiro apelo resoluto à confraternização, mais eficiente porque atingia massas mais amplas do que os hinos de Verhaeren, mais enérgico do que todos os panfletos e protestos; ali alguém havia realizado em silêncio o que todos nós inconscientemente esperávamos e ansiávamos.

A primeira coisa que fiz em Paris foi perguntar por ele, lembrando as palavras de Goethe: "Ele aprendeu, pode nos ensinar." Perguntei aos amigos por ele. Verhaeren julgou lembrar-se de um drama, *Os lobos*, que teria sido representado no socialista Théâtre du Peuple. Já Bazalgette ouvira dizer que Rolland era musicólogo e escrevera um pequeno livro sobre Beethoven; no catálogo da Biblioteca Nacional encontrei algumas obras sobre música antiga e moderna, todas publicadas por editoras pequenas ou nos *Cahiers de la Quinzaine*. Por fim, para estabelecer um contato, enviei-lhe um livro meu. Pouco depois chegou uma carta convidando-me à sua casa, e assim começou uma amizade que, como as que tive com Freud e Verhaeren, tornou-se uma das mais férteis e, em alguns momentos, até a mais decisiva para a minha vida.

Os DIAS IMPORTANTES na vida têm em si um brilho maior do que os dias comuns. Lembro-me ainda com extrema nitidez dessa primeira visita. Subi cinco lances estreitos de escada de uma casa insignificante perto do boulevard Montparnasse e, já diante da porta, senti um silêncio especial; escutava-se o ruído do boulevard pouco mais do que o vento, que embaixo das janelas soprava pelas árvores do velho jardim de um convento. Rolland abriu a porta e me levou ao seu pequeno aposento, cheio de livros até o teto; pela primeira vez olhei para os seus olhos azuis de um brilho estranho, os olhos mais límpidos e, ao mesmo tempo, bondosos que jamais vi num ser humano, olhos que, na conversa, extraem cor e fogo do sentimento mais íntimo, sombrios na tristeza e na reflexão, cintilantes na excitação, aquelas pupilas incomparáveis entre pálpebras levemente avermelhadas, cansadas da leitura e da vigília, capazes de brilhar maravilhosamente em uma luz comunicativa e feliz. Com um pouco de medo, observei sua figura. Muito alto e esguio, andava um pouco encurvado, como se as inúmeras horas passadas junto à escrivaninha lhe tivessem curvado a nuca; tinha a aparência doentia, com seus traços pronunciados de cor muito pálida. Falava muito baixo, como, aliás, poupava o seu corpo ao máximo; quase nunca saía para passear; comia pouco, não bebia nem fumava, evitava toda tensão física, mas com admiração precisei reconhecer mais tarde que enorme resistência residia naquele corpo ascético, quanta força de trabalho intelectual havia atrás daquela aparente fragilidade. Durante horas escrevia na sua pequena escrivaninha superlotada, durante horas lia em sua cama, nunca concedendo mais do que quatro ou cinco horas de sono ao seu corpo exausto, e como única distração se permitia a música; tocava piano maravilhosamente bem, com um toque inesquecivelmente suave, acariciando as teclas, como se quisesse tirar os sons não à força, mas com amor. Nenhum virtuose – e ouvi Max Reger, Busoni, Bruno Walter tocarem em círculo íntimo – me transmitiu tanto o sentimento de comunicação direta com os mestres amados.

Seu saber era tão diversificado que me envergonhava; vivendo só para ler, dominava a literatura, a filosofia, a história, os problemas de todos os países e todas as épocas. Conhecia cada compasso na música; tinha familiaridade mesmo com as obras menos conhecidas de Galuppi e Telemann, e até as dos músicos de sexta e sétima categoria; apesar disso, tomava parte apaixonadamente em todo acontecimento da sua época. Naquela cela monasticamente simples o mundo se refletia como numa câmara escura. Ele fruíra da intimidade dos grandes de seu tempo, fora aluno de Renan, hóspede na casa de Wagner, amigo de Jaurès; Tolstói dirigiu a ele aquela famosa carta que, como confissão humana, tem lugar digno ao lado de sua obra literária. Nele, eu sentia – e isso provoca em mim sempre um sentimento de felicidade – uma superioridade humana e moral, uma liberdade interior sem orgulho, liberdade como algo natural em uma alma forte. À primeira vista, reconheci nele – e o tempo me deu razão – o homem que na hora decisiva seria a consciência da Europa. Falamos de *Jean Christophe*. Rolland me explicou que tentara cumprir um tríplice dever com aquela obra: sua gratidão à música, sua profissão de fé na unidade europeia e uma conclamação aos povos para a reflexão. Disse que cada um de nós teria que agir então, cada um em seu lugar, em seu país, em sua língua. Era hora de se estar vigilante, cada vez mais vigilante. As forças que impeliam ao ódio seriam, por causa de sua vileza, sempre mais veementes e agressivas do que as conciliadoras; além disso, por trás estariam interesses materiais, em si mais inescrupulosos do que os nossos. Disse que a insensatez estava visivelmente obrando e que a luta contra ela era até mais importante do que a nossa arte. Senti a tristeza pela fragilidade das estruturas terrenas duplamente comovente em um homem que, em toda a sua obra, celebrara a perenidade da arte. "Ela pode consolar a nós, os indivíduos", respondeu-me, "mas nada conseguirá contra a realidade."

Isso foi em 1913. Foi a primeira conversa que me fez reconhecer que era nosso dever não enfrentar inativos e sem preparo o fato ao menos possível de uma guerra europeia; e foi a circunstância de ter fortalecido dolorosamente a sua alma antes que deu a Rolland tal superioridade moral sobre todos nós no momento decisivo. Nós, em nosso círculo, também tínhamos feito alguma coisa, eu traduzira muita coisa, chamara a atenção para os poetas nos países vizinhos, acompanhara Verhaeren em 1912 em uma viagem de conferências por toda a Alemanha que se transformou em manifestação simbólica de confraternização franco-alemã: em Hamburgo, Verhaeren e Dehmel, o maior poeta francês e o maior poeta alemão, abraçaram-se em público. Eu convencera Reinhardt a encenar o drama mais recente de Verhaeren, e a cooperação de ambos os lados nunca fora mais cordial, intensa, impulsiva, e em muitas horas de entusiasmo nós chegamos a nos entregar à ilusão de que estávamos mostrando ao mundo o caminho certo e salvador. Mas o mundo pouco se importava com tais manifestações literárias e seguia o seu mau caminho. Havia estalos elétricos, produto de atritos invisíveis, e volta e meia uma centelha saltava – o incidente de Saverne, as crises na Albânia, alguma entrevista desajeitada –, sempre só uma centelha, mas qualquer uma poderia detonar a matéria explosiva acumulada. Em especial nós, na Áustria, sentíamos que estávamos no núcleo da zona de turbulência. Em 1910, o imperador Francisco José completara oitenta anos. O ancião, que já se tornara simbólico, não poderia durar muito mais, e começou a se espalhar um pressentimento místico de que com o seu falecimento o processo de dissolução da monarquia milenar não poderia mais ser impedido. Dentro do país, crescia a pressão das nacionalidades umas contra as outras. E fora dele, a Itália, a Sérvia, a Romênia e, num certo sentido, até a Alemanha esperavam para desmembrar o império entre si. A guerra dos Bálcãs, em que Krupp e Schneider-Creusot experimentavam seus canhões uns contra os outros em "material humano" estrangeiro – como, depois, os alemães e os italianos fizeram com seus aviões na Guerra Civil espanhola –, arrastava-nos cada vez mais para a torrente caudalosa. Sempre nos sobressaltávamos, mas sempre respirávamos, aliviados: "Dessa vez, ainda não! E talvez nunca!"

Como mostra a experiência, é mil vezes mais fácil reconstituir os fatos de uma época do que a sua atmosfera espiritual. Esta não se manifesta nos eventos oficiais, e sim muito mais em pequenos episódios pessoais, como vou agora narrar. Honestamente, naquela época eu não acreditava na guerra. Mas duas vezes, de certo modo, sonhei acordado com ela e sobressaltei-me apavorado. A primeira foi por ocasião do "caso Redl", que, como todos os episódios importantes dos bastidores da história, é pouco conhecido.

Eu só conhecera rapidamente esse coronel Redl, herói de um dos mais complicados enredos de espionagem. Ele morava na ruela seguinte, no mesmo bairro, e certa vez meu amigo, o procurador T., me apresentou esse cavalheiro de aspecto bonachão no café, onde ele fumava seu charuto confortavelmente; desde então, nos cumprimentávamos. Só mais tarde descobri o quanto nós, no meio da vida, somos rodeados de mistério, e quão pouco sabemos das pessoas próximas. Esse coronel, que parecia um bom oficial austríaco mediano, era o homem de confiança do sucessor do trono; fora-lhe confiada a difícil missão de dirigir o Serviço Secreto do exército e impedir as atividades dos serviços secretos dos adversários.

Vazara a informação de que, em 1912, durante a crise da Guerra dos Bálcãs, quando a Rússia e a Áustria se mobilizaram uma contra a outra, fora vendido para a Rússia o plano de ataque – o que, no caso de uma guerra, poderia causar uma catástrofe sem igual, pois os russos conheceriam antecipadamente cada movimento da tropa de ataque austríaca. O pânico que essa traição causou no estado-maior foi terrível; ao coronel Redl, como o maior especialista, coube a tarefa de descobrir o traidor, que só poderia ser encontrado no círculo militar mais elevado e restrito. Por seu lado, o Ministério do Exterior – não confiando muito na habilidade das autoridades militares, um típico exemplo do embate ciumento das diferentes instâncias – determinou uma investigação independente, sem avisar o estado-maior, e incumbiu a polícia, ao lado de todas as outras medidas para tal finalidade, de abrir todas as cartas da posta-restante que provinham do estrangeiro, sem respeitar o segredo postal.

Um dia chegou a uma agência dos correios um envelope da cidade russa fronteiriça Podwoloczyska com o endereço cifrado "Baile da Ópera" que, ao ser aberto, não continha nenhuma carta, e sim seis ou oito cédulas de mil coroas austríacas. Imediatamente, o estranho achado foi informado à direção da polícia, que mandou colocar um investigador junto ao guichê da agência, a fim de prender imediatamente a pessoa que fosse reclamar aquela carta suspeita.

Por um instante, a tragédia pareceu se tornar um episódio cômico vienense. Ao meio-dia apareceu um cavalheiro e pediu o envelope com o endereço "Baile da Ópera". O funcionário no guichê logo passou o sinal combinado para o investigador. Este, porém, tinha ido tomar uma cerveja e, quando voltou, só se constatou que o desconhecido tomara um fiacre e seguira numa direção desconhecida. Mas logo seguiu-se o segundo ato da comédia vienense. Naquele tempo dos fiacres, esses elegantes veículos puxados por dois cavalos, o cocheiro se considerava distinto demais para limpar ele próprio o seu carro. Em todas as paradas havia, por isso, o chamado *Wasserer*, o homem da água, cuja função era alimentar os cavalos e lavar os arreios. Esse homem, felizmente, anotara o número do carro que saíra; em quinze minutos, todos os postos policiais estavam alarmados e o fiacre foi encontrado. O cocheiro descreveu o passageiro que havia ido para o Café Kaiserhof, onde eu sempre encontrava o coronel Redl, e acima de tudo, por um feliz acaso, ainda foi encontrado no carro o canivete com o qual o desconhecido abrira o envelope. Os detetives acorreram imediatamente ao Café Kaiserhof. O cavalheiro descrito já se fora, mas os garçons explicaram com a maior naturalidade que ele não era outro senão seu velho freguês, o coronel Redl, que acabara de sair para o Hotel Klomser.

O detetive ficou estarrecido. O mistério estava desvendado. O coronel Redl, o supremo chefe da espionagem do exército austríaco, era ao mesmo tempo um espião comprado do estado-maior russo. Ele não vendera apenas os segredos e planos de ataque, mas agora estava claro por que no ano anterior todos os espiões por ele enviados à Rússia tinham sido regularmente presos e sentenciados. Começaram telefonemas para todos os lados até que se conseguiu falar com Franz Conrad von Hötzendorf, o chefe do estado-maior austríaco. Uma testemunha ocular da cena me contou que Hötzendorf, depois das primeiras palavras, ficou branco como um lençol. Telefonou-se para o palácio imperial, Hofburg, uma reunião seguiu a outra. O que fazer? A polícia, por sua vez, tomara precauções para que o coronel Redl não fugisse. Quando ele ia deixar o Hotel Klomser e estava dando uma ordem ao porteiro, um detetive se aproximou discreto, mostrou-lhe o canivete e perguntou educadamente: "Coronel, não terá esquecido este canivete na carruagem?" Nesse mesmo segundo, Redl soube que estava perdido. Por onde andou viu os rostos conhecidos da polícia secreta que o vigiavam, e, quando voltou ao hotel, dois oficiais o seguiram até o quarto e deixaram um revólver lá. Pois nesse meio-tempo decidira-se, no palácio imperial, que esse caso tão vergonhoso para o exército austríaco devia ser concluído da maneira mais discreta possível. Até as duas horas da manhã, os dois oficiais montaram guarda na frente do quarto de Redl no Hotel Klomser. Só então ouviu-se o disparo do revólver.

No dia seguinte os jornais vespertinos publicaram um breve obituário do bravo oficial coronel Redl, subitamente falecido. Mas havia gente demais envolvida na perseguição para que se pudesse manter o segredo. Pouco a pouco se souberam detalhes que explicavam muita coisa sob o aspecto psicológico. Sem que um único de seus superiores ou colega soubesse, o coronel Redl, de inclinação homossexual, estivera há anos nas mãos de chantagistas, que por fim o levaram a essa saída desesperada. Um arrepio de horror perpassou o exército. Todos sabiam que, no caso de uma guerra, esse homem teria custado a vida de cem mil outros, e que a monarquia teria ido à beira do precipício por sua causa; só nessa hora compreendemos na Áustria quão perto estivéramos da guerra mundial no ano anterior.

Foi a primeira vez que senti o terror em minha garganta. Por acaso, encontrei no dia seguinte Berta von Suttner, a grandiosa e magnânima Cassandra do nosso tempo. Aristocrata de uma das mais importantes famílias, vira em sua primeira juventude os horrores da guerra de 1866 perto do castelo da família na Boêmia. E, com o fervor de uma Florence Nightingale, só via uma tarefa para si na vida: impedir uma outra guerra – qualquer guerra. Escreveu um romance, *Abaixo as armas*, que teve êxito mundial, organizou inúmeras reuniões pacifistas, e o triunfo de sua vida foi ter conscientizado Alfred Nobel, inventor da dinamite, a expiar a desgraça que causara com sua invenção instituindo o Prêmio Nobel para promover a paz e a concórdia internacional. Dirigiu-se a mim, excitada: "As pessoas não compreendem o que está se passando!", gritou na rua, em voz muito alta – ela que normalmente falava baixo e com serenidade. "Isso já foi a guerra, e mais uma vez ocultaram tudo de nós, mantiveram tudo em segredo. Por que vocês, jovens, não fazem nada? Isso diz respeito a vocês. Resistam, unam-se! Não deixem tudo para um punhado de velhinhas a quem ninguém dá ouvidos." Contei-lhe que iria para Paris e que talvez conseguisse uma manifestação conjunta. "Por que só talvez?", insistiu ela. "As coisas estão piores do que nunca, a máquina já está em movimento." Eu, que tampouco estava calmo, tive dificuldades em acalmá-la.

Mas justamente na França um segundo episódio, pessoal, mostrou quão profética fora aquela senhora idosa que era pouco levada a sério em Viena. Foi um episódio pequeno, mas que me impressionou muito. Na primavera de 1914 eu viajara com uma amiga de Paris até a região de Touraine para visitar o túmulo de Leonardo da Vinci. Havíamos percorrido as margens suaves e ensolaradas do Loire, e à noite estávamos deveras cansados. Assim, decidimos ir ao cinema na cidade algo sonolenta de Tours, onde antes eu rendera reverência à casa natal de Balzac.

Era um pequeno cinema de subúrbio, em nada parecido com os modernos palácios de cromo e vidro brilhante. Apenas uma sala adaptada para o cinema, cheia de gente miúda, trabalhadores, soldados, feirantes, povo que tagarelava cordialmente e, apesar da proibição de fumar, soprava nuvens azuladas de scaferlati e caporal no ar sufocante. Primeiro, foram apresentadas as "notícias do mundo inteiro". Uma competição de barcos na Inglaterra: as pessoas conversavam e riam. Seguiu uma parada militar na França; isso tampouco as interessou. A terceira cena: "o imperador Guilherme visita o imperador Francisco José". De repente, vi na tela a conhecida plataforma da feia estação Oeste de Viena com alguns policiais esperando o trem chegar. Um sinal: o velho imperador Francisco José passando a guarda de honra em revista para receber o seu hóspede. Quando o velho imperador apareceu na tela, já um pouco encurvado, as pessoas de Tours riram bondosamente do ancião de suíças brancas. Então chegou o trem – o primeiro, o segundo, o terceiro vagão. A porta do carro-salão se abriu e dele saltou Guilherme II, o bigode arrebitado, em uniforme de general do exército austríaco.

Naquele instante em que o imperador Guilherme apareceu na tela, o público começou espontaneamente a assobiar e pisotear na sala escura. Todos gritavam e assobiavam, mulheres, homens e crianças vaiavam como se tivessem sido pessoalmente ofendidos. As boas pessoas de Tours, que não sabiam mais do pânico e do mundo do que o que liam em seus jornais, haviam enlouquecido por um segundo. Assustei-me. Assustei-me até o fundo do coração. Pois percebi o quanto a intoxicação pela propaganda do ódio ao longo de anos e anos avançara, se até aqui, numa pequena cidade provinciana, os ingênuos burgueses e soldados haviam sido de tal maneira atiçados contra o *Kaiser*, contra a Alemanha, que mesmo uma imagem fugidia na tela já podia levá-los a uma explosão. Foi apenas um segundo, um único segundo. Quando, depois, vieram outras imagens, tudo foi esquecido. As pessoas agora riam às gargalhadas do filme cômico e batiam nos joelhos. Fora apenas um segundo, mas um segundo que me mostrou como seria fácil, num momento de crise séria, atiçar os povos dos dois lados apesar de todas as tentativas de entendimento, apesar dos nossos próprios esforços.

Esse fato estragou-me a noite. Não consegui dormir. Se aquilo tivesse acontecido em Paris, eu teria ficado igualmente preocupado, porém não tão abalado. Mas o fato de que o ódio penetrara até os últimos rincões da província, até o povo bondoso e ingênuo, deixou-me arrepiado. Nos dias seguintes contei o episódio para amigos; a maioria não o levou a sério. "Lembre como nós, franceses, zombamos da gorda rainha Vitória, e dois anos depois tínhamos feito uma aliança com a Inglaterra. Você não conhece os franceses, não levam a política tão a sério." Só Rolland teve outra opinião: "Quanto mais ingênuo um povo, mais fácil manipulá-lo. Estamos mal, desde que Poincaré foi eleito. Sua viagem para São Petersburgo não será uma viagem de diversão." Falamos ainda longamente sobre o Congresso Socialista Internacional que se realizaria no verão em Viena, e mais uma vez Rolland foi mais cético do que os outros: "Quantos resistirão, quando as ordens de mobilização estiverem afixadas, quem sabe? Entramos em um tempo dos sentimentos de massa, da histeria de massa, e não temos a menor ideia de sua violência em caso de guerra."

Mas, como já disse, tais momentos de preocupação eram fugazes como teias de aranha ao vento. Embora pensássemos de vez em quando na guerra, não era muito diferente do que se pensa ocasionalmente da morte – algo possível de acontecer, porém muito distante. E Paris era bonita demais naqueles dias, e nós mesmos jovens e felizes demais. Lembro-me ainda da encantadora farsa inventada por Jules Romains para ridicularizar o "príncipe dos poetas": coroar um "príncipe dos pensadores", um homem bonachão e algo simples que se deixou conduzir solenemente pelos estudantes até a estátua de Rodin na frente do Panteão. E à noite, durante a paródia do banquete de coroação, fizemos algazarra como escolares. As árvores estavam em flor, o ar doce e leve; quem, face a tantos encantamentos, queria pensar em algo tão inimaginável? Os amigos eram mais amigos do que nunca e havíamos feito novas amizades no país estrangeiro – "inimigo" –, a cidade estava mais despreocupada do que nunca e nós amávamos sua despreocupação com a própria despreocupação. Acompanhei Verhaeren nesses últimos dias a Rouen, onde ele devia fazer uma conferência. À noite, paramos diante da catedral, cujas pontas brilhavam magicamente ao luar – maravilhas como essas ainda pertenciam a uma "pátria"? Não pertenciam a todos nós? Na estação de Rouen – no mesmo local onde, dois anos mais tarde, uma das máquinas tão decantadas por ele iria despedaçá-lo –, nós nos despedimos. Ele me abraçou. "No dia primeiro de agosto na minha casa em Caillouqui-Bique!" Prometi, pois todos os anos o visitava nessa sua casa de campo para, a seu lado, traduzir seus novos poemas. Por que não também naquele ano? Despedi-me despreocupado, despedi-me dos outros amigos, despedi-me de Paris, uma despedida sem grande emoção, como quando deixamos a própria casa por algumas semanas. Meu plano para os meses seguintes estava traçado. Na Áustria agora, em algum lugar no campo, avançar com o trabalho sobre Dostoiévski – que só sairia publicado cinco anos depois – e, assim, concluir o livro *Três mestres*, que deveria mostrar as três grandes nações nas figuras de seus maiores romancistas. Depois, visitar Verhaeren, e no inverno talvez a longamente planejada viagem à Rússia para formar ali um grupo para a nossa concórdia espiritual. Tudo estava diante de mim, nítido e claro, naquele meu trigésimo segundo ano de vida; o mundo se apresentava belo e sensual como uma fruta gostosa naquele verão radiante. E eu o amava por causa do seu presente e do seu futuro, ainda maior.

Então, em 28 de junho de 1914, foi disparado em Sarajevo o tiro que, num único segundo, destroçou em mil pedaços, como se fosse um vaso oco de argila, o mundo da segurança e da razão criativa no qual nos formamos, crescemos e que era nossa pátria.

As primeiras horas da guerra de 1914

AQUELE VERÃO DE 1914, para nós, teria sido inesquecível mesmo sem a desgraça que ele trouxe para a Europa. Raramente vivi um verão mais farto, mais belo e, quase diria, mais estival. Um céu azul sedoso durante dias e dias, o ar, sem estar abafado, os campos perfumados e quentes, as florestas escuras e espessas com suas folhagens novas; ainda hoje, quando pronuncio a palavra "verão", penso logo naqueles dias radiantes de julho que passei em Baden, próximo de Viena. Naquele mês, eu me recolhera na cidadezinha romântica em que Beethoven gostava tanto de ficar no verão para poder me concentrar totalmente no trabalho, e depois passaria o resto da temporada com Verhaeren, o idolatrado amigo, em sua pequena casa de campo na Bélgica. Em Baden não é preciso sair da cidade para fruir a paisagem. O bosque bonito e ondulado avança discretamente por entre as casinhas em estilo Biedermeier, que conservaram a simplicidade e a graça dos tempos de Beethoven. Pode-se sentar ao ar livre nos cafés e restaurantes, misturar-se aos veranistas alegres que passeiam pelo parque, ou perder-se nos caminhos mais isolados.

Muitos hóspedes já haviam chegado de Viena na véspera daquele 29 de junho, dia em que na Áustria católica se celebra o feriado de são Pedro e são Paulo. Em trajes claros de verão, a multidão alegre e despreocupada enchera o parque para ouvir a banda tocar. Era um dia ameno, o céu sem nuvens pairava sobre os castanheiros-da-índia – um dia para se ser feliz. Em breve começariam as férias escolares, e era como se, com aquele primeiro feriado, o verão todo se antecipasse com o seu ar bendito e seu verde vivo, permitindo esquecer todas as preocupações cotidianas. Eu estava sentado com um livro, afastado da multidão que se acotovelava no

Kurpark – lembro até hoje que era *Tolstói e Dostoiévski*, de Merejkovski –, e lia atento e fascinado. Mesmo assim, absorvia o vento nas folhagens, o canto dos pássaros e a música que vinha do parque. Escutava nitidamente as melodias sem que me perturbassem, pois o nosso ouvido é capaz de se adaptar de tal modo a um ruído constante, ao barulho das ruas, a um riacho murmurante, integrando-o à percepção, que, ao contrário, só uma parada inesperada no ritmo nos faz prestar atenção.

Assim, sem querer parei de ler quando a música cessou de repente. Eu nem sabia o que a banda estava tocando. Apenas percebi que a música havia parado. Instintivamente, ergui os olhos. Também a multidão que passeava como uma massa única clara e flutuante entre as árvores parecia estar se modificando; também ela parou de repente em seu ir e vir. Alguma coisa devia ter acontecido. Levantei-me e vi que os músicos abandonavam o pavilhão. Isso também era estranho, porque o concerto geralmente durava uma hora ou mais. Algo devia ter provocado aquela brusca interrupção. Aproximei-me e notei que as pessoas se amontoavam em grupos agitados em frente ao pavilhão para ler um comunicado que, ao que parecia, acabara de ser afixado. Como vim a saber poucos minutos depois, era o telegrama informando que Sua Alteza Imperial Francisco Ferdinando, o sucessor do trono, e sua esposa, que estavam na Bósnia a fim de assistir às manobras militares, haviam sido vítimas de um atentado político.

Cada vez mais gente se reunia em torno do comunicado; uns transmitiam aos outros a notícia inesperada. Mas, a bem da verdade, é preciso dizer que não se via nos rostos nenhuma consternação especial ou indignação. Pois o sucessor do trono não era nada popular. Lembro-me do dia na minha mais tenra infância quando o príncipe imperial Rodolfo, único filho do imperador, foi encontrado morto por um tiro em Mayerling. A cidade inteira ficara alvoroçada, multidões afluíram para ver o corpo no velório, foram imensos a compaixão para com o imperador e o susto pelo fato de que seu único filho e herdeiro – em quem se depositavam as maiores esperanças, em sua qualidade de Habsburgo progressista e extraordinariamente simpático sob o aspecto humano – falecera na melhor idade. Já a Francisco Ferdinando faltava o que, na Áustria, era de enorme importância para uma verdadeira popularidade: amabilidade no trato pessoal, charme humano e sociabilidade. Eu o observara várias vezes no teatro. Ele ficava no seu camarote, poderoso e largo, os olhos frios e rígidos, sem dirigir um único olhar afável para o público ou encorajar o artista com um aplauso cordial. Jamais era visto sorrindo, nenhuma fotografia o mostrava numa atitude mais descontraída. Não tinha nenhum pendor para a música, nenhum pendor para o humor, e sua mulher era igualmente antipática. Em torno deles reinava uma atmosfera glacial; sabia-se que não tinham amigos, sabia-se que o velho imperador o odiava profundamente porque ele não conseguia disfarçar sua impaciência por ocupar logo o trono. Meu pressentimento quase místico de que alguma desgraça haveria de se originar desse homem com nuca de buldogue e olhos frios e rígidos não era, portanto, um sentimento particular, e sim difundido em toda a nação; a notícia do seu assassinato, por isso, não gerou nenhum grande pesar. Duas horas mais tarde, já não se notavam mais sinais de verdadeira tristeza. As pessoas conversavam e riam; à noite, nos restaurantes, a música voltou a tocar. Houve muitos nesse dia na Áustria que no íntimo respiraram aliviados com o fato de que aquele herdeiro do velho imperador tinha sido eliminado em favor do jovem arquiduque Carlos, bem mais popular.

No dia seguinte, naturalmente os jornais publicaram extensos obituários e expressaram a devida indignação pelo atentado. Mas nada indicava que esse acontecimento seria usado para uma ação política contra a Sérvia. Para a casa imperial, essa morte, em primeiro lugar, gerou uma preocupação bem diferente – a preocupação com o cerimonial do enterro. Pela sua posição na sucessão do trono e, sobretudo, por ter morrido a serviço da monarquia, o seu lugar evidentemente seria na Cripta dos Capuchinhos, histórico local de sepultamento dos Habsburgo. Mas, após longas e exasperadas lutas contra a família imperial, Francisco Ferdinando se casara com uma condessa Chotek, que era uma alta aristocrata mas que, segundo o misterioso e secular regulamento palaciano, não tinha a mesma condição social, e as arquiduquesas, nas grandes cerimônias, faziam questão de marcar a sua precedência em relação à esposa do sucessor, cujos filhos não tinham direitos. E a arrogância da corte se voltou até mesmo contra a morta. Como assim? Sepultar uma condessa Chotek na cripta imperial? Não, isso jamais poderia acontecer! Começou uma grande intriga; as arquiduquesas protestaram junto ao velho imperador. Enquanto se exigia do povo oficialmente um profundo luto, os ressentimentos palacianos estavam à solta e, como sempre, o morto não teve razão. Os mestres de cerimônia inventaram que fora desejo do morto ser sepultado em Artstetten, pequena cidade provinciana na Áustria, e com esse subterfúgio pseudopiedoso foi possível evitar o velório público, o cortejo fúnebre e todas as disputas relacionadas à hierarquia. Os féretros das duas vítimas assassinadas foram discretamente levados para Artstetten e lá sepultados. Viena, cuja eterna curiosidade foi assim privada de um bom espetáculo, já estava começando a esquecer o trágico incidente. Afinal, com a morte violenta da imperatriz Elisabeth, do príncipe herdeiro e a fuga escandalosa de vários membros da casa imperial, a Áustria já se acostumara à ideia de que o velho imperador sobreviveria, solitário e inabalável, à sua dinastia amaldiçoada. Mais algumas semanas, e o nome e a figura de Francisco Ferdinando desapareceriam para sempre da história.

Cerca de uma semana depois, no entanto, começaram escaramuças pelos jornais, cujo crescendo era simultâneo demais para ser apenas um acaso. O governo sérvio foi acusado de cumplicidade e sugeriu-se que, dessa vez, a Áustria não poderia deixar impune o assassinato de seu (supostamente tão amado) sucessor do trono. Era difícil deixar de ter a impressão de que alguma ação política estava sendo preparada através da imprensa, mas ninguém pensava em guerra. Ninguém alterou seus planos, nem os bancos, nem os negócios, nem as pessoas. Afinal, o que nos importavam aquelas eternas escaramuças com a Sérvia, que, como todos sabíamos, haviam surgido apenas por causa de alguns acordos comerciais sobre a exportação de porcos? Minhas malas estavam arrumadas para a viagem à Bélgica; meu trabalho estava avançando – o que o arquiduque morto em seu sarcófago tinha a ver com a minha vida? O verão estava belo como nunca e prometia se tornar ainda mais; todos nós olhávamos despreocupados para o mundo. Lembro como, no último dia em Baden, passeava com um amigo pelos vinhedos e um velho viticultor nos disse: "Há muito tempo não tínhamos um verão como este. Se continuar assim, teremos um vinho como nunca. As pessoas haverão de se lembrar desse verão."

Mas o velho em seu blusão azul não sabia que frase terrivelmente verdadeira estava proferindo.

A MESMA DESPREOCUPAÇÃO reinava também em Le Coq, o pequeno balneário perto de Ostende, onde eu pretendia passar duas semanas antes de me hospedar na pequena casa de campo de Verhaeren. Os veranistas ficavam deitados na praia sob suas barracas coloridas ou tomavam banho de mar, as crianças soltavam pipas, diante dos cafés os jovens dançavam no cais. Todas as nações imagináveis estavam ali reunidas pacificamente, ouvia-se muito alemão, pois como todos os anos a vizinha Renânia mandara muitos turistas de férias para o litoral belga. Só quem perturbava eram os jornaleiros que, para aumentar as vendas, gritavam as manchetes dos jornais parisienses: "Áustria provoca Rússia", "Alemanha prepara mobilização". Via-se como os rostos de quem comprava jornal se tornavam sombrios, mas sempre só por alguns minutos. Afinal, conhecíamos esses conflitos diplomáticos havia anos; eles sempre se resolviam à última hora, antes que a situação se agravasse. E por que não também dessa vez? Meia hora depois, as mesmas pessoas voltavam a se banhar alegremente, as pipas subiam, as gaivotas voavam e o sol ria radiante e quente sobre o país pacífico.

No entanto, as más notícias se multiplicavam e se tornavam mais ameaçadoras. Primeiro veio o ultimato da Áustria contra a Sérvia, a resposta evasiva desta, a troca de telegramas entre os monarcas e finalmente as mobilizações que já não podiam mais ser mantidas secretas. Eu não conseguia mais ficar naquela cidadezinha pequena e afastada. Todos os dias, pegava o pequeno bonde elétrico costeiro até Ostende para estar mais próximo das notícias, e elas pioravam. As pessoas ainda se banhavam no mar, os hotéis ainda estavam cheios, o cais ainda estava cheio de veranistas que passeavam, riam, conversavam. Mas, pela primeira vez, algo de novo acontecia em meio àquilo tudo. De repente, apareceram soldados belgas, que normalmente não ocupavam a praia. Metralhadoras eram puxadas por cachorros em pequenos carrinhos, uma estranha particularidade do exército belga.

    Eu estava então sentado em um café com alguns amigos belgas, um jovem pintor e o poeta Crommelynck. Havíamos passado a tarde com James Ensor, o maior pintor moderno da Bélgica, um homem estranho, solitário e fechado, que tinha muito mais orgulho das péssimas polcas e valsas que compunha para bandas militares do que dos seus quadros fantásticos em cores brilhantes. Ele nos mostrara suas obras, na verdade contra a vontade, pois afligia-o a ideia de que alguém pudesse querer comprar uma delas. Seu sonho era vender os quadros a preços elevados, mas conservando-os todos em seu poder, pois tinha o mesmo apego por dinheiro como por cada uma das suas obras, contaram-me os amigos rindo. Toda vez que entregava um quadro ficava desesperado por alguns dias. Com todas as suas esquisitices, esse genial Harpagão nos divertira, e quando passou mais um grupo de soldados com a metralhadora puxada por um cão, um de nós se levantou e afagou o cachorro, irritando o oficial, como se essa carícia em um objeto bélico pudesse afetar a dignidade de uma instituição militar. "Para que essas marchas idiotas?", perguntou um do nosso grupo. Mas outro respondeu, indignado: "É preciso tomar providências. Dizem que os alemães querem atravessar a Bélgica no caso de uma guerra." "Impossível", disse eu, sinceramente convicto, pois naquele velho mundo ainda se acreditava na santidade dos tratados. "Se acontecer alguma coisa e a França e a Alemanha se aniquilarem até o último homem, vocês belgas continuarão tranquilos!" Mas o nosso pessimista não desistiu. Deve haver uma razão para o governo da Bélgica ordenar tais medidas, disse ele. Há anos soubera-se de um plano secreto do estado-maior alemão para atravessar a Bélgica no caso de um ataque à França, apesar de todos os tratados. Mas eu tampouco cedi. Parecia-me totalmente absurdo que houvesse um exército na fronteira pronto para atacar, enquanto dezenas de milhares de alemães gozavam ali ociosa e alegremente a hospitalidade desse pequeno país neutro. "Bobagem", disse eu. "Vocês podem me enforcar aqui neste poste se os alemães invadirem a Bélgica!" Até hoje sou grato aos meus amigos por não terem me levado ao pé da letra.

Mas então vieram os últimos dias críticos de julho e a cada hora chegava uma nova notícia contraditória: os telegramas do imperador Guilherme ao czar, os telegramas do czar ao imperador Guilherme, a declaração de guerra da Áustria à Sérvia, o assassinato de Jaurès. Sentia-se que a situação estava se agravando. De repente, uma rajada fria de medo soprou sobre a praia e a esvaziou. Aos milhares, os veranistas abandonaram os hotéis, acorreram aos trens, até os mais crédulos começaram a fazer rapidamente as suas malas. Também tratei de reservar um bilhete de trem, mal escutei a notícia da declaração de guerra da Áustria contra a Sérvia, e foi na hora certa. Pois aquele expresso de Ostende foi o último trem que partiu da Bélgica para a Alemanha. Viajamos de pé nos corredores, agitados e cheios de impaciência, todos falando com todos. Ninguém conseguia ficar sentado ou ler, em cada estação saltávamos em busca de novidades, cheios da misteriosa esperança de que uma mão resoluta pudesse deter a desgraça que se desencadeara. Ainda não acreditávamos na guerra e muito menos em uma invasão da Bélgica; não se podia acreditar naquilo porque não se queria acreditar em tal desvario. Pouco a pouco, o trem se aproximou da fronteira, passamos Verviers, a última estação belga. Condutores alemães subiram, em dez minutos estaríamos em território alemão.

Mas na metade do caminho para Herbesthal, a primeira estação alemã, o trem parou em pleno campo aberto. Nós nos precipitamos para as janelas. O que acontecera? Foi quando vi chegando, no escuro, um trem de carga atrás do outro, vagões abertos cobertos com lonas, sob as quais imaginei reconhecer indistintamente as formas ameaçadoras de canhões. Meu coração disparou. Devia ser o avanço das tropas alemãs. Talvez, consolei-me, fosse apenas uma medida de proteção, só uma ameaça com mobilização, e não a mobilização propriamente dita. Nas horas de perigo, a vontade de ainda ter esperança fica imensa. Por fim veio o sinal de "linha desimpedida", o trem prosseguiu e entrou na estação de Herbesthal. Desci a escada aos saltos para buscar um jornal e obter informações. Mas a estação estava ocupada por militares. Quando quis entrar na sala de espera, diante da porta fechada havia um funcionário de barba branca e expressão severa, dizendo que ninguém podia entrar no espaço da estação. Mas eu já escutara, por trás dos vidros da porta cuidadosamente fechados por cortinas, o leve tinir das espadas e o ruído de armas sendo colocadas no chão. Não cabia mais dúvida, a monstruosidade já estava em marcha: a invasão da Bélgica pelos alemães, contrariando todas as leis do direito internacional. Arrepiado, voltei ao trem e prossegui em direção à Áustria. Não havia dúvida: eu estava viajando rumo à guerra.

No DIA SEGUINTE estávamos na Áustria! Em cada estação, cartazes afixados anunciavam a mobilização geral. Os trens enchiam-se de recrutas recém-convocados, as bandeiras tremulavam. Música ressoava, em Viena encontrei a cidade inteira em alvoroço. O primeiro susto causado pela guerra que ninguém queria, nem os povos, nem os governos, essa guerra que havia escapulido sem querer das mãos desajeitadas dos diplomatas que brincavam e blefavam com ela, transformara-se em um repentino entusiasmo. Formavam-se desfiles nas ruas, de repente erguiam-se em toda parte bandeiras, faixas e música, os jovens recrutas marchavam em triunfo com fisionomias alegres porque o povo os aclamava, a eles, modestas pessoas do cotidiano que normalmente ninguém notava ou celebrava.

A bem da verdade, admito que havia algo de grandioso, arrebatador e até de sedutor nesse primeiro movimento das massas, a que dificilmente alguém escapava. E, apesar de todo o ódio e toda a aversão à guerra, eu não gostaria que faltasse na minha vida a lembrança desses primeiros dias. Como nunca antes, milhares, centenas de milhares de pessoas sentiram o que deveriam ter percebido em tempos de paz: que formavam parte de um todo. Uma cidade de dois milhões de habitantes, um país de quase cinquenta milhões sentiam nesse momento que viviam um episódio da história universal, um momento que nunca voltaria, e que cada um estava sendo conclamado a lançar o seu minúsculo eu naquela massa ardente para se purificar de todo egoísmo. O arrebatador sentimento de fraternidade engolfou nesse momento todas as diferenças de camadas sociais, línguas, classe, religião. Desconhecidos conversavam na rua, pessoas que se evitaram durante anos davam-se as mãos, por toda parte viam-se rostos animados. Cada um se sentia potencializado, não era mais o indivíduo isolado de antes, fazia parte de uma massa, era povo, e sua pessoa, normalmente insignificante, ganhara um sentido. O modesto funcionário dos correios, que em geral separava cartas sem parar de manhã até de noite, de segunda a sábado, o escrivão, o sapateiro de repente tinham em suas vidas uma oportunidade romântica: virar herói, e qualquer pessoa que usasse uniforme era festejado pelas mulheres, saudado pelos que haviam ficado para trás. Eles aceitavam o poder desconhecido que os tirava do cotidiano; até a tristeza das mães, o medo das mulheres envergonhava-se de revelar seu sentimento tão natural naquelas horas do primeiro entusiasmo. Mas talvez um outro poder, mais profundo, mais misterioso, estivesse atuando nessa ebriedade. Esse vagalhão se precipitou com tanta força e tão de repente sobre a humanidade que, cobrindo a superfície de espuma, fez subir à tona os escuros impulsos e instintos inconscientes do animal-homem – o que Freud chamou com perspicácia de "aversão à civilização", o desejo de romper com o mundo das leis e dos parágrafos e de pôr para fora os antiquíssimos instintos sanguinários. Quem sabe essas forças ocultas também fizessem parte daquela louca ebriedade em que tudo se misturava: o prazer do sacrifício e o álcool, o desejo de aventura e a credulidade excessiva, a velha magia das bandeiras e das palavras patrióticas – essa ebriedade sinistra de milhões, que palavras mal conseguem descrever e que por um momento conferiu ao maior crime do nosso tempo um impulso violento e quase arrebatador.

É POSSÍVEL QUE a geração de hoje, que só assistiu à eclosão da Segunda Guerra Mundial, se pergunte: por que *nós* não vivemos o mesmo sentimento? Por que, em 1939, as massas não se inflamaram com o mesmo entusiasmo de 1914? Por que só obedeceram à convocação sérios e decididos, calados e fatalistas? O que estava em jogo não era o mesmo, não era muito mais, algo mais sagrado, mais elevado nessa nossa guerra atual, que é uma guerra das ideias e não apenas uma guerra por fronteiras e colônias?

A resposta é fácil: porque no nosso mundo de 1939 já não existe mais tanta credulidade ingênua e pueril como no de 1914. Naquele tempo, o povo ainda confiava cegamente em suas autoridades; ninguém na Áustria ousaria pensar que o grande pai, o imperador Francisco José, aos 84 anos chamaria o povo ao combate sem que houvesse uma necessidade imperiosa; que ele reclamaria sacrifício de sangue se a paz do reino não estivesse sendo ameaçada por adversários vis, ardilosos e criminosos. Os alemães, por sua vez, haviam lido os telegramas do seu imperador ao czar pedindo pela paz; o homem comum ainda era animado por um imenso respeito pelos "superiores", pelos ministros, pelos diplomatas e por seu saber, sua honestidade. Se a guerra começara, isso só poderia estar acontecendo contra a vontade dos seus estadistas; eles não podiam ter culpa, ninguém, no país inteiro, podia ter a menor culpa. Portanto, os criminosos e os que incitavam à guerra só podiam estar do outro lado, no outro país; então, recorrer às armas era caso de legítima defesa contra um inimigo vilão e pérfido que "atacava" sem o menor motivo a Áustria e a Alemanha, ambas pacíficas. Em 1939, por outro lado, essa fé quase religiosa na honestidade – ou, pelo menos, na capacidade do próprio governo – já desaparecera na Europa inteira. Desprezava-se a diplomacia, desde que se vira com indignação como em Versalhes se traiu a possibilidade de uma paz duradoura; os países lembravam muito nitidamente como tinham sido enganados de forma vergonhosa em relação às promessas do desarmamento e da extinção da diplomacia secreta. No fundo, em 1939 não se respeitava nenhum dos estadistas e ninguém lhes confiava credulamente seu destino. O mais insignificante trabalhador francês na rua zombava de Daladier; na Inglaterra, desde a conferência de Munique – *"peace for our time"*, paz para o nosso tempo! – desaparecera qualquer confiança na perspicácia de Chamberlain; na Itália e na Alemanha as massas olhavam temerosas para Mussolini e Hitler: para onde querem arrastar-nos desta vez? Sem dúvida, não era possível negar-se a ir ao combate, afinal estava em jogo a pátria: assim, os soldados pegaram seus fuzis, as mulheres deixaram seus filhos partir, mas já não mais na fé inabalável de que o sacrifício era inevitável. Obedecia-se, mas sem júbilo. Ia-se ao front, mas já não se sonhava mais em ser herói; e os povos e os indivíduos perceberam que eram apenas vítimas da insensatez terrena e política, ou de uma força do destino inconcebível e malévola.

Além disso, o que sabiam as grandes massas da guerra em 1914, depois de quase meio século de paz? Não a conheciam, mal pensavam nela. A guerra era uma lenda, e precisamente a distância a tornara heroica e romântica. As pessoas ainda a viam sob a perspectiva dos livros escolares e dos quadros nas galerias: ataques fascinantes de cavaleiros em uniformes reluzentes, o tiro letal sempre atravessando o coração, toda a campanha, uma vitoriosa marcha triunfal. "No Natal, estaremos de volta", gritavam os recrutas para suas mães, rindo, em agosto de 1914. Quem, nas aldeias ou nas cidades, ainda se lembrava da guerra "de verdade"? Quando muito, alguns anciãos que haviam lutado em 1866 contra a Prússia, agora aliada; e como fora rápida e sem derramamento de sangue essa guerra distante, uma campanha de três semanas que terminara sem muitas vítimas, antes mesmo que se pudesse tomar fôlego! Uma rápida incursão no romântico, uma aventura selvagem e viril – assim seria a guerra de 1914 na imaginação do homem do povo, e os jovens até temiam que pudessem perder esse acontecimento maravilhoso e excitante; por isso acorriam às bandeiras, por isso exultavam e cantavam nos trens que os levavam para o matadouro; a onda de sangue percorria selvagem e febril as veias de todo o Império. A geração de 1939, por sua vez, já conhecia a guerra. Não se iludia mais. Sabia que não era romântica, e sim bárbara. Sabia que demoraria anos e anos, um período insubstituível da vida. Sabia que ninguém enfrenta o inimigo adornado com folhas de carvalho e fitas coloridas, mas que os soldados passam semanas com piolhos e sede nas trincheiras e nos acampamentos, sendo destroçados e mutilados de longe sem nunca olhar o adversário de frente. Já se conheciam as novas e diabólicas artes tecnológicas de aniquilamento através dos jornais e dos cinemas, sabia-se que os gigantescos tanques esmagavam os feridos em seu caminho e que os aeroplanos dilaceravam mulheres e crianças em suas camas. Sabia-se que uma guerra mundial em 1939 seria mil vezes mais vil, bestial e desumana do que todas as guerras anteriores. Ninguém da geração de 1939 ainda acreditava em uma justiça de guerra desejada por Deus, e pior: não se acreditava nem mesmo na justiça e na durabilidade da paz que a guerra devia trazer. Pois todos se lembravam bem demais das desilusões causadas pela última guerra: miséria no lugar de enriquecimento, amargura em vez de satisfação, fome, inflação, revoltas, perda da liberdade cívica, escravização pelo Estado, uma insegurança que roía os nervos, desconfiança de todos contra todos.

Isso criou a diferença. A guerra de 1939 tinha um sentido espiritual, estava em jogo a liberdade, a preservação de um patrimônio moral; e lutar por um sentido torna o homem impiedoso e decidido. Já a guerra de 1914 nada sabia das realidades, servia ainda a um devaneio, ao sonho de um mundo melhor, de um mundo justo e pacífico. Só o devaneio nos torna felizes, não o saber. Por isso, as vítimas marchavam jubilosas e inebriadas rumo ao matadouro, com coroas de flores e folhas de carvalho nos capacetes, e as ruas resplandeciam e ressoavam em música como em uma festa.

Não ter sido tomado por esse súbito delírio de patriotismo, isso eu não devia de maneira alguma a qualquer especial sobriedade ou clarividência, mas à forma como vivera até então. Dois dias antes, eu ainda estivera no "país inimigo", onde pude me convencer de que as grandes massas na Bélgica eram tão pacíficas e ignorantes do que acontecia como nossa própria gente. Além disso, eu fora cosmopolita durante muito tempo para de repente, da noite para o dia, conseguir odiar um mundo que era tanto meu como a minha pátria. Durante anos, eu desconfiara da política, e precisamente nos últimos anos discutira o absurdo de uma opção bélica em inúmeras conversas com meus amigos franceses e italianos. Estava, por assim dizer, vacinado com desconfiança contra a infecção de um entusiasmo patriótico, e, preparado como estava contra aquele delírio febril da primeira hora, continuei decidido a não deixar que uma guerra fratricida provocada por diplomatas inábeis e cruéis dirigentes da indústria de munição estremecesse a minha convicção da necessária unidade da Europa.

Interiormente, portanto, desde o primeiro momento a minha atitude de cosmopolita estava firme; difícil era encontrar a postura correta enquanto cidadão. Embora tivesse 32 anos, ainda não tivera obrigações militares por ter sido declarado incapaz para servir, algo que já na época me deixara bastante contente. Em primeiro lugar, o fato de estar na reserva me poupara um ano gasto com serviço estúpido; além disso, parecia-me um anacronismo criminoso no século XX ser treinado para manejar instrumentos assassinos. A postura correta para um homem da minha convicção teria sido me declarar *conscientious objector*,* o que na Áustria (ao contrário do que ocorria na Inglaterra) era passível das mais pesadas punições e demandava uma verdadeira firmeza de mártir. Acontece que – e não me envergonho de admitir abertamente esse defeito – não tenho nenhuma propensão para o heroísmo. A minha atitude natural em todas as situações perigosas sempre foi a de ser evasivo, e não apenas nessa ocasião precisei reconhecer como justa a acusação de ser indeciso, feita tantas vezes em um outro século ao meu idolatrado mestre Erasmo de Roterdã. Por outro lado, era insuportável para um jovem numa época como essa esperar que o tirassem do seu cantinho escuro e o jogassem em algum lugar que não lhe conviesse. Por isso, comecei a procurar fazer alguma coisa sem exercer uma atividade propagandística, e um amigo meu, oficial de alta patente, que servia no Arquivo Militar permitiu que eu encontrasse ali um emprego. Eu prestava serviço na biblioteca, onde era útil graças aos meus conhecimentos de línguas, ou então corrigia a redação de alguns dos comunicados destinados à opinião pública. Certamente não era uma atividade gloriosa, admito de bom grado, porém me parecia mais adequada do que enfiar uma baioneta nas tripas de um camponês russo. O que foi decisivo para mim foi o fato de que, após o serviço não muito cansativo, ainda sobrava tempo para a tarefa que mais me importava naquela guerra: trabalhar em prol da concórdia futura.

MAIS DIFÍCIL DO QUE no serviço foi a minha posição no meu círculo de amigos. Em sua maioria pouco europeizados, vivendo totalmente no ambiente alemão, a maioria dos nossos poetas achava que poderia contribuir melhor reforçando o entusiasmo das massas e cimentando a suposta beleza da

---

* "Opositor consciente", "objetor por consciência". Em inglês no original.

guerra com apelo poético ou ideologias científicas. Quase todos os autores alemães, encabeçados por Hauptmann e Dehmel, acreditavam ter o dever, como os bardos na época das tribos germânicas, de incitar nos combatentes, com canções e runas, o entusiasmo para ir à morte. Houve surtos de poemas que evocavam guerra e vitória, necessidade e morte. Solenemente, os escritores prometiam nunca mais compartilhar a cultura com um francês ou um inglês; mais ainda: da noite para o dia, começaram a renegar a existência de uma cultura inglesa, de uma cultura francesa. Tudo isso, diziam, era diminuto e sem valor em relação à natureza alemã, à cultura alemã e à maneira alemã. Pior eram os eruditos. De repente, os filósofos não conheciam outra sabedoria senão proclamar a guerra como um benfazejo "banho de aço" que evita que a energia dos povos se esvaia. A seu lado havia os médicos, que louvavam de tal forma suas próteses que quase se tinha vontade de mandar amputar uma perna a fim de substituí-la por um daqueles artefatos. Os sacerdotes de todas as confissões não quiseram ficar para trás e entraram no coro; às vezes, era como se uma horda de possessos vociferasse, e no entanto todos aqueles homens eram os mesmos cuja razão, cujo poder criador e atitude humana ainda admirávamos uma semana antes, um mês antes.

O mais grave naquela insensatez foi que a maioria daquelas pessoas era sincera. A maioria, velha demais ou fisicamente incapaz para servir, acreditava que tinha o compromisso de realizar alguma "façanha" para ajudar. Deviam ao idioma – e, por isso, ao povo – o que haviam criado. Por isso, queriam servir ao seu povo através do idioma e fazê-lo ouvir o que ele queria escutar: que naquela luta o direito estava unicamente do seu lado e a injustiça do outro lado, que a Alemanha haveria de vencer e os adversários seriam ignominiosamente derrotados – ignorando que, assim, traíam a verdadeira missão dos poetas, a de preservar e defender o que há de mais humano no ser humano. Alguns, naturalmente, logo sentiram na boca o travo amargo da repugnância frente à sua própria palavra, quando o combustível do primeiro entusiasmo havia se esfumaçado. Mas naqueles primeiros meses se escutava mais quem gritava mais alto, e assim eles cantavam e bradavam aqui e ali em um coro selvagem.

O caso mais típico e chocante desse êxtase sincero e ao mesmo tempo insensato foi, para mim, o de Ernst Lissauer. Eu o conhecia bem. Escrevia pequenos poemas concisos e rígidos, sendo, ao mesmo tempo, a pessoa mais bondosa que se pode imaginar. Ainda hoje lembro como, certa vez, fui obrigado a apertar os lábios para esconder um sorriso quando ele veio me visitar pela primeira vez. Involuntariamente, eu imaginara o poeta como um jovem esguio e ossudo a partir dos seus versos alemães e duros, que em tudo buscavam extrema concisão. Quem entrou na minha sala, no entanto, foi um homem gordo como um barril, com um rosto bonachão sobre um queixo duplo, um homenzinho gentil que jorrava entusiasmo e autoestima, gaguejava de tanto falar, possuído pela poesia, e que ninguém conseguia impedir de citar e recitar seus versos. Mas, apesar de todo o ridículo, era impossível não gostar dele, pois era afável, camaradesco, sincero, e tinha uma dedicação quase demoníaca à sua arte.

Lissauer provinha de uma família alemã abastada, frequentara o Friedrich-Wilhelms-Gymnasium em Berlin e foi talvez o judeu mais prussiano – ou prussianamente assimilado – que jamais conheci. Não falava nenhuma outra língua viva, nunca estivera fora dos limites da Alemanha. A Alemanha, para ele, era o mundo, e quanto mais além era alguma coisa, mais o entusiasmava. Seus heróis eram Yorck e Lutero e Stein, seu tema predileto era a guerra de libertação da Alemanha, Bach era o seu deus musical; ele tocava suas composições maravilhosamente bem, a despeito de seus dedinhos curtos, gordos e flácidos. Ninguém conhecia melhor a poesia alemã, ninguém era mais apaixonado e encantado pela língua alemã – como tantos judeus cujas famílias entraram tardiamente na cultura alemã, acreditava mais na Alemanha do que o alemão mais crente.

Quando irrompeu a guerra, a primeira coisa que fez foi correr até o quartel e se apresentar como voluntário. E posso imaginar as risadas dos sargentos e dos cabos quando aquela massa gorda subiu as escadas, ofegante. Mandaram-no embora imediatamente. Lissauer ficou desesperado; mas, assim como os outros, quis pelo menos servir à Alemanha com a poesia. Para ele, tudo o que os jornais alemães e o serviço noticioso militar publicavam era a verdade mais avalizada. Seu país fora atacado, e o pior criminoso era aquele pérfido lorde Grey, o ministro do Exterior britânico – uma opinião que correspondia exatamente à encenação do governo alemão. Expressou o sentimento de que a Inglaterra era a principal culpada para com a Alemanha e pela guerra em um "Canto de ódio contra a Inglaterra", um poema – não o tenho aqui agora – que, em versos duros, concisos, impressionantes, eleva o ódio contra a Inglaterra ao juramento eterno de jamais perdoar o "crime" dos ingleses. Fatidicamente, logo se revelaria como é fácil trabalhar com o ódio (esse pequeno e gordo judeu Lissauer, cego de patriotismo, antecipou o exemplo de Hitler). O poema caiu como uma bomba em um depósito de munição. Talvez nunca uma poesia tenha se difundido com tanta rapidez pela Alemanha – nem mesmo a "Sentinela no Reno" – quanto esse célebre "Canto de ódio contra a Inglaterra". O imperador ficou entusiasmado e condecorou Lissauer com a Ordem da Águia Vermelha, o poema foi publicado por todos os jornais, os professores o liam para seus alunos nas escolas, os oficiais o declamavam para os soldados no front, até que todos soubessem a litania de cor. Mas não bastava. Musicado e em arranjo para coro, o pequeno poema foi apresentado nos teatros; entre os setenta milhões de alemães, em pouco tempo não havia um único que não soubesse de cor, da primeira à última linha, o "Canto de ódio contra a Inglaterra", e logo o mundo inteiro o conhecia, claro que com menos entusiasmo. Da noite para o dia, Ernst Lissauer obtivera a fama mais brilhante que um poeta adquiriu naquela guerra – uma fama, naturalmente, que mais tarde o incomodou como uma túnica de Nesso. Pois mal acabou a guerra e os comerciantes quiseram voltar a fazer negócios, os políticos se esforçaram sinceramente em prol da concórdia, tudo foi feito para renegar aquele poema que clamava à inimizade eterna com a Inglaterra. E, para passar adiante a cumplicidade, o pobre Lissauer foi ao pelourinho como único culpado pela louca histeria de ódio que, na realidade, todos, do primeiro ao último, compartiram em 1914. Todos os que já em 1914 festejavam Lissauer passaram a evitá-lo ostensivamente em 1919. Os jornais não publicavam mais seus poemas; quando ele aparecia no meio dos camaradas, instalava-se um silêncio constrangido. Lissauer acabou sendo expulso por Hitler da mesma Alemanha que amava com todas as fibras do seu coração e morreu esquecido, trágica vítima desse único poema que o elevara a tamanha altura, para depois derrubá-lo e fragmentá-lo em mil pedaços.

Todos eram como Lissauer. Todos sentiam com sinceridade e achavam que estavam agindo honestamente, aqueles poetas, aqueles professores, aqueles súbitos patriotas, não nego. Mas em pouquíssimo tempo já foi possível reconhecer que terrível desgraça eles geraram com o seu elogio à guerra e suas orgias do ódio. Todas as nações em guerra já estavam com os nervos à flor da pele em 1914; o menor boato logo se transformava em verdade, acreditava-se na difamação mais absurda. Aos magotes, as pessoas na Alemanha juravam ter visto com seus próprios olhos automóveis carregados de ouro atravessando da França para a Rússia pouco antes da eclosão da guerra; as lendas dos olhos furados e das mãos decepadas, que em qualquer guerra começam a circular invariavelmente no terceiro ou quarto dia, encheram as páginas dos jornais. Ah, os ignaros que propagavam essas mentiras não sabiam que a técnica de culpar o soldado inimigo de qualquer crueldade imaginável faz parte do material de guerra tanto quanto a munição e os aviões, e que, em qualquer guerra, regularmente se lança mão dela logo nos primeiros dias. Guerra não rima com razão e com sentimento de justiça. Guerra necessita da exaltação dos sentimentos, necessita que os beligerantes se entusiasmem pela sua causa e odeiem os adversários.

Mas é próprio da natureza humana que os sentimentos intensos não se prolonguem indefinidamente, nem em um indivíduo nem em um povo, e a organização militar sabe disso. Por isso, precisa de um incitamento artificial, de um constante *doping* da excitação, e esse serviço de estimulação deve ser feito – com boa ou má consciência, honestamente ou por rotina – pelos intelectuais, os poetas, os escritores, os jornalistas. Eles tocaram o tambor do ódio e bateram com força até doerem os ouvidos mesmo dos imparciais e até fazer estremecerem os corações. Obedientes, na Alemanha, na França, na Itália, na Rússia, na Bélgica, eles serviram quase todos à "propaganda de guerra" e, assim, ao delírio e ao ódio das multidões, em vez de combater a guerra.

As consequências foram devastadoras. Naquele tempo, em que a propaganda ainda não tinha se desgastado em tempos de paz, os povos consideravam verdadeiro tudo o que era impresso, apesar de mil decepções. E assim, o belo e puro entusiasmo dos primeiros dias, pronto para sacrifícios, gradualmente se transformou em uma orgia dos piores e mais insensatos sentimentos. Os "combates" contra a França e a Inglaterra ocorriam nas avenidas de Viena e Berlim, o que era significativamente mais confortável. As inscrições em francês e inglês nas lojas tiveram que sumir, e até um convento chamado "Zu den englischen Fräulein" precisou mudar o nome porque a população se irritou, sem saber que o adjetivo *"englisch"*, nesse caso, diz respeito aos anjos [*Engel*] e não aos anglo-saxões. "Que Deus castigue a Inglaterra" era o que os negociantes colavam ou carimbavam nos envelopes, as senhoras da sociedade juravam (e escreviam em cartas aos jornais) que nunca mais diriam uma palavra em francês. Shakespeare foi proscrito dos palcos alemães, Mozart e Wagner das salas de concerto francesas e inglesas, os professores alemães declaravam que Dante era germânico, os franceses, que Beethoven era belga; sem escrúpulo, os bens culturais dos países inimigos eram confiscados como cereais e minério. Não bastava que, todos os dias, milhares de cidadãos pacíficos se matassem uns aos outros no front. Além disso, ofendiam-se e se xingavam mutuamente no *hinterland* os grandes mortos dos países inimigos, que havia séculos estavam mudos em seus túmulos. A confusão foi ficando cada vez mais absurda. A cozinheira no fogão, que jamais saíra de sua cidade e que desde os tempos de escola nunca mais abrira um atlas, acreditava que a Áustria não poderia mais sobreviver sem o Sandschak (um pequeno distrito limítrofe em algum lugar da Bósnia). Os cocheiros discutiam na rua que tipo de indenização de guerra deveria ser imposta à França, cinquenta ou cem bilhões, sem saber quanto era um bilhão. Não houve cidade nem grupo que tenha ficado de fora dessa terrível histeria do ódio. Os sacerdotes pregavam dos altares; os social-democratas, que um mês antes haviam caracterizado o militarismo como o maior dos crimes, faziam mais barulho do que os outros, para não serem considerados "indivíduos sem pátria", conforme dissera o imperador Guilherme. Foi a guerra de uma geração sem noção, e precisamente a crença absoluta dos povos na justiça de sua causa se tornou o maior perigo.

Aos poucos tornou-se impossível naquelas primeiras semanas de guerra de 1914 manter uma conversa sensata com quem quer que fosse. As pessoas mais pacíficas e bondosas estavam como que embriagadas com o cheiro de sangue. Amigos que eu sempre conhecera como individualistas decididos e até anarquistas intelectuais se transformaram da noite para o dia em patriotas fanáticos, e de patriotas em anexionistas insaciáveis. Toda conversa terminava em frases tolas como: "Quem não sabe odiar tampouco sabe amar", ou em suspeitas grosseiras. Camaradas com quem eu nunca tivera uma disputa me acusavam rudemente de não ser mais austríaco; diziam que eu deveria ir embora para a França ou para a Bélgica. Chegavam a insinuar cautelosamente que opiniões como a de que aquela guerra era um crime deviam ser levadas ao conhecimento das autoridades, pois os "derrotistas" – uma bela palavra que acabara de ser inventada na França – eram os piores criminosos em relação à pátria.

Só restava uma coisa: retirar-me e ficar calado enquanto os outros delirassem e bradassem. Não foi fácil. Pois nem viver no exílio – que conheci o suficiente – é tão ruim quanto viver *sozinho* na pátria. Em Viena, eu me tornara estranho para os meus velhos amigos, e agora não era hora de procurar novos. Só com Rainer Maria Rilke tive conversas ocasionais em que nos entendíamos muito bem. Conseguíramos requisitá-lo para o nosso Arquivo Militar, pois ele teria sido o soldado mais impossível, dada a suscetibilidade excessiva dos nervos, alguém a quem sujeira, odores e barulho causavam mal-estar físico. Não posso deixar de sorrir quando me lembro dele em uniforme. Um dia bateram à minha porta. Era um soldado bastante tímido. No instante seguinte assustei-me: era Rilke – Rainer Maria Rilke fantasiado de militar! Parecia comovedoramente desajeitado, com um colarinho que lhe apertava o pescoço, perturbado pela ideia de ter que bater continência para cada oficial, uma bota contra a outra. Como ele, em sua mágica obsessão por perfeição, queria executar também essas fúteis formalidades do regulamento com precisão exemplar, estava em um estado de constante sobressalto. "Detesto esse traje militar desde o tempo da escola de cadetes", disse-me com sua voz suave. "Achei que tinha escapado dele para sempre. E agora de novo, com quase quarenta anos!"

Felizmente, mãos caridosas o protegeram e ele foi logo dispensado graças a um atestado médico condescendente. Veio de novo ao meu quarto para se despedir, dessa vez em trajes civis – quase diria que entrou flutuando, tão indescritivelmente silenciosos eram os seus passos. Ele veio para me agradecer porque eu tentara, por intermédio de Rolland, salvar a sua biblioteca confiscada em Paris. Pela primeira vez não parecia jovem, era como se pensar nos horrores o tivesse esgotado. "Para o exterior", disse ele. "Se pelo menos fosse possível ir ao exterior. Guerra sempre é prisão." Depois disso, saiu. Fiquei de novo completamente só.

Algumas semanas depois, mudei-me para um subúrbio rural, decidido a evadir-me daquela perigosa psicose de massa, a fim de iniciar a minha guerra particular no meio da guerra: a luta contra a traição à razão em prol da paixão das massas.

A luta pela fraternidade espiritual

Retirar-se, na realidade, era inútil. A atmosfera continuava carregada. E por isso mesmo eu tinha me conscientizado de que uma atitude meramente passiva, a não participação nas virulentas ofensas ao inimigo, não era suficiente. Afinal eu era escritor, tinha a palavra e, com ela, o dever de expressar minhas convicções tanto quanto possível em uma época de censura. Tentei. Escrevi um ensaio intitulado *Aos amigos no estrangeiro*, no qual, divergindo completa e francamente de todas as fanfarras de ódio dos outros, declarei permanecer fiel a todos os amigos no estrangeiro – embora no momento a comunicação fosse impossível – e voltar a trabalhar conjuntamente com eles, na primeira oportunidade, na construção de uma cultura europeia. Mandei o artigo ao jornal de maior circulação. Para minha surpresa, o *Berliner Tageblatt* não hesitou em publicá-lo na íntegra. Só uma única frase – "a quem quer que caiba a vitória" – acabou vitimada pela censura, porque não se permitia nem mesmo a mais leve dúvida de que a Alemanha sairia como óbvia vencedora daquela guerra mundial. Mas mesmo com o corte o artigo rendeu algumas cartas indignadas de patriotas radicais, que não entendiam como em um momento daqueles ainda se podia ter relações com os inimigos infames. Isso não me ofendeu muito. Durante toda a minha vida, eu nunca tivera a intenção de converter os outros para as minhas convicções. Bastava-me declará-las, e declará-las de maneira visível.

Quinze dias depois – eu já quase esquecera aquele artigo – recebi uma carta com um selo suíço e adornada com o carimbo da censura, e pela caligrafia reconheci ser de Romain Rolland. Ele devia ter lido o artigo, pois escreveu: "*Non, je ne quitterai jamais mes amis* – não, eu jamais abandonarei os meus amigos." Compreendi logo que aquelas poucas linhas eram uma tentativa de constatar se seria possível corresponder-se com um amigo austríaco durante a guerra. Respondi-lhe imediatamente. A partir daquele momento, escrevemo-nos com regularidade, e essa correspondência continuou ao longo de mais de 25 anos, até que a Segunda Guerra – mais brutal do que a Primeira – cortou toda comunicação entre os países.

 Aquela carta representou um dos grandes momentos de felicidade na minha vida: saiu como uma pomba branca da arca de animalidade que rugia, pisoteava, esbravejava. Eu não me sentia mais só, e sim finalmente unido a alguém que pensava como eu. Senti-me fortalecido pela força espiritual superior de Rolland. Pois, apesar das fronteiras, eu sabia de que maneira maravilhosa Rolland conservava sua humanidade. Encontrara o único caminho certo que um poeta pode seguir em tais épocas: não participar da destruição e do assassinato, e sim – seguindo o grandioso exemplo de Walt Whitman, que serviu como enfermeiro durante a Guerra de Secessão – agir em obras de socorro e de humanitarismo. Vivendo na Suíça e dispensado de qualquer serviço militar devido à sua saúde vacilante, logo no início da guerra ele se colocara à disposição da Cruz Vermelha em Genebra e trabalhava todos os dias ali, nas salas superlotadas, na maravilhosa obra à qual depois tentei agradecer publicamente no ensaio intitulado *O coração da Europa*. Depois das mortíferas batalhas das primeiras semanas, todo e qualquer contato ficara interrompido; em todos os países, os familiares não sabiam se seu filho, seu irmão, seu pai tinha tombado em combate ou apenas estava desaparecido ou preso, e não sabiam a quem perguntar, pois não se podia esperar informações do "inimigo". A Cruz Vermelha assumiu então a tarefa de, em pleno terror e no meio da crueldade, pelo menos aliviar o pior dos sofrimentos: diminuir a incerteza torturante sobre o destino de pessoas amadas, fazendo chegar à pátria a correspondência dos presos nos países adversários. Claro que a organização, que existia há décadas, não estava preparada para tais dimensões e números milionários; a cada dia, a cada hora, era preciso aumentar o número de ajudantes voluntários, pois cada hora de espera torturante significava uma eternidade para os parentes. No final de dezembro de 1914 o número de cartas que inundavam a Cruz Vermelha a cada dia chegara a trinta mil; no final, 1.200 pessoas se acotovelavam no apertado Musée Rath em Genebra para dar conta da correspondência diária, responder as cartas. Entre elas, em vez de fazer egoistamente o seu próprio trabalho, o mais humanitário dos poetas: Romain Rolland.

Mas ele tampouco esquecera seu outro dever – o dever do artista de expressar sua convicção, ainda que diante da resistência do seu país e mesmo contra a vontade do mundo inteiro em guerra. Já no outono de 1914, quando a maioria dos artistas vociferava e bradava com ódio, escreveu aquela memorável profissão de fé, *Au-dessus de la mêlée*, em que combatia o ódio espiritual entre as nações e exigia dos artistas justiça e humanidade mesmo em plena guerra – esse ensaio que, como nenhum outro, exaltou as opiniões e arrastou atrás de si toda uma literatura de pró e contra.

Pois isso distinguiu a Primeira Guerra da Segunda: a palavra ainda tinha poder. A palavra ainda não fora desvalorizada pela mentira organizada, pela "propaganda", os homens ainda escutavam a palavra escrita, esperavam por ela. Se em 1939 nenhuma manifestação de um poeta surtiu o menor efeito, nem para o bem, nem para o mal, se até hoje nenhum livro, nenhuma brochura, nenhum artigo, nenhum poema tocou as multidões ou as influenciou em seu modo de pensar, em 1914 um poema de quatorze linhas como o tal "Canto de ódio" de Lissauer, uma manifestação insensata como a dos "93 intelectuais alemães" e, do outro lado, um ensaio de oito páginas como *Au-dessus de la mêlée*, de Rolland, um romance como *O fogo*, de Barbusse, se tornavam um acontecimento. A consciência moral do mundo ainda não estava fatigada e embotada como hoje, reagia com veemência e com toda a força de uma convicção secular a cada mentira manifesta, a cada violação do direito internacional e a toda ofensa ao humanitarismo. Uma violação do direito como a invasão da Bélgica neutra pela Alemanha, que hoje – desde que Hitler tornou a mentira algo natural e o anti-humanitarismo uma lei – quase já não seria criticada seriamente, então ainda indignava o mundo de ponta a ponta. Devido à indignação moral universal, o fuzilamento da enfermeira Edith Cavell e o torpedeamento do *Lusitania* se tornaram mais fatídicos para a Alemanha do que uma batalha perdida.

Para o poeta, para o escritor francês, portanto, não era de modo algum inútil falar naquele tempo em que os ouvidos e a alma ainda não tinham sido inundados pelo falatório incessante do rádio; ao contrário, a manifestação espontânea de um grande escritor produzia efeito mil vezes maior do que todos os discursos oficiais dos estadistas, dos quais se sabia que eram talhados tática e politicamente de acordo com a situação do momento e, na melhor das hipóteses, continham apenas a metade da verdade. Era próprio daquela geração – depois tão desiludida – ter infinitamente mais confiança, mesmo nesse sentido de crer no escritor e no poeta enquanto o melhor abonador de uma postura pura. Mas, como os militares, os governantes sabiam dessa autoridade moral dos escritores, tentavam envolver todos os homens de prestígio moral e intelectual em seu serviço de incitamento para que explicassem, provassem, confirmassem, jurassem que toda a injustiça, toda a maldade, estava do outro lado e que o direito e a verdade estavam do lado da própria nação. Não tiveram êxito com Rolland. Ele não via a sua tarefa em aumentar ainda a atmosfera já superaquecida com todos os meios de incitamento, mas, ao contrário, em purificá-la.

Quem hoje relê as oito páginas do célebre ensaio *Au-dessus de la mêlée* talvez já nem consiga mais compreender sua imensa influência; lendo-o com a cabeça fria e clara, tudo o que Rolland nele postulou só diz respeito à obviedade mais óbvia. Mas essas palavras foram ditas numa época de insensatez das massas, que hoje mal pode ser reconstruída. Quando o ensaio foi publicado, os patriotas extremados franceses gritaram como se tivessem pegado inadvertidamente num ferro em brasa. Da noite para o dia, Rolland foi boicotado pelos seus amigos mais antigos, os livreiros não ousavam mais expor nas vitrines o *Jean Christophe*, as autoridades militares, que necessitavam do ódio para estimular os soldados, já aventavam lançar mão de medidas contra ele, e logo saiu uma publicação depois da outra com o argumento *"Ce qu'on donne pendant la guerre à l'humanité est volé à la patrie"*.* Mas, como sempre, a gritaria provou que o golpe acertara em cheio. A discussão sobre a atitude do intelectual na guerra não podia mais ser impedida, o problema estava posto inevitavelmente para cada um.

---

* "O que se dá à humanidade durante a guerra é roubado à pátria." Em francês no original.

Nada lastimo mais nessas minhas recordações do que não ter mais acesso às cartas de Rolland daqueles anos; a ideia de que possam ser destruídas ou perder-se nesse novo dilúvio pesa sobre mim como uma responsabilidade. Por mais que ame a obra de Rolland, acredito ser possível que, mais tarde, *essas cartas* sejam consideradas como o que de mais belo e humanitário seu grande coração e sua razão apaixonada expressaram. Escritas, a partir da imensa comoção de uma alma piedosa e de toda a força da indignação impotente, a um amigo do outro lado da fronteira – portanto, um "inimigo" oficial –, elas representam talvez os documentos morais mais impressionantes de um tempo em que a compreensão requeria enorme esforço e a fidelidade à própria postura, uma coragem grandiosa. Logo surgiu uma proposta positiva a partir dessa nossa correspondência amistosa: Rolland sugeriu que se tentasse convidar os principais intelectuais de todas as nações para uma conferência na Suíça, com o fim de chegar a uma atitude mais uniforme e digna e talvez até de dirigir ao mundo um apelo solidário no sentido da concórdia. Rolland, na Suíça, encarregar-se-ia de convidar os intelectuais franceses e estrangeiros; eu, na Áustria, deveria sondar os escritores e eruditos austríacos e alemães que ainda não se haviam comprometido com uma propaganda pública do ódio. Pus mãos à obra imediatamente. O escritor alemão mais importante e representativo era então Gerhart Hauptmann. Para facilitar a aceitação ou a recusa, não quis me dirigir diretamente a ele. Assim, escrevi ao nosso amigo comum Walther Rathenau, pedindo-lhe que consultasse Hauptmann confidencialmente. Rathenau – com ou sem acordo com Hauptmann, eu nunca soube – recusou com o argumento de que não estava na hora de manter uma paz espiritual. Com isso, a tentativa já fracassara, pois Thomas Mann estava então do lado oposto e acabara de adotar o ponto de vista oficial alemão com um ensaio sobre Frederico o Grande; Rilke, que eu sabia estar do nosso lado, por princípio se esquivava de qualquer ação pública e coletiva; Dehmel, o antigo socialista, assinava as suas cartas com orgulho infantilmente patriótico como "tenente Dehmel"; e quanto a Hofmannsthal e Jakob Wassermann, conversas particulares me haviam feito ver que não se podia contar com eles. Não havia, portanto, muito a esperar do lado alemão, e Rolland não teve muito mais sucesso na França. Em 1914 e 1915 ainda era muito cedo, e a guerra ainda estava muito distante para as pessoas fora da zona de combate. Continuamos sós.

Sós, mas não inteiramente. Alguma coisa já conseguíramos com a nossa correspondência: uma primeira ideia das poucas dezenas de pessoas com quem se podia contar e que pensavam como nós nos países neutros ou beligerantes; podíamos chamar a atenção uns aos outros para livros, ensaios, publicações de um lado e de outro, estava assegurado um certo núcleo de cristalização em que – primeiro hesitantemente, depois cada vez mais forte, pela pressão da época – novos elementos podiam ser agregados. Essa sensação de não estar totalmente no vazio me encorajou a escrever frequentes ensaios chamando para a luz todos os intelectuais solitários e escondidos que sentiam como nós. Afinal, eu tinha à disposição os grandes jornais da Alemanha e da Áustria e, com isso, um importante círculo de influência. Não havia por que temer resistência por parte das autoridades, uma vez que eu nunca avançava no terreno político. Sob influência do espírito liberal, o respeito por tudo o que era literário ainda era muito grande, e quando releio os ensaios que então consegui contrabandear para a opinião pública não posso deixar de reconhecer a generosidade das autoridades militares austríacas; afinal, em plena guerra pude elogiar com entusiasmo a fundadora do pacifismo, Berta von Suttner, que estigmatizara a guerra como o crime dos crimes, e fazer em um jornal austríaco uma análise do livro *O fogo*, de Barbusse. Claro, tivemos de lançar mão de certa técnica para transmitir a amplos círculos, durante a guerra, essas nossas opiniões pouco afeitas ao nosso tempo. Para mostrar os horrores da guerra e a indiferença que existia em relação a ela nas zonas em que não se lutava, foi necessário, na Áustria, ressaltar o sofrimento de um soldado "francês" de infantaria em uma resenha de *O fogo*, mas centenas de cartas do front austríaco me mostraram como os nossos soldados identificaram com clareza o seu próprio destino. Ou então escolhíamos o instrumento do ataque aparentemente mútuo. Assim, um dos meus amigos franceses polemizou no *Mercure de France* contra o meu ensaio *Aos amigos no estrangeiro*; mas, ao publicá-lo traduzido e na íntegra dentro da suposta polêmica, conseguiu introduzi-lo na França e qualquer pessoa podia lê-lo – o que era a intenção. Assim, trocavam-se sinais luminosos de um lado para o outro que não eram senão sinais de reconhecimento. Mais tarde, um pequeno episódio me mostrou o quanto esses sinais eram compreendidos por aqueles a quem se destinavam. Quando, em maio de 1915, a Itália declarou guerra à Áustria, sua antiga aliada, uma onda de ódio se disseminou entre nós. Tudo o que era italiano era difamado. Por acaso haviam saído publicadas as memórias de um jovem italiano da época do *Risorgimento* chamado Carl Poerio narrando uma visita a Goethe. Para mostrar no meio da gritaria de ódio que os italianos desde sempre tiveram as melhores relações com a nossa cultura, escrevi propositalmente o ensaio *Um italiano na casa de Goethe,* e, como esse livro tinha introdução de Benedetto Croce, aproveitei o ensejo para dedicar algumas palavras de máximo respeito a Croce. Na Áustria, palavras de admiração para um italiano em um tempo em que não se podia reconhecer nenhum poeta ou sábio de um país inimigo eram naturalmente um sinal nítido, e este sinal foi compreendido até mesmo fora das fronteiras. Croce, que então era ministro na Itália, contou-me depois como um funcionário do ministério que não sabia ler alemão dissera-lhe, totalmente consternado, que o principal jornal do inimigo dera alguma matéria contra ele (pois ele nem imaginava que a menção do nome de Croce poderia ser outra coisa que não alguma hostilidade). Croce mandou vir o *Neue Freie Presse* e ficou surpreso e logo divertido ao encontrar uma homenagem à sua pessoa.

Não pretendo de modo algum superestimar essas pequenas tentativas isoladas. Obviamente, não tiveram a menor influência sobre a marcha dos acontecimentos. Mas ajudaram a nós e a vários dos nossos leitores desconhecidos. Atenuaram o terrível isolamento, o desespero psicológico de uma pessoa do século XX que tivesse sentimentos verdadeiramente humanos – e que hoje, depois de 25 anos, se encontra de novo impotente diante do que é superpoderoso, acredito até que mais ainda. Já naquela época eu tinha plena consciência de que não poderia afastar de mim a verdadeira carga, com esses pequenos protestos e artifícios; paulatinamente começou a se formar em mim o projeto de uma obra em que eu pudesse manifestar não só coisas isoladas, mas toda a minha atitude em relação à época, ao povo, à catástrofe e à guerra.

Mas, para poder apresentar a guerra em uma síntese poética, faltava-me o mais importante: eu não a vira. Estava já há quase um ano radicado naquele escritório e o que "importava", a realidade da guerra, os horrores da guerra, se passava a uma distância invisível. Haviam me oferecido várias vezes a oportunidade de ir ao front, três vezes grandes jornais me haviam procurado para ser correspondente de guerra. Mas qualquer forma de narrativa acarretaria a obrigação de apresentar a guerra em sentido exclusivamente positivo e patriótico, e eu me jurara – um juramento que fiz também em 1940 – que jamais escreveria qualquer palavra que confirmasse a guerra ou rebaixasse outra nação. Mas por acaso surgiu uma oportunidade. Na primavera de 1915, a grande ofensiva austro-germânica rompera a linha russa em Tarnów, conquistando a Galícia e a Polônia em um único avanço concêntrico. O Arquivo Militar queria para sua biblioteca os originais de todas as proclamações e de todos os editais russos em território austríaco ocupado, antes que fossem arrancados ou destruídos. O coronel, que conhecia por acaso a minha técnica de colecionador, perguntou-me se eu poderia me ocupar disso; claro que aceitei, e me deram um salvo-conduto, de modo que, sem estar diretamente submetido a nenhuma repartição e nenhum superior, podia viajar em qualquer trem militar e me movimentar livremente, o que levou aos incidentes mais curiosos, pois eu não era oficial, mas apenas primeiro-sargento titular, e usava um uniforme sem nenhum distintivo especial. Toda vez que mostrava o meu misterioso documento, ele despertava um respeito especial, pois os oficiais no front e os funcionários suspeitavam que eu fosse algum oficial do estado-maior disfarçado ou que tivesse alguma missão misteriosa. Como eu evitava as reuniões de oficiais e só me hospedava em hotéis, tive ainda a vantagem de me manter fora da grande máquina de guerra e poder ver o que eu queria sem qualquer "guia".

Coletar as proclamações não me deu muito trabalho. Toda vez que eu chegava a uma das cidades da Galícia, como Tarnów, Drohobycz, Lviv, havia alguns judeus na estação, os chamados "Faktoren", cuja ocupação consistia em conseguir tudo o que se desejasse; bastava que eu dissesse a um desses despachantes que eu queria as proclamações e os editais da ocupação russa e ele saía correndo, transmitindo a incumbência de maneira misteriosa a dezenas de subdespachantes; depois de três horas, sem ter dado um passo sequer, eu tinha todo o conjunto do material da maneira mais completa possível. Graças a essa organização exemplar, restou-me muito tempo para ver muita coisa, e eu vi muita coisa. Vi, acima de tudo, a terrível miséria da população civil, sobre cujos olhos ainda pairava o terror dos acontecimentos, como uma sombra. Vi a miséria nunca imaginada da população judaica do gueto – oito, doze pessoas morando em quartos ao rés do chão ou em subterrâneos. E vi pela primeira vez o "inimigo". Em Tarnów topei com o primeiro transporte de soldados russos prisioneiros. Estavam sentados no chão, dentro de um cercado quadrado, fumando e conversando, vigiados por uns vinte ou trinta soldados mais velhos do Tirol, a maioria barbudos, tão rotos e abandonados quanto os presos e em nada parecidos com os soldados asseados, bem barbeados, de uniformes cintilantes apresentados nas revistas ilustradas. Mas aqueles guardas não tinham o menor caráter marcial ou draconiano. Os prisioneiros não mostravam a menor propensão a fugir, os guardas austríacos não mostravam o menor desejo de levar sua missão a sério. Estavam sentados amistosamente com os prisioneiros, divertindo-se extremamente com o fato de não conseguirem se comunicar em suas línguas. Trocavam cigarros, riam uns para os outros. Um soldado tirolês tirou de uma carteira de dinheiro muito velha e suja as fotografias de sua mulher e de seus filhos e as mostrou aos "inimigos", que as admiravam um após o outro e perguntavam com os dedos se aquela criança tinha três anos ou quatro. Não pude resistir à sensação de que aquelas pessoas primitivas e simples percebiam a guerra muito melhor do que os nossos professores universitários e poetas, ou seja: como uma desgraça que caíra sobre elas, da qual não tinham culpa, e que qualquer um que chegara àquela desdita era uma espécie de irmão. Esse sentimento consolador me acompanhou durante toda a viagem, passando pelas cidades bombardeadas e as lojas saqueadas, cujos móveis jaziam na rua como membros quebrados e vísceras arrancadas. Os campos lavrados entre os territórios de guerra também me deram a esperança de que, em alguns anos, todos os estragos estariam reparados. Naturalmente eu não podia avaliar então que, tão rápido quanto os rastros da guerra se apagassem da face da Terra, também a lembrança dos seus horrores desapareceria da memória dos homens.

Nos primeiros dias eu não vira ainda o verdadeiro horror da guerra; depois, seu aspecto superou minhas piores expectativas. Como quase não trafegavam trens de passageiros regulares, certa vez viajei em um carro aberto de artilharia, sentado no carro de transporte de um canhão, outra vez num daqueles vagões de animais em que os homens dormiam exaustos, misturados e amontoados e, enquanto eram levados para o matadouro, já pareciam gado abatido. Mas o pior eram os trens-hospital que tive de usar duas ou três vezes. Ah, quão pouco se assemelhavam àqueles trens de enfermagem bem-iluminados, brancos, limpos, em que as arquiduquesas e damas elegantes da sociedade se haviam deixado fotografar no início da guerra como enfermeiras. O que pude ver, horrorizado, foram vagões comuns de transporte sem janelas de verdade, que só tinham um respiradouro estreito e eram iluminados por lampiões a querosene cobertos de fuligem. Macas primitivas, uma ao lado da outra, estavam todas ocupadas por homens pálidos como a morte que gemiam e suavam, tentando respirar algum ar naquela atmosfera impregnada de excrementos e iodofórmio. Os soldados do serviço sanitário mais cambaleavam do que andavam, de tanto cansaço. Não se viam aqueles lençóis brancos das fotografias. Cobertos com mantas ensanguentadas, as pessoas ficavam deitadas sobre palha ou nas macas duras, e em cada um daqueles vagões já havia dois ou três mortos no meio dos homens que agonizavam ou gemiam. Falei com um médico que, conforme me confessou, era apenas dentista em uma cidadezinha húngara e havia anos já não praticava mais cirurgias. Estava desesperado. Já telegrafara para sete estações para pedir morfina. Mas toda ela tinha sido gasta e ele não tinha nem mais algodão ou material para fazer curativos nas vinte horas que faltavam até o hospital em Budapeste. Pediu-me que o ajudasse, porque seus auxiliares já não conseguiam mais trabalhar, de tão cansados. Apesar de toda a minha inabilidade, tentei ser útil – e consegui –, descendo em cada estação e ajudando a carregar alguns baldes de água, uma água salobra e suja, destinada apenas para a locomotiva, mas que agora era um bálsamo e servia para ao menos lavar um pouco as pessoas e limpar o chão do sangue que não cessava de pingar. Além de tudo, os soldados de todas as nacionalidades imagináveis lançados nesse ataúde rolante tinham uma complicação adicional causada pela confusão babilônica de línguas. Nem o médico nem os enfermeiros entendiam croata ou o dialeto ruteno; o único que podia ajudar era um velho sacerdote de cabelos brancos que – da mesma forma que o médico estava desesperado com a falta de morfina – queixava-se de não poder cumprir sua obrigação, faltava-lhe óleo para a extrema-unção. Disse que, em toda a sua vida, não tinha ministrado os sacramentos a tanta gente quanto naquele último mês. Dele ouvi as palavras que nunca mais esqueci, ditas com voz colérica e dura: "Tenho 67 anos e já vi muita coisa. Mas nunca julguei possível que a humanidade pudesse cometer tal crime."

AQUELE TREM-HOSPITAL em que regressei chegou a Budapeste nas primeiras horas da madrugada. Fui logo até um hotel para dormir; o único assento naquele trem tinha sido a minha mala. Exausto como estava, dormi até por volta de onze horas e em seguida me vesti rapidamente para tomar um café. Mas já depois dos primeiros passos na rua achei que precisaria esfregar os olhos para ver se não estava sonhando. Era um daqueles dias radiantes que de manhã ainda são primaveris e ao meio-dia já se tornam verão, e Budapeste estava bela e despreocupada como nunca. As mulheres passeavam em seus vestidos brancos de braços dados com os oficiais que, de repente, pareciam ser oficiais de um exército totalmente diferente daquele que eu vira na véspera e dois dias antes. Ainda com o cheiro do iodofórmio do trem de feridos impregnado na roupa, na boca e no nariz, vi como os oficiais compravam raminhos de violetas e, galantes, ofereciam-nos às damas, vi passando pelas ruas carros impecáveis com cavalheiros impecáveis, barbeados e bem-vestidos. E tudo isso a apenas oito ou nove horas de trem do front! Mas tinha-se o direito de acusar essas pessoas? Não era a coisa mais natural que elas vivessem e tentassem se alegrar com a vida? Que, talvez justo por causa do sentimento de que tudo estava ameaçado, ainda juntassem tudo o que havia para juntar – as roupas boas, as últimas boas horas? Justamente depois de ver como é frágil e vulnerável o homem, cuja vida um pedacinho de chumbo pode destroçar em um segundo, com todas as suas recordações e ideias e êxtases, compreendia-se que uma tal manhã à margem do rio resplandecente levasse milhares a querer ver o sol, a se sentir, sentir o próprio sangue, a própria vida com intensidade ainda maior. Eu já estava quase conformado com o que a princípio me assustara. Mas pouco depois infelizmente o garçom atencioso me entregou um jornal de Viena. Tentei lê-lo; só então a repugnância se apoderou de mim na forma de uma verdadeira fúria. Havia ali todas as frases da vontade inflexível de vencer, das reduzidas perdas das nossas próprias tropas e das imensas perdas das tropas adversárias; era a mentira da guerra saltando sobre mim nua, enorme e desavergonhada! Não, os culpados não eram os que passeavam, os ociosos, os despreocupados, mas exclusivamente aqueles que, com suas palavras, impeliam para a guerra. E nós também seríamos culpados se não dirigíssemos a nossa palavra contra eles.

Só NAQUELE MOMENTO senti o verdadeiro impulso: era preciso combater a guerra! O material estava pronto em mim, para começar só tinha faltado essa última confirmação explícita do meu pensamento. Eu identificara o adversário que deveria combater – o falso heroísmo, que prefere enviar os outros para o sofrimento e a morte, o otimismo barato dos profetas sem consciência, tanto os políticos quanto os militares, que, prometendo a vitória sem escrúpulos, prolongam o morticínio e, atrás deles, sua claque, todos os "propagadores da guerra", como acusou Werfel em seu belo poema. Quem manifestasse uma dúvida perturbava-os em seus negócios patrióticos, quem alertasse era escarnecido por eles como pessimista, quem combatesse a guerra em que eles próprios nada sofriam era marcado como traidor. Foi sempre a mesma, a eterna corja que, através dos tempos, chamou os precavidos de covardes e os humanitários de fracos, para depois ficarem desnorteados na hora da catástrofe que eles próprios levianamente conjuraram. Foi sempre a mesma corja, a mesma que ridicularizou Cassandra em Troia, Jeremias em Jerusalém, e nunca antes eu tinha compreendido tanto a tragédia e a grandeza dessas figuras quanto naqueles momentos tão semelhantes a esses. Desde o início, nunca acreditei na "vitória" e só tinha uma certeza: a de que, mesmo que pudesse ser conquistada à custa de sacrifícios desmedidos, não justificaria esses sacrifícios. Mas sempre fiquei isolado entre meus amigos com essa advertência, e a gritaria de vitória antes do primeiro tiro, a distribuição do butim antes da primeira batalha, me fazia duvidar se eu era o louco entre todos aqueles sábios ou se era o único terrivelmente lúcido entre todos os ébrios. Assim, foi apenas natural para mim narrar na forma dramática a minha própria situação, a situação trágica do "derrotista" – palavra inventada para atribuir o desejo da derrota àqueles que se esforçavam pela concórdia. Como símbolo, escolhi a figura de Jeremias, aquele que advertiu em vão. Minha intenção, no entanto, não era escrever uma peça "pacifista", dizendo em versos a verdade banal de que a paz é melhor do que a guerra, mas mostrar que quem é desprezado como fraco e temeroso na hora do entusiasmo, na hora da derrota geralmente é o único que não apenas a suporta como também a supera. Desde a minha primeira peça, *Tersites*, o problema da superioridade psicológica do vencido sempre me interessou. Sempre me seduziu mostrar o endurecimento interior que toda forma de poder gera nas pessoas, o enrijecimento anímico que a vitória produz em povos inteiros, para contrapor a isso o poder da derrota que revolve dolorosamente a alma. Em meio à guerra, enquanto os outros ainda procuravam demonstrar uns aos outros a vitória infalível, triunfando antes da hora, eu já me lançava no mais profundo precipício da catástrofe e buscava a subida.

Ao escolher um tema bíblico, no entanto, eu tocara inconscientemente em algo que até então dormia em mim sem ser aproveitado: a comunhão com o destino judaico, fundada enigmaticamente no sangue ou na tradição. Não era esse meu povo que sempre fora vencido por todos os povos, sempre e sempre, tendo apesar disso sobrevivido a todos graças a uma força misteriosa – precisamente a força de transformar a derrota através da vontade interior e superá-la sempre de novo? Não haviam nossos profetas antecipado essa eterna perseguição e enxotamento que hoje volta a nos lançar nas ruas como se fôssemos debulho, e não haviam eles aceitado essa opressão pela violência e até abençoado-a como caminho para Deus? Não foi a provação sempre um ganho para todos e para o indivíduo? Eu me alegrava com esse sentimento, enquanto escrevia o drama, o primeiro dos meus livros que aprovei. Sei hoje que, sem tudo o que padeci durante a guerra, sofrendo com os outros e pressentindo, eu teria continuado a ser o escritor que era antes da guerra, "agradavelmente comovido", como se diz em música, mas nunca abalado e atingido até o meu íntimo. Agora, pela primeira vez, eu tinha a sensação de falar de dentro de mim e ao mesmo tempo de dentro da minha época. Ao tentar ajudar os outros, acabei então ajudando a mim mesmo a compor a minha obra mais pessoal, mais particular ao lado de *Erasmo*, com a qual, em 1934, nos dias de Hitler, consegui me reerguer de uma crise semelhante. A partir do momento em que comecei a tentar forjá-la, a tragédia do meu tempo não me fez mais sofrer tanto.

Nunca tinha acreditado nem um instante em um sucesso visível para essa obra. Pela confluência de tantos problemas – o profético, o pacífico, o judaico –, pela organização coral das cenas finais, que se elevam a um hino do vencido à sua sina, o tamanho dessa obra superara de tal forma a dimensão normal de um drama que uma apresentação de verdade exigiria dois ou três espetáculos. E mais: como uma peça que anunciava e até glorificava a derrota chegaria aos palcos alemães, se os jornais diariamente anunciavam "vencer ou morrer"? Já teria que considerar um milagre se o livro chegasse a ser impresso, mas, mesmo na pior hipótese de que isso não acontecesse, a obra pelo menos me ajudara a superar a pior fase. No diálogo poético, eu expressara tudo o que precisava silenciar na conversa com as pessoas ao meu redor. Lançara para longe a carga que pesava sobre a minha alma e me devolvera a mim mesmo; na mesma hora em que tudo em mim era um "não" contra a época, encontrei o "sim" para mim mesmo.

No coração da Europa

Quando a minha tragédia *Jeremias* saiu em forma de livro, na Páscoa de 1917, tive uma surpresa. Eu a escrevera na mais aguerrida oposição contra a época em que vivíamos, e, portanto, esperava oposição aguerrida a ela. Mas ocorreu exatamente o contrário. Foram vendidos logo vinte mil exemplares, número fantástico para uma obra dramática; e não apenas amigos como Romain Rolland a apoiaram em público, mas também os que antes estavam do lado oposto, como Rathenau e Richard Dehmel. Diretores de teatro para quem o drama nem fora enviado – afinal, era impensável uma representação alemã durante a guerra! – escreveram-me pedindo que lhes reservasse o direito de estreia para os tempos de paz; mesmo a oposição dos belicosos se mostrou cortês e respeitosa. Eu esperara tudo, menos isso. O que acontecera? Nada além do fato de que a guerra já durava dois anos e meio; o tempo se encarregara de esfriar cruelmente os ânimos. Depois da terrível sangria nos campos de batalha, a febre começou a abaixar. As pessoas passaram a encarar a guerra com um olhar mais frio e mais duro do que nos primeiros meses de entusiasmo. O sentimento de solidariedade começou a afrouxar, pois já não se percebia mais nada da grande "purificação moral" que os filósofos e poetas haviam anunciado de modo tão exagerado. Uma fenda profunda atravessava o povo todo; era como se o país estivesse dividido em dois mundos diferentes; no front, os soldados que lutavam e sofriam as privações mais terríveis, atrás as pessoas que tinham ficado em casa, continuavam a viver despreocupadas, povoavam os teatros e ainda lucravam com a miséria dos outros. O front e o *hinterland* contrastavam cada vez mais. Pelas portas das repartições oficiais havia entrado, com cem disfarces diferentes, um selvagem sistema de proteção; sabia-se que, com dinheiro ou boas relações, as pessoas recebiam remessas lucrativas, enquanto camponeses ou trabalhadores semidestroçados continuavam sendo mandados para as trincheiras. Por isso, cada um começou a tratar dos próprios interesses sem consideração para com o próximo. Graças a atravessadores desavergonhados, os objetos de primeira necessidade foram encarecendo a cada dia que passava, os gêneros alimentícios se tornando escassos e, por sobre o lamaçal cinzento da miséria coletiva, cintilava como um fogo-fátuo o luxo irritante dos que lucravam com a guerra. Uma desconfiança exasperada começou a tomar conta da população – desconfiança contra o dinheiro, que perdia cada vez mais em valor, desconfiança contra os generais, oficiais, diplomatas, desconfiança contra qualquer comunicado do governo e do estado-maior, desconfiança contra os jornais e o noticiário, desconfiança contra a própria guerra e sua necessidade. Portanto, não foi de modo algum o valor literário do meu livro que lhe deu o sucesso surpreendente; eu apenas expressara aquilo que os outros não ousavam dizer abertamente: o ódio contra a guerra, a desconfiança contra a vitória.

No palco, a bem da verdade, parecia impossível exprimir tal sentimento com a palavra viva e falada. Inevitavelmente, teria provocado manifestações e, assim, achei que teria de abrir mão de ver esse primeiro drama contra a guerra no palco em tempos de guerra. Foi quando, de repente, recebi uma carta do diretor do teatro municipal de Zurique em que ele dizia querer levar o meu *Jeremias* para o palco imediatamente e me convidava a assistir à estreia. Eu esquecera que ainda existia – como também nesta Segunda Guerra – um pequeno e precioso pedaço de solo alemão ao qual era concedida a graça de se manter à parte; um país democrático em que a palavra permanecera livre e a mentalidade impoluta. Concordei na mesma hora, naturalmente.

A minha anuência, claro, só podia ser em princípio, pois ela pressupunha a autorização de poder deixar o serviço e o país por algum tempo. Felizmente, em todos os países beligerantes havia um departamento chamado "Propaganda Cultural" – algo que, nesta Segunda Guerra, nem se estabeleceu. Para tornar clara a diferença da atmosfera intelectual entre a Primeira e a Segunda Guerra, é sempre preciso mostrar que, naquela época, os países, os líderes, os imperadores, os reis, crescidos na tradição do humanismo, inconscientemente ainda se envergonhavam da guerra. Todos os países repeliam como calúnia vil a acusação de serem ou terem sido "militaristas"; ao contrário, todos concorriam para mostrar, demonstrar, explicar, exibir que eram "nações civilizadas". Em 1914, em um mundo que colocava a cultura acima da violência e que repelia como imorais lemas como "santo egoísmo" e "espaço vital", os países concorriam sobretudo pelo reconhecimento de façanhas intelectuais universais. Por isso, todos os países neutros foram inundados com apresentações artísticas. A Alemanha mandava suas orquestras sob a direção de regentes famosíssimos para a Suíça, a Holanda, a Suécia; Viena, a sua Filarmônica. Até os poetas, os escritores, os eruditos eram enviados, não para elogiar façanhas militares ou celebrar tendências anexionistas, mas unicamente para provar com seus versos e suas obras que os alemães não eram "bárbaros" e não só produziam lança-chamas e bons gases tóxicos, mas também valores absolutos e válidos para toda a Europa. No período 1914-1918 – preciso sempre enfatizar isso – a consciência universal ainda era um poder apreciado; e os elementos produtivos artísticos e morais de uma nação ainda representavam na guerra uma força respeitada como influente; ainda os governos tentavam angariar simpatias humanas em vez de, como a Alemanha de 1939, golpeá-las e aniquilá-las com um terror exclusivamente desumano. Por isso, minha solicitação de licença para assistir à estreia de um drama na Suíça tinha boas chances de ser atendida; a única dificuldade a temer era o fato de se tratar de um drama contra a guerra em que um austríaco antecipava a derrota como uma das possibilidades, ainda que de forma simbólica. Eu me fiz anunciar no ministério junto ao chefe do departamento e lhe expus o meu desejo. Para meu grande espanto, ele logo me prometeu tomar todas as providências, com uma estranha justificativa: "Graças a Deus, o senhor nunca fez parte dos estúpidos fanáticos pela guerra. Pois faça o seu melhor no exterior para que esse assunto seja encerrado." Quatro dias mais tarde eu tinha a minha licença e um passaporte para o estrangeiro.

Eu ficara um tanto espantado de ouvir um dos mais altos funcionários de um ministério austríaco falar tão abertamente em plena guerra. Mas, sem muita familiaridade com os corredores secretos da política, eu não suspeitava que em 1917, com o novo imperador Carlos, iniciara-se um movimento silencioso nos círculos mais elevados do governo para se separar da ditadura do exército alemão, que continuava arrastando brutalmente a Áustria, contra a vontade do país, no rastro de seu anexionismo selvagem. No nosso estado-maior, os oficiais detestavam o autoritarismo brutal de Ludendorff, no Ministério das Relações Exteriores fazia-se oposição desesperada contra a guerra submarina irrestrita que necessariamente faria dos Estados Unidos nosso inimigo, e mesmo o povo resmungava contra a "arrogância prussiana". Tudo isso era expressado por enquanto em meias palavras cautelosas e em observações aparentemente não intencionais. Mas nos dias seguintes eu haveria de saber mais coisas e, antes dos outros, inesperadamente me aproximei de um dos grandes segredos políticos daquela época.

Foi assim: na viagem para a Suíça, passei dois dias em Salzburgo, onde comprara uma casa e pretendia morar depois da guerra. Nessa cidade havia um pequeno grupo de homens rigorosamente católicos, dos quais dois haveriam de desempenhar papéis decisivos após a guerra como chanceleres, Heinrich Lammasch e Ignaz Seipel. O primeiro era um dos mais notáveis professores de direito de seu tempo, tendo presidido as conferências de Haia; o outro, Ignaz Seipel, sacerdote católico de uma inteligência extraordinária, estava destinado a assumir a liderança da pequena Áustria depois do desmoronamento da monarquia, ocasião em que provou de forma magnífica o seu gênio político. Ambos eram pacifistas decididos, católicos fervorosos, austríacos apaixonados e, como tais, profundamente contrários ao militarismo alemão, prussiano, protestante, que percebiam como inconciliável com as ideias tradicionais da Áustria e sua missão católica. A minha obra *Jeremias* encontrara a maior simpatia nesses círculos religiosos e pacifistas, e o conselheiro Lammasch – Seipel estava viajando – convidou-me à sua casa em Salzburgo. O nobre velho erudito falou com muita cordialidade sobre o meu livro, que em sua opinião correspondia à nossa ideia austríaca de conciliação, e ele esperava muito que seus efeitos se fizessem sentir para além do âmbito literário. E para meu espanto, com aquela sinceridade que provava sua coragem interior, ele confiou a mim – a quem jamais vira antes – o segredo de que, na Áustria, estávamos diante de uma reviravolta decisiva. Desde que a Rússia fora afastada militarmente, não havia nenhum verdadeiro obstáculo para a paz, nem para a Alemanha (contanto que ela quisesse renunciar às suas tendências agressivas) nem para a Áustria. Não se deveria deixar passar esse momento. Se o grupo pangermânico na Alemanha continuasse a se opor às negociações, a Áustria teria de assumir a liderança e agir com autonomia. Ele insinuou que o jovem imperador Carlos prometera apoiar esse movimento e que talvez em breve se veriam os efeitos de sua política pessoal. Tudo dependia agora de a Áustria ter bastante energia para insistir em uma paz através da concórdia no lugar da paz obtida pela vitória reivindicada pelo partido militarista alemão, a despeito de mais vítimas. Em caso de necessidade, no entanto, a Áustria deveria ser radical e se libertar em tempo da aliança, antes de ser arrastada para uma catástrofe pelos militaristas alemães. "Ninguém pode nos acusar de deslealdade", disse ele, firme e decidido. "Temos mais de um milhão de mortos. Sacrificamo-nos e fizemos o suficiente! Agora mais nenhuma vida humana em prol do domínio alemão do mundo!"

Minha respiração parou. Havíamos pensado tudo isso tantas vezes em silêncio, mas ninguém tivera coragem de dizer abertamente: "Separemo-nos logo dos alemães e de sua política de anexação!" Isso teria sido visto como "traição" ao aliado de armas. E agora um homem que, como eu já sabia, gozava da confiança do imperador e da maior reputação no exterior, graças à sua atividade em Haia, dizia isso para mim, um quase estranho, com tanta calma e serenidade que logo percebi que uma ação separatista na Áustria há muito já não estava mais no estágio dos preparativos, e sim no de execução. A ideia era ousada: tornar a Alemanha mais inclinada às negociações de paz, fosse através da ameaça de uma paz em separado, fosse realizando a ameaça. Essa ideia – a história o mostrou – era a única e última possibilidade capaz então de salvar o Império, a monarquia e, assim, a Europa. Infelizmente, faltou à execução a determinação do plano original.

O imperador Carlos mandou de fato o irmão de sua mulher, o príncipe de Parma, com uma carta secreta até Clemenceau para, sem comunicação prévia com a corte de Berlim, sondar e talvez até iniciar as possibilidades de paz. De que maneira essa missão secreta chegou ao conhecimento da Alemanha, ainda não foi esclarecido por completo, creio. Fatidicamente, o imperador Carlos não teve a coragem de assumir sua convicção em público – seja porque, como afirmam alguns, a Alemanha ameaçou a Áustria com uma invasão militar, seja porque ele, como Habsburgo, receava renunciar no momento decisivo a uma aliança firmada pelo imperador Francisco José e embebida em tanto sangue. Seja como for, ele não nomeou para o cargo de primeiro-ministro nem Lammasch nem Seipel, os únicos que, como internacionalistas católicos, teriam tido a força, por convicção interior, de assumir a responsabilidade de uma ruptura com a Alemanha – e essa hesitação foi sua desgraça. Ambos só se tornaram primeiros-ministros na República austríaca mutilada, em vez de no velho reino dos Habsburgo. No entanto, ninguém teria sido mais capaz de defender perante o mundo a injustiça aparente do que essas personalidades relevantes e reconhecidas. Com uma ameaça aberta da ruptura ou a própria ruptura, Lammasch não apenas teria salvado a existência da Áustria como também a Alemanha do que mais a ameaçava em seu interior: a sua desmedida ambição de anexar. A nossa Europa estaria muito melhor se a ação que aquele homem sábio e profundamente religioso me anunciou abertamente não tivesse sido estragada por fraqueza e inabilidade.

No DIA SEGUINTE continuei a viagem e transpus a fronteira suíça. É difícil se dar conta do que significava então sair de um país em guerra bloqueado, semiesfomeado, para a zona neutra. Eram apenas alguns minutos entre uma estação e a outra, mas no primeiro segundo já parecia que se havia saído de um ambiente asfixiante para um ar forte e puro, uma espécie de euforia que se sentia fluir do cérebro através de todos os nervos e sentidos. Ainda anos depois quando, saindo da Áustria, eu passava por essa estação (cujo nome, de outra forma, nunca teria permanecido na minha memória), se renovava a sensação da súbita possibilidade de respirar. Saltava-se do trem e – primeira surpresa – no bufê já estavam à espera todas as coisas que esquecêramos que antes faziam parte das trivialidades da vida: gordas laranjas douradas, bananas, chocolate e presunto, coisas que, na Áustria, só se conseguia obter por meios escusos. Havia pão e carne sem cartão de racionamento – e os viajantes avançavam sobre essa fartura barata como animais famintos. Havia um posto dos telégrafos, um posto de correios, dos quais era possível escrever e telegrafar sem censura para todos os lugares do mundo. Havia jornais franceses, italianos, ingleses, e era possível comprá-los, abri-los e lê-los impunemente. O proibido era permitido aqui, a cinco minutos de distância, e lá, do outro lado, o permitido era proibido. Todo o absurdo das guerras europeias se me revelou de uma maneira sensorial através da proximidade espacial; do outro lado, na cidadezinha fronteiriça cujas placas podiam ser lidas a olho nu, em cada casinha e cada casebre se buscavam os homens, que eram transportados até a Ucrânia e a Albânia para assassinar e se deixar assassinar – aqui, a cinco minutos de distância, os homens da mesma idade estavam sentados tranquilamente com suas mulheres diante de suas portas rodeadas de hera, fumando seus cachimbos. Questionei-me, involuntariamente, se os peixes ali no rio limítrofe eram animais beligerantes do lado direito e neutros na margem esquerda. No exato segundo em que transpus a fronteira, já pensava de outro modo, mais livre, mais agitado, menos servil, e já no dia seguinte experimentei como não apenas a nossa disposição interior mas o organismo físico é reduzido no mundo bélico; quando, convidado por parentes, tomei uma xícara de café preto depois do almoço e fumei um charuto cubano, fiquei tonto e tive uma forte taquicardia. Depois de muitos meses de meros substitutos, o meu corpo, meus nervos já não estavam mais aptos a consumir café de verdade e tabaco de verdade; até o corpo precisou se readaptar às coisas naturais da paz depois das artificialidades da guerra.

Essa euforia, essa tonteira prazerosa, também se transmitiu para o campo intelectual. Cada árvore me parecia mais bela, cada montanha mais livre, cada paisagem mais feliz, pois num país em guerra o olhar entristecido vê a paz de um campo que respira como uma indiferença ousada da natureza, cada pôr do sol púrpura lembra o sangue derramado; ali, no estado natural da paz, o nobre isolamento da natureza voltara a se tornar natural, e eu amava a Suíça como nunca antes. Sempre adorei viajar para esse país de pequenas dimensões porém grandioso e inesgotável em sua diversidade. Mas nunca havia percebido com tal intensidade o sentido de sua existência: a ideia suíça da coexistência das nações no mesmo espaço sem hostilidades, elevando as diferenças linguísticas e étnicas através do respeito mútuo e de uma democracia honestamente vivenciada à fraternidade – que exemplo para toda a nossa confusa Europa! Refúgio de todos os perseguidos, há séculos lar da paz e da liberdade, aberta a qualquer mentalidade e ao mesmo tempo mantendo fielmente suas especificidades – como se provou importante a existência desse único país supranacional para o nosso mundo! Com razão, esse país me parecia abençoado com beleza e com fartura. Não, ninguém era estranho; um homem livre e independente se sentia mais em casa ali do que em sua própria pátria naquela época trágica. Eu costumava passar horas à noite em Zurique pelas ruas e ao longo da margem do lago. As luzes da cidade tinham o brilho da paz, as pessoas ainda gozavam da boa tranquilidade da vida. Eu imaginava que atrás das janelas não havia mulheres insones pensando em seus filhos, não vi pessoas feridas, mutiladas, não vi jovens soldados que amanhã e depois de amanhã seriam transportados pelos vagões – dava a sensação de se ter mais direito de viver, enquanto no país em guerra era uma vergonha e quase uma culpa ainda não ter sido mutilado.

O mais premente, para mim, não eram as conversações em torno da apresentação da minha peça, tampouco o encontro com amigos suíços e estrangeiros. Antes de mais nada eu queria encontrar Rolland, que eu sabia que teria o poder de me tornar mais firme, mais claro e mais ativo, e queria agradecer-lhe tudo aquilo que o seu encorajamento e a sua amizade haviam me dado nos dias da mais amarga solidão. O meu primeiro caminho tinha que me levar até ele, e viajei logo para Genebra. Ocorre que nós, "inimigos", nos encontrávamos em uma posição bastante complicada. Naturalmente, não era bem visto por parte dos governos em guerra que seus cidadãos se relacionassem com cidadãos das nações inimigas em território neutro. Mas, por outro lado, nenhuma lei o proibia. Não havia nenhum parágrafo que punia esse tipo de encontro. Proibidas e vistas como alta traição eram unicamente as relações comerciais, o "comércio com o inimigo", e para não nos tornar suspeitos pela mais leve transgressão a essa proibição, nós amigos evitávamos até mesmo nos oferecer cigarros, pois sem dúvida estávamos sendo observados ininterruptamente por inúmeros agentes. A fim de nos esquivar de qualquer suspeita, como se estivéssemos com medo ou consciência pesada, nós amigos internacionais elegemos o método mais simples: agir abertamente. Não nos escrevíamos para endereços falsos ou posta-restante, não nos visitávamos secretamente à noite: atravessávamos as ruas juntos e sentávamos juntos nos cafés. Assim, ao chegar a Genebra me anunciei junto ao porteiro do hotel e disse que desejava falar com o sr. Romain Rolland, precisamente porque era melhor para a agência noticiosa alemã ou francesa se pudessem noticiar quem eu era e quem visitava; afinal, para nós era uma obviedade que dois velhos amigos não passariam de repente a se evitar só porque eram de duas nações diferentes que por acaso estavam em guerra. Não nos sentíamos obrigados a participar de um absurdo só porque o mundo se comportava de modo absurdo.

E assim cheguei finalmente ao seu quarto, que me pareceu quase o mesmo de Paris. Assim como outrora, havia a mesa repleta de livros e a poltrona. A escrivaninha estava inundada de revistas, correspondência e papéis, era a mesma cela monástica de trabalho, singela mas conectada com todo o mundo, que se instalava a seu redor a partir da sua personalidade, não importa onde estivesse. Por um instante, faltaram-me palavras de saudação, apenas nos demos as mãos – a mão de Rolland era a primeira mão de um francês que eu podia apertar depois de muitos anos. Rolland era o primeiro francês com quem eu falava nos últimos três anos, mas nós havíamos nos aproximado mais nesses três anos do que jamais antes. Na língua estrangeira, falei mais confiante e mais abertamente do que com qualquer pessoa da minha pátria. Tinha plena consciência de que com esse amigo eu estava diante do homem mais importante daquela hora de importância universal, que era a consciência moral da Europa que falava comigo. Só naquele momento pude ter uma noção de tudo o que ele estava fazendo e já fizera em sua grandiosa missão em prol da concórdia. Trabalhando noite e dia, sempre só, sem auxílio, sem secretário, acompanhava as manifestações em todos os países, mantinha correspondência com inúmeras pessoas que pediam os seus conselhos em questões de consciência e escrevia todos os dias muitas folhas em seu diário. Ele, como nenhum outro daquela época, tinha a percepção da responsabilidade de estar vivendo tempos históricos e sentia a necessidade de prestar conta para tempos futuros. (Onde estão hoje aqueles incontáveis volumes dos diários, que um dia haverão de esclarecer por completo todos os conflitos morais e intelectuais daquela Primeira Guerra Mundial?) Ao mesmo tempo publicava seus ensaios, todos eles suscitando o exaltamento internacional, trabalhava no seu romance *Clérambault* – era o empenho incessante, sem intervalo, dedicado, de toda a sua existência pela terrível responsabilidade que ele assumira de agir de maneira exemplar e humanamente justa em cada detalhe, em meio àquele surto de loucura da humanidade. Ele não deixava nenhuma carta sem resposta, não deixava de ler nenhuma brochura sobre os problemas da época; esse homem fraco, franzino, com a saúde bastante ameaçada, que só conseguia falar baixinho e sempre lutava com uma tossezinha, que nunca podia passar por um corredor sem cobrir o pescoço com um xale e que precisava fazer uma pausa após cada passo ligeiro, fazia uso de forças que, face à dimensão das exigências, haviam crescido enormemente. Nada o abalava – nenhum ataque, nenhuma perfídia; ele enfrentava o tumulto mundial sem medo e com clareza. Ali eu vi um outro tipo de heroísmo, o intelectual, o moral, como um monumento em uma figura viva – mesmo no meu livro sobre Rolland eu talvez não o tenha descrito suficientemente (pois quando se trata de pessoas vivas temos receio de elogiá-las demais). O quanto eu então me emocionei e, se posso dizer assim, fiquei "purificado" quando o vi naquele quarto minúsculo do qual emanava uma radiação estimulante invisível para todas as zonas do mundo, isso ainda senti no sangue dias depois do encontro, e sei que a força animadora e tônica que Rolland criava simplesmente pelo fato de que combatia sozinho ou quase sozinho o ódio insensato de milhões faz parte daquelas imponderabilidades que escapam a qualquer tentativa de ser medidas ou calculadas. Só nós, testemunhas daquela época, sabemos o que a sua vida e o seu modo exemplarmente inabalável então significaram. Com ele, a Europa, tomada pela raiva, preservara sua consciência moral.

Nas conversas daquela tarde e dos dias seguintes fui tomado pela leve tristeza que envolvia todas as suas palavras, a mesma tristeza que me dominava quando conversava com Rilke sobre a guerra. Rolland estava cheio de indignação contra os políticos e aqueles para cuja vaidade nacional os sacrifícios alheios nunca eram suficientes. Mas sempre tinha ao mesmo tempo compaixão pelas inúmeras pessoas que sofriam e morriam por um propósito que não compreendiam, e que era apenas uma falta de propósito. Mostrou-me o telegrama de Lênin que – antes de sua partida da Suíça no famoso vagão blindado – o tentara convencer a acompanhá-lo para a Rússia, porque compreendia como a autoridade moral de Rolland teria sido importante para a sua causa. Mas Rolland manteve-se firmemente decidido a não aderir a nenhum grupo, e sim servir de maneira independente, apenas com a sua pessoa, à causa à qual se devotara: a causa comum. Assim como não exigia que ninguém se submetesse às suas ideias, ele recusava qualquer elo. Quem o amava devia continuar livre, e ele não quis dar nenhum outro exemplo senão este: como se pode continuar livre e fiel à própria convicção, mesmo contra o mundo inteiro.

EM GENEBRA também encontrei logo na primeira noite o pequeno grupo de franceses e outros estrangeiros reunidos em torno de dois pequenos jornais independentes, *La Feuille* e *Demain* – P.-J. Jouve, René Arcos, Frans Masereel. Tornamo-nos amigos íntimos com o mesmo ímpeto rápido com que normalmente só se fazem amigos na juventude. Mas sentíamos instintivamente que estávamos no início de uma vida inteiramente nova. A maioria de nossas velhas relações se tornara inválida por causa da cegueira patriótica dos ex-camaradas. Era preciso fazer novos amigos, e como estávamos no mesmo front, na mesma trincheira intelectual contra o mesmo inimigo, formou-se espontaneamente entre nós um tipo de camaradagem apaixonada; depois de 24 horas éramos tão íntimos como se nos conhecêssemos há vários anos e já nos tratávamos fraternalmente, como é usual em todo front. Todos nós – *"we few, we happy few, we band of brothers"** – sentíamos com o risco pessoal também a ousadia insólita da nossa convivência; sabíamos que a cinco horas dali qualquer alemão que visse um francês, qualquer francês que descobrisse um alemão, o atacaria com a baioneta ou o destroçaria com uma granada de mão, recebendo uma distinção por isso. Sabíamos que milhões de pessoas dos dois lados da fronteira sonhavam em aniquilar e eliminar da face da Terra umas às outras, que os jornais só falavam dos "inimigos" com espuma na boca, enquanto nós, esse único punhado entre milhões e milhões, não apenas estávamos sentados pacificamente à mesma mesa, mas ainda por cima na fraternidade mais sincera e mesmo conscientemente apaixonada. Sabíamos até que ponto estávamos com isso nos contrapondo a tudo que era oficial e comandado, sabíamos que, por manifestarmos a nossa amizade com lealdade, nós nos arriscávamos pessoalmente em relação às nossas pátrias; mas era precisamente o risco que levava o nosso empreendimento a uma euforia quase extática. Queríamos arriscar e tínhamos prazer com o risco, pois só o risco dava um peso real ao nosso protesto. Assim, cheguei a fazer uma palestra pública conjunta com P.-J. Jouve em Zurique, algo inédito naquela guerra: ele leu os seus poemas em francês, eu li trechos do meu *Jeremias* em alemão – mas justamente por abrirmos de tal forma nosso jogo demonstrávamos que éramos honestos dentro da ousadia. Não nos importava o que se pensava nos nossos consulados e nas legações, mesmo que incendiássemos as caravelas atrás de nós, como Cortez. Pois estávamos convencidos no mais fundo de nossa alma de que não éramos nós os "traidores", e sim os outros, os que traíam a missão humana do poeta por causa da época. E como viviam heroicamente aqueles jovens franceses e belgas! Havia Frans Masereel, que, com suas xilogravuras contra os

---

* "Nós, poucos; nós, os poucos felizardos; nós, pugilo de irmãos!" Shakespeare, *Henrique V*, Ato IV, Cena III, na tradução de Carlos Alberto Nunes. Em inglês no original.

horrores da guerra, criou diante dos nossos olhos o monumento perene contra a guerra, aquelas folhas inesquecíveis em preto e branco que em nada ficam a dever em impacto e ira mesmo aos *Desastres da guerra* de Goya. Noite e dia, esse homem viril entalhava novas figuras e cenas na madeira muda, o cômodo estreito e a cozinha já estavam cheios com os blocos de madeira, mas toda manhã a *Feuille* trazia mais um dos desenhos acusatórios, nenhum deles acusando uma nação específica, mas sempre o mesmo inimigo comum: a guerra. Como sonhávamos poder lançar dos aeroplanos sobre cidades e exércitos, em vez de bombas, em forma de panfletos, essas acusações cruéis compreensíveis sem palavras, sem idioma, mesmo ao homem mais simples; tenho certeza de que teriam matado a guerra precocemente. Mas infelizmente só apareciam no jornalzinho *La Feuille*, que mal ultrapassava o âmbito de Genebra. Tudo o que dizíamos e tentávamos estava encarcerado no estreito círculo suíço e só começou a ter efeito quando já era tarde demais. No íntimo, não nos iludíamos, éramos impotentes contra a grande máquina dos estados-maiores e das repartições políticas, e, se não nos perseguiram, isso talvez se deva ao fato de que não poderíamos nos tornar perigosos, de tal forma nossa palavra era abafada e nossa ação, impedida. Mas, precisamente por sabermos como estávamos sós, nós nos aproximamos, peito com peito, coração com coração. Em anos maduros, nunca mais senti amizades tão entusiasmadas como naquela época em Genebra, e elas resistiram a todos os tempos.

Do ponto de vista psicológico e histórico (não do artístico), a pessoa mais curiosa desse grupo era Henri Guilbeaux; nele, vi confirmada de maneira mais convincente do que em outras pessoas a lei infalível da história de que em épocas de reviravoltas radicais, em especial durante uma guerra ou uma revolução, a coragem e a audácia muitas vezes valem mais por um curto prazo do que a relevância interna, e que a coragem cívica ardente pode ser mais decisiva do que caráter e estabilidade. Sempre que uma época avança com rapidez e se precipita, ganham a dianteira as pessoas que sabem se jogar nas ondas sem hesitar. Quantas figuras efêmeras ela carregou então para além dos seus próprios limites – Bela Kun, Kurt Eisner –, até um ponto do qual, em seu íntimo, eles não estavam à altura. Guilbeaux, um homenzinho franzino e louro com olhos cinzentos intranquilos e agudos, e bastante loquaz, na verdade não era talentoso. Embora tenha traduzido os meus poemas para o francês, uma década antes, a bem da verdade devo chamar suas qualidades literárias de insignificantes. Sua retórica não passava da mediocridade, e sua erudição não era profunda. Toda a sua força estava na polêmica. Por um traço infeliz de seu caráter, fazia parte daquelas pessoas que precisam ser sempre "do contra", não importa contra o quê. Só se sentia bem quando podia atacar como um genuíno moleque qualquer coisa que fosse mais forte do que ele próprio. Em Paris, antes da guerra, embora no fundo fosse um rapaz gentil, polemizara constantemente na literatura contra determinadas tendências e pessoas e depois ingressara nos partidos radicais, sendo que nenhum era radical o suficiente para ele. Agora, na guerra, sendo antimilitarista, de repente encontrara um adversário gigantesco: a guerra mundial. O receio e a covardia da maioria e por outro lado a ousadia e a falta de temeridade com que ele se lançava ao combate o tornaram importante e até mesmo indispensável por um curto tempo. O que assustava os outros o seduzia: o perigo. Que os outros ousassem tão pouco e ele sozinho tanto, isso conferiu a esse literato em si insignificante uma grandeza súbita e potencializou suas habilidades de publicista e de lutador além do seu nível natural – um fenômeno que se podia observar da mesma forma na Revolução Francesa entre os pequenos advogados e os juristas da Gironda. Enquanto outros ficavam calados, enquanto nós próprios hesitávamos e a cada ocasião refletíamos cuidadosamente o que fazer e o que não fazer, ele agia, determinado, e será dele para sempre o mérito de ter fundado e dirigido a única revista antibélica intelectualmente significativa da Primeira Guerra Mundial, *Demain* – um documento que precisa ser lido por qualquer pessoa que queira compreender de fato as correntes intelectuais da época. Ele nos proporcionou aquilo de que necessitávamos: um centro de discussão internacional e supranacional em plena guerra. O fato de Rolland tê-lo apoiado foi decisivo para a relevância da revista, pois graças à sua autoridade moral e às suas relações ela ganhou os mais valiosos colaboradores da Europa, dos Estados Unidos e da Índia. Por outro lado, os revolucionários então ainda exilados da Rússia –

Lênin, Trótski e Lunatcharski – ganharam confiança no radicalismo de Guilbeaux e escreviam regularmente para a *Demain*. Assim foi que, durante doze ou vinte meses, não houve nenhuma revista mais interessante e mais independente, e se ela tivesse sobrevivido à guerra talvez tivesse se tornado decisiva para influenciar a opinião pública. Ao mesmo tempo, Guilbeaux assumiu na Suíça a representação dos grupos radicais franceses, cuja palavra fora amordaçada pela mão forte de Clemenceau. Nos famosos congressos de Kienthal e Zimmerwald, onde os socialistas que permaneceram internacionalistas se separaram dos que se tornaram patrióticos, ele desempenhou um papel histórico; nenhum francês, nem mesmo aquele capitão Sadoul, que passara para o lado dos bolcheviques na Rússia, era tão temido e odiado nos círculos políticos e militares de Paris como esse homenzinho louro. Por fim a agência francesa de espionagem conseguiu lhe preparar uma armadilha. Mata-borrões e cópias tinham sido roubados do quarto de um agente alemão em um hotel de Berna, documentos que, sem dúvida, não revelavam *mais* do que o fato de autoridades alemãs terem assinado alguns exemplares da *Demain* – fato em si inocente, porque esses jornais, dada a meticulosidade alemã, provavelmente tinham sido solicitados para diversas bibliotecas e repartições. Mas o pretexto bastou em Paris para designar Guilbeaux como agitador comprado pela Alemanha e para processá-lo. Ele foi condenado à morte *in contumaciam*, de maneira absolutamente injusta, como atesta o fato de que, dez anos mais tarde, a sentença foi anulada em uma revisão do processo. Mas pouco depois Guilbeaux entrou em conflito com as autoridades suíças por sua veemência e intransigência, que paulatinamente também se tornavam um perigo para Rolland e para todos nós, foi detido e encarcerado. Só Lênin – que gostava dele e lhe era grato pela ajuda prestada em épocas as mais difíceis – salvou-o, transformando-o em cidadão russo e mandando-o para Moscou no segundo trem blindado. Ali ele teria podido desenvolver energias produtivas. Pois em Moscou Guilbeaux, que tinha todos os méritos de um verdadeiro revolucionário – a prisão e a condenação à morte *in contumaciam* –, teve pela segunda vez a oportunidade de agir. Assim como em Genebra com a ajuda de Rolland, ele teria podido prestar serviços na reconstrução da

Rússia gracas à confiança de Lênin; por outro lado, quase ninguém era tão indicado para desempenhar um papel decisivo no Parlamento e na vida pública na França depois da guerra, pela sua atitude corajosa, pois todos os grupos radicais viam nele o líder verdadeiro, ativo, corajoso, o líder nato. Mas na realidade mostrou-se que Guilbeaux absolutamente não era uma natureza de líder e sim, como tantos poetas bélicos e políticos revolucionários, o produto de um momento fugidio, e as naturezas desequilibradas costumam ruir depois de súbitas ascensões. Na Rússia, assim como já acontecera em Paris, Guilbeaux, polemista incurável, desperdiçou seu talento em brigas e desavenças e desentendeu-se pouco a pouco também com aqueles que haviam respeitado a sua coragem – primeiro Lênin, depois Barbusse e Rolland e por fim com todos os outros. Na pequenez da época, ele terminou como havia começado, com folhetos insignificantes e brigas sem importância; inteiramente esquecido, morreu pouco depois do seu indulto em algum canto de Paris. O mais ousado e corajoso na guerra contra a guerra, que, se tivesse sabido aproveitar e merecer o impulso que lhe foi dado pela época, poderia ter-se tornado uma das grandes figuras de nosso tempo, está hoje completamente esquecido, e talvez eu seja um dos últimos que ainda se lembram com gratidão de seu feito guerreiro, a revista *Demain*.

Depois de alguns dias, voltei de Genebra para Zurique a fim de iniciar as negociações sobre os ensaios da minha peça. Sempre amei essa cidade por sua bela localização às margens do lago e à sombra das montanhas, e não menos por sua cultura elegante, algo conservadora. Mas, graças à inserção pacífica da Suíça em meio às nações em guerra, Zurique saíra da sua tranquilidade e, da noite para o dia, tornara-se a cidade mais importante da Europa, ponto de encontro de todos os movimentos intelectuais, naturalmente também de todo tipo de negocistas, especuladores, espiões e propagandistas, cujo súbito amor pela cidade passou a ser visto com justificada desconfiança pela população local... Nos restaurantes, nos cafés, nos bondes, nas ruas ouviam-se todos os idiomas. Por toda parte era possível encontrar conhecidos, agradáveis ou não, e, querendo ou não, mergulhava-se em uma cachoeira de discussões acaloradas. Pois todas essas pessoas que o destino levara para lá estavam visceralmente ligadas ao desfecho da guerra, algumas incumbidas de missões de seus governos, outras perseguidas ou exiladas, mas cada uma arrancada de sua verdadeira vida e lançada ao acaso. Como não tinham onde morar, procuravam sem cessar conviver com os camaradas, e como estava aquém do seu poder influenciar os acontecimentos militares e políticos, discutiam noite e dia em uma espécie de febre intelectual que excitava e fatigava ao mesmo tempo. Era, na verdade, muito difícil furtar-se ao prazer de falar, após ter vivido meses e anos em casa com os lábios cerrados; urgia escrever e publicar depois de voltar a pensar e escrever sem censura: cada indivíduo estava exaltado ao máximo, e mesmo naturezas medíocres – conforme demonstrei no caso de Guilbeaux – eram mais interessantes do que haviam sido antes e do que haveriam de tornar a ser depois. Havia escritores e políticos de todos os matizes e idiomas; Alfred H. Fried, Prêmio Nobel da Paz, editava ali a sua publicação *Die Friedenswarte*, Fritz von Unruh, ex-oficial prussiano, lia-nos seus dramas, Leonhard Frank escreveu seu provocante *Der Mensch ist gut*, Andreas Latzko causou sensação com seu *Menschen im Krieg*. Franz Werfel foi fazer uma conferência ali; encontrei homens de todas as nações em meu antigo Hotel Schwerdt, onde já haviam se hospedado Casanova e Goethe. Vi russos que depois apareceram na Revolução e cujos verdadeiros nomes eu nunca soube, italianos, sacerdotes católicos, socialistas intransigentes e correligionários radicais do partido alemão pró-guerra; dos suíços, estavam a nosso lado o magnífico pastor Leonhard Ragaz e o poeta Robert Faesi. Na livraria francesa encontrei o meu tradutor Paul Morisse, na sala de concertos o regente Oscar Fried – havia de tudo, passava de tudo, escutavam-se opiniões das mais absurdas e das mais sensatas, irritando-se e entusiasmando-se. Fundavam-se revistas, travavam-se polêmicas, os antagonismos se tocavam ou se potencializavam, grupos se reuniam ou se dissolviam; não tornei a ver uma mescla mais colorida e mais apaixonada de opiniões e de pessoas em forma tão concentrada e em tamanha ebulição como naqueles dias – ou melhor, naquelas noites – de Zurique (pois discutia-se no Café Bellevue ou no Café Odeon até o apagar das luzes, seguindo depois muitas vezes para as casas das pessoas).

Ninguém mais via naquele mundo mágico a paisagem, as montanhas, os lagos e sua paz amena; vivia-se nos jornais, nas notícias e nos rumores, nas opiniões, nas dissensões. E, curioso: intelectualmente, vivia-se a guerra de maneira mais intensa do que na própria pátria beligerante, porque era como se o problema se objetivasse, desprendendo-se por completo do interesse nacional pela vitória ou pela derrota. Não se olhava mais para a guerra de um ponto de vista político, e sim do ponto de vista europeu, como um fato cruel e violento que mudaria, além de algumas fronteiras no mapa, a forma e o futuro do nosso mundo.

As pessoas que mais me comoviam – como se já me tocasse uma intuição do meu próprio destino futuro – eram as sem pátria, ou pior ainda: as que, em vez de uma só pátria, tinham duas ou três e não sabiam em seu íntimo a qual pertenciam. Em um canto do Café Odeon costumava ficar sozinho um jovem com uma pequena barbicha castanha, óculos de lentes muito grossas diante dos olhos penetrantes e escuros; diziam que era um poeta inglês muito talentoso. Quando, alguns dias mais tarde, conheci pessoalmente James Joyce, este recusou de maneira decisiva qualquer relação com a Inglaterra. Disse que era irlandês. Que escrevia em língua inglesa, mas que não pensava e nem queria pensar em inglês: "Quero", disse-me então, "uma língua que esteja acima das línguas, uma língua a que todas sirvam. Não posso me expressar totalmente em inglês sem, com isso, encerrar-me em uma tradição." Não consegui compreender muito bem, pois não sabia que ele já estava escrevendo o seu *Ulisses*; ele me emprestara apenas seu livro *Retrato do artista quando jovem*, o único exemplar que ele possuía, e seu pequeno drama *Exílios*, que então eu até quis traduzir para ajudá-lo. Quanto mais eu o conhecia, mais ele me espantava com seus fantásticos conhecimentos linguísticos; atrás daquela testa redonda, bem-talhada, que brilhava na luz elétrica como porcelana, havia todos os vocábulos de todos os idiomas, e ele jogava com eles da maneira mais brilhante. Certa vez, quando me perguntou como eu traduziria para o alemão uma frase complicada do *Retrato do artista quando jovem*, tentamos juntos achar a forma em italiano e em francês; para cada palavra ele tinha quatro ou cinco soluções prontas em cada idioma, mesmo em dialeto, e conhecia o seu valor, o seu peso até a mínima nuance. Nunca deixava de exibir certa amargura, mas acredito que era precisamente essa irritação, essa força, que o tornava veemente e produtivo. Seu ressentimento contra Dublin, contra os ingleses, contra determinadas pessoas, tinha assumido dentro dele a forma de energia dinâmica, e de fato só se liberou na obra poética. Mas ele parecia gostar dessa severidade; nunca o vi rindo ou alegre. Ele sempre me parecia uma energia escura concentrada, e quando eu o via na rua, os lábios finos muito cerrados e sempre com o passo rápido, como se estivesse se dirigindo para um ponto determinado, eu sentia ainda mais forte do que nas nossas conversas a resistência e o isolamento interior de seu ser. E mais tarde não me surpreendi que tenha sido ele a escrever a obra mais solitária, mais desprendida de tudo, essa obra que desabou sobre o nosso tempo como um meteoro.

Outro desses que viviam como anfíbios entre duas nações era Feruccio Busoni, italiano por nascimento e educação e alemão por opção. Desde jovem, nunca adorei nenhum virtuose tanto quanto ele. Quando dava concertos de piano, seus olhos ganhavam um brilho maravilhosamente sonhador. Enquanto ali embaixo as mãos criavam música sem qualquer esforço, em cima a bela cabeça levemente reclinada escutava e absorvia a música que produzia. Ele parecia então sempre tomado por uma espécie de transfiguração. Quantas vezes olhei para esse semblante iluminado nas salas de concerto, enquanto os sons penetravam no meu sangue com uma clareza de prata, comovendo-me suavemente. Agora o revi e seus cabelos estavam grisalhos e seus olhos sombreados de tristeza. "A que lugar pertenço?", perguntou-me certa vez. "Quando sonho à noite e acordo, sei que falei italiano no sonho. E, quando escrevo, penso em palavras alemãs." Seus discípulos estavam espalhados pelo mundo inteiro – "quem sabe, estão atirando uns nos outros" –, e ele ainda não ousava trabalhar em sua grande obra, a ópera *Doutor Fausto*, porque se sentia perturbado. Escreveu uma peça musical pequena e leve de um só ato para se libertar, mas a nuvem não se afastou de sua cabeça durante a guerra. Poucas vezes ouvi ainda a sua risada veemente, maravilhosa, sua risada aretina da qual eu tanto gostara antes. E certa vez o encontro tarde da noite no restaurante da estação; ele tomara sozinho duas garrafas de vinho. Quando passei, chamou-me. "Anestesiar-se", disse, mostrando as garrafas. "Não beber! Mas às vezes precisamos nos anestesiar, caso contrário, não suportaremos. A música nem sempre consegue, e o trabalho só ajuda em alguns momentos!"

A situação ambígua era mais difícil ainda para os alsacianos, e, entre estes, pior para os que, como René Schickele, tinham o coração preso à França e escreviam em língua alemã. Pois a guerra era feita por causa de seu país, e a foice lhes cortava o coração ao meio. Queriam puxá-los para a direita e para a esquerda, obrigá-los a professar sua fidelidade à Alemanha ou à França, mas eles repudiavam esse "isso ou aquilo" que era impossível para eles. Queriam, como nós todos, a Alemanha e a França como irmãs, concórdia no lugar de ódio, e por isso sofriam por ambas.

E ao redor ainda havia o grupo dos que não sabiam o que fazer, os mistos, mulheres inglesas que haviam se casado com oficiais alemães, mães francesas de diplomatas austríacos, famílias em que um filho servia de um lado e o outro do outro, em que os pais esperavam cartas daqui e de acolá, os casos em que o pouco que havia era confiscado aqui e a posição se perdia lá; todos esses que se sentiam divididos tinham se refugiado na Suíça para escapar à suspeita que os perseguia da mesma forma na pátria nova e na pátria antiga. Temendo comprometer uns aos outros, evitavam falar qualquer língua e vagavam como sombras – existências dilaceradas, quebradas. Quanto mais europeia tinha sido uma pessoa na Europa, mais era castigada pela mão que despedaçava a Europa.

ENQUANTO ISSO, aproximara-se o dia da estreia do *Jeremias*. Foi um sucesso, e não me preocupou muito o fato de o *Frankfurter Zeitung* informar, em forma de denúncia, que o enviado norte-americano e algumas personalidades aliadas famosas tinham assistido à peça. Sentíamos que a guerra, já em seu terceiro ano, se tornava cada vez mais fraca e que a resistência à sua continuação – forçada exclusivamente por Ludendorff –

não era mais tão perigosa quanto nos primeiros tempos pecaminosos de sua glória. O outono de 1918 haveria de trazer a decisão definitiva. Mas eu não queria passar esse tempo de espera em Zurique. Aos poucos, tornara-me mais vigilante e cauteloso. No primeiro entusiasmo da minha chegada, imaginara encontrar verdadeiros correligionários em meio a todos aqueles pacifistas e antimilitaristas, lutadores genuinamente determinados a batalhar por uma concórdia europeia. Mas logo me dei conta de que entre os que se fingiam de refugiados e se comportavam como mártires de convicção heroica haviam se imiscuído algumas figuras suspeitas que trabalhavam para o serviço de informação alemão, pagas para espionar e vigiar a todos. Como qualquer pessoa pôde logo verificar por experiência própria, a tranquila e sólida Suíça estava minada pelo trabalho de agentes secretos de ambos os lados. A arrumadeira do quarto que esvaziava a lixeira, a telefonista, o garçom que atendia devagar e ficava muito próximo da mesa estavam a serviço de um poder inimigo; muitas vezes até um homem servia aos dois lados. Malas eram abertas de maneira misteriosa, mata-borrões eram fotografados, cartas desapareciam a caminho dos correios; mulheres elegantes sorriam de maneira importuna no saguão dos hotéis, pacifistas estranhamente ardorosos, dos quais nunca havíamos ouvido falar, surgiam de repente e convidavam a assinar proclamações ou pediam, hipócritas, os endereços de amigos "confiáveis". Um "socialista" ofereceu-me suspeitos honorários elevados para uma conferência aos operários em La Chaux-de-Fonds, que nem sabiam disso – era preciso estar em constante alerta. Não foi necessário muito tempo para perceber como era pequeno o número dos que podiam ser vistos como absolutamente confiáveis, e, como eu não queria me deixar arrastar para a política, fui reduzindo cada vez mais minhas relações com outras pessoas. Mas mesmo entre os confiáveis me entediavam a esterilidade das eternas discussões e a obstinada separação em grupos radicais, liberais, anarquistas, bolcheviques e impolíticos; pela primeira vez conheci de verdade o tipo eterno do revolucionário profissional que se sente elevado em sua insignificância pelo mero fato de fazer oposição e que se agarra ao dogma porque não dispõe de firmeza dentro de si próprio. Ficar nessa confusão significava enredar-me, cultivar relações inseguras e prejudicar minha própria convicção em sua segurança moral. Por isso me retraí. De fato, entre todos esses conspiradores de botequim, nenhum deles ousou fazer um complô, e nenhum desses políticos universais soube fazer política quando ela realmente foi necessária. Mal começou a fase positiva, a reconstrução depois da guerra, ficaram atolados em sua negatividade crítica e impertinente, exatamente como entre os poetas antibélicos daquela época apenas poucos conseguiram uma obra considerável após o fim do conflito. A época e sua febre os levaram a fazer poesia e política e a discutir, e como todo grupo que só deve sua comunhão a uma constelação momentânea e não a uma ideia real, todo esse círculo de pessoas interessantes e talentosas se dissipou sem deixar rastros mal cessou a oposição contra a qual atuava: a guerra.

Como lugar conveniente para mim escolhi, a cerca de meia hora de Zurique, uma pequena hospedaria em Rüschlikon, de cuja colina se via todo o lago e, só ao longe e pequenas, as torres da cidade. Ali, eu só precisava encontrar os que convidava a virem me visitar, os amigos verdadeiros, Rolland e Masereel, e eles vinham. Ali, eu podia trabalhar para mim e aproveitar o tempo, que continuava o seu curso inexoravelmente. A entrada dos Estados Unidos na guerra fez parecer inevitável a derrota alemã a todos cujo olhar ainda não estava cego e cujos ouvidos não estavam ensurdecidos pelas frases patrióticas; quando o imperador alemão anunciou de repente que, a partir de então, iria governar "democraticamente", sabíamos que a hora havia chegado. Admito que nós, austríacos e alemães, apesar da afinidade linguística e psicológica, estávamos impacientes para que o inevitável, já que se tornara inevitável, se acelerasse; e foi consolador o dia em que o imperador Guilherme – que jurara lutar até o último homem, até o último cavalo – fugiu pela fronteira e Ludendorff, que sacrificara milhões de pessoas para sua "vitória pela paz", fugiu com seus óculos azuis para a Suécia. Pois acreditávamos – e o mundo todo conosco – que com aquela guerra "a" guerra estaria acabada para todos os tempos, domada ou mesmo morta a besta que devastara nosso mundo. Acreditávamos no grandioso programa de Woodrow Wilson, que era inteiramente o nosso. Víamos uma luz incerta a leste naqueles dias em que a Revolução Russa ainda esposava ideias humanas e idealistas. Éramos tolos, eu sei. Mas não só nós. Quem viveu aqueles tempos haverá de lembrar que as ruas de todas as cidades ressoavam de júbilo para receber Wilson como o salvador da Terra, que os soldados inimigos se abraçavam e se beijavam; nunca houve tanta credulidade na Europa quanto nos primeiros dias de paz. Pois agora havia finalmente espaço na Terra para o tão prometido reino da justiça e da fraternidade, a hora da unidade europeia com a qual sonháramos era agora ou nunca. O inferno ficara para trás, o que mais podia nos assustar? Um novo mundo estava começando. E como éramos jovens, nós nos dizíamos: esse mundo será nosso, o mundo com que sonhamos, um mundo melhor e mais humano.

Retorno à Áustria

Do PONTO DE VISTA da lógica, a maior tolice que eu poderia fazer depois da derrocada das forças militares alemãs e austríacas era voltar para a Áustria, essa Áustria que somente continuava existindo no mapa da Europa como uma sombra indeterminada, cinzenta e morta da antiga monarquia imperial. Os tchecos, os poloneses, os italianos, os eslovenos haviam arrebatado as suas terras; restara um tronco mutilado cujas veias todas sangravam. Dos seis ou sete milhões de habitantes obrigados a se chamar de "austríacos-alemães", só na capital havia dois milhões de famintos que passavam frio; as fábricas, que antes haviam enriquecido o país, estavam agora em território estrangeiro, as linhas de trens tinham se tornado tocos miseráveis, haviam tirado o ouro ao Banco Nacional, impondo-lhe, em compensação, a gigantesca carga do empréstimo de guerra. As fronteiras ainda estavam indefinidas, porque o Congresso da Paz mal havia começado; não havia farinha, pão, carvão, petróleo; uma revolução parecia inevitável, ou então uma solução catastrófica. Segundo qualquer previsão humana, esse país criado artificialmente pelas nações vencedoras não poderia viver de maneira independente e – todos os partidos, os socialistas, os clericais, os nacionais gritavam-no em coro – nem queria viver de forma autônoma. Que eu saiba, foi o primeiro caso paradoxal na história em que se forçou um país a uma autonomia que ele próprio recusava, indignado. A Áustria desejava voltar a ser reunificada com os antigos países vizinhos ou com a Alemanha, da mesma família, mas de forma alguma queria levar uma existência humilhante de mendigo nessa forma mutilada. Os países vizinhos, por sua vez, não queriam mais aliar-se a essa Áustria, em parte porque a consideravam muito pobre, em parte por medo de um retorno dos Habsburgo; por outro lado, os Aliados proibiram a anexação à Alemanha para não fortalecer a Alemanha vencida. Assim, decretou-se que a República da Áustria Alemã precisava continuar, equivalendo a um comando – único na história – a um país que não queria existir: "Tens que existir!"

Hoje mal consigo explicar o que foi que me fez voltar voluntariamente na pior época que já assolou um país. Mas, apesar de tudo e de todos, nós do período anterior à guerra havíamos sido educados com um sentimento mais forte do dever; acreditávamos que, mais do que nunca, na hora da mais extrema emergência, pertencíamos à pátria, à família. De alguma forma, pareceu-me uma covardia evitar confortavelmente o momento trágico que ali se preparava e, ainda mais como autor do *Jeremias*, senti a responsabilidade de ajudar a superar a derrota através da palavra. Desnecessário durante a guerra, agora, depois da derrota, senti-me no lugar certo, até porque eu adquirira certa posição moral – sobretudo entre os jovens – pela minha oposição ao prolongamento do conflito. E, mesmo que não pudesse fazer nada, pelo menos restava a certeza de estar partilhando o sofrimento geral que se vaticinava.

Uma viagem para a Áustria exigia então preparativos iguais aos de uma expedição para a região do Ártico. Era preciso se equipar de vestimentas quentes e roupas de lã, pois sabia-se que além da fronteira não havia carvão – e o inverno estava à porta. Era preciso mandar solar os sapatos, pois lá só existiam solas de madeira. Todos levavam provisões e tanto chocolate quanto a Suíça permitia para não se morrer de fome até receber os primeiros cartões de racionamento de pão e gordura. Foi preciso fazer o maior seguro de bagagem possível, pois a maioria dos vagões de transporte era saqueada e cada sapato, cada peça de roupa era insubstituível; somente tomei precauções semelhantes quando visitei a Rússia, dez anos depois. Durante um instante ainda permaneci indeciso na estação de Buchs, a mesma pela qual, um ano antes, eu entrara na Suíça, tão feliz, e perguntei-me se não seria melhor voltar atrás no último momento. Senti que era uma decisão importante na minha vida. Mas finalmente me defini pela opção mais grave e difícil. Voltei a embarcar no trem.

Na minha chegada, um ano antes, eu vivera um minuto de fortes emoções na estação fronteiriça suíça de Buchs. Agora, no regresso, haveria de viver outro momento, não menos inesquecível, na estação austríaca de Feldkirch. Já na hora de saltar do trem eu percebera uma estranha inquietação entre os funcionários da aduana e os policiais. Nem nos deram muita atenção e desempenhavam a revista com certo desleixo, obviamente à espera de algo mais importante. Por fim escutou-se o toque do sino que anunciava a aproximação de um trem que vinha da Áustria. Os policiais se aprumaram, os funcionários saíram dos seus guichês, suas mulheres, evidentemente avisadas, reuniram-se na plataforma; reparei em especial numa senhora idosa vestida de preto com suas duas filhas, provavelmente uma aristocrata, a julgar pela postura e pelos trajes. Estava visivelmente emocionada e limpava sem parar os olhos com o lenço.

Devagar, diria quase majestosamente, o trem se aproximou, um trem especial, não os vagões de passageiros gastos pelo tempo e lavados pela chuva, e sim carros negros e largos, um trem de luxo. A locomotiva parou. Um movimento perceptível passou pelas fileiras das pessoas que esperavam, eu ainda não sabia por quê. Foi quando reconheci atrás da vidraça espelhada do vagão, ereto, o imperador Carlos, último imperador da Áustria, e sua esposa trajada de negro, a imperatriz Zita. Estremeci: o último imperador da Áustria, herdeiro da dinastia dos Habsburgo, que durante setecentos anos havia governado o país, abandonava o seu reino! Embora tivesse recusado a abdicação formal, a República lhe concedera – ou melhor, impusera-lhe – a saída do país com todas as honras. Agora, esse homem alto e sério estava junto à janela, olhando pela última vez as montanhas, as casas, as pessoas do seu país. Foi um momento histórico que vivenciei, e duplamente comovente para quem crescera na tradição do Império, para quem aprendera o hino imperial como primeira canção na escola, e que mais tarde, durante o serviço militar, jurara "obedecer na terra, no mar e no ar" a esse homem que estava ali agora em trajes civis. Eu vira o velho imperador inúmeras vezes no fausto hoje há muito esquecido das grandes festividades, vira-o rodeado de sua família e dos uniformes brilhantes dos generais na grande escadaria de Schönbrunn, recebendo a homenagem de oitenta mil escolares que, enfileirados no amplo gramado verde, entoavam com suas vozinhas finas o hino "Gott erhalte", de Haydn, em um comovente coro. Vira-o de uniforme cintilante no baile da corte, nos espetáculos do Théâtre Paré, e o vira de chapéu verde indo à caça em Ischl; eu o vira de cabeça abaixada acompanhando piamente a procissão de Todos os Santos até a catedral de São Estêvão – e vira o catafalco naquele dia úmido de inverno com neblina, quando no meio da guerra o homem idoso foi levado ao repouso eterno na Cripta dos Capuchinhos. "O imperador" – para nós, a palavra era a quintessência de todo poder, de toda riqueza, o símbolo da perenidade da Áustria, e desde criança eu aprendera a pronunciar com respeito essas sílabas. E nesse momento eu via o seu herdeiro, o último imperador da Áustria, deixando seu país como enxotado. A gloriosa dinastia dos Habsburgo, que ao longo dos séculos passou as insígnias e a coroa do Império de mão em mão, extinguia-se nesse minuto. Todos ao meu redor sentiam a história, história universal, ao ver essa imagem trágica. Os gendarmes, os policiais, os soldados pareciam embaraçados e olhavam para os lados, levemente constrangidos, porque não sabiam se ainda podiam fazer a velha saudação, as mulheres não ousavam erguer os olhos, e assim se escutaram de repente os quietos soluços da velha senhora enlutada que viera de não sei onde para ver pela última vez o "seu" imperador. Por fim o condutor deu o sinal de partida. Todos estremeceram, o segundo inevitável começou. A locomotiva deu um forte solavanco, como se também precisasse se forçar a partir, e o trem se afastou lentamente. Os funcionários da estação seguiram-no com olhares respeitosos. Em seguida, voltaram para seus locais de trabalho com aquele certo constrangimento que também se vê durante funerais. Naquele instante a monarquia quase milenar realmente se extinguira. Eu sabia: era uma outra Áustria, era um outro mundo para o qual eu estava voltando.

Mal o trem desaparecera ao longe, mandaram que passássemos dos vagões suíços brilhantes e limpos para os austríacos. E bastava entrar neles para saber o que acontecera no país. Os condutores que nos indicavam os lugares vagueavam magros, esfomeados e esfarrapados; seus uniformes rotos e puídos eram largos demais para os ombros caídos. Nas janelas, as correias de couro que serviam para abrir e fechar as cortinas haviam sido cortadas, pois cada pedaço de couro era uma preciosidade. Facas ou baionetas haviam retalhado até mesmo os assentos; pedaços inteiros do estofamento tinham sido barbaramente cortados por algum indivíduo inescrupuloso que queria consertar seus sapatos e buscava couro onde conseguisse. Da mesma forma, os cinzeiros haviam sido furtados por causa de um pouco de níquel e cobre. O vento do fim do outono entrava pelas vidraças quebradas transportando fuligem e resíduos do miserável linhito com que agora se aqueciam as locomotivas; ele enegrecia o chão e as paredes, mas seu fedor pelo menos atenuava o cheiro penetrante de iodofórmio que lembrava quantos doentes e feridos haviam sido transportados durante a guerra nesses esqueletos de vagões. Em todo caso, era um milagre que o trem avançasse; toda vez que as rodas não lubrificadas gritavam um pouco menos já temíamos que pudesse faltar fôlego à máquina cansada. Para um trecho normalmente percorrido em uma hora, eram necessárias quatro ou cinco horas, e quando caía a noite vinha a escuridão mais completa. As lâmpadas elétricas haviam sido despedaçadas ou roubadas, quem procurasse alguma coisa precisava tatear cuidadosamente com ajuda de fósforos, e as pessoas só não sentiam frio porque, desde o início da viagem, sentavam apertadas em grupos de seis ou oito. Mas já na primeira estação entraram novos passageiros, cada vez mais, e todos já exaustos depois de horas de espera. Os corredores lotaram, até nos estribos havia gente na noite quase invernal, cada um segurando com medo sua bagagem e seus víveres; no escuro, ninguém ousava largar nada, nem mesmo por um minuto. Do meio da paz eu regressara aos horrores da guerra que já supunha terminados.

   Antes de Innsbruck, a locomotiva de repente começou a estrebuchar e não conseguiu mais vencer um pequeno aclive, apesar de resfolegar e assobiar. Irrequietos, os empregados iam de um lado para outro com suas lanternas esfumeadas. Demorou uma hora antes de chegar uma locomotiva substituta, e foram dezessete horas, em vez de sete, antes de chegarmos a Salzburgo. Nenhum carregador à vista na estação; por fim, alguns soldados maltrapilhos se ofereceram para ajudar a levar a bagagem até um carro, mas o cavalo da carruagem era tão velho e malnutrido que mais parecia ser mantido em pé pelo eixo do que se destinar a puxá-lo. Não achei coragem de sobrecarregar esse animal esquelético pondo minhas malas sobre a carruagem e as deixei no depósito da estação – naturalmente com medo de nunca mais revê-las.

Durante a guerra, eu comprara uma casa em Salzburgo, pois o afastamento dos meus antigos amigos devido à nossa atitude divergente em relação à guerra despertara em mim o desejo de não viver mais em cidades grandes e no meio de muita gente; mais tarde, o meu trabalho se beneficiou em toda parte desse modo de vida mais recluso. Entre todas as cidadezinhas austríacas, Salzburgo me pareceu ideal, não apenas pela sua paisagem, mas também pela sua situação geográfica, por estar localizada numa extremidade da Áustria, a duas horas e meia de trem de Munique, cinco horas de Viena, dez horas de Zurique ou Veneza e vinte horas de Paris; ou seja, um lugar bastante central na Europa. Claro, não era ainda o ponto de encontro dos "famosos", cidade célebre por seus festivais (e, no verão, muito esnobe), caso contrário não a teria escolhido como local de trabalho, e sim uma cidadezinha antiga, sonolenta, romântica nas últimas elevações dos Alpes que fazem ali, com montanhas e colinas, uma suave transição para a planície alemã. A pequena colina coberta de floresta em que eu morava era como que a última ondulação da gigantesca cadeia de montanhas; inacessível para carros, só podia ser galgada por um caminho de calvário tricentenário e com mais de cem degraus que, como recompensa, oferecia do seu terraço uma vista encantadora sobre os telhados e as cumeeiras dessa cidade de tantas torres. Detrás dela, o panorama se estendia sobre a gloriosa cadeia dos Alpes (naturalmente, também até a montanha Salzberg nas proximidades de Berchtesgaden, onde um homem então totalmente desconhecido de nome Adolf Hitler pouco depois viria residir, vis-à-vis da minha casa). A casa em si logo se revelou tão romântica quanto pouco prática. Servira a um arcebispo como castelinho de caça no século XVII e, apoiada no poderoso muro fortificado, fora acrescida em um quarto à direita e outro à esquerda no final do século XVIII; uma magnífica tapeçaria antiga e uma bola pintada com que o imperador Francisco teria jogado boliche no longo corredor da casa em 1807, durante uma visita a Salzburgo, além de alguns pergaminhos velhos, eram testemunhos visíveis de seu passado grandioso.

    Esse castelinho – que parecia pomposo por causa de sua longa fachada, mas não tinha mais do que nove aposentos, porque não tinha profundidade – encantou depois muitos de nossos convidados por ser uma curiosidade antiga.* Mas no início sua origem histórica foi fatídica. Encontramos nosso lar em um estado quase inabitável. Chovia nos aposentos, depois de cada nevasca os corredores ficavam alagados, e um conserto perfeito do telhado parecia impossível, pois os carpinteiros não tinham madeira para os caibros, os funileiros não tinham chumbo para as calhas; os piores buracos eram tapados com papelão betumado e quando nevava não havia outro remédio senão subir no telhado para tirar tudo com a pá. O telefone não funcionava direito, pois usara-se ferro em vez de cobre para os fios; qualquer coisa, por menor que fosse, tinha que ser carregada por nós morro acima, porque ninguém entregava em domicílio. Mas o pior era o frio, pois não havia carvão em toda a redondeza e a lenha tirada do jardim era muito verde e sibilava como uma serpente em vez de aquecer, cuspia e estalava em vez de arder. Na falta de coisa melhor, usávamos turfa, que dava pelo menos uma ilusão de calor, mas durante três meses escrevi os meus trabalhos na cama com os dedos roxos de frio, que eu colocava debaixo da coberta para aquecer toda vez que terminava uma página. Porém mesmo essa moradia inóspita ainda tinha que ser defendida, porque além da falta coletiva de alimentos e combustível, nesse ano catastrófico ainda havia a falta de habitações. Durante quatro anos não se construíra nada na Áustria, muitas casas estavam arruinadas, e agora, de repente, refluía a multidão de soldados retornados e prisioneiros de guerra libertados, fazendo com que, obrigatoriamente, em cada aposento disponível devesse ser abrigada uma família. Quatro vezes fomos procurados por comissões, mas já havíamos cedido voluntariamente dois aposentos havia muito tempo.

---

* Desde 1916 Stefan Zweig vivia com Friderike Maria Burger, com quem se casou em 1920.

O desconforto e o frio da nossa casa, anteriormente tão hostis, tornaram-se uma vantagem: ninguém queria subir cem degraus para passar frio.

Cada ida à cidade era uma experiência comovente; pela primeira vez vi os olhos amarelos e perigosos da fome. O pão se esmigalhava, preto, e tinha gosto de betume e cola. O café era uma água suja de cevada queimada, a cerveja, uma água amarelada, o chocolate, areia colorida, as batatas congelavam no frio; a maioria das pessoas criava coelhos para não esquecer o gosto de carne; no nosso jardim, um rapaz caçou esquilos para o almoço de domingo, e cachorros e gatos bem-nutridos raramente voltavam de passeios mais longos. Os tecidos oferecidos nas lojas eram, na realidade, papel melhorado, o sucedâneo do sucedâneo; os homens vagavam quase que exclusivamente em uniformes velhos, até mesmo russos, que tinham buscado em um depósito ou em um hospital, e em que várias pessoas já haviam morrido; não eram raras calças feitas de sacos velhos. Cada passo pelas ruas, onde as vitrines pareciam ter sido saqueadas, onde a argamassa se esboroava das casas decaídas e onde as pessoas, visivelmente subalimentadas, arrastavam-se com dificuldade para o trabalho, perturbava a alma. A situação era melhor na planície quanto à alimentação; com a decadência geral da moral, nenhum camponês sequer sonhava em entregar sua manteiga, seus ovos e seu leite pelos "preços máximos" estipulados por lei. Guardavam escondidos o que podiam em seus armazéns e esperavam até chegarem compradores oferecendo melhores preços. Logo se originou uma nova profissão, os chamados *Hamsterer*, homens desocupados que pegavam uma ou duas mochilas e iam de sítio em sítio, seguiam até de trem para lugares especialmente rentáveis a fim de arranjar ilegalmente alimentos que, depois, vendiam nas cidades por preços quatro ou cinco vezes maiores. Primeiro, os camponeses ficavam felizes com a fartura de cédulas em papel que choviam em suas casas pela venda dos ovos e da manteiga, e que eles, por sua vez, iam juntando. Mas, quando chegavam à cidade com a algibeira cheia de dinheiro para comprar mercadoria, descobriam para sua indignação que, enquanto haviam pedido pelos seus víveres apenas o quíntuplo do preço, a foice, o martelo, a caldeira que queriam comprar custavam vinte ou cinquenta vezes mais. A partir de então, procuravam juntar apenas objetos industrializados e exigiam produtos para pagar os produtos. Mercadoria por mercadoria; depois de ter retroagido à idade das cavernas com as trincheiras, a humanidade também acabou com a convenção milenar do dinheiro e voltou ao escambo primitivo. Um comércio grotesco começou no país inteiro. Os moradores das cidades levavam até os camponeses tudo de que podiam abrir mão, vasos de porcelana chinesa e tapetes, sabres, espingardas, máquinas fotográficas e livros, lâmpadas e objetos de decoração; e assim era possível ter a surpresa de se deparar com um buda indiano em uma fazenda de Salzburgo, ou então um móvel rococó com livros franceses encadernados em couro, do qual os novos proprietários tinham especial orgulho. "Couro legítimo! França!", diziam, sorrindo de orelha a orelha. Matéria, nada de dinheiro, passou a ser o lema. Alguns tiveram que arrancar a aliança do dedo e o cinto da barriga, só para alimentar o corpo.

Por fim as autoridades intervieram para acabar com esse comércio ilegal cuja prática beneficiava exclusivamente os abastados; em todas as províncias instalaram-se cordões de guardas, a fim de apreender as mercadorias dos *Hamsterer* de bicicleta ou de trem e entregá-las às repartições que cuidavam da provisão de alimentos para a população. Os *Hamsterer* responderam a isso organizando transportes noturnos de mercadorias, como no faroeste, ou corrompendo os fiscais que também tinham filhos famintos em casa; às vezes, aconteciam verdadeiras batalhas com revólveres e facas, que esses rapazes, depois de quatro anos de prática no front, dominavam tão bem como sabiam se esconder com habilidade militar na fuga. O caos crescia a cada semana que passava, e a população ficava mais apreensiva. Pois a cada dia a desvalorização do dinheiro se tornava mais perceptível. Os países vizinhos haviam substituído as antigas cédulas austro-húngaras por dinheiro próprio, jogando para a minúscula Áustria a responsabilidade de resgatar a maioria das velhas "coroas". O primeiro sinal de desconfiança da população foi o desaparecimento da moeda sonante, porque um pedaço de cobre ou de níquel sempre representava "matéria" em comparação com o papel impresso. O governo ativou ao máximo a emissão de cédulas para gerar o maior volume possível desse dinheiro artificial, de acordo com a receita de Mefistófeles, mas não conseguiu dar cabo da inflação; assim, cada cidade, cada cidadezinha e cada aldeia começaram a emitir "dinheiro de emergência", que na aldeia vizinha já era recusado e, na maioria das vezes, em vista do conhecimento de sua falta de valor, acabava sendo simplesmente jogado fora. Tenho a impressão de que um economista que soubesse descrever plasticamente todas essas fases, a inflação primeiro na Áustria, depois na Alemanha, poderia superar em suspense qualquer romance, pois o caos assumia formas cada vez mais fantásticas. Em pouco tempo, ninguém mais sabia quanto custava alguma coisa. Os preços variavam à vontade; uma caixa de fósforos podia custar vinte vezes mais em uma loja do que em outra, onde um bravo homem sem malícia ainda vendia sua mercadoria ao preço da véspera. Em recompensa pela sua honestidade, em uma hora a sua loja estava liquidada, pois um ia contando ao outro e todos acorriam e compravam tudo o que estivesse à venda, precisassem ou não. Até um peixinho de aquário ou um telescópio velho eram "matéria", e todos queriam matéria em vez de papel. Nos aluguéis a desproporção cresceu mais grotescamente, pois para proteger os inquilinos (que representavam a grande maioria) e para prejuízo dos proprietários, o governo proibiu qualquer aumento. Em pouco tempo, o aluguel de um apartamento de tamanho médio na Áustria custava por ano menos do que o preço de um almoço; durante cinco ou dez anos (já que mais tarde também se proibiu a rescisão dos contratos) a Áustria inteira morou mais ou menos de graça. Com esse caos, a situação ia se tornando a cada semana mais absurda e imoral. Quem economizara durante quarenta anos e ainda por cima investira seu dinheiro patrioticamente em empréstimos de guerra virou mendigo. Quem tinha dívidas estava livre delas. Quem respeitava corretamente o racionamento de alimentos morria de fome; só quem o desrespeitava podia se fartar. Quem corrompia ia para a frente; quem especulava lucrava. Quem vendia pelo preço estipulado estava roubado, quem calculava cautelosamente era enganado. Não havia medida, não havia valor nesse desfazer-se e evaporar-se do dinheiro; não havia outra virtude senão esta única: ser habilidoso, flexível, sem escrúpulos, e saltar no lombo do cavalo em vez de se deixar esmagar por ele.

Acrescia que, enquanto as pessoas na Áustria perderam qualquer senso de proporção durante a queda dos valores, alguns estrangeiros reconheceram que era vantajoso pescar em águas turvas em nosso país. A única coisa que manteve o valor durante a inflação – que durou três anos e ganhou cada vez mais velocidade – foi o dinheiro estrangeiro. Como as coroas austríacas se esvaíam entre os dedos como gelatina, todos queriam francos suíços, dólares americanos, e massas consideráveis de estrangeiros se aproveitaram da conjuntura para devorar o cadáver estrebuchante da moeda austríaca. A Áustria foi "descoberta" e viveu uma funesta "temporada de estrangeiros". Todos os hotéis em Viena estavam repletos desses abutres que compravam tudo, da escova de dentes até a propriedade rural, adquiriam as coleções de particulares e dos antiquários antes que seus proprietários percebessem em seu desespero o quanto estavam sendo roubados e furtados. Modestos porteiros de hotel da Suíça, estenotipistas da Holanda hospedavam-se nos apartamentos principescos dos hotéis da Ringstrasse. Por mais inacreditável que possa parecer o fato, como testemunha posso confirmar que o célebre e luxuoso Hotel de l'Europe de Salzburgo foi alugado por longo tempo a desempregados ingleses que, graças ao generoso benefício pago a quem ficava sem emprego, viviam ali gastando menos do que em casa em seus bairros miseráveis. Tudo o que não estivesse bem preso e seguro desaparecia; aos poucos a notícia de como se podia viver e comprar barato na Áustria disseminou-se para cada vez mais longe; forasteiros ávidos vinham da Suécia, da França, nas ruas do centro de Viena escutava-se falar mais italiano, francês, turco e romeno do que alemão. Até a Alemanha, onde a inflação a princípio era mais lenta – naturalmente, para depois se tornar milhões de vezes mais galopante do que a nossa –, utilizou o seu marco contra a coroa que se desmilinguia. Salzburgo, cidade fronteiriça, proporcionou-me a melhor oportunidade de observar essas excursões diárias para saquear. Os bávaros chegavam às centenas e aos milhares das aldeias e localidades vizinhas e invadiam a pequena cidade. Ali mandavam fazer seus ternos, consertar seus carros, iam à farmácia e ao médico, grandes empresas de Munique despachavam suas cartas internacionais e telegramas pelo correio austríaco para se beneficiar da diferença nas tarifas. Finalmente, o governo alemão instituiu uma guarda fronteiriça para evitar que todos os bens de consumo fossem comprados a preços mais baixos em Salzburgo – onde um marco valia setenta coroas austríacas – do que nas lojas do país, e toda mercadoria oriunda da Áustria era energicamente confiscada na aduana. Mas havia um artigo que não se conseguia confiscar e continuava livre: a cerveja já na barriga. E os bávaros, bebedores de cerveja, diariamente faziam seus cálculos pelo câmbio do dia para decidir se, devido à desvalorização da coroa, poderiam tomar cinco ou seis ou dez litros de cerveja em Salzburgo pelo mesmo preço que, em casa, pagariam por um único litro. Não se podia imaginar atrativo maior, e por isso eles vinham em bandos, com mulheres e filhos, das cidades vizinhas de Freilassing e Reichenhall, para se dar ao luxo de tomar tanta cerveja quanto conseguissem. A cada noite, havia na estação um verdadeiro pandemônio de hordas de gente bêbada que berrava, arrotava, vomitava; alguns, que haviam exagerado, precisavam ser levados até os vagões nos carrinhos normalmente usados para transporte das malas antes que o trem, lotado de gritaria e de cantos bacânticos, voltasse ao seu país. Claro, os alegres bávaros não imaginavam que uma revanche terrível estava por acontecer. Pois logo que a coroa se estabilizou e o marco começou a despencar em proporções astronômicas, da mesma estação os austríacos passaram a viajar para, por sua vez, embebedar-se a baixo custo, e o mesmo espetáculo se iniciou pela segunda vez, só que na direção contrária. Essa guerra da cerveja em meio às duas inflações faz parte das minhas recordações mais insólitas, porque mostra de maneira plástica e grotesca, em pequena escala e talvez com a maior nitidez, todo o desvario daqueles anos.

 O mais estranho é que, por mais que me esforce, não consigo mais lembrar como, nesses anos, mantivemos nosso lar, nem de onde cada um na Áustria conseguia os milhares, as dezenas de milhares de coroas – e, depois na Alemanha, os milhões – para custear o dia a dia. No entanto, mais misterioso era que havia dinheiro. Todos se acostumaram e se adaptaram ao caos. Logicamente, um estrangeiro que não viveu naquele tempo teria de imaginar que, numa época em que um ovo na Áustria custava tanto quanto antes um automóvel de luxo – e depois, na Alemanha, era pago com quatro bilhões de marcos, valor que antes tinham os terrenos de todas as casas de Berlim –, as mulheres deviam percorrer as ruas feito loucas com o cabelo desgrenhado, as lojas deviam ficar desertas porque ninguém mais podia comprar nada, e que sobretudo os teatros e locais de diversão estivessem completamente vazios. Mas, surpreendentemente, o que acontecia era o contrário. O desejo de continuar a vida se revelou mais forte do que a labilidade do dinheiro. Em meio ao caos financeiro, a vida cotidiana continuava quase sem perturbação. No plano individual, muita coisa mudou, ricos empobreciam porque o dinheiro se volatilizava nos seus bancos, nos seus títulos públicos; especuladores enriqueciam. Mas a roda girava, despreocupada com o destino de cada indivíduo, sempre no mesmo ritmo, nada parou; o padeiro assava o seu pão, o sapateiro fazia a sua bota, o escritor escrevia seus livros, o camponês lavrava a terra, os trens trafegavam regularmente; toda manhã o jornal estava diante da porta à hora habitual, e justo os locais de diversão, os bares e os teatros estavam lotados. Pois precisamente pelo fato inesperado de que aquilo que antes era o mais estável, o dinheiro, se desvalorizava dia após dia, as pessoas apreciavam mais os verdadeiros valores da vida – trabalho, amor, amizade, arte e natureza –, e o povo inteiro vivia mais intensamente em meio à catástrofe do que antes. Rapazes e moças faziam excursões às montanhas e voltavam bronzeados, as danceterias tinham música até tarde da noite, novas fábricas e lojas eram abertas por toda parte; eu próprio creio nunca ter vivido e trabalhado mais intensamente do que naqueles anos. O que antes fora importante para nós tornou-se ainda mais importante; nunca amamos mais a arte na Áustria do que naqueles anos de caos, porque a traição feita pelo dinheiro nos fazia sentir que só o eterno em nós era de fato duradouro.

Nunca haverei de esquecer, por exemplo, uma apresentação de ópera naqueles dias de extrema miséria. Tateávamos ao longo das ruas semiescuras, pois a iluminação era restrita, devido à falta de carvão. Pagávamos nossos lugares na galeria com um maço de cédulas bancárias que antes teria sido suficiente para a assinatura anual de um camarote de luxo. Assistíamos às apresentações de sobretudo, porque não havia calefação na sala, encostando-nos aos vizinhos para nos aquecer; e como era triste, como era cinzenta essa sala que outrora refulgia de uniformes e vestidos luxuosos! Ninguém sabia se seria possível assistir a um espetáculo na semana seguinte, caso a desvalorização do dinheiro perdurasse e caso o fornecimento de carvão fosse suspenso ainda que por uma única semana; tudo parecia duplamente desesperado nessa casa de luxo e de fausto imperial. Os músicos da Filarmônica sentavam-se diante de suas estantes como sombras apagadas em suas casacas velhas e gastas, magros e exaustos por causa de todas as privações, e também nós parecíamos espectros nessa casa que se tornara fantasmagórica. Mas então o regente erguia a batuta, a cortina se abria e o espetáculo era maravilhoso como nunca antes. Cada cantor, cada músico, dava o melhor de si, dava seu máximo, pois todos sentiam que talvez fosse a última vez naquele teatro amado. E nós ouvíamos e escutávamos, atentos como nunca, pois talvez fosse a última vez. Assim vivíamos todos nós, milhares, centenas de milhares; cada um dando sua energia máxima nessas semanas, nesses meses e anos, a um palmo do abismo. Nunca mais senti tão intensamente em um povo e em mim mesmo a vontade de viver como naquela época, em que estava em jogo o máximo: a vida, a sobrevivência.

Apesar de tudo, eu me sentiria embaraçado se tivesse que explicar como a Áustria espoliada, pobre e infeliz então se conservou. À direita, na Baviera, fora instaurada a República Comunista dos Conselheiros; à esquerda, a Hungria, sob Bela Kun, tornara-se bolchevista; ainda hoje é incompreensível para mim que a revolução não tenha contaminado também a Áustria. De fato, não faltava matéria explosiva. Nas ruas, os soldados retornados vagavam semiesfomeados e maltrapilhos, olhando indignados para o luxo desavergonhado dos aproveitadores da guerra e da inflação; nos quartéis já havia um batalhão de prontidão, a "Guarda Vermelha", e não havia nenhuma organização de oposição. Duzentos homens resolutos teriam podido tomar conta de Viena e da Áustria inteira, mas nada de grave aconteceu. Uma única vez, um grupo indisciplinado tentou um *putsch*, dominado sem dificuldade por quatro ou cinco dezenas de policiais armados. Assim, o milagre se tornou realidade: esse país cujas fontes de energia, minas de carvão, campos de petróleo foram interceptados, esse país saqueado, com um papel-moeda desvalorizado, cujo valor despencara como uma avalanche, manteve-se, afirmou-se – talvez graças à sua fraqueza, porque as pessoas estavam demasiadamente enfraquecidas, esfomeadas para ainda lutar por alguma coisa, talvez também por causa de sua força mais secreta, típica dos austríacos: o seu espírito inato de conciliação. Pois os dois maiores partidos, o social democrata e o social cristão, uniram-se nessa hora dificílima para um governo conjunto, apesar do profundo antagonismo entre ambos. Cada qual fez concessão ao outro para evitar uma catástrofe que teria arrastado consigo toda a Europa. Lentamente, as coisas foram se ajeitando e consolidando, e para o nosso próprio espanto aconteceu o inacreditável: esse país mutilado continuou existindo e mais tarde se achou até disposto a defender a sua independência quando Hitler chegou para roubar a alma a esse povo fiel, pronto para sacrifícios e grandiosamente corajoso nas privações.

Mas a reviravolta radical só fora barrada externamente e no sentido político. Internamente, ocorreu uma enorme revolução nos primeiros anos do pós-guerra. Com a derrocada dos exércitos, aniquilara-se também a crença na infalibilidade das autoridades, para a qual nossa juventude fora educada com tanta devoção. Mas deveriam os alemães continuar admirando o seu imperador, que jurara lutar "até o último homem e o último cavalo" e que fugira no meio da noite para fora do país, ou seus chefes militares, seus políticos ou os poetas que incessantemente haviam rimado guerra com vitória e miséria com morte? Só agora que a fumaça da pólvora se esvanecia tornou-se visível, de forma atroz, a devastação causada pelo conflito. Como ainda poderia ser considerado santo um preceito moral que durante quatro anos permitira assassinato e saque sob o nome de respectivamente heroísmo e requisição? Como um povo deveria acreditar nas promessas do Estado, que anulou todas as obrigações para com os cidadãos que lhe eram incômodas? E agora as mesmas pessoas, o mesmo grupelho dos velhos, dos chamados sábios, superaram ainda a insensatez da guerra pela sua obra diletante da paz. Todos sabem hoje – e nós, poucos, já o sabíamos então – que essa paz poderia ter sido uma das maiores possibilidades morais da história, senão *a* maior. Wilson a reconhecera. Numa visão de amplo alcance, traçara o plano para uma concórdia universal verdadeira e duradoura. Mas os velhos generais, os velhos estadistas, os velhos interesses retalharam e despedaçaram o grande plano, reduzindo-o a pedacinhos de papel sem valor. A grande e sagrada promessa feita a milhões de pessoas de que essa guerra seria a última, essa promessa que, por si só, ainda sacara a última energia dos soldados já meio desiludidos, meio exauridos e desesperados, foi sacrificada cinicamente aos interesses dos fabricantes de munição e à fúria dos políticos, que souberam como salvar da exigência sábia e humana de Wilson a sua velha e fatídica tática dos acordos secretos e negociações a portas fechadas. Quem tinha alguma perspicácia viu que fora ludibriado. Ludibriadas as mães que haviam sacrificado seus filhos, ludibriados os soldados que voltaram como mendigos, ludibriados todos aqueles que patrioticamente subscreveram empréstimos de guerra, ludibriados todos os que acreditaram em uma promessa do Estado, ludibriados todos nós que havíamos sonhado com um mundo melhor e mais bem-ordenado, e víamos agora que recomeçava o velho jogo em que nossa existência, nossa felicidade, nosso tempo e nosso patrimônio constituíam a aposta, com exatamente os mesmos aventureiros ou com novos. Quem se admira, pois, que toda uma nova geração olhasse indignada e com desprezo para os seus pais, que haviam permitido tirarem-lhe a vitória e depois também a paz, que haviam feito tudo errado, que não haviam previsto nada e calculado tudo equivocadamente? Não era compreensível que qualquer forma de respeito desaparecesse na nova geração? Uma juventude inteira já não acreditava mais nos pais, nos políticos, nos professores; qualquer proclamação, qualquer decreto do Estado, era lido com desconfiança. De um solavanco, a geração do pós-guerra se emancipou brutalmente de tudo o que valera até então e deu as costas a toda tradição, decidida a tomar as rédeas do seu destino, abandonando o passado e se lançando para o futuro. Com ele, deveria começar um mundo novo, uma ordem inteiramente nova em todos os ramos da vida; e naturalmente tudo começou com imensos exageros. Quem ou o que não era da mesma idade era descartado. Em vez de viajar com os pais, como antigamente, meninos de onze, doze anos iam até a Itália e o mar do Norte em grupos organizados e sexualmente bem-instruídos da associação Wandervögel. Nas escolas foram instituídos conselhos, conforme o exemplo russo, para vigiar os professores, e o "plano de ensino" foi derrubado, pois os alunos deviam e só queriam aprender o que era do seu agrado. Por puro prazer com a revolta, todos se rebelavam contra qualquer forma vigente, até contra a vontade da natureza, contra a eterna polaridade dos gêneros. As meninas cortavam o cabelo tão curto que não se podia distingui-las dos rapazes; os jovens, por sua vez, raspavam a barba para parecerem mais femininos, a homossexualidade e o lesbianismo tornaram-se moda não por pulsão interna, e sim por protesto contra as formas de amor tradicionais, lícitas, normais. Toda forma de expressão da existência se esforçava para impor-se de maneira radical e revolucionária, claro que também a arte. A nova pintura decretou como obsoleto tudo o que fora criado por Rembrandt, Holbein e Velásquez e iniciou os mais loucos experimentos cubistas e surrealistas. Por toda parte foi condenado o elemento compreensível, a melodia na música, a semelhança no retrato, a inteligibilidade na língua. Os artigos diante dos substantivos foram eliminados, a sintaxe invertida, escrevia-se com brevidade em estilo telegráfico, com interjeições fortes; além disso, toda literatura que não fosse ativista – ou seja, que não teorizasse politicamente – era descartada. A música buscava obsessivamente uma nova tonalidade e dividia os compassos, a arquitetura virava as casas de dentro para fora; na dança, a valsa desapareceu diante de figuras cubanas e negroides, a moda foi inventando sempre novos absurdos, enfatizando a nudez; no teatro se apresentava Hamlet de fraque, buscando uma dramaticidade explosiva. Em todos os domínios começou uma época de experimentos loucos que buscavam ultrapassar de um só salto tudo o que era do passado, tudo o que já fora realizado; quanto mais jovem um indivíduo, quanto menos havia aprendido, tanto mais era bem-vindo por sua falta de laços com qualquer tradição – finalmente, a grande vingança da juventude contra o mundo dos nossos pais deu livre curso ao seu furor triunfante. Mas em meio a esse louco carnaval nada me ofereceu um espetáculo mais tragicômico do que ver quantos intelectuais da geração mais velha, com um medo pânico de serem sobrepujados e considerados "ultrapassados", rapidamente assumiram uma atitude selvagem artificial e também tentaram seguir desajeitadamente, mancando, mesmo os desvios mais gritantes. Nas belas-artes, professores de barbas grisalhas, corretos, circunspectos, pintavam cubos simbólicos por cima de suas agora inventáveis "naturezas-mortas", porque os jovens diretores (em toda parte se procuravam jovens e, de preferência, bem jovens) tiravam das galerias e punham no depósito todos os outros quadros, considerados excessivamente "classicistas". Escritores que durante décadas haviam escrito um alemão redondo e claro retalhavam suas frases e excediam-se em "ativismo". Respeitáveis conselheiros prussianos ensinavam Karl Marx a partir de sua cátedra, velhas bailarinas da corte dançavam seminuas e se contorciam ao som da *Appassionata* de Beethoven e da *Noite transfigurada* de Schönberg. Por toda parte, a geração mais velha corria desesperada atrás da última moda; de repente, só existia uma ambição: ser "jovem" e inventar uma orientação ainda mais atual e radical e inédita do que a de ontem.

Que época bárbara, anárquica, irreal foi a daqueles anos em que, com a crescente perda de valor do dinheiro, todos os outros valores começaram a decair na Áustria e na Alemanha! Uma época de êxtase entusiasmado e de fraudes ousadas, uma mistura única de impaciência e fanatismo. Tudo o que era extravagante e incontrolável experimentou então uma época áurea: teosofia, ocultismo, espiritismo, sonambulismo, antroposofia, quiromancia, grafologia, doutrinas hindus de iogues e misticismo paracélsico. Tudo o que prometia excitações máximas, para além de todas as já conhecidas, qualquer forma de narcótico, morfina, cocaína e heroína tinha enorme procura: nas peças teatrais, o incesto e o parricídio, na política, o comunismo ou o fascismo eram a única temática extrema desejada; toda espécie de normalidade e de moderação, ao contrário, era absolutamente banida. Mas eu não gostaria que esse tempo caótico tivesse faltado na minha própria vida e na evolução da arte. Avançando orgiasticamente num primeiro momento, assim como toda revolução intelectual, ela limpou o ar abafado e sufocado da tradição e descarregou as tensões de muitos anos, e, apesar de tudo, seus experimentos ousados legaram valiosos estímulos. Por mais que estranhássemos seus exageros, não nos sentíamos no direito de censurá-los e de recusá-los orgulhosamente, pois no fundo essa nova juventude tentava corrigir – ainda que com muito fervor, muita impaciência – o que a nossa geração deixara de fazer por cautela e isolamento. No fundo, sua intuição – a de que a época do pós-guerra precisaria ser diferente do tempo antes da guerra – era justa. E não havíamos também nós almejado um tempo melhor, um mundo melhor, antes e durante a guerra? Sem dúvida, mesmo depois da guerra nós, os mais velhos, havíamos provado a nossa incapacidade de contrapor em tempo hábil uma organização supranacional à perigosa restauração política do mundo. Ainda durante as negociações de paz, Henri Barbusse, a quem o romance *O fogo* dera renome mundial, tentara iniciar uma união de todos os intelectuais europeus no sentido de uma conciliação. Esse grupo deveria se chamar Clarté – aqueles que têm pensamento claro – e unir os escritores e artistas de todas as nações em torno do voto de, dali em diante, opor-se a qualquer instigação dos povos para a guerra. Barbusse incumbira a mim e a René Schickele da liderança conjunta do grupo alemão e, com isso, da parte mais difícil da tarefa, porque na Alemanha ainda fervia a indignação causada pelo Tratado de Paz de Versalhes. Era pouco provável ganharmos alemães notáveis para a ideia do supranacionalismo intelectual enquanto a Renânia, o Sarre e a cabeça de ponte sobre o Meno ainda estivessem ocupados por tropas estrangeiras. Mesmo assim, teria sido possível criar uma organização como foi mais tarde o P.E.N. Clube de Galsworthy, se Barbusse não nos tivesse abandonado. Fatidicamente, uma viagem para a Rússia e o entusiasmo que ali as grandes massas manifestaram em relação a ele levaram-no à convicção de que países burgueses e democracias seriam incapazes de realizar uma verdadeira confraternização dos povos, e que só no comunismo se poderia conceber uma confraternização universal. Imperceptivelmente, procurou fazer do Clarté um instrumento da luta de classes, mas nós nos recusamos a adotar um radicalismo que necessariamente haveria de enfraquecer nossas fileiras. Assim, esse projeto, tão importante, também ruiu precocemente. Mais uma vez fracassáramos na luta pela liberdade espiritual por causa do amor exagerado à liberdade e à independência individuais.

Só restava uma saída: trabalhar na própria obra, quieto e recluso. Para os expressionistas e – se puder chamá-los assim – os excessionistas, eu, com meus 36 de idade, já havia passado para a geração mais velha, a geração que, na realidade, já morrera, porque eu me recusara a adaptar-me a eles como um macaco. Minhas primeiras obras já não me agradavam, nunca mais reeditei nenhum daqueles livros da minha fase "estética". Por isso, a ordem era recomeçar e esperar até que a onda impaciente de todos esses "ismos" recuasse, e a minha falta de ambição pessoal foi benéfica para essa atitude de modéstia. Comecei a grande série dos *Construtores do mundo* precisamente pela certeza de que ela me manteria ocupado durante alguns anos, escrevi novelas como *Amok* e *Carta de uma desconhecida* em uma tranquilidade totalmente desprovida de ativismo. Ao meu redor, o país e o mundo começavam a ordenar-se aos poucos, e assim eu não podia mais hesitar: estava terminado o tempo em que podia me iludir achando que tudo o que eu começava era apenas provisório. A metade da vida estava atingida e passara a idade das meras promessas; agora era a hora de fortalecer o prometido e comprovar-me como autor, ou então de desistir definitivamente.

Novamente no mundo

Três anos, 1919, 1920 e 1921, os três anos mais difíceis do pós-guerra na Áustria, eu vivera enterrado em Salzburgo, já sem esperança de algum dia voltar a ver o mundo. A derrocada após a guerra, o ódio no estrangeiro a todo alemão ou toda pessoa que escrevesse em alemão, a desvalorização da nossa moeda eram tão catastróficos que eu já me resignara a passar o resto da vida preso à estreita esfera da pátria. Mas tudo melhorara. Já era possível saciar a fome. Já era possível sentar-se para trabalhar sem ser incomodado. Não houvera saques, não havia revolução no país. Vivia-se, sentindo a energia interior. Não seria o caso de voltar a experimentar o prazer da juventude e viajar?

Não se podia ainda pensar em viagens longas. Mas a Itália ficava próxima, a apenas oito ou dez horas de distância. Deveria me aventurar? Os austríacos eram vistos como "inimigos figadais", embora eu nunca tivesse me sentido como tal. Deveria sujeitar-me a ser maltratado e passar pelos velhos amigos sem falar com eles para não colocá-los em situação constrangedora? Bem, criei coragem e, um belo dia, transpus a fronteira ao meio-dia.

Cheguei a Verona à noite e fui a um hotel. Recebi a ficha de cadastro e a preenchi; o porteiro passou os olhos pela folha e espantou-se ao ler a palavra "austríaco" na rubrica nacionalidade. *"Lei è austriaco?"*, perguntou. Agora ele vai me expulsar, pensei. Mas, quando confirmei, ele quase exultou. *"Ah, che piacere! Finalmente!"** Foi a primeira saudação e uma nova confirmação do sentimento já experimentado durante a guerra de que toda a propaganda do ódio produzira apenas uma febre intelectual breve, mas

---

* "É austríaco? Ah, que prazer! Finalmente!" Em italiano no original.

que nunca atingira de verdade as massas populares da Europa. Quinze minutos depois, o bom porteiro veio até o meu quarto para verificar se estava tudo bem. Elogiou entusiasmado o meu italiano e nos despedimos com um afetuoso aperto de mão.

No dia seguinte fui a Milão; tornei a ver a catedral e passeei pela *galleria*. Era agradável escutar a sonoridade vocal da língua italiana que eu amava tanto, orientar-me com tanta segurança pelas ruas e fruir o que era estrangeiro como se fosse algo familiar. De passagem, vi em um dos grandes prédios o letreiro do *Corriere della Sera*. De repente, lembrei que o meu velho amigo G.A. Borgese tinha um alto cargo na redação, o mesmo Borgese em cuja companhia eu passara tantas noites intelectualmente animadas em Berlim e Viena junto com o conde Keyserling e Benno Geiger. Um dos melhores e mais apaixonados escritores da Itália, que exercia extraordinária influência sobre os jovens, apesar de tradutor de *Os sofrimentos do jovem Werther* e apesar de fanático pela filosofia alemã, Borgese adotara uma posição ferrenhamente contrária à Alemanha e à Áustria e pressionara para o combate, ombro a ombro com Mussolini (com quem mais tarde romperia relações). Durante toda a guerra, fora muito estranha para mim a ideia de saber um velho companheiro do lado oposto como intervencionista; tanto maior foi agora o meu desejo de encontrar tal "inimigo". De qualquer forma, não quis arriscar ser barrado. Assim, deixei-lhe o meu cartão, no qual anotei o endereço do meu hotel. Ainda nem tinha descido toda a escada quando alguém me alcançou correndo, o rosto de traços pronunciados brilhando de alegria – era Borgese. Cinco minutos depois, já conversávamos com o mesmo afeto de sempre, talvez ainda maior. Também ele aprendera com aquela guerra, e de um e de outro lado havíamos nos aproximado mais do que nunca.

Era assim por toda parte. Em Florença, meu velho amigo, o pintor Albert Stringa, saltou em minha direção na rua, abraçando-me com tanta força e tão inesperadamente que a minha mulher, que estava comigo e não o conhecia, pensou que aquele estranho barbudo planejava um atentado contra mim. Tudo era como antes – não: era muito mais cordial. Respirei aliviado: a guerra estava enterrada. A guerra terminara.

Mas ela não terminara. Nós é que não sabíamos. Todos nos iludíamos em nossa boa-fé e confundíamos nossa disposição pessoal com a do mundo. Mas não precisamos nos envergonhar desse engano, pois não menos do que nós enganaram-se os políticos, os economistas, os banqueiros, que nesses anos também consideraram a melhora ilusória da conjuntura econômica como restabelecimento e o cansaço como contentamento. Na realidade, a batalha apenas se deslocara do terreno nacional para o social, e logo nos primeiros dias testemunhei uma cena cujo amplo significado só compreendi bem mais tarde. Na Áustria, não sabíamos então mais da política italiana do que o fato de que, com a desilusão depois da guerra, haviam surgido fortes tendências socialistas e até bolcheviques. Em todo muro lia-se "Viva Lênin", escrito a carvão ou giz em letras desajeitadas. Além disso, ouvíramos falar que um dos líderes socialistas, chamado Mussolini, afastara-se do partido durante a guerra e organizara um grupo de oposição qualquer. No entanto, essas notícias eram absorvidas com indiferença. O que importava um grupelho daqueles? Em cada país havia esse tipo de bando; no Báltico marchavam franco-atiradores; na Renânia, na Baviera se formavam grupos separatistas, em toda parte havia manifestações e golpes de Estado que, no entanto, quase sempre eram dominados. E ninguém imaginava ver esses "fascistas" – que usavam camisas pretas em vez das vermelhas, garibaldinas – como fator significativo do futuro desenvolvimento europeu.

Mas em Veneza a mera palavra subitamente ganhou um conteúdo palpável para mim. Cheguei à tarde na querida cidade dos canais, vindo de Milão. Não havia carregador nem gôndola, os operários e funcionários da estação estavam parados, as mãos ostensivamente metidas nos bolsos. Como eu tinha duas malas bastante pesadas, olhei em torno à procura de ajuda e perguntei a um senhor idoso onde poderia encontrar carregadores. "O senhor chegou num dia péssimo", disse ele, lamentando. "Agora temos tido com frequência dias assim. Temos de novo uma greve geral." Eu não sabia a razão da greve, nem perguntei muito. Éramos bastante acostumados a isso na Áustria, onde os social-democratas usavam com frequência exagerada esse meio mais enérgico, sem se beneficiar de fato. Continuei arrastando as minhas malas com dificuldade até avistar um gondoleiro que me acenava furtivamente de um canal lateral e embarcou a mim e as minhas duas malas. Passando por alguns punhos cerrados contra o fura-greve, chegamos em meia hora ao hotel. Com a naturalidade de um antigo hábito, desci logo até a praça de São Marcos. Estava deserta. A maioria das lojas estava fechada, ninguém nos cafés, só uma multidão de operários reunida em pequenos grupos sob as arcadas como se esperassem por algo especial. Esperei com eles. E, de repente, aconteceu. De uma ruela transversal saiu marchando – ou melhor, correndo em marcha acelerada – um grupo bem-organizado de jovens que entoavam em ritmo exercitado uma canção cujo texto eu desconhecia; mais tarde soube que era a *Giovinezza*. Brandindo seus bastões, já tinham passado antes que a multidão cem vezes superior em número tivesse tempo de se lançar sobre o adversário. A passagem ousada e realmente corajosa desse pequeno grupo organizado foi tão rápida que os outros só se deram conta da provocação quando já não conseguiam mais alcançá-lo. Irritados, aglomeraram-se e cerraram os punhos, mas era tarde demais. A pequena tropa de assalto já não podia mais ser alcançada.

As impressões visuais sempre têm algo de convincente. Pela primeira vez, eu me dera conta de que esse fascismo lendário, quase desconhecido para mim, era algo real, muito bem dirigido, que fanatizava e atraía jovens decididos e audazes. Desde então, já não podia mais concordar com os meus velhos amigos de Florença e Roma, que davam de ombros com desprezo e desqualificavam esses jovens como um "bando de aluguel", ironizando o seu "Fra Diavolo". Por curiosidade, comprei alguns números do *Popolo d'Italia* e percebi no estilo incisivo, plástico, latinamente breve de Mussolini a mesma decisão que notara na marcha daqueles jovens na praça São Marcos. Claro, eu não podia prever a dimensão que essa luta iria assumir apenas um ano mais tarde. Mas soube desde esse momento que ali e por toda parte estava para acontecer uma luta e que a nossa paz ainda não era *a* paz.

Essa foi para mim a primeira advertência de que, sob a superfície aparentemente apaziguada, a nossa Europa estava repleta de subcorrentes perigosas. A segunda não se fez esperar muito. Novamente estimulado pela vontade de viajar, eu decidira ir no verão para a região de Westerland, no litoral alemão do mar do Norte. Naquela época, uma viagem à Alemanha ainda tinha algo de reconfortante para um austríaco. Até então, o marco se mantivera elevado, em comparação com a nossa coroa desvalorizada, o processo de convalescença parecia estar em plena marcha. Os trens chegavam pontualmente, os hotéis eram limpos e arrumados; por toda parte, à direita e à esquerda dos trilhos, havia casas novas, fábricas novas; por toda parte, a ordem impecável e silenciosa que odiáramos antes da guerra, mas que voltáramos a apreciar quando sobreveio o caos. É verdade que havia uma certa tensão no ar, pois o país inteiro estava esperando para ver se as negociações em Gênova e Rapallo – as primeiras de que a Alemanha participava em condições de igualdade ao lado das antigas potências inimigas – trariam o esperado alívio do ônus da guerra ou ao menos um gesto tímido de verdadeiro entendimento. O líder dessas negociações tão memoráveis para a história da Europa não era ninguém outro senão o meu velho amigo Rathenau. Seu genial instinto de organização se confirmara grandiosamente já durante a guerra; desde o primeiro momento, ele identificou o ponto mais fraco da economia alemã, no qual ela depois também recebeu seu golpe de misericórdia: o fornecimento de matérias-primas, e a tempo – à frente da sua época – centralizara toda a economia. Quando, depois da guerra, foi preciso encontrar um homem que pudesse enfrentar diplomaticamente e em condições de igualdade os mais sábios e experimentados entre os adversários na condição de ministro do Exterior, naturalmente a escolha recaiu sobre ele.

    Hesitei antes de ligar para ele em Berlim. Como importunar um homem que forjava o destino da época? "Sim, é difícil", disse-me ao telefone, "até a amizade precisa ser sacrificada ao serviço agora." Mas, com a sua extraordinária técnica de aproveitar cada minuto, ele logo encontrou a oportunidade de um encontro. Disse-me que precisaria entregar alguns cartões de visita nas diversas legações e como, para isso, circularia de carro meia hora a partir de Grünewald, o mais fácil seria eu ir à sua casa e conversarmos essa meia hora no carro. Efetivamente, a sua capacidade de concentração intelectual, a sua estupenda facilidade de passar de um assunto para outro eram tão perfeitos que ele a qualquer momento podia falar de maneira tão precisa e profunda no carro ou no trem como em seu gabinete de trabalho. Eu não quis perder a oportunidade, e acho que também para ele fez bem poder conversar com alguém que era politicamente isento e mantinha com ele uma amizade de vários anos. Foi uma longa conversa, e posso atestar que Rathenau, que não era de forma alguma livre de vaidade, não assumira a posição de ministro alemão do Exterior com o espírito tranquilo e menos ainda ávido e impaciente. Ele sabia de antemão que, por enquanto, sua missão ainda era insolúvel, e que no melhor dos casos poderia obter apenas um quarto do êxito, algumas concessões sem importância, e que a verdadeira paz, um acordo generoso, ainda não poderia ser esperada. "Talvez em dez anos", disse-me ele, "se todos estiverem passando necessidade, não só nós. Só quando a velha geração for eliminada da diplomacia e os generais não forem mais do que monumentos mudos nas praças públicas." Ele tinha perfeita consciência da dupla responsabilidade pelo fato de ser judeu. Raras vezes na história, talvez, um homem enfrentou com tanto ceticismo e com tantas dúvidas interiores uma missão que sabia que não ele, mas só o tempo, poderia resolver, e Rathenau sabia do risco pessoal que corria. Desde o assassinato de Erzberger, que assumira o desagradável encargo do armistício do qual Ludendorff se safara cautelosamente fugindo para o exterior, ele não podia ter dúvidas de que um destino parecido o esperava enquanto precursor da concórdia. No entanto, solteiro, sem filhos e, na verdade, profundamente solitário, julgou que não deveria temer o perigo; eu tampouco tive coragem de adverti-lo a tomar cuidado. Que Rathenau cumpriu sua missão em Rapallo da maneira mais excelente possível sob as condições reinantes é hoje um fato histórico. Seu fantástico talento de captar imediatamente todo instante favorável, seu traquejo universal e o seu prestígio pessoal nunca se revelaram de maneira mais brilhante. Mas já eram fortes na Alemanha os grupos que sabiam que só ganhariam adeptos se assegurassem ao povo vencido sempre de novo que não havia sido vencido e que cada negociação e cada concessão eram uma traição à pátria. As alianças secretas – em que havia muitos homossexuais –

já eram bem mais poderosas do que suspeitavam os dirigentes da República então, que em sua ideia de liberdade deixaram agir todos os que queriam eliminar para sempre a liberdade na Alemanha.

No centro da cidade, na frente do ministério, despedi-me de Rathenau sem imaginar que seria um adeus definitivo. E mais tarde vi nas fotografias que a estrada que havíamos percorrido juntos era a mesma em que pouco depois seus assassinos espreitaram o mesmo carro que nos levou: na realidade, foi por acaso que não fui testemunha dessa cena fatídica para a história. Assim, pude sentir ainda mais comovido e impressionado o trágico episódio com que teve início a desgraça da Alemanha, a desgraça da Europa.

Nesse dia, eu já estava em Westerland, centenas e mais centenas de veranistas banhavam-se alegremente no mar. De novo uma banda de música tocava para veranistas despreocupados, como naquele dia em que foi anunciado o assassinato de Francisco Ferdinando, quando como gaivotas brancas os jornaleiros apareceram gritando: "Assassinado Walther Rathenau!" Irrompeu um pânico que abalou o país inteiro. Subitamente o marco despencou e não houve como detê-lo antes de chegar aos números fantásticos de trilhões. Só então começou a verdadeira festa de bruxas que foi a inflação, contra a qual a nossa, austríaca, com sua já absurda relação de 1 para 15.000, não passara de mera brincadeira de criança. Contar em detalhes como foi a inflação alemã com todos os seus absurdos demandaria um livro inteiro, e esse livro daria a impressão de uma fábula às pessoas de hoje. Vivi dias em que de manhã precisei pagar cinquenta mil marcos para um jornal e, à noite, cem mil. Quem precisasse trocar moeda estrangeira distribuía o câmbio ao longo do dia, pois às quatro horas recebia várias vezes mais do que às três, e às cinco novamente várias vezes mais do que sessenta minutos antes. Por exemplo, mandei ao meu editor um manuscrito no qual eu trabalhara durante um ano, achando que seria mais garantido pedir um adiantamento imediato para dez mil exemplares; até o cheque ser compensado, mal cobriu o que, uma semana antes, eu gastara com selos para o pacote dos livros. No bonde, pagava-se com milhões de marcos. Caminhões carregavam o papel-moeda do Reichsbank até os outros bancos, e quinze dias depois foram encontradas notas de cem mil marcos na sarjeta; um mendigo as jogara fora com desdém. Um cordão de sapato custava mais do que antes um sapato, até mais do que uma loja de luxo com dois mil pares de sapatos. Consertar uma janela custava mais do que, antes, a casa inteira, um livro mais do que antes a tipografia com sua centena de máquinas. Com cem dólares podiam-se comprar prédios de seis andares na Kurfürstendamm. Fábricas não custavam mais do que antes um carrinho de mão. Adolescentes que haviam encontrado uma caixa de sabonete esquecida no porto percorreram a cidade durante meses de carro e viveram como príncipes vendendo todo dia um pedaço, enquanto seus pais, antes abastados, andavam como mendigos. Entregadores fundavam casas bancárias e especulavam em todas as moedas. Acima de todos erguia-se como um gigante a figura do aproveitador-mor Stinnes. Ampliando o seu crédito e beneficiando-se da queda do marco, comprava tudo que podia, minas de carvão e navios, fábricas e lotes de ações, castelos e propriedades rurais, praticamente a custo zero, porque qualquer soma, qualquer dívida era zerada. Em pouco tempo, um quarto da Alemanha já estava em suas mãos, e perversamente o povo, que na Alemanha sempre se inebriou com o sucesso visível, aclamava-o como se fosse um gênio. Os desempregados se agrupavam aos milhares e cerravam os punhos contra os aproveitadores e os estrangeiros em seus automóveis de luxo, os quais compravam uma rua inteira como se fosse uma caixa de fósforos; qualquer pessoa que soubesse ler e escrever negociava e especulava, ganhava e tinha a sensação secreta de que todos se enganavam e eram enganados por uma mão oculta que encenava esse caos conscientemente a fim de livrar o Estado de suas dívidas e obrigações. Creio conhecer bastante bem a história, mas que eu saiba ela nunca produziu uma época de semelhante loucura. Todos os valores estavam alterados, não só os materiais; os decretos do governo eram ridicularizados, não se respeitava nenhum costume, nenhuma moral, Berlim se transformou na Babel do mundo. Bares, parques de diversão e botequins proliferavam como cogumelos. O que víramos na Áustria revelou-se como suave e tímido prelúdio desse desvario, pois os alemães puseram toda a sua veemência e sistemática na perversão. Pela Kurfürstendamm desfilavam rapazes maquiados e de cinturas falsas, e não eram apenas profissionais; todo colegial queria ganhar dinheiro, e nos bares escuros viam-se secretários de Estado e grandes banqueiros cortejando carinhosamente marinheiros ébrios. Nem a Roma de Suetônio conheceu orgias iguais às festas de travestis em Berlim, onde centenas de homens dançavam vestidos de mulher e mulheres vestidas de homens sob o olhar benévolo da polícia. Na derrocada de todos os valores, uma espécie de loucura apoderou-se precisamente dos círculos burgueses, até então inabaláveis em sua ordem. As jovens orgulhavam-se de serem perversas; a suspeita de virgindade para uma jovem de dezesseis anos teria sido uma vergonha em qualquer escola berlinense, cada uma queria poder contar suas aventuras, quanto mais exóticas, melhor. Porém o mais importante nesse erotismo patético era a sua horrível falsidade. No fundo, essa vida orgiástica que irrompeu com a inflação na Alemanha era apenas imitação febril; percebia-se que essas jovens de boas famílias burguesas teriam preferido usar um penteado feminino àquele corte masculino, teriam preferido comer torta de maçã com creme a tomar aguardentes fortes; era evidente que o povo inteiro achava insuportável essa superexcitação, esse ser esticado diariamente na corda da inflação, e toda a nação cansada da guerra apenas ansiava por ordem, tranquilidade, um pouco de segurança e vida burguesa. E, no fundo, odiava a República – não porque reprimisse essa liberdade selvagem, mas, ao contrário, porque deixava as rédeas muito soltas.

Quem viveu esses anos apocalípticos, excluído e indignado, percebia que havia de vir um retrocesso, uma terrível reação. E nos bastidores, sorrindo, de relógio na mão, esperavam as mesmas pessoas que haviam impelido o povo alemão para o caos: "Quanto pior a situação no país, melhor para nós." Sabiam que sua hora haveria de chegar. Mais em torno de Ludendorff do que de Hitler, então ainda sem poder, cristalizou-se de maneira evidente a contrarrevolução; os oficiais, a quem haviam sido arrancadas as dragonas, organizaram-se em alianças secretas, os pequeno-burgueses que se viram ludibriados em suas economias foram se agrupando de mansinho e se colocando à disposição de qualquer palavra de ordem, desde que prometesse a ordem. Nada foi mais fatídico para a República alemã do que a sua tentativa idealista de permitir a liberdade ao povo e mesmo aos seus inimigos. Pois o povo alemão, um povo da ordem, não sabia o que fazer com a sua liberdade e já ansiava, impaciente, por aqueles que haveriam de tirá-la dele de novo.

O DIA EM que terminou a inflação alemã (1923) poderia ter sido um ponto de virada na história. Quando, com um toque de sino, cada trilhão de marcos antigos foi trocado por um marco novo, uma norma foi dada. Efetivamente, as águas turvas com todo o seu lodo e sua lama refluíram, os bares e botequins sumiram, as condições se normalizaram, cada um já podia calcular claramente o que ganhara e o que perdera. A maioria, a grande massa, perdera. Mas quem foi responsabilizado não foram os que haviam causado a guerra, e sim os que, com espírito de sacrifício, tomaram a si a carga de reorganizar o país. Nada deixou o povo alemão tão exasperado, hostil, maduro para aceitar Hitler – e isso há que ser lembrado sempre – do que a inflação. Por mais assassina que tivesse sido a guerra, ela proporcionara momentos de júbilo, com sinos badalando e fanfarras de vitória. E, enquanto nação incuravelmente militarista, a Alemanha se sentia exaltada em seu orgulho pelas vitórias temporárias, ao passo que, pela inflação, apenas se sentia conspurcada, enganada e humilhada. Uma geração inteira não esqueceu e não perdoou esses anos à República alemã e preferiu chamar de volta os seus carniceiros. Mas tudo isso ainda estava distante. Vista de fora, em 1924 a selvagem fantasmagoria parecia ter acabado como um fogo-fátuo. Era novamente dia claro, todos sabiam por onde caminhar. E já saudávamos na ascensão da ordem o início de uma calma duradoura. Mais uma vez, tolos incuráveis como sempre fomos, acreditamos que a guerra estivesse superada. Mas essa ilusão traiçoeira, de qualquer maneira, proporcionou-nos uma década de trabalho, de esperança e mesmo de segurança.

VISTO DE HOJE, o breve decênio entre 1924 e 1933, do fim da inflação alemã até a tomada de poder por Hitler, apesar de tudo e de todos representa uma pausa na sequência de catástrofes de que nossa geração foi testemunha e vítima desde 1914. Não é que nesse período tenham faltado tensões, exaltações e crises, sobretudo a econômica de 1929, mas dentro desse decênio a paz parecia garantida na Europa, e isso já significava muito. A Alemanha foi aceita na Liga das Nações com todas as honras. Sua reconstrução econômica foi fomentada – na realidade, o seu armamento secreto –, a Inglaterra se desarmou e, na Itália, Mussolini assumiu a proteção da Áustria. O mundo parecia querer se reconstruir. Paris, Viena, Berlim, Nova York, Roma, as cidades vencedoras bem como as dos vencidos, tornaram-se mais belas do que antes, o avião acelerou as comunicações, as exigências para obter passaporte foram suavizadas. As oscilações entre as moedas cessaram, sabia-se quanto se receberia e quanto se podia gastar, a atenção não estava mais tão voltada para esses problemas externos. Já era possível trabalhar de novo, concentrar-se interiormente, pensar em questões intelectuais. Já era possível até voltar a sonhar e ter esperanças de uma Europa unida. Durante um instante universal – esses dez anos – parecia que nossa sofrida geração poderia voltar a ter uma vida normal.

Na minha vida pessoal, o mais notável é que, naqueles anos, chegou um hóspede à minha casa que ali se instalou confortavelmente, um hóspede que eu jamais esperara: o sucesso. Compreende-se que eu não fique muito à vontade em mencionar o êxito dos meus livros, e numa situação normal eu teria omitido mesmo a referência mais fugaz, que poderia ser interpretada como vaidade ou ostentação. Mas tenho um direito especial e me sinto mesmo obrigado a não omitir esse fato na história da minha vida, pois há sete anos, desde a chegada de Hitler, esse sucesso se tornou histórico. Das centenas de milhares e até milhões de exemplares de meus livros, que tinham seu lugar seguro nas livrarias e em inúmeros lares, não se encontra mais um único à venda na Alemanha hoje; quem ainda possui um exemplar mantém-no cuidadosamente escondido, e nas bibliotecas públicas eles se encontram ocultos em armários especiais, para os poucos que os querem utilizar "cientificamente" com autorização especial das autoridades, em geral para fins de difamação. Entre os leitores, entre os amigos que me escreviam, há muito tempo nenhum ousa pôr o meu nome proscrito em um envelope. Mais ainda: também na França, na Itália, em todos os países hoje escravizados, os meus livros antes entre os mais lidos hoje também são proibidos por ordem de Hitler. Como disse Grillparzer, como escritor sou hoje alguém "que segue vivo atrás do próprio cadáver"; tudo, ou quase tudo, que eu construí internacionalmente em quarenta anos foi destruído por essa mão impiedosa. Assim, quando menciono o meu "sucesso", não falo de algo que pertence a mim, mas que já me pertenceu como a minha casa, a minha pátria, a minha segurança, a minha liberdade; eu não poderia, pois, tornar evidente em toda a sua profundidade e totalidade a queda que sofri mais tarde – junto com inúmeros outros, tão inocentes quanto eu – se antes não mostrasse a altura da qual despenquei, e nem poderia mostrar o caráter único e a consequência da eliminação de toda a nossa geração literária, para a qual não conheço outro exemplo na história.

Esse sucesso não assaltou a minha casa de repente; entrou lenta e cautelosamente, mas permaneceu firme e fiel até a hora em que Hitler o expulsou com o chicote dos seus decretos. Seu efeito foi crescendo de ano a ano. Logo o primeiro livro que publiquei após o *Jeremias* – a trilogia *Três mestres*, primeiro volume da série *Os construtores do mundo* – abriu o caminho para mim; os expressionistas, os ativistas, os experimentalistas haviam saído de cena, para os pacientes e perseverantes o caminho até o povo estava novamente livre. Minhas novelas *Amok* e *Carta de uma desconhecida* tornaram-se populares como antes só os romances, viraram dramas e filmes, eram recitadas em público; um pequeno livrinho, *Momentos estelares da humanidade*, era lido em todas as escolas e em pouco tempo vendeu 250 mil exemplares na Coleção Insel. Em poucos anos, eu criara o que, na minha percepção, representa a espécie mais preciosa de um sucesso: uma comunidade, um grupo confiável de pessoas que esperava e comprava cada livro novo, que confiava em mim, e que eu não poderia decepcionar. Ela foi crescendo e crescendo; cada livro novo que eu publicava vendia logo no primeiro dia vinte mil exemplares na Alemanha, antes mesmo de sair um único anúncio nos jornais. Às vezes, eu tentava conscientemente fugir desse sucesso, mas ele me perseguia de maneira surpreendentemente tenaz. Assim, eu escrevera para meu deleite pessoal um livro, a biografia de Fouché; quando o enviei ao editor, ele me escreveu que mandaria imprimir dez mil exemplares. Insisti que ele não fizesse uma tiragem tão grande; disse-lhe que Fouché era um personagem antipático, que o livro não continha nenhuma cena com mulheres e que jamais atrairia um círculo grande de leitores; que ele mandasse imprimir por enquanto apenas cinco mil exemplares. Em um ano foram vendidos cinquenta mil exemplares na Alemanha – a mesma Alemanha que hoje não pode ler mais nenhuma linha escrita por mim. Ocorreu quase o mesmo com a minha autodesconfiança quase patológica quando adaptei a peça *Volpone*. Minha intenção era escrever uma adaptação em versos, e ao longo de dez dias rascunhei as cenas livremente em prosa. Como, por acaso, o Hoftheater de Dresden – com quem eu me sentia moralmente comprometido desde a estreia do meu primogênito, *Tersites* – quisera saber nesses dias dos meus planos, enviei a versão em prosa, desculpando-me que era apenas o primeiro esboço para os planejados versos. Mas o teatro me enviou imediatamente um telegrama em resposta pedindo que não mudasse nada, pelo amor de Deus. Efetivamente, a peça percorreu todos os palcos do mundo nessa primeira forma (em Nova York, no Theatre Guild com Alfred Lunt). O que quer que eu empreendesse naqueles anos, o sucesso e um número cada vez maior de leitores alemães mantiveram-se fiéis a mim.

Como sempre senti ser minha obrigação como biógrafo ou ensaísta tentar investigar as causas da influência ou falta de influência em obras alheias ou personagens dentro da sua época, não pude deixar de me questionar nos momentos de reflexão sobre em que virtude especial dos meus livros se basearia o seu sucesso, tão inesperado para mim. Em última análise, acredito que provém de um defeito pessoal, que é o fato de eu ser um leitor sôfrego e temperamental. Toda prolixidade, toda indulgência, tudo o que é vagamente laudatório, indefinido e pouco claro, tudo o que retarda superfluamente em um romance, uma biografia, um debate intelectual, me irrita. Só um livro que a cada folha mantém o ritmo e arrebata o leitor até a última página me proporciona um deleite completo. Considero nove décimos de todos os livros que me caem nas mãos excessivamente extensos com narrações supérfluas, diálogos prolixos e personagens secundários desnecessários, tornando-se, assim, pouco fascinantes e dinâmicos. Mesmo nas obras-primas clássicas mais famosas me desagradam os muitos trechos arenosos e arrastados, e várias vezes expus a editores o plano ousado de publicar em uma série organizada toda a literatura universal de Homero a Balzac e Dostoiévski até a *Montanha mágica*, cortando tudo o que era supérfluo, para que todas essas obras, que sem dúvida têm caráter atemporal, possam voltar a despertar interesse vivo em nossa época.

Necessariamente, essa aversão a tudo o que é prolixo e muito longo tinha que se transferir da leitura de obras alheias para a escrita das minhas próprias, educando-me a um cuidado especial. Em princípio, escrevo com facilidade e fluência, na primeira versão de um livro deixo a pena correr solta e escrevo tudo o que trago no coração. Da mesma forma, em uma obra biográfica costumo valorizar, num primeiro momento, todos os detalhes documentais imagináveis de que posso dispor; em uma biografia como *Maria Antonieta* realmente examinei cada fatura para constatar o seu consumo pessoal, estudei todos os jornais e panfletos contemporâneos e li até a última linha todos os autos dos processos. Mas na obra pronta não se encontra mais nenhuma linha de tudo isso, pois mal a primeira versão de um livro foi passada a limpo começa, para mim, o verdadeiro trabalho, o de condensar e compor, trabalho que depois não consigo parar de fazer, de uma versão para a outra. Significa lançar sempre o lastro ao mar, condensar e clarificar a obra por dentro; enquanto a maioria dos outros escritores não consegue se decidir por omitir algo que sabem e, com uma certa paixão por cada linha bem-sucedida, querem se mostrar mais amplos e mais profundos do que são, a minha ambição é sempre saber mais do que o que se torna visível nas obras.

Esse processo de condensação e, com isso, de dramatização repete-se depois uma, duas, três vezes nas provas tipográficas. No final, torna-se uma espécie de prazer de caçador encontrar mais uma frase ou mais uma palavra cuja omissão poderia melhorar o ritmo, sem diminuir a precisão. No meu trabalho, o de cortar é, na verdade, o mais prazeroso. E lembro que certo dia, quando me levantei da escrivaninha especialmente contente e minha mulher me disse que eu parecia ter conseguido algo extraordinário, respondi: "Verdade, consegui cortar mais um parágrafo inteiro, e tenho com isso uma transição mais rápida!" Se, portanto, elogiam de vez em quando a velocidade arrebatadora dos meus livros, essa virtude não provém de forma alguma de um calor natural ou de uma exaltação interior, e sim unicamente desse método sistemático de eliminação constante de todas as pausas supérfluas e de todos os ruídos colaterais, e se reconheço em mim uma espécie de arte, então é a arte de saber abrir mão, pois não me queixo quando de mil folhas escritas oitocentas vão para o cesto de papel e só duzentas restam como essência filtrada. Se qualquer coisa explica de alguma forma a influência de meus livros, para mim é a disciplina rígida de preferir me limitar a formas mais limitadas, mas sempre ao que é verdadeiramente essencial, e, como desde o início meus pensamentos visavam a dimensão europeia, supranacional, foi para mim motivo de felicidade ser procurado por editores do estrangeiro, franceses, búlgaros, armênios, portugueses, argentinos, noruegueses, letões, finlandeses, chineses. Em pouco tempo fui obrigado a comprar uma estante imensa para guardar todos os diferentes exemplares das traduções, e um dia li em uma estatística da Coopération Intellectuelle da Liga das Nações de Genebra que eu era o autor mais traduzido do mundo (mais uma vez, meu temperamento me levou a achar que era uma notícia falsa). Em outra ocasião, chegou uma carta de uma editora russa dizendo que queria publicar uma edição completa das minhas obras em russo e perguntando se eu estava de acordo com que Máximo Górki escrevesse o prefácio. Se eu estava de acordo? Quando aluno, lera as novelas de Górki às escondidas sob a carteira, há muitos anos gostava dele e o admirava. Mas nunca imaginara que ele tivesse ouvido o meu nome, muito menos que tivesse lido algo da minha autoria, e menos ainda que para um mestre desses pudesse parecer importante escrever um prefácio para a minha obra. E um outro dia apareceu na minha casa em Salzburgo, munido de uma recomendação – como se fosse necessária! –, um editor americano com a proposta de adquirir os direitos da minha obra toda e publicá-la na íntegra. Era Benjamin Huebsch, da Viking Press, que desde então foi um dos amigos e conselheiros de maior confiança e que, desde que os tacões da bota de Hitler destruíram tudo isso na Europa, me proporcionou uma última pátria na palavra desde que perdi a antiga, a verdadeira, a pátria alemã, a pátria europeia.

Esse sucesso exterior era perigosamente propenso a confundir alguém que antes acreditara mais em suas boas intenções do que em seu talento e na influência de seu trabalho. Em si, qualquer forma de notoriedade representa uma perturbação do equilíbrio natural do indivíduo. Em condições normais, o nome que alguém porta não representa mais para ele do que a etiqueta do charuto: uma marca de reconhecimento, um objeto exterior, quase sem importância, e que está frouxamente ligado ao verdadeiro sujeito, ao verdadeiro eu. No caso de sucesso, é como se o nome inchasse. Ele se liberta do indivíduo que o porta e se torna um poder, uma força, uma coisa autônoma, um artigo de comércio, um capital, e interiormente, por sua vez, em um solavanco veemente, uma força que começa a influenciar, dominar, transformar a pessoa. Naturezas felizes, com autoestima, costumam se identificar inconscientemente com a influência que exercem. Um título, um cargo, uma condecoração, e mais ainda a notoriedade do nome, têm o poder de gerar neles mais segurança, mais autoestima, levando-os à certeza de que têm importância especial na sociedade, no Estado e na época, e eles sem querer se pavoneiam, para alcançar com sua pessoa o volume de sua influência exterior. Mas quem é por natureza desconfiado em relação a si mesmo percebe qualquer espécie de sucesso exterior como um dever de se manter o mais inalterado possível, principalmente nessa difícil condição.

Com isso não quero dizer que não fiquei feliz com o meu sucesso. Ao contrário, ele me deu muito prazer, mas só no que se limitava ao que eu produzira, aos meus livros e ao fantasma do meu nome ligado a eles. Na Alemanha, era emocionante encontrar-me por acaso em uma livraria e ver um colegial, sem me reconhecer, entrar, pedir os *Momentos estelares da humanidade* e pagá-lo com dinheiro de sua magra mesada. A vaidade podia ser agradavelmente estimulada quando no vagão-dormitório do trem o condutor recebia com mais respeito o passaporte depois de ver o nome, ou quando um funcionário italiano da aduana abria mão de revolver a bagagem, grato por algum livro que lera. Até o mero aspecto quantitativo da influência pessoal tem algo de sedutor para um autor. Por acaso, cheguei a Leipzig no dia em que um livro meu estava começando a ser distribuído. Era excitante para mim ver quanto trabalho humano eu provocava, sem saber, com o que tinha escrito ao longo de três ou quatro meses em trezentas laudas de papel. Homens arrumavam livros em grandes caixas, outros as carregavam bufando para caminhões que os levavam para vagões que iam em todas as direções do mundo. Dezenas de moças na tipografia empilhavam as folhas, os tipógrafos, encadernadores, encaixotadores e comissários trabalhavam de manhã cedo até à noite, e podia-se calcular que esses livros, enfileirados como tijolos, dariam para construir uma rua imponente. Também nunca desprezei com arrogância o que é material. Nos primeiros anos, jamais ousei pensar em ganhar dinheiro com os meus livros, quanto menos financiar minha existência com a renda deles. Mas de repente começaram a gerar somas consideráveis e sempre crescentes que pareciam poder me libertar para sempre – e quem podia pensar nos nossos tempos? – de qualquer preocupação material. Pude me dedicar generosamente à antiga paixão da minha juventude, a de colecionar manuscritos, e algumas das mais belas e mais preciosas dessas relíquias maravilhosas encontraram em mim carinhosa acolhida. Com as minhas obras que, no sentido mais elevado, são bastante efêmeras, pude adquirir manuscritos de obras imorredouras, do punho de Mozart e Bach e Beethoven, Goethe e Balzac. Por isso, seria ridículo se eu quisesse afirmar que o sucesso exterior inesperado me encontrou indiferente ou até mesmo resistente por dentro.

Mas sou sincero se digo que só me alegrei com o sucesso enquanto se referia aos meus livros e ao meu nome como literato, mas que me incomodava quando a curiosidade se estendia à minha pessoa. Desde a minha adolescência, nada em mim fora mais forte do que o anseio instintivo de permanecer livre e independente. E eu sentia que, em qualquer pessoa, a publicidade fotográfica barra e deteriora muito do que há de melhor em sua liberdade pessoal. Além disso, o que eu iniciara por pendor ameaçava tomar a forma de uma profissão e até de um empreendimento. Toda vez que o carteiro chegava, trazia pilhas de cartas, convites, pedidos, demandas que exigiam resposta, e quando eu viajava por um mês sempre perdia depois dois ou três dias para eliminar os montes e voltar a pôr a "empresa" em ordem. Sem querer, o sucesso dos meus livros no mercado me colocara em um tipo de negócio que exigia ordem, clareza, pontualidade e habilidade, virtudes muito respeitáveis, mas que infelizmente não correspondem à minha natureza e começavam a ameaçar perigosamente o ato puro e despreocupado de pensar e fantasiar. Quanto mais queriam que eu participasse em conferências, quanto mais queriam minha presença em ocasiões representativas, mais eu me recolhia, e nunca superei essa timidez quase patológica de ter que usar a minha pessoa para justificar o meu nome. Até hoje, tenho uma pulsão quase instintiva de me sentar na última fileira em uma sala, um concerto, uma apresentação teatral, e nada me é mais insuportável do que exibir o meu rosto em um pódio ou outro local exposto; o anonimato da vida em qualquer forma é, para mim, uma necessidade. Garoto ainda, não conseguia compreender aqueles escritores e artistas da geração anterior que queriam chamar atenção já na rua trajando casacos de veludo ou usando longos cabelos e mechas caídas na testa, como, por exemplo, meus venerados amigos Arthur Schnitzler e Hermann Bahr, ou uma barba chamativa ou trajes extravagantes. Tenho a convicção de que, toda vez que alguém se torna conhecido pela aparência física, vive como o "homem do espelho" de seu próprio eu, como disse Werfel, adotando um determinado estilo em cada gesto. Com essa transformação da postura exterior em geral se perdem cordialidade, liberdade e despreocupação da natureza interior. Se eu pudesse recomeçar a vida, tentaria fruir duplamente esses dois estados de felicidade, o do sucesso literário e o do anonimato, publicando minhas obras com outro nome, inventado, um pseudônimo. Pois se a vida em si já é encantadora e cheia de surpresas, quanto não será a vida dupla?!

Ocaso

Foi – e quero sempre relembrar isso, agradecido – um tempo de relativa calma para a Europa a década de 1924 a 1933, antes que aquele sujeito viesse perturbar o nosso mundo. Precisamente por haver sofrido tanto com as turbulências, nossa geração aceitou a paz relativa como um presente inesperado. Nós todos tínhamos a sensação de precisar recuperar o que os anos da guerra e do período pós-guerra haviam roubado das nossas vidas em felicidade, liberdade e concentração espiritual. Trabalhávamos mais, porém menos tensos, viajávamos, redescobríamos a Europa, o mundo. Nunca as pessoas viajaram tanto quanto nesses anos – terá sido a impaciência dos jovens de recuperar tudo o que tinham perdido durante o tempo em que ficaram isolados uns dos outros? Terá sido um nebuloso pressentimento da necessidade de romper o espaço apertado, antes que o bloqueio recomeçasse?

Também eu viajei muito naquele tempo, mas era um viajar diferente dos dias da minha juventude. Pois eu já não era mais um desconhecido nos países que visitava, por toda parte tinha amigos, editores, um público. Chegava como autor dos meus livros, e não mais como o curioso anônimo de antes. Isso proporcionou várias vantagens. Pude agir com mais ênfase e influência mais ampla em prol da ideia que havia muitos anos se tornara a verdadeira ideia da minha vida: a união espiritual da Europa. Nesse sentido, fiz conferências na Suíça, na Holanda, falei em francês no Palais des Arts de Bruxelas, italiano em Florença, na histórica Sala dei Dugento, onde tinham estado Michelangelo e Leonardo da Vinci, em inglês nos Estados Unidos em uma *lecture tour* do oceano Atlântico ao Pacífico. Era um outro viajar; por toda parte tive encontros amigáveis com as pessoas mais notáveis de cada país, sem ter que procurá-las; homens para os quais, na juventude, eu erguera respeitosamente o olhar e aos quais jamais teria ousado escrever uma linha sequer haviam se tornado meus amigos. Entrei em círculos que costumam se fechar orgulhosamente a estranhos, vi os palácios do Faubourg St. Germain, os *palazzi* da Itália, as coleções particulares; nas bibliotecas públicas, já não precisava mais pedir nada nos guichês de empréstimo de livros, os diretores me mostravam pessoalmente os tesouros escondidos; fui convidado a visitar os antiquários dos milionários americanos, como o do dr. Rosenbach na Filadélfia, por cujas vitrines eu, pequeno colecionador, teria passado com olhar tímido. Pela primeira vez, tive acesso ao chamado "mundo de cima", e com a vantagem adicional de não ter que pedir a ninguém para entrar, mas sim sendo solicitado a entrar. Mas: será que eu via o mundo melhor assim? Sempre voltava a ser tomado por nostalgia das viagens da minha juventude, em que ninguém me esperava e em que, pelo isolamento, tudo parecia mais misterioso; assim sendo, não quis abrir mão da maneira antiga de viajar. Quando ia a Paris, evitava comunicar-me logo no dia da chegada mesmo com os melhores amigos como Roger Martin du Gard, Jules Romains, Duhamel, Masereel. Antes disso, queria flanar pelas ruas como nos tempos de estudante, livre e à vontade. Procurava os velhos cafés e os pequenos restaurantes, transportando-me de volta para a minha juventude; da mesma forma, quando queria trabalhar, ia para os lugares mais absurdos, pequenos vilarejos de província como Boulogne ou Tirano ou Dijon; era maravilhoso ser desconhecido, morar em hoteizinhos depois dos hotéis repugnantemente luxuosos, poder avançar e recuar, distribuir luz e sombra como eu quisesse. E, por mais que Hitler tenha tomado de mim mais tarde, jamais conseguiu me confiscar ou perturbar a agradável consciência de ter tido durante uma década uma vida europeia de acordo com a minha vontade e com liberdade interior.

Daquelas viagens, uma foi especialmente interessante e instrutiva para mim: uma viagem à nova Rússia. Eu já preparara essa viagem em 1914, pouco antes da guerra, quando trabalhava no meu livro sobre Dostoiévski, mas a foice sangrenta da guerra se interpusera e desde então eu tivera receios de empreendê-la. Em razão do experimento bolchevista, a Rússia se tornara o país mais fascinante do pós-guerra para todas as pessoas intelectuais; sem conhecimento de causa, era tanto admirada com entusiasmo quanto odiada com fanatismo. Graças à propaganda e à igualmente raivosa contrapropaganda, ninguém sabia com exatidão o que acontecia lá. Mas sabia-se que se estava tentando fazer lá algo de muito novo, que – para o bem e para o mal – poderia ser decisivo para a forma futura do nosso mundo. Shaw, Wells, Barbusse, Istrati, Gide e tantos outros tinham ido à Rússia, alguns voltando entusiasmados e outros desiludidos, e eu não seria um intelectual interessado pelo que é novo se não me tivesse sentido atraído a fazer uma ideia da situação da Rússia por observação própria. Meus livros estavam muito difundidos no país, não apenas a edição completa com o prefácio de Máximo Górki, mas também pequenas edições baratas vendidas por alguns copeques, disseminadas pelas grandes massas; portanto, podia ter certeza de uma boa recepção. O que me impedia era que qualquer viagem para a Rússia, na época, já de antemão significava tomar partido e obrigava a uma profissão de fé pública ou recusa pública. E eu, que tinha profunda aversão a tudo o que era político ou dogmático, não queria ser obrigado a ter, após algumas semanas de permanência, uma opinião sobre um país insondável e um problema ainda não resolvido. Por isso, apesar da minha ardente curiosidade, nunca conseguia me decidir a viajar para a Rússia soviética.

Foi quando, no começo do verão de 1928, recebi um convite para participar dos festejos do centenário do aniversário de Leon Tolstói em Moscou como delegado dos escritores austríacos e, na noite solene, tomar a palavra para homenageá-lo. Eu não tinha motivo para evitar tal oportunidade, pois com a natureza suprapartidária da ocasião a minha visita escapava do âmbito político. Tolstói, como apóstolo da *non violence*, não podia ser considerado bolchevique, e, como o meu livro sobre ele estava espalhado em muitos milhares de exemplares, eu tinha um direito natural de falar sobre ele enquanto poeta. Além disso, no interesse da Europa me pareceu uma manifestação significativa se os escritores de todos os países se unissem para venerar o maior de todos. Portanto aceitei, e não me arrependi da minha rápida decisão. Já a viagem através da Polônia foi um acontecimento. Vi quão rápido nossa época consegue curar as feridas que ela própria ocasionou. As mesmas cidades da Galícia que eu vira em escombros em 1915 estavam inteiramente novas; mais uma vez, reconheci que dez anos, que na vida de uma pessoa significam uma larga parte de sua existência, não passam de um piscar de olhos na vida de um povo. Em Varsóvia, não havia vestígio de que ali tivessem passado duas, três, quatro vezes exércitos vitoriosos e vencidos. Os cafés resplandeciam de mulheres elegantes. Os oficiais que passeavam pelas ruas, esguios e com cintura marcada, mais pareciam atores magistrais representando soldados. Em toda parte era possível sentir vivacidade, confiança e um orgulho justificado de que a nova República da Polônia se erguesse forte dos escombros dos séculos. De Varsóvia, seguimos rumo à fronteira russa. A paisagem se tornava mais plana e mais arenosa; em cada estação, a população inteira da aldeia vinha em trajes rurais coloridos, pois só passava um único trem de passageiros por dia rumo àquele país proibido e fechado, e era um grande acontecimento ver os vagões reluzentes de um expresso que unia o mundo do Leste ao mundo do Oeste. Finalmente, chegamos à estação fronteiriça, Negorolie. Por cima dos trilhos havia uma faixa em vermelho cor de sangue com uma inscrição cujas letras cirílicas não consegui ler e que me foi traduzida por "Trabalhadores de todos os países, uni-vos!". Ao passar por baixo dessa faixa de um vermelho forte, tínhamos penetrado no império do proletariado, a República Soviética, um novo mundo. Naturalmente, o trem em que viajávamos não era nada proletário. Era um trem com vagões-dormitórios do tempo czarista, bem mais cômodo e confortável do que os trens europeus de luxo, por ser mais largo e mais lento. Pela primeira vez percorri terras russas, que curiosamente não me pareceram estranhas. Tudo me era familiar, a vasta estepe com sua leve melancolia, as pequenas choupanas e cidadezinhas com suas cúpulas bulbiformes, os homens de barbas longas, meio camponeses, meio profetas, que nos saudavam com um riso bondoso e franco, as mulheres de lenço colorido na cabeça e avental branco que vendiam *kwas*, ovos e pepinos.

Por que eu conhecia tudo isso? Só pela maestria da literatura russa, por meio de Tolstói, Dostoiévski, Aksakov, Górki – que nos descreveram a vida do "povo" de maneira tão realista e magnífica. Apesar de não saber a língua, julguei entender as pessoas quando falavam, esses homens comoventemente simples que estavam ali, confortáveis, em suas blusas largas, e os jovens trabalhadores no trem que jogavam xadrez ou liam ou discutiam, essa espiritualidade irrequieta e indômita da juventude, que por meio do apelo a todas as energias ainda experimentara uma ressurreição especial. Seria o amor de Tolstói e de Dostoiévski ao "povo" que agia na minha memória? Fosse o que fosse, já no trem fui tomado por um sentimento de simpatia pelo que havia de pueril e comovente, sábio e ainda inculto nessas pessoas.

As duas semanas que passei na Rússia soviética transcorreram em estado constante de alta tensão. Via, ouvia, admirava, repelia, me entusiasmava, irritava, sempre era uma corrente alternada entre quente e frio. Moscou em si já era uma ambiguidade – a magnífica praça Vermelha com seus muros e cúpulas bulbiformes, algo de maravilhosamente tártaro, oriental, bizantino, e por isso mesmo profundamente russo, e ao lado, como uma horda estranha de gigantes americanos, arranha-céus modernos, ultramodernos. Nada combinava; nas igrejas ainda dormitavam, enegrecidos de fumaça, os velhos ícones e os altares dos santos resplandecentes de joias, e cem passos adiante, em seu sarcófago de vidro, o corpo de Lênin de terno preto, com a maquiagem renovada (não sei se em nossa homenagem). Ao lado de alguns automóveis faiscantes, os *istvóshniks* barbudos e sujos chicoteavam seus cavalinhos magros, a grande Ópera, onde nós discursamos, ardia grandiosa e czarista em seu brilho pomposo diante do público proletário, e nas periferias ficavam, qual anciões sujos e descuidados, as antigas casas caindo aos pedaços, que precisavam se encostar umas nas outras para não cair. Tudo tinha sido por muito tempo velho, indolente e enferrujado e queria de uma hora para outra tornar-se moderno, ultramoderno, supertécnico. Com essa pressa, Moscou parecia cheia, superpovoada e toda revolvida. Por toda parte as pessoas se aglomeravam, nas lojas, diante dos teatros, e por toda parte tinham que esperar, tudo era superorganizado e, por isso, não funcionava direito; a nova burocracia responsável pela "ordem" ainda tinha prazer em escrever bilhetes e permissões e, assim, atrasava tudo. A grande solenidade, que deveria começar às seis horas, começou às nove e meia, e quando saí da Ópera às três da madrugada, morto de cansaço, os oradores continuavam falando; em cada recepção, cada encontro, o europeu chegava uma hora cedo demais. O tempo escorria por entre os dedos, e mesmo assim era pleno a cada segundo que passava de tanto ver, observar e discutir; havia uma febre qualquer em tudo isso e sentia-se que, imperceptivelmente, ela nos contagiava, aquela misteriosa inflamação russa da alma e sua vontade indômita de externar emoções e ideias ainda quentes. Sem saber muito bem por quê e para quê, era fácil se exaltar; talvez por causa da atmosfera nova e agitada; talvez já estivesse surgindo em mim uma alma russa.

Muita coisa era grandiosa, principalmente Leningrado, essa cidade genial, concebida por príncipes ousados, com suas avenidas largas e seus palácios poderosos – e ao mesmo tempo a São Petersburgo oprimente das "noites brancas" e de Raskólnikov. Imponente o Hermitage, e foi um espetáculo inesquecível ver como os operários, os soldados, os camponeses percorriam em bandos com suas botas pesadas os antigos salões imperiais, o chapéu respeitosamente na mão, como antigamente diante de seus ícones, olhando para os quadros com um orgulho recôndito: isso agora nos pertence, e aprenderemos a compreender essas coisas. Professores guiavam crianças bochechudas pelas salas, comissários de arte explicavam Rembrandt e Ticiano aos camponeses algo constrangidos; toda vez que se apontavam os detalhes, eles levantavam os olhos sob as pesadas pálpebras, tímidos. Aqui, como em toda parte, havia certo ridículo nesse esforço puro e honesto de elevar da noite para o dia o "povo" do analfabetismo para a compreensão de Beethoven e Vermeer, mas esse esforço por um lado de tornar inteligíveis os valores mais elevados e por outro lado de compreendê-los já na primeira tentativa era impaciente de ambas as partes. Nas escolas, as crianças podiam desenhar as coisas mais selvagens, mais extravagantes, nos bancos de meninas de doze anos havia obras de Hegel e de Sorel (que eu próprio ainda nem conhecia então), cocheiros que ainda nem sabiam ler empunhavam livros só porque eram livros e porque significavam "instrução", portanto, honra e dever do novo proletariado. Ah, quantas vezes tivemos que sorrir quando nos mostravam fábricas de porte médio e esperavam espanto, como se jamais tivéssemos visto coisa igual na Europa e nos Estados Unidos. "É elétrica", disse-me um operário orgulhoso apontando para uma máquina de costura, olhando para mim cheio de expectativa para que eu irrompesse em admiração. Como o povo via todas essas coisas técnicas pela primeira vez, acreditava humildemente que a Revolução e os pais Lênin e Trótski as tivessem concebido e inventado. Por isso, sorríamos e admirávamos, enquanto no fundo achávamos graça; que criança maravilhosamente talentosa, bondosa e grande essa Rússia, pensávamos, perguntando: será que o país de fato vai aprender tão depressa a enorme lição que se propôs a estudar? Esse plano continuará a se desenvolver grandiosamente ou ficará atolado no antigo oblomovismo* russo? Num momento eu era confiante, no outro, desconfiava. Quanto mais eu via, menos compreendia.

Mas a ambiguidade estava em mim ou se fundamentava na natureza russa, talvez até na alma de Tolstói que fôramos festejar? Falei sobre isso com Lunatcharski na viagem de trem para Iasnaia Poliana. "O que ele era, um revolucionário ou um reacionário?", perguntou Lunatcharski. "Será que ele próprio sabia o que era? Como verdadeiro russo, quis fazer tudo muito rápido, transformar o mundo inteiro depois de milhares de anos em um piscar d'olhos. Bem como nós", acrescentou, sorrindo. "E com uma fórmula única, exatamente como nós. Quem chama de pacientes a nós, russos, está equivocado. Somos pacientes com nossos corpos e até com nossa alma. Mas com nosso pensamento somos mais impacientes do que qualquer outro povo, queremos sempre saber imediatamente todas as verdades, *a* verdade. E quanto ele se afligiu com isso, o velho homem." E, de fato: quando percorri a casa de Tolstói em Iasnaia Poliana, senti constantemente esse "como se afligiu, o grande velho homem". Ali estava

---

* A partir do personagem-título do romance *Oblómov*, de Ivan Gontcharóv (1859), designa a incapacidade de tomar decisões importantes ou empreender ações significativas.

a mesa na qual escrevera suas obras imorredouras, e ele a deixara para fazer sapatos em um cômodo miserável ao lado, maus sapatos. Ali estava a porta, ali a escada pela qual quisera fugir dessa casa, da ambiguidade de sua existência. Ali estava a espingarda com que matara inimigos na guerra, ele que era inimigo de qualquer guerra. Toda a questão de sua existência se apresentou intensa e sensorialmente para mim nessa casa rural baixa e branca, mas esse aspecto trágico foi logo maravilhosamente amenizado pela ida até o local de seu último repouso.

Pois não vi nada mais grandioso e mais comovente na Rússia do que o túmulo de Tolstói. Só e isolado jaz na floresta esse lugar de peregrinação solene. Uma trilha estreita leva até a colina que não é mais do que um retângulo de terra amontoada, não guardada por ninguém, apenas sombreada por algumas árvores grandes. Como me contou sua neta diante do túmulo, essas árvores altaneiras haviam sido plantadas pelo próprio Leon Tolstói. Quando meninos, seu irmão Nicolau e ele haviam escutado de alguma aldeã a lenda de que o lugar onde se plantam árvores está destinado a ser um lugar de felicidade. Assim, meio de brincadeira, haviam plantado algumas mudas. Só mais tarde Tolstói, já velho, se lembrou da maravilhosa promessa e expressou logo o desejo de ser enterrado sob essas árvores plantadas por ele próprio. Foi o que aconteceu, segundo sua vontade, e tornou-se o túmulo mais impressionante do mundo pela sua comovente singeleza. Um morrinho retangular no meio da floresta, coberto de árvores em flor – *nulla crux, nulla corona!* – sem cruz, sem lápide, sem epitáfio. O homem que, como nenhum outro, sofreu com seu nome e sua fama foi enterrado sem nome, como um mendigo encontrado por acaso, como um soldado desconhecido. Ninguém está proibido de se aproximar do local de seu último repouso, a fina cerca de madeira ao redor não é fechada. Nada, a não ser a veneração das pessoas, guarda o último repouso desse homem irrequieto. Enquanto normalmente a curiosidade se aglomera em torno do fausto de um túmulo, ali a singeleza convincente exclui todo sensacionalismo. O vento sussurra como a palavra de Deus por sobre o túmulo do anônimo, não existe outra voz, as pessoas poderiam passar por ali sem saber mais além de que ali jaz sepultado um russo qualquer na terra russa. Nem a cripta de Napoleão sob o arco de mármore dos Inválidos, nem o ataúde de Goethe na cripta dos príncipes, nem os túmulos na abadia de Westminster impressionam tanto como essa sepultura maravilhosamente silente, comovente, anônima em um lugar qualquer da floresta, onde apenas se ouvem os sussurros do vento, sem mensagem, sem palavra.

Quinze dias estivera eu na Rússia e ainda sentia essa tensão interior, essa névoa de uma leve ebriedade espiritual. O que era que me exaltava tanto? Logo reconheci: eram as pessoas e a cordialidade impulsiva que delas emanava. Todas, da primeira à última, estavam convictas de estarem participando de uma causa imensa que dizia respeito a toda a humanidade, todas imbuídas da certeza de que precisavam aceitar privações e limitações em nome de uma missão mais elevada. O velho sentimento de inferioridade em relação à Europa se transformara em um orgulho ébrio de estar na dianteira, na vanguarda de todos. *Ex Oriente lux* – do Oriente emanava a salvação, era nisso que acreditavam honesta e sinceramente. A verdade tinha sido reconhecida por elas; a elas fora dado realizar o que os outros apenas sonhavam. Quando nos mostravam a coisa mais insignificante, seus olhos brilhavam: "Nós é que fizemos." E esse "nós" era do povo inteiro. O cocheiro que nos levava apontou com o chicote para uma casa nova qualquer, um riso largo no rosto: "Nós é que construímos." Os tártaros e mongóis nos alojamentos de estudantes vinham para mostrar orgulhosamente seus livros: "Darwin!", dizia um. "Marx!", o outro, com orgulho, como se eles próprios tivessem escrito os livros. Incessantemente, aproximavam-se para mostrar, explicar, cheios de gratidão que alguém tivesse vindo para ver a "sua" obra. Anos antes de Stálin, todos tinham confiança ilimitada em um europeu; olhavam-me com olhar bom e leal e apertavam-me a mão fraternalmente e com força. Mas precisamente os mais simples mostravam ao mesmo tempo que gostavam de mim, mas não tinham "respeito" – afinal, eu era irmão, *továrich*, camarada. Entre os escritores não era diferente. Estávamos juntos na casa que antes pertencera a Alexander Herzen, não apenas europeus e russos, mas também tungúsios, georgianos e caucasianos, cada Estado soviético enviara seu delegado para a comemoração do centenário de nascimento de Tolstói. Não conseguia me comunicar com a maioria deles, mas os compreendia. Às vezes, um deles se levantava, vinha em minha direção, dizia o título de um livro que eu escrevera, apontava para o coração como quem diz "adoro", depois pegava minha mão e a sacudia como se quisesse me quebrar todos os ossos de tanto afeto. Mais comovente ainda: cada um me trouxe um presente. Ainda era uma época difícil, eles não possuíam nada de valor, mas cada um ia buscar algo para deixar de lembrança, uma antiga gravura sem valor, um livro que eu nunca conseguiria ler, um entalhe camponês. Para mim, sem dúvida, era mais fácil, porque podia retribuir com preciosidades que a Rússia não vira havia alguns anos – uma lâmina de barbear Gillette, uma caneta-tinteiro, algumas folhas de papel de carta branco e de boa qualidade, um par de pantufas de couro macias, de modo que regressei à Áustria com bagagem mínima. Precisamente a mudez e o afeto impulsivo eram acachapantes, e o que se sentia de maneira palpável era o alcance e o calor para nós desconhecido da ação, pois entre nós nunca se atingia o "povo"; cada encontro com essas pessoas se tornou uma sedução perigosa, à qual alguns dos escritores estrangeiros de fato sucumbiram durante suas estadas na Rússia. Por se verem festejados como nunca e amados pela verdadeira massa, acreditavam precisar elogiar o regime sob o qual eles eram tão lidos e estimados; é da natureza humana retribuir generosidade com generosidade, entusiasmo com entusiasmo. Confesso que eu próprio em certos momentos estive a ponto de me tornar laudatório na Rússia e de me entusiasmar com o entusiasmo.

Se não sucumbi a essa euforia mágica, devo-o menos a uma força própria interior do que a um desconhecido, cujo nome não conheço e jamais saberei. Foi depois de uma festividade com estudantes. Eles me rodearam, abraçaram e apertaram minha mão. Ainda estava embebido do seu entusiasmo, olhei para seus rostos animados com alegria. Quatro ou cinco estudantes me acompanharam para casa, um grupo inteiro, enquanto a intérprete, também uma estudante, traduzia tudo para mim. Só fiquei mesmo sozinho depois de ter fechado a porta do quarto do hotel atrás de mim – na verdade, fiquei só pela primeira vez em doze dias, pois sempre estava acompanhado, cercado, carregado por ondas quentes. Comecei a me despir e tirei o casaco. Senti algo fazer um barulho. Meti a mão no bolso. Era uma carta, uma carta em francês, mas ela não chegara por via postal, era uma carta que alguém devia ter colocado habilidosamente no meu bolso em um desses abraços ou durante alguma aglomeração.

Era uma carta sem assinatura, uma carta sensata, muito humana; não era de um dos "brancos", mas estava cheia de indignação contra a crescente restrição da liberdade nos últimos anos. "Não acredite em tudo o que lhe dizem", escreveu-me esse desconhecido. "Não se esqueça de que, em tudo o que lhe mostram, também deixam de mostrar muita coisa. Lembre-se de que as pessoas que falam com o senhor geralmente não dizem o que querem, mas só o que podem. Somos todos vigiados, e o senhor não menos. Sua intérprete relata cada palavra. O seu telefone é censurado, cada passo é controlado." Ele me deu uma série de exemplos e detalhes que não pude verificar. Mas incinerei a carta, de acordo com a sua ordem. "Não rasgue, pois eles tirariam os pedaços do cesto e reconstituiriam a carta." E pela primeira vez comecei a refletir sobre tudo. Não era verdade que, no meio dessa cordialidade sincera, dessa maravilhosa camaradagem, eu não tivera uma só oportunidade de conversar com alguém à vontade a sós? Meu desconhecimento da língua impedira-me de entrar em contato com as pessoas do povo. E mais: eu vira um minúsculo pedaço do imenso país nessas duas semanas! Se quisesse ser sincero para comigo e com os outros, tinha de admitir que, por mais fascinante e interessante que tivesse sido a impressão em tantos detalhes, não podia ter validade objetiva. Por isso, enquanto quase todos os outros escritores europeus que haviam voltado da Rússia imediatamente publicaram um livro com um "sim" entusiasmado ou um "não" indignado, eu não escrevi mais do que alguns ensaios. E fiz bem em ter essa reserva, pois três meses mais tarde muita coisa já estava diferente do que eu vira, e um ano depois, com as rápidas transformações, toda palavra já teria sido desmentida pelos fatos. Pelo menos eu sentira o fluxo da nossa época na Rússia de maneira tão intensa como raras outras vezes na minha vida.

Ao partir de Moscou, as minhas malas estavam bastante vazias. O que pude dar eu distribuí, trazendo comigo apenas dois ícones que durante muito tempo decoraram o meu quarto. O que trouxe de mais valioso, no entanto, foi a amizade de Máximo Górki, com quem me encontrei pela primeira vez pessoalmente em Moscou. Eu o revi um ou dois anos mais tarde em Sorrento, para onde ele tivera de ir por causa da sua saúde ameaçada, e passei ali três dias inesquecíveis como hóspede em sua casa.

Esse nosso encontro foi, na verdade, bastante insólito. Górki não dominava nenhuma língua estrangeira, e eu não falava russo. Por todas as regras da lógica, teríamos que permanecer mudos um na frente do outro ou manter uma conversa apenas graças à nossa venerada amiga, a baronesa Maria Budberg, que servia de intérprete. Mas de forma alguma era um acaso que Górki fosse um dos mais geniais contistas da literatura universal; narrar, para ele, não era apenas forma de expressão artística, era uma emanação funcional de todo o seu ser. Quando narrava, vivia na narração, transformava-se naquilo que narrava, e eu o entendia, sem compreender a língua, já de antemão pela mera ação plástica do seu rosto. Górki tinha a aparência – eu não teria como dizê-lo de outra forma – de um russo. Nada em seus traços chamava atenção; esse homem alto e magro, com o cabelo cor de palha e as maçãs do rosto salientes, poderia ser um camponês no campo, um cocheiro num carro, um sapateiro, um vagabundo maltrapilho – ele nada mais era do que "povo", do que a forma original concentrada do homem russo. Na rua, seria possível passar por ele sem prestar atenção, sem notar o que havia de especial nele. Só quando se estava diante dele e ele começava a narrar era possível reconhecer quem era. Pois involuntariamente se transformava na pessoa que estava retratando. Lembro – e entendia antes ainda que me fosse traduzido – quando ele descreveu um velho corcunda e cansado que encontrara uma vez em suas caminhadas. A cabeça se abaixou, os ombros ficaram encolhidos, seus olhos, de um azul resplandecente quando ele começou, tornaram-se escuros e cansados, sua voz ficou rouca; sem saber, ele se transformara no velho corcunda. E, quando ele narrava alguma coisa alegre, logo o riso largo irrompia de sua boca, ele se reclinava, sua testa brilhava; era um prazer indescritível escutar enquanto ele punha em torno de si paisagens e pessoas com movimentos redondos, como que esculturais. Tudo nele era simples, natural – o jeito de andar, de sentar, de escutar, sua alegria; certa noite, ele se fantasiou de boiardo, pegou uma espada e logo seu olhar adquiriu nobreza. Com um ar impiedoso, o seu cenho se franziu, ele andou com passos enérgicos de um lado para outro na sala, como se estivesse avaliando um terrível decreto, e no próximo instante, logo que tirou o traje, ria ingenuamente como um menino do campo. Sua vitalidade era um milagre; com seu pulmão destruído, vivia contra todas as leis da medicina, mas uma imensa vontade de viver, um férreo sentimento de dever o mantinham firme; todas as manhãs escrevia com sua caligrafia clara seu grande romance, respondia centenas de perguntas que jovens escritores e operários de sua pátria lhe faziam. Conviver com ele significava, para mim, vivenciar a Rússia, não a bolchevista, nem a antiga, e nem a de hoje, mas a Rússia da alma ampla, intensa e escura do povo eterno. Naquela época, ele não estava decidido intimamente. Como antigo revolucionário, quisera a transformação, fora amigo pessoal de Lênin, mas ainda hesitava em se doar por completo ao partido, em se tornar "sacerdote ou papa", como dizia. Mesmo assim, ficava com a consciência pesada de não estar com os seus naqueles anos em que cada semana trazia novas decisões.

Por acaso, testemunhei naqueles dias uma cena muito característica da nova Rússia que me revelou toda a ambiguidade de Górki. Pela primeira vez aportara em Nápoles um navio de guerra russo em viagem de exercício. Os jovens marinheiros, que nunca haviam estado na metrópole, passeavam em seus uniformes alinhados pela via Toledo e não se cansavam de ver todas as novidades com seus grandes olhos camponeses curiosos. No dia seguinte, um grupo deles decidiu ir a Sorrento para visitar o "seu" poeta. Não anunciaram sua visita; em sua ideia russa de fraternidade, era óbvio para eles que o "seu" poeta teria que ter tempo para recebê-los a qualquer momento. De repente, estavam diante da sua casa e não haviam se enganado; Górki não os fez esperar e mandou que entrassem. Mas – o próprio Górki contou no dia seguinte, rindo – aqueles jovens, para os quais nada era mais importante do que a "causa", inicialmente foram bastante rigorosos com ele. "Como mora aqui? Vive como um burguês. Por que não volta para a Rússia?" Górki teve que lhes explicar tudo detalhadamente, da melhor maneira possível. Mas no fundo os bons rapazes nem eram tão severos. Só queriam mostrar que não tinham "respeito" pela fama e que primeiro verificavam a postura de cada um. Com naturalidade, sentaram-se e tomaram chá, conversaram e no final um após o outro abraçou-o. Foi maravilhoso como Górki narrou a cena, encantado com o modo desembaraçado e livre daquela nova geração e sem estar minimamente ofendido pelo seu jeito direto. "Como éramos diferentes", repetiu várias vezes. "Ou submissos ou cheios de veemência, mas nunca confiantes em nós." A noite inteira os seus olhos brilharam. E quando eu lhe disse: "Acho que você gostaria de ter voltado com eles para casa", ele hesitou, olhou para mim. "Como sabe disso? É verdade, até o último momento ainda pensei se não deveria abandonar tudo, os livros, os papéis e o trabalho, e viajar duas semanas ao léu com esses rapazes em seu navio. Assim eu teria sabido de novo o que é a Rússia. Quando estamos longe perdemos o melhor, nenhum de nós produziu algo de bom no exílio."

Mas Górki se enganava ao chamar Sorrento de exílio. Pois ele podia voltar para a pátria quando quisesse, como de fato fez. Ele não fora degredado com seus livros, com sua pessoa como Merejkovski – que encontrei em Paris tragicamente amargurado –, não como o somos hoje nós, que, de acordo com as belas palavras de Grillparzer, temos "duas terras estrangeiras e não temos pátria"', desalojados de línguas acolhedoras e arrastados pelo vento. Um verdadeiro exilado, por outro lado, um exilado especial, visitei nos dias seguintes em Nápoles: Benedetto Croce. Durante décadas, ele fora o guia espiritual da juventude; como senador e ministro, tivera todas as honras em seu país, até que sua resistência contra o fascismo o colocou em conflito com Mussolini. Ele se demitiu de todos os seus cargos e se retraiu; mas isso não bastou aos intransigentes, que quiseram quebrar sua resistência e até puni-lo, se necessário. Os estudantes, ao contrário de antes, hoje tropa de assalto da reação, invadiram sua casa e quebraram-lhe as vidraças. Mas esse homem baixo e entroncado, que com seus olhos inteligentes e sua barbicha mais parecia um burguês confortável, não se deixou intimidar. Não abandonou o país, ficou em sua casa atrás da muralha dos seus livros, apesar dos convites de universidades americanas e estrangeiras. Continuou a sua revista *Critica* com a mesma orientação, seguiu publicando seus livros, e sua autoridade era tão forte que a censura, normalmente tão implacável, por ordem de Mussolini o poupou, enquanto seus discípulos e correligionários foram inteiramente aniquilados. Procurá-lo era algo que exigia coragem especial para um italiano e até para um estrangeiro, pois as autoridades sabiam muito bem que ele falava sem papas na língua em sua cidadela, seus cômodos repletos de livros. Assim ele vivia como se estivesse em um espaço hermético, uma espécie de garrafa de gás em meio a quarenta milhões de compatriotas. Esse isolamento completo de um indivíduo em uma cidade de milhões, um país de milhões, tinha para mim algo de fantasmagórico e grandioso. Eu ainda não sabia que isso representava uma forma mais branda de assassinato intelectual do que a que nos atingiu mais tarde, e não pude deixar de admirar quanto vigor, quanta energia esse homem já idoso conservava em sua luta cotidiana. Mas ele riu. "É justo a resistência que nos rejuvenesce. Se eu tivesse continuado senador, tudo seria muito fácil para mim e eu teria me tornado intelectualmente preguiçoso e incoerente. Nada prejudica mais o intelectual do que a falta de resistência; só depois que fiquei sozinho e não tenho mais a juventude à minha volta fui obrigado a rejuvenescer."

No entanto, foi preciso passarem alguns anos até eu compreender que a provação desafia, a perseguição fortalece e o isolamento eleva o indivíduo, se não o destrói. Como todas as coisas essenciais da vida, não se aprende isso com experiências alheias, e sim, sempre, só com o próprio destino.

O FATO DE NUNCA ter me encontrado com o homem mais importante da Itália, Mussolini, deve-se à minha inibição em aproximar-me de personalidades políticas; nem mesmo na minha pátria, a pequena Áustria, jamais me encontrei com nenhum dos líderes estadistas – nem Seipel, nem Dollfuss, nem Schuschnigg –, o que não deixa de ser uma façanha. No entanto, seria meu dever agradecer pessoalmente a Mussolini – o qual, como me contaram amigos em comum, foi um dos primeiros e mais importantes leitores dos meus livros na Itália – pela maneira espontânea com que atendeu ao primeiro pedido que jamais dirigi a um estadista.

Foi assim: certo dia, recebi uma carta expressa de um amigo de Paris dizendo que uma senhora italiana iria me procurar em Salzburgo para falar de um assunto importante e pedindo que eu a recebesse imediatamente. Ela veio no dia seguinte, e o que me contou foi deveras estarrecedor. Seu marido, um excelente médico de origem pobre, tivera seus estudos custeados por Matteotti. Por ocasião do brutal assassinato desse líder socialista pelos fascistas, a consciência mundial, já cansada, havia voltado a reagir com exasperação contra um crime. O fiel amigo fora um dos seis homens corajosos que ousaram carregar publicamente o caixão do assassinado pelas ruas de Roma; pouco depois, boicotado e ameaçado, ele se refugiou no exílio. Mas o destino da família Matteotti não o deixou em paz consigo mesmo, e em homenagem ao seu benfeitor quis ajudar a levar seus filhos para o exterior. Nessa tentativa, caíra nas mãos de espiões ou agentes provocadores, sendo preso. Como qualquer tipo de lembrança de Matteotti era constrangedora para a Itália, um processo por esse motivo não poderia ter sido muito ruim para o marido em questão; mas o procurador o colocou simultânea e habilidosamente em um processo sobre um plano de atentado a bomba contra Mussolini. E o médico, que fora condecorado com as mais altas medalhas em campo de batalha, acabou condenado a dez anos de cárcere.

Era compreensível que a jovem senhora estivesse muito nervosa. Disse-me que era preciso fazer alguma coisa contra essa sentença, à qual seu marido dificilmente sobreviveria. Pediu-me que a ajudasse a reunir todos os nomes literários da Europa em um sonoro protesto. Eu a desaconselhei logo a tentar qualquer coisa através de protestos. Sabia que, desde a guerra, esse tipo de manifestação estava desgastado. Tentei fazê-la compreender que, por orgulho nacional, nenhum país permitiria interferências externas em seu sistema judiciário e que o protesto europeu no caso de Sacco e Vanzetti tivera mais consequências negativas do que positivas nos Estados Unidos. Instei-a a não empreender nada nesse sentido. Apenas pioraria a situação do seu marido, pois, mesmo que pudesse, Mussolini não mandaria suavizar a pena se alguém tentasse obrigá-lo de fora. Mas, genuinamente comovido, prometi fazer tudo o que estivesse ao meu alcance. Disse que, por acaso, na semana seguinte viajaria para a Itália, onde tinha bons amigos em posições influentes. Quem sabe eles poderiam agir discretamente em seu benefício?

Tentei logo no primeiro dia. Mas vi o quanto o pavor já tinha se instalado nas almas. Mal eu tocava no nome, todos ficavam constrangidos e diziam não ter como influir, que era totalmente impossível. Foi assim com todos. Voltei envergonhado, pois a infeliz poderia achar que eu não havia feito todas as tentativas possíveis. E não tinha mesmo. Restava uma possibilidade – o caminho direto, aberto: escrever ao homem em cujas mãos estava a decisão, ao próprio Mussolini.

Foi o que fiz. Dirigi uma carta realmente honesta a ele. Escrevi que não pretendia começar com bajulações e que devia dizer logo que não conhecia nem o homem nem a extensão de seus atos. Mas havia encontrado a esposa, que indubitavelmente era inocente, e que também sobre ela recairia com toda a força a pena se o seu marido passasse aqueles anos na prisão. Disse que não pretendia, de forma alguma, criticar a sentença, mas que imaginava que significaria salvar a vida da mulher se seu marido, em vez de ir para o cárcere, fosse levado para uma das ilhas-prisão onde se permitia que mulheres e filhos morassem com os exilados.

Peguei a carta endereçada a Sua Excelência, Benito Mussolini, e a joguei na caixa coletora normal dos correios em Salzburgo. Quatro dias depois, a Legação Italiana em Viena me transmitiu os agradecimentos de Sua Excelência, informando que ele atendera ao meu pedido, tendo previsto também uma redução do tempo da pena. Ao mesmo tempo, chegou um telegrama da Itália já confirmando a transferência solicitada. De uma só e rápida penada, Mussolini em pessoa atendera ao meu pedido e, de fato, pouco depois o condenado foi totalmente indultado. Nenhuma carta na minha vida me proporcionou mais alegria e satisfação, e, quando me lembro de qualquer sucesso literário, penso nesse com especial gratidão.

ERA BOM VIAJAR naqueles últimos anos de calmaria. Mas também era bom voltar para casa. Uma transformação insólita se processara em silêncio. A pequena cidade de Salzburgo com seus 40 mil habitantes, que eu escolhera por causa de seu isolamento romântico, mudara de maneira surpreendente: no verão, tornara-se a capital artística não apenas da Europa, mas do mundo todo. Para amenizar a miséria dos atores e músicos que ficavam sem trabalho durante o verão, Max Reinhardt e Hugo von Hofmannsthal haviam organizado, nos anos mais difíceis do pós-guerra, algumas apresentações, em especial as célebres apresentações ao ar livre da peça *Jedermann* na praça da catedral de Salzburgo, que inicialmente atraíam visitantes das redondezas. Depois, tentaram também apresentações de ópera, que foram se tornando cada vez melhores e mais perfeitas. Aos poucos, o mundo ficou atento. Os melhores regentes, cantores e atores se ofereciam, ambiciosos e felizes com a oportunidade de mostrar sua arte também diante de um público internacional, e não apenas para o seu público local. De repente, o Festival de Salzburgo se tornou uma atração mundial, uma espécie de jogos olímpicos das artes, nos quais todas as nações concorriam para mostrar suas melhores realizações. Ninguém mais queria perder essas apresentações extraordinárias. Reis e príncipes, milionários americanos e divas do cinema, os amigos da música, os artistas, os poetas e os esnobes se encontravam em Salzburgo; nunca antes, na Europa, tinha havido semelhante concentração de perfeição no teatro e na música como nessa cidadezinha da pequena e por tanto tempo desprezada Áustria. Salzburgo floresceu. Nas suas ruas era possível encontrar, no verão, qualquer pessoa da Europa e da América que buscasse na arte a forma máxima da representação – em trajes típicos locais, calças curtas brancas de linho e casaco para os homens e traje típico colorido para as mulheres. A pequena Salzburgo, de repente, começou a ditar a moda para o mundo. Disputavam-se os quartos nos hotéis, a rampa de subida dos automóveis até a Festspielhaus era tão pomposa quanto antes a chegada aos bailes da corte imperial, a estação de trem estava sempre lotada. Outras cidades tentaram atrair para si essa corrente de ouro, mas nenhuma conseguiu. Salzburgo era e permaneceu nessa década o lugar de peregrinação artística da Europa.

Assim foi que, de repente, passei a morar no meio da Europa na minha própria cidade. Mais uma vez, o destino realizara um desejo que eu próprio mal ousara imaginar, e nossa casa no Kapuzinerberg, o morro dos Capuchinhos, tornou-se uma casa europeia. Quem é que não passou por ali? Nosso livro de visitantes poderia atestar melhor do que a mera lembrança, mas esse livro também ficou para os nazistas, junto com a casa e muitas outras coisas. Com quem não passamos ali horas afáveis, olhando do terraço a paisagem bela e pacífica, sem imaginar que precisamente ali, do outro lado, na montanha de Berchtesgaden, estava o homem que iria destruir aquilo tudo? Romain Rolland foi nosso hóspede, Thomas Mann também; dentre os escritores, recebemos com amizade H.G. Wells, Hofmannsthal, Jakob Wassermann, Van Loon, James Joyce, Emil Ludwig, Franz Werfel, Georg Brandes, Paul Valéry, Jane Adams, Shalom Asch, Arthur Schnitzler; dentre os músicos, Ravel e Richard Strauss, Alban Berg, Bruno Walter, Bartók, e quantos mais ainda dentre todos os pintores, atores, eruditos de todos os rincões? Quantas horas boas e alegres de conversa elevada nos trazia cada verão! Um dia, Arturo Toscanini galgou os degraus íngremes até a nossa casa, e nesse momento começou uma amizade que me fez amar e fruir a música ainda mais e com mais conhecimento do que antes. Durante anos, fui ouvinte assíduo nos seus ensaios, assistindo sempre à luta apaixonada com a qual ele conseguia aquela perfeição que depois, nos concertos públicos, parece ser ao mesmo tempo um milagre e uma obviedade (tentei em um artigo descrever esses ensaios, que representam para todo artista o estímulo mais exemplar para nunca desistir antes de conseguir a perfeição total). Para mim se confirmou de forma magnífica a expressão de Shakespeare, para quem a "música é o alimento da alma", e olhando para a competição entre as artes bendisse o destino que me concedeu agir sempre unido a elas. Quão ricos, quão coloridos eram esses dias de verão em que a arte e a paisagem abençoada se exaltavam mutuamente! E sempre quando olho para trás e me lembro da cidadezinha, tão cinzenta e deprimida logo depois da guerra, quando me lembro da nossa própria casa em que, morrendo de frio, lutávamos contra a chuva que caía pelo telhado, percebo o que esses benditos anos da paz fizeram pela minha vida. Permitiram que se pudesse voltar a acreditar no mundo, na humanidade.

Muitos hóspedes célebres desejados vieram à nossa casa naqueles anos, mas também nos momentos de solidão havia à minha volta um círculo mágico de figuras sublimes cuja sombra e vestígios eu conseguira conjurar pouco a pouco: na minha já mencionada coleção de manuscritos, reuniram-se os maiores mestres de todos os tempos sob a forma de sua escrita. Graças a muita experiência, recursos mais abundantes e uma paixão ainda maior, o que eu começara a fazer aos quinze anos como diletante deixara de ser um simples conjunto para se transformar em um corpo orgânico e, posso afirmar, em uma verdadeira obra de arte. No início, como todo principiante eu tentara apenas juntar nomes famosos; depois, por curiosidade psicológica, só colecionava manuscritos – originais ou fragmentos de obras que, ao mesmo tempo, me permitiam lançar um olhar sobre o modo de criação dos mestres adorados. Dos inúmeros mistérios insolúveis do mundo, o mais profundo e mais misterioso continua sendo o segredo da criação. É onde a natureza não deixa que a espreitem, nunca ela permitirá que se veja esse seu maior truque, como a Terra surgiu e como surgem uma pequena flor, um poema e um ser humano. É onde ela se cobre com um véu, impiedosa e inflexível. Mesmo o poeta ou o músico não será mais capaz de explicar *a posteriori* o momento de sua inspiração. Uma vez concluída a criação da obra, o artista já não sabe da origem nem do desenvolvimento dela. Nunca, ou quase nunca, ele consegue explicar como, em seus sentidos elevados, as palavras constituem uma estrofe, como os diferentes sons formam melodias que depois seguem ressoando através dos séculos. A única coisa que pode dar uma ligeira noção desse processo de criação impalpável são as folhas manuscritas e principalmente os primeiros rascunhos ainda não destinados à impressão e recheados de correções, a partir dos quais aos poucos se cristaliza a futura forma definitiva. Juntar tais manuscritos corrigidos – e, portanto, testemunhas da luta no seu trabalho – de todos os grandes poetas, filósofos e músicos foi a segunda fase, a de maior sabedoria, da minha atividade de colecionar. Para mim, era prazeroso procurá-los em leilões, esforço feito com gosto, ou buscá-los nos lugares mais escondidos, e era ao mesmo tempo uma espécie de ciência, pois pouco a pouco surgiu, ao lado da minha coleção de originais, outra coleção, que abrangia todos os livros existentes sobre manuscritos originais de obras, todos os catálogos jamais impressos, mais de quatro mil, uma pequena biblioteca sem igual e sem rival, porque nem os comerciantes de antiguidades conseguiam dedicar tanto tempo e amor a uma especialidade. Posso até afirmar – o que eu jamais ousaria dizer com referência à literatura ou a outra área da vida – que nesses trinta ou quarenta anos me tornei uma autoridade no ramo dos manuscritos. Sabia de qualquer manuscrito importante onde estava, a quem pertencia e como chegara às mãos do seu dono. Eu era, portanto, um verdadeiro conhecedor, desses que sabem determinar à primeira vista a autenticidade, e mais experiente na avaliação do que a maioria dos profissionais.

Mas aos poucos a minha ambição de colecionador foi aumentando. Já não me bastava possuir uma mera galeria manuscrita da literatura universal e da música, um reflexo das mil maneiras de métodos criativos; a mera ampliação da coleção já não me seduzia. O que fiz nos últimos dez anos foi requintar constantemente a minha coleção. Se, de início, ainda me bastava ter manuscritos de um poeta ou de um músico que o revelavam em um momento criativo, aos poucos os meus esforços buscavam representar cada um deles no seu momento criativo mais feliz, no momento de seu máximo êxito. Portanto, eu buscava de um poeta não apenas o manuscrito de um de seus poemas, mas de um dos seus mais belos poemas, de preferência um daqueles poemas que se tornam eternos a partir do minuto em que a inspiração encontra expressão terrena pela primeira vez a tinta ou a lápis. Eu queria dos imortais – que pretensão ousada! –, na forma da relíquia de seu manuscrito, precisamente aquilo que os tornara imortais.

Assim, a minha coleção ia se modificando o tempo todo; cada folha menos valiosa era vendida ou trocada tão logo eu conseguia encontrar outra mais essencial, mais característica, mais, por assim dizer, cheia de eternidade. E milagrosamente eu conseguia isso em muitos casos, pois poucos além de mim colecionavam as peças mais importantes com tanto conhecimento, tanta tenacidade e tanto saber. Assim, reuni primeiro uma pasta, depois uma caixa inteira que, com metal e asbesto, preservava de qualquer estrago os manuscritos originais de obras ou de partes de obras que estão entre as manifestações mais duradouras da humanidade criadora. Nômade como sou obrigado a viver hoje, já não tenho mais à mão o catálogo daquela coleção há muito espalhada pelo mundo, e só posso listar a esmo alguns dos objetos em que o gênio humano se revelou durante um momento da eternidade.

Havia uma folha do livro de trabalho de Leonardo da Vinci, anotações em escrita espelhada referentes a desenhos; havia, em quatro páginas, uma ordem do dia militar de Napoleão em letra quase ilegível para seus soldados em Rivoli; havia a boneca de um romance inteiro de Balzac, cada folha um campo de batalha com mil correções, revelando com uma nitidez indescritível o seu combate titânico de uma correção para outra (felizmente, salvou-se uma fotocópia para uma universidade americana). Havia o *Nascimento da tragédia* de Nietzsche em uma primeira versão desconhecida, escrita muito antes da publicação para a amada Cosima Wagner, uma cantata de Bach e a ária da *Alceste* de Gluck e uma de Händel, cujos manuscritos musicais são os mais raros de todos. Eu sempre buscava – e em geral achava – o que havia de mais característico, as *Canções ciganas* de Brahms, a *Barcarola* de Chopin, a imortal *An die Musik* de Schubert, a melodia imorredoura *Gott erhalte* do quarteto imperial de Haydn. Em alguns casos, consegui até mesmo ampliar a forma única da criação para toda uma trajetória da individualidade criativa. Assim, de Mozart eu não possuía apenas uma folha com a escrita desajeitada do menino de onze anos, mas, como sinal de sua arte do *lied*, também o imortal "Das Veilchen" de Goethe; de sua música de dança, os minuetos, parafraseando o "Non più andrai" do *Fígaro*; e, do próprio *Fígaro*, a ária de Querubim; por outro lado, havia as cartas à priminha, encantadoramente indecentes, nunca publicadas na íntegra, um cânone escabroso e, por fim, ainda uma folha que ele escrevera pouco antes de sua morte, uma ária da *Clemência de Titus*.

Da mesma forma estava margeado o arco da vida no caso de Goethe: a primeira folha uma tradução do latim do garoto de nove anos, a última um poema, escrito aos 82 anos, pouco antes da morte, e, no meio disso, uma folha poderosa da sua obra-prima, uma folha de duas páginas do *Fausto*, um manuscrito sobre ciências, vários poemas e, além disso, desenhos dos diferentes estágios de sua vida; a partir dessas quinze folhas, era possível ter uma visão de toda a vida de Goethe. No caso de Beethoven, o mais venerado de todos, não consegui montar uma visão tão completa. Assim como no caso de Goethe meu rival era o meu editor, o professor Kippenberg, com relação a Beethoven tive por adversário um dos homens mais ricos da Suíça, que acumulou um tesouro sem igual de manuscritos desse compositor. Mas, além de possuir o caderno de anotações de sua juventude, a canção *Der Kuß* e fragmentos da ópera *Egmont,* consegui representar visualmente pelo menos um momento, o mais trágico de sua vida, em uma perfeição como nenhum museu da Terra consegue fazer. Por um lance de sorte, pude adquirir todo o mobiliário que restava de seu quarto e fora leiloado depois de sua morte, tendo sido arrematado então pelo conselheiro Breuning, sobretudo a grande escrivaninha, em cujas gavetas estavam escondidos os dois retratos de suas amadas, a condessa Giulietta Guicciardi e a condessa Erdödy, o pequeno cofre que ele guardou até o último instante ao lado de sua cama, a mesinha na qual, já acamado, escreveu as últimas composições e cartas, um cacho de seus cabelos brancos, cortado no leito de morte, o convite para o enterro, o último bilhete com anotações sobre sua roupa, escrito com letra trêmula, o documento do inventário doméstico no leilão e a subscrição de todos os seus amigos de Viena em favor de sua cozinheira Sali, que ficara sem sustento. E, como o acaso sempre favorece o verdadeiro colecionador, pouco depois de adquirir todos esses objetos do quarto onde ele morrera ainda tive a oportunidade de comprar os três desenhos de seu leito de morte. A partir das descrições de contemporâneos sabia-se que um jovem pintor e amigo de Schubert, Josef Teltscher, tentara desenhar o moribundo naquele dia 26 de março, quando Beethoven agonizava, mas que fora expulso pelo conselheiro Breuning, o qual considerava isso um ato sem piedade. Durante cem anos, esses desenhos ficaram desaparecidos, até que num pequeno leilão em Brünn várias dezenas de cadernos de rascunho desse pintorzinho foram vendidos a um preço baixíssimo, entre os quais se encontraram de repente esses esboços. E, como um acaso chama outro, um belo dia um comerciante me telefonou perguntando se eu estava interessado no original do desenho junto ao leito de morte de Beethoven. Respondi que eu já o possuía, mas verificou-se depois que a nova folha que me fora oferecida era o original da litografia que Danhauser fizera de Beethoven em seu leito de morte, que mais tarde se tornou tão célebre. E assim eu reunira tudo o que preservava de uma forma visível esse último momento memorável e verdadeiramente inesquecível.

Obviamente nunca me senti dono desses objetos, e sim o seu depositário. O que me atraía não era o sentimento da posse, e sim o encanto de reunir e de formar uma coleção para constituir uma obra de arte. Tinha consciência de, com essa coleção, ter criado algo mais digno de sobreviver do que a minha própria obra. Apesar de muitas ofertas, hesitei em organizar um catálogo, porque ainda estava no meio da obra, e muitos nomes e muitas peças ainda não tinham as formas mais perfeitas. Minha firme intenção era legar essa coleção singular depois da minha morte a um instituto que cumprisse a minha condição especial de empregar todos os anos uma soma determinada para continuar completando-a da forma como eu queria. Assim, ela nunca permaneceria estanque, mas seria um organismo vivo, completando-se e aperfeiçoando-se cinquenta e cem anos depois da minha própria vida para formar um todo cada vez mais belo.

Mas à nossa geração, que passou por tantas provações, foi proibido pensar no futuro. Quando começou a época de Hitler e abandonei a minha casa, acabou o prazer de colecionar, bem como a garantia de conservar qualquer coisa para sempre. Durante algum tempo, ainda deixei partes em cofres de bancos e na casa de amigos, mas depois, seguindo a advertência de Goethe de que museus, coleções e armarias perdem seu valor quando não são desenvolvidos, preferi despedir-me de uma coleção à qual não podia continuar dando meu esforço. Uma parte eu doei à Biblioteca Nacional de Viena como despedida, principalmente as peças que eu recebera de presente de amigos, outra parte eu vendi, e o que aconteceu ou acontece com o resto não me aflige muito. Minha alegria sempre foi a criação, e nunca o que já foi criado. Assim, não lastimo o que já possuí. Pois se nós, os acossados e perseguidos de um tempo que é inimigo de qualquer arte e qualquer coleção, ainda tivemos que aprender uma nova arte, esta foi a arte de despedir-nos de tudo o que alguma vez foi nosso orgulho e o nosso amor.

Assim se passaram os anos com trabalho e viagens, aprendendo, lendo, colecionando e fruindo. Um dia em novembro de 1931, acordei e tinha cinquenta anos. A data proporcionou um péssimo dia para o bom carteiro de Salzburgo com seus cabelos brancos. Como na Alemanha reinava o bom hábito de homenagear o quinquagésimo aniversário de um autor em todos os jornais, o velho teve de subir os degraus íngremes com uma carga considerável de cartas e telegramas. Antes de abri-las e lê-las, refleti sobre o que esse dia significava para mim. O quinquagésimo ano de vida é um ponto de virada; olha-se para trás, preocupado com o caminho já percorrido e perguntando-se se ele continuará ascendente. Lembrei-me do tempo já vivido; assim como, da minha casa, olhava para a cadeia dos Alpes e o vale suave em declive, olhei para esses cinquenta anos em retrospectiva e admiti que seria uma profanação não me sentir grato. Afinal, a mim fora dado mais, incomensuravelmente mais do que eu esperara obter ou conseguir. O meio através do qual quis desenvolver e expressar o meu ser – a produção poética e literária – produzira um efeito que superava em muito os meus mais arrojados sonhos de menino. Como homenagem da Insel Verlag pelo meu aniversário de cinquenta anos, tinha sido impressa uma bibliografia dos meus livros publicados em todas as línguas, o que em si mesmo já era um livro; não faltava nenhuma língua, não faltavam o búlgaro, o finlandês, o português, o armênio, o chinês e o marata. Minhas palavras e meus pensamentos haviam chegado até as pessoas em braile, em estenografia, em todos os caracteres e idiomas exóticos. Eu ampliara a minha vida incomensuravelmente além do espaço do meu ser. Ganhara alguns dos melhores do nosso tempo como amigos pessoais, vira as representações mais perfeitas; pudera ver e fruir as cidades eternas, os quadros eternos, as mais belas paisagens da Terra. Permanecera livre, independente de cargo e profissão, meu trabalho era minha alegria e, mais ainda, proporcionara alegria para outros! O que ainda podia acontecer de ruim? Havia os meus livros: quem poderia acabar com eles? (Assim pensava eu, sem imaginar nada, naquele momento.) Havia a minha casa – e quem poderia me expulsar dela? Meus amigos – poderia algum dia perdê-los? Pensava sem medo na morte, na doença, mas não veio à minha cabeça nem a imagem mais distante daquilo que eu ainda haveria de vivenciar, que eu, apátrida, acossado, perseguido como degredado, ainda teria que peregrinar de um país a outro, por mares, que meus livros seriam queimados, proibidos, condenados, meu nome difamado na Alemanha como o de um criminoso e que os mesmos amigos cujas cartas e telegramas estavam diante de mim sobre a mesa empalideceriam se me encontrassem por acaso. Que pudesse vir a ser extinto, sem deixar vestígio, tudo o que trinta e quarenta anos haviam produzido com perseverança, que toda essa vida construída, firme e aparentemente inabalável como se apresentava a mim, poderia desmoronar e que eu pudesse ser obrigado, perto do ápice, a recomeçar com as forças já facilmente abaladas e com a alma conturbada. É verdade, não era um dia para pensar em coisas tão insensatas e absurdas. Eu tinha razão de estar contente. Amava o meu trabalho e, por isso, amava a vida. Estava protegido de preocupações; mesmo que não escrevesse mais nenhuma linha, meus livros cuidavam de mim. Tudo parecia ter sido alcançado, o destino parecia domado. A segurança que eu conhecera na casa paterna e que se perdera durante a guerra fora reconquistada com forças próprias. O que mais havia a desejar?

Mas, curioso: justo o fato de não saber o que desejar naquele momento criou em mim um misterioso desconforto. Seria realmente bom, perguntou alguma coisa dentro de mim – que não era eu mesmo –, que a tua vida continuasse assim, tão calma, tão regrada, tão bem-remunerada, tão cômoda, sem uma nova tensão, sem provação? Essa existência tão privilegiada e tão segura, no fundo ela se coaduna contigo? Caminhei pela casa, pensativo. Ela se tornara bela naqueles anos, exatamente da maneira como eu a sonhara. Mesmo assim: deveria eu viver ali para sempre, sempre sentado à mesma escrivaninha e escrevendo livros, um livro e mais um livro, e depois receber os direitos e mais direitos, tornando-me aos poucos um senhor circunspecto que precisa administrar o seu nome e a sua obra corretamente e com a postura adequada, apartado já de qualquer acaso, de todas as tensões e de todos os perigos? Tudo deveria continuar assim, até os sessenta, os setenta, sempre em trilhos retos e planos? Não seria melhor para mim – foi como algo sonhou dentro de mim – que surgisse algo diferente, algo de novo, algo que haveria de me tornar mais inquieto, mais tenso, mais jovem ao me desafiar a um novo combate, talvez ainda mais perigoso? Em todo artista mora sempre um conflito misterioso: se a vida o sacode muito, ele anseia por calma; mas, quando tem calma, anseia pelas tensões. Assim, nesse aniversário de cinquenta anos, no fundo eu só tive um desejo pecaminoso: que acontecesse alguma coisa que me arrancasse mais uma vez daquela segurança e daquele conforto, que me obrigasse a não apenas prosseguir, mas a recomeçar. Terá sido o medo da idade, do cansaço, de me acomodar? Ou uma intuição misteriosa que então me fez desejar uma vida diferente, mais dura, em nome do desenvolvimento interior? Não sei.

Não sei. Pois o que emergiu naquele estranho momento do crepúsculo do inconsciente não foi nenhum desejo claramente expresso e com certeza nada ligado à vontade desperta. Foi apenas um pensamento fugidio que me tangenciou, talvez nem fosse um pensamento meu e sim proveniente de profundezas que eu desconhecia. Mas o poder oculto sobre a minha vida, o poder impalpável que já me proporcionou tanta coisa que eu mesmo nunca ousei desejar, deve tê-lo escutado. E já ergueu obedientemente a mão para destruir minha vida até o último alicerce e me obrigar a reconstruir a partir dos seus escombros uma outra vida, mais dura e mais difícil.

Incipit Hitler

É UMA LEI inelutável da história a de que ela interdita justamente aos contemporâneos identificar logo os grandes movimentos que determinam sua época. Dessa forma, não consigo lembrar quando escutei pela primeira vez o nome de Adolf Hitler, esse nome em que há anos somos obrigados a pensar ou pronunciar a cada dia, quase a cada segundo em um contexto qualquer, o nome do homem que trouxe mais desdita para o nosso mundo do que qualquer outro até hoje. Em todo caso, deve ter sido há muito tempo, pois, a duas horas e meia de trem de distância de Munique, nossa Salzburgo era uma espécie de cidade vizinha, fazendo com que questões meramente locais logo chegassem ao nosso conhecimento. Só sei que um dia – nem saberia mais reconstruir a data – chegou um conhecido e se queixou de que Munique voltara a ficar turbulenta. E que havia por lá um agitador violento chamado Hitler que organizava encontros com pancadarias e instigava a população de maneira a mais vulgar contra a República e contra os judeus.

O nome soou para mim vazio e desimportante. Nem pensei mais nele. Pois quantos nomes de agitadores e golpistas surgiam então na Alemanha arruinada para logo depois desaparecer? O do capitão Ehrhardt com suas tropas do Báltico, o de Wolfgang Kapp, o dos assassinos políticos da República de Weimar, dos comunistas bávaros, dos separatistas da Renânia, o dos líderes paramilitares dos Freikorps. Na fermentação geral havia centenas dessas pequenas bolhas que, mal arrebentavam, não deixavam para trás mais do que um mau cheiro que indicava nitidamente o processo secreto de putrefação na ferida ainda aberta da Alemanha. Passou-me pelas mãos até o jornalzinho daquele novo movimento nacional-socialista, o *Miesbacher Anzeiger* (o qual, mais tarde, se transformaria no *Völkischer Beobachter*). Mas, afinal, Miesbach era uma pequena aldeia e o jornaleco era mal escrito. Quem se importava com aquilo?

Porém de repente surgiram em Reichenhall e Berchtesgaden, localidades da fronteira às quais eu ia quase toda semana, pequenos grupos – que iam crescendo cada vez mais – de jovens rapazes de coturnos e camisas marrons, cada um com uma faixa de cor berrante com uma suástica no braço. Eles organizavam reuniões e paradas, desfilavam pelas ruas cantando e gritando em coro, colavam gigantescos cartazes nas paredes e as sujavam com suásticas; pela primeira vez me dei conta de que por trás desses bandos que surgiram de repente deviam existir forças financeiras e também influentes. Não podia ser só esse homem, Hitler, que então ainda fazia seus discursos exclusivamente em cervejarias bávaras, quem equipara esses milhares de jovens em um aparato tão dispendioso. Deviam ser mãos mais poderosas que fomentavam esse novo "movimento". Pois os uniformes eram reluzentes, as "tropas de assalto", enviadas de uma cidade a outra, dispunham de uma frota espantosa de automóveis, motocicletas e caminhões impecavelmente novos, numa época de miséria e em que os verdadeiros veteranos do exército ainda perambulavam em uniformes rotos. Além disso, era notório que esses jovens eram taticamente treinados – ou, como se dizia à época, "paramilitarmente" disciplinados – por uma liderança militar, e que devia ser a própria Reichswehr, em cujo serviço secreto Hitler estivera desde o início como espião, que dava treinamento técnico regular a um material que lhe havia sido colocado à disposição. Por acaso, logo tive oportunidade de observar uma dessas "operações de combate" previamente ensaiadas. Em uma das localidades fronteiriças, onde acontecia uma reunião social-democrata da maneira mais pacífica, de repente chegaram em alta velocidade quatro caminhões cheios de rapazes nacional-socialistas armados de cassetetes de borracha e, exatamente como eu vira em Veneza na praça São Marcos, surpreenderam as pessoas, que não estavam preparadas para isso, com sua velocidade. Era o mesmo método copiado dos fascistas, apenas treinado com maior precisão militar e preparado sistematicamente nos mínimos detalhes, bem de acordo com o espírito alemão. Obedecendo a um apito, os homens da SA saltaram com rapidez dos caminhões, bateram com seus cassetetes em qualquer um que encontrassem pela frente e, antes que a polícia pudesse intervir ou os operários reagir, já haviam saltado de novo nos carros, saindo em alta velocidade. O que me impressionou foi a técnica exata desse desembarque e embarque, que sempre acontecia obedecendo a um único apito agudo do chefe do bando. Via-se que cada rapaz sabia de antemão até o último músculo e o último nervo onde se apoiar, em que roda e que lugar no caminhão subir, para não atrapalhar o próximo, colocando assim tudo em risco. Não se tratava de nenhuma destreza individual, mas cada um desses movimentos devia ter sido ensaiado dezenas, talvez centenas de vezes antes em casernas e praças de guerra. Essa tropa – isso me mostrou o primeiro olhar – fora treinada desde o início para ataque, violência e terror.

Logo se ouviu mais sobre essas manobras subterrâneas na região bávara. Quando todos dormiam, os jovens rapazes saíam sorrateiramente de suas casas e se reuniam para exercícios noturnos. Oficiais da Reichswehr da ativa ou da reserva, pagos pelo Estado ou pelos estranhos patrocinadores do partido, instruíam esses grupos sem que as autoridades dessem muita atenção a essas misteriosas manobras noturnas. Estariam mesmo dormindo ou apenas faziam vista grossa? Consideravam o movimento desimportante ou até fomentavam secretamente a sua expansão? Seja como for, os mesmos que apoiavam o movimento secretamente se assustaram depois com a brutalidade e a rapidez com que de repente adquiriu força. Um dia, as autoridades acordaram e Munique estava nas mãos de Hitler, todos os cargos ocupados, os jornais obrigados com revólveres a anunciar triunfantes o êxito da revolução. Como surgido das nuvens – para as quais a República inocente olhava, sonhadora – apareceu o *deus ex machina*, o general Ludendorff, o primeiro de tantos que achavam possível passar Hitler para trás e que, no lugar disso, foram por ele ludibriados. De manhã começou o famoso *putsch*, que deveria conquistar a Alemanha. Sabidamente, estava terminado ao meio-dia (não preciso contar aqui a história universal). Hitler fugiu e logo foi preso; com isso, o movimento parecia extinto. Naquele ano de 1923 desapareceram as suásticas, as tropas de choque, e o nome de Adolf Hitler caiu praticamente no esquecimento. Ninguém mais pensou nele como possível fator de poder.

Ele só ressurgiu depois de alguns anos, e agora a onda ascendente da insatisfação o elevou com rapidez. A inflação, o desemprego, as crises políticas e, não menos importante, a insensatez dos países estrangeiros haviam revolucionado o povo alemão; havia uma enorme demanda por ordem em todos os círculos do povo alemão, para quem a ordem desde sempre valeu mais do que a liberdade e a justiça. E quem prometia ordem – até Goethe disse que a desordem lhe era mais desagradável do que uma injustiça – desde já podia contar com centenas de milhares de seguidores.

Mas nós ainda não percebíamos o perigo. Os poucos entre os escritores que realmente tinham se dado o trabalho de ler o livro de Hitler ironizavam o estilo pomposo de sua prosa em vez de se ocupar com o seu programa. No lugar de alertar, os grandes jornais democráticos tranquilizavam os seus leitores todos os dias dizendo que aquele movimento, que realmente só com muito esforço financiava sua enorme agitação com recursos da indústria pesada e ousadas dívidas, estaria fadado a ruir inevitavelmente amanhã ou depois de amanhã. Mas talvez no estrangeiro nunca se tenha compreendido a verdadeira razão pela qual a Alemanha subestimou de tal forma a pessoa e o crescente poder de Hitler em todos esses anos. A Alemanha não apenas sempre foi uma sociedade de classes, como era dominada também, dentro desse ideal, por uma inabalável superestima e idolatria da "erudição". Com exceção de alguns generais, os altos cargos no Estado eram reservados aos "acadêmicos eruditos". Enquanto um Lloyd George na Inglaterra, um Garibaldi e um Mussolini na Itália, um Briand na França realmente ascenderam do povo aos cargos mais elevados de um estadista, para um alemão era impensável que um homem que nem mesmo terminara a escola, muito menos fizera uma faculdade, que alguém que pernoitara em albergues masculinos e levara uma vida misteriosa até hoje nunca esclarecida pudesse sequer chegar perto de um posto que fora ocupado por um barão Von Stein, um Bismarck, um príncipe Bülow. Essa mania de "erudição" foi a principal responsável por induzir os intelectuais alemães a enxergar em Hitler ainda o agitador de cervejarias que nunca poderia ser seriamente perigoso, quando ele, graças aos seus mandachuvas invisíveis, já ganhara poderosos apoiadores nos círculos mais diversos. E mesmo quando ele, naquele dia de janeiro em 1933, se tornou chanceler, a grande multidão e até os que o empurraram para esse posto consideravam-no apenas um ocupante provisório do cargo, e o domínio nacional-socialista, um mero episódio.

Naquela ocasião, a técnica cinicamente genial de Hitler se revelou pela primeira vez em grande estilo. Havia anos ele fizera promessas para todos os lados ganhando importantes representantes em todos os partidos, das quais cada um julgava poder se servir para seus fins das forças místicas desse "soldado desconhecido". Mas a mesma técnica que Hitler mais tarde usou na grande política, assinando alianças com juramentos e lealdade alemã justamente com aqueles que depois queria eliminar e aniquilar, festejou seu primeiro triunfo. Com suas promessas, ele conseguia enganar de modo tão perfeito todos os lados que, no dia em que chegou ao poder, reinou júbilo nos campos mais antagônicos. Os monarquistas em Doorn achavam que ele era o mais fiel paladino do imperador, mas da mesma maneira se rejubilaram os monarquistas bávaros e seguidores dos Wittelsbach em Munique, que também consideravam que ele fosse o "seu" homem. Os nacionalistas alemães esperavam que ele os ajudasse a aquecer seus motores; por contrato, seu líder Hugenberg garantira para si o lugar mais importante no gabinete de Hitler e, com isso, um ponto de apoio para subir – naturalmente, foi exonerado depois das primeiras semanas, apesar do acordo. A indústria pesada se sentia aliviada do temor dos bolcheviques e via em Hitler o homem no poder que havia financiado secretamente; e ao mesmo tempo toda a pequena burguesia empobrecida, a quem ele prometera em centenas de reuniões a "quebra da servidão dos juros", respirou aliviada e entusiasmada. Os pequenos comerciantes se lembraram da promessa de fechamento das grandes lojas de departamentos, sua concorrência mais perigosa (promessa que nunca foi cumprida) e especialmente os militares deram as boas-vindas a Hitler porque ele pensava em termos militaristas e atacava o pacifismo. Nem os social-democratas viram sua ascensão com maus olhos como se pensava, porque esperavam que ele fosse acabar com seus inimigos figadais, os comunistas, que se aproximavam de forma tão desagradável. Os partidos mais diferentes e mais antagônicos consideravam como amigo esse "soldado desconhecido" que prometera tudo a qualquer classe, qualquer partido, qualquer orientação – e nem os judeus alemães ficaram muito preocupados. Eles se iludiam, achando que um "ministro jacobino" não seria mais jacobino, que um chanceler do Reich alemão naturalmente abandonaria as vulgaridades de um agitador antissemita. E, afinal, que violências ele poderia praticar numa nação em que o direito estava firmemente arraigado, em que, no Parlamento, a maioria estava contra ele e cada cidadão julgava garantidas sua liberdade e igualdade de direitos, com base na Constituição solenemente jurada?

Então aconteceu o incêndio do Reichstag, o Parlamento desapareceu, Göring soltou seus bandos, de um golpe foi destruído todo o direito na Alemanha. Horrorizados, ouvimos que havia campos de concentração em plena paz e que nas casernas tinham sido construídos compartimentos secretos em que pessoas inocentes eram eliminadas sem tribunal ou formalidades. Isso só podia ser um surto de uma primeira ira insensata, dizia-se. Algo assim não podia perdurar no século XX. Mas foi apenas o começo. O mundo escutava e a princípio não queria acreditar no inacreditável. Mas já naqueles dias vi os primeiros fugitivos. De noite, haviam transposto as montanhas de Salzburgo ou cruzado o rio da fronteira a nado. Esfomeados, esfarrapados, olhavam para nós cheios de medo; foi o início da fuga em pânico ante a desumanidade que depois se estendeu pelo mundo todo. Porém, ao ver esses exilados, eu ainda não imaginava que seus rostos pálidos anunciavam o meu próprio destino e que todos seríamos vítimas da mania de poder desse único homem.

É DIFÍCIL PERDER trinta ou quarenta anos de confiança interior no mundo em algumas poucas semanas. Enraizados em nossos princípios do direito, acreditávamos na existência de uma consciência alemã, uma consciência europeia, uma consciência mundial, e estávamos convencidos de que há um grau de desumanidade banido para sempre por todos. Como tento aqui ser o mais honesto possível, preciso confessar que, em 1933 e ainda em 1934, nós na Alemanha e na Áustria não acreditávamos nem um centésimo ou um milésimo ser possível o que poucas semanas mais tarde haveria de eclodir. Claro, era evidente de antemão que nós, escritores livres e independentes, teríamos de esperar certas dificuldades, contrariedades, hostilidades. Logo depois do incêndio do Reichstag eu disse ao meu editor que dentro de pouco tempo não haveria mais livros meus na Alemanha. Nunca esquecerei o seu espanto. "Quem iria proibir os seus livros?", disse ele então, em 1933, ainda inteiramente assombrado. "O senhor nunca escreveu uma palavra sequer contra a Alemanha e não se imiscuiu na política." Vê-se que todas as monstruosidades, como as queimas de livros e as festas de pelourinho que poucos meses depois já seriam um fato, um mês após Hitler tomar o poder ainda estavam longe de qualquer compreensibilidade mesmo para pessoas de larga visão. Pois o nacional-socialismo, em toda a sua inescrupulosa técnica de ludibriar, evitava revelar todo o radicalismo de seus objetivos antes de acostumar o mundo. Era assim que praticavam cuidadosamente o seu método: uma dose de cada vez, e depois de cada dose uma pequena pausa. Sempre só um comprimido e depois esperar um pouco para verificar se não era forte demais, se a consciência do mundo tolerava essa dose. E como a consciência europeia – para prejuízo e vergonha da nossa civilização – enfatizava zelosamente que não tomava partido porque esses atos de violência aconteciam "além das fronteiras", as doses iam sendo aumentadas cada vez mais, até que fizeram sucumbir a Europa inteira. Hitler não realizou nada mais genial do que essa tática de ir experimentando devagar, aumentando cada vez mais a intensidade contra uma Europa cada vez mais fraca moral e também militarmente. Também a operação – há muito já deliberada – para exterminar qualquer liberdade da palavra e qualquer livro independente na Alemanha ocorreu segundo o mesmo método de ir experimentando aos poucos. Não se decretou logo uma lei – que só veio dois anos depois – simplesmente proibindo os nossos livros; em vez disso, foi feito um leve ensaio para descobrir até onde se podia ir, responsabilizando um grupo oficialmente sem responsabilidade pelo primeiro ataque aos nossos livros: os estudantes nacional-socialistas. De acordo com o mesmo sistema que encenava a "ira do povo" a fim de pôr em marcha o boicote aos judeus, deu-se uma senha secreta aos estudantes para que manifestassem publicamente a sua "indignação" contra os nossos livros. E os estudantes alemães, contentes com qualquer oportunidade de mostrar sua atitude reacionária, reuniam-se obedientemente em todas as universidades, tiravam os exemplares dos nossos livros das livrarias e marchavam com o butim para uma praça pública carregando bandeiras esvoaçantes. Ali, os livros eram pregados no pelourinho, segundo velhas tradições alemãs – a Idade Média de repente se tornara moda –, eu próprio tive um desses exemplares furados por um prego que um estudante amigo salvara depois da execução e me dera de presente; ou então, como infelizmente não era permitido incinerar pessoas, eram reduzidos a cinzas numa grande fogueira enquanto se declamavam lemas patrióticos. Embora o ministro da Propaganda, Goebbels, tenha decidido depois de longa hesitação dar sua bênção à incineração de livros, ela continuou a ser uma medida semioficial, e nada mostra mais claramente quão pouco a Alemanha se identificava então com tais atos do que o fato de o público não depreender nada dessas incinerações e difamações estudantis. Embora os livreiros fossem advertidos a não colocar nenhum dos nossos livros nas vitrines, e embora nenhum jornal fizesse mais qualquer menção a eles, o verdadeiro público não se deixou influenciar. Enquanto a compra não era punida com prisão ou campo de concentração, ainda em 1933 e 1934 os meus livros vendiam quase tanto quanto antes, apesar de todas as dificuldades e chicanas. Foi preciso que aquele grandioso decreto "para proteger o povo alemão" se tornasse uma lei que declarava crime a impressão, a venda e a distribuição dos nossos livros para nos divorciar brutalmente de centenas de milhares e milhões de alemães que ainda agora nos acompanhariam lealmente em nossas atividades e prefeririam ler as nossas obras àquelas dos poetas de sangue e solo que de repente se pavoneavam.

Para mim, foi mais uma honra do que uma vergonha compartilhar esse destino de total aniquilação de existência literária com eminentes contemporâneos como Thomas Mann, Heinrich Mann, Werfel, Freud e Einstein e muitos outros, cujas obras considero bem mais importantes do que a minha; sou tão avesso a qualquer gesto de mártir que não gosto de mencionar essa inclusão no infortúnio geral. Mas de modo curioso coube precisamente a mim pôr os nacional-socialistas e até Adolf Hitler em pessoa em uma situação especialmente constrangedora. Justo a minha personalidade literária sempre foi objeto da mais furiosa agitação e intermináveis debates nos mais altos círculos da Villa Berchtesgaden, de maneira que posso acrescentar às coisas agradáveis da minha vida a modesta satisfação de ter irritado Adolf Hitler, o homem temporariamente mais poderoso da era moderna.

Já nos primeiros dias do novo regime fui responsável, sem querer, por um tipo de motim. Em toda a Alemanha, os cinemas mostravam então um filme baseado na minha novela *Segredo ardente*, com o mesmo nome. Ninguém achava nada de mais. Mas no dia seguinte ao incêndio do Reichstag, que os nacional-socialistas tentaram em vão atribuir aos comunistas, aconteceu de as pessoas se aglomerarem diante dos letreiros e dos cartazes com os dizeres *Segredo ardente*, piscando e rindo umas para as outras. Logo os homens da Gestapo compreenderam por que as pessoas riam daquele título. Na mesma noite, policiais correram de um lado para outro de motocicletas, as sessões foram proibidas e no dia seguinte o título da minha novela *Segredo ardente* sumiu de todos os anúncios de jornal e de todos os locais em que se afixavam cartazes de cinema. Proibir uma única palavra que os irritava, e mesmo queimar e destruir todos os nossos livros, no entanto, tinha sido afinal algo relativamente simples. Em um determinado caso, no entanto, não conseguiram me atingir sem ao mesmo tempo prejudicar o homem de quem naquele momento crítico precisavam com urgência para afirmar seu prestígio diante do mundo: Richard Strauss, o maior e mais famoso compositor vivo da nação alemã, com quem eu acabara de terminar uma ópera.

Fora a minha primeira colaboração com Strauss. Antes, era Hugo von Hofmannsthal quem escrevia todos os libretos de ópera para ele, desde *Electra* e *O cavaleiro da rosa*, e eu nunca conhecera Richard Strauss pessoalmente. Depois do falecimento de Hofmannsthal, ele mandou avisar por meio do meu editor que pretendia iniciar um novo trabalho, perguntando se eu estaria disposto a escrever um libreto de ópera para ele. Compreendi a honra de um convite como esse. Desde que Max Reger musicara meus primeiros poemas, sempre vivi na música e com músicos. Era amigo próximo de Busoni, Toscanini, Bruno Walter, Alban Berg. Mas não havia outro compositor vivo da nossa época a quem eu estaria mais disposto a servir do que Richard Strauss, esse último representante da grande geração de músicos alemães de nobre estirpe que vai de Händel e Bach, passando por Beethoven e Brahms, até os nossos dias. Declarei-me logo disposto e, no primeiro encontro, sugeri usar como motivo para uma ópera *A mulher silenciosa* de Ben Jonson, e foi para mim uma grande surpresa ver com que rapidez e clarividência Strauss aceitou todas as minhas propostas. Eu jamais imaginara que ele tivesse uma compreensão artística tão rápida, um conhecimento dramatúrgico tão espantoso. Enquanto eu ainda lhe narrava um assunto, ele já o configurava dramaticamente e logo – o que era mais espantoso – adaptava-o aos limites de sua própria capacidade, que ele enxergava com extraordinária clareza. Conheci muitos grandes artistas na minha vida, mas nunca alguém que soubesse manter uma objetividade tão abstrata e firme em relação a si mesmo. Assim, logo nos primeiros momentos Strauss admitiu com sinceridade estar consciente de que, aos setenta anos, um músico já não tem mais a força original da inspiração musical. Disse que já não seria mais capaz de compor obras sinfônicas como *Till Eulenspiegel* ou *Morte e transfiguração*, pois justo a música pura demanda um máximo de energia criativa, mas que a palavra ainda o inspirava. E que ainda conseguiria ilustrar dramaticamente uma matéria existente, uma substância já moldada, porque as situações e as palavras inspiravam nele temas musicais espontâneos, razão pela qual com a idade ele se voltara exclusivamente para a ópera. Declarou saber que a ópera como forma artística havia acabado, que Wagner fora um ápice tão monstruoso que ninguém o poderia superar. "Mas eu consegui me ajudar desviando-me dele", acrescentou com um largo sorriso bávaro.

Depois de termos chegado a um acordo sobre as linhas mestras, ele ainda me deu algumas pequenas instruções. Queria me deixar em liberdade absoluta, pois nunca ficava inspirado por algum libreto costurado sob medida, no sentido de Verdi, e sim sempre só por um trabalho poético.

Mas lhe agradaria se eu pudesse inserir algumas formas complicadas que permitissem especiais possibilidades de desenvolvimento para a instrumentação. "Nunca me ocorrem melodias longas, como a Mozart. Sempre consigo fazer apenas temas curtos. Mas o que sei é virar e parafrasear um tema desses, extrair dele tudo o que contém, e acho que hoje ninguém sabe fazer isso como eu." Mais uma vez fiquei estupefato com sua franqueza, porque de fato quase não se encontra em Strauss uma melodia maior do que alguns compassos; mas como esses poucos compassos são elevados e trabalhados em fuga até uma plenitude completa, como na valsa do *Cavaleiro da Rosa*!

Assim como nesse primeiro encontro, sempre voltava a me surpreender com quanta segurança e objetividade esse velho mestre se defrontava consigo próprio em sua obra. Certa vez estava sentado a seu lado, sozinho, em um ensaio fechado de sua *Helena egípcia* na Festspielhaus de Salzburgo. Não havia mais ninguém na sala, em torno de nós reinava a completa escuridão. De repente, percebi que ele tamborilava baixinho e impaciente com os dedos no braço da poltrona. Em seguida, cochichou para mim: "Ruim! Muito ruim! Nesse trecho, não tive nenhuma inspiração." E, depois de alguns minutos, mais uma vez: "Se eu apenas pudesse cortar isso! Oh meu Deus, está inteiramente vazio e é muito longo, longo demais!" E mais alguns minutos depois: "Veja, isso está bom!" Ele julgava sua própria obra tão objetiva e imparcialmente como se estivesse ouvindo aquela música pela primeira vez e como se tivesse sido escrita por um compositor totalmente desconhecido para ele, e esse espantoso senso para julgar seus próprios parâmetros nunca o abandonava. Sempre sabia muito bem quem ele era e quanto podia fazer. Não lhe interessava quão pouco ou muito outros significavam em comparação com ele, tampouco quanto ele valia para os outros. O que lhe dava prazer era o trabalho em si.

O modo de "trabalhar" de Strauss é um processo bastante curioso. Nada de demoníaco, nada do *raptus* do artista, nada daquelas depressões e dos desesperos que conhecemos das biografias de Beethoven, de Wagner. Strauss trabalha objetiva e friamente, compõe com calma e regularidade, como Johann Sebastian Bach, como todos esses sublimes artesãos do seu ramo. Às nove da manhã senta-se à sua mesa e retoma o trabalho exatamente no lugar onde parou de compor na véspera, sempre escrevendo o primeiro esboço a lápis, a parte de piano a caneta, e assim sem intervalo até meio-dia ou uma hora. À tarde, joga *skat*, transpõe duas ou três páginas para a partitura e às vezes rege no teatro. Desconhece qualquer tipo de nervosismo; não importa se de dia ou de noite, o seu intelecto artístico está sempre lúcido e claro. Quando o criado bate à porta para lhe levar a casaca de maestro, levanta-se, segue para o teatro e rege com a mesma segurança e a mesma tranquilidade como joga *skat* à tarde, e a inspiração volta na manhã seguinte exatamente no mesmo lugar. Pois Strauss "comanda" sua inspiração, segundo a expressão de Goethe: arte, para ele, é poder, e até mesmo poder qualquer coisa, como atesta a sua engraçada afirmação "Um verdadeiro músico tem que saber compor até mesmo um menu". As dificuldades não o assustam, apenas dão prazer à sua maestria. Lembro divertido como seus olhinhos azuis faiscavam quando ele me disse triunfante, em uma determinada passagem: "Aqui dei um problema para a cantora resolver! Que ela quebre a cabeça até conseguir." Em segundos raros como esses, em que seus olhos brilham, sente-se que há algo de demoníaco escondido nesse estranho homem, que primeiro nos desconcerta um pouco pelo que o seu modo de trabalhar tem de metódico, sólido, artesanal, aparentemente sem nervos, da mesma forma que seu rosto parece banal à primeira vista, com suas bochechas gordas e infantis, os traços arredondados um pouco vulgares e a testa hesitantemente curvada para trás. Mas basta olhar para seus olhos, esses olhos claros, azuis, de brilho intenso, para logo sentir alguma força mágica especial atrás da máscara burguesa. São talvez os olhos mais vigilantes que já vi num compositor; não são olhos demoníacos, mas clarividentes, os olhos de um homem que enxerga a sua missão até o fundo.

De regresso a Salzburgo depois desse encontro tão animador, pus-me logo a trabalhar. Curioso por saber como Strauss reagiria aos meus versos, mandei-lhe o primeiro ato já depois de duas semanas. Imediatamente, ele me escreveu um cartão parafraseando os *Mestres cantores*, "o primeiro compasso saiu bom". No segundo ato, como saudação ainda mais cordial, mandou os primeiros compassos da sua canção "Ach, dass ich dich gefunden, du liebes Kind!" ["Oh! Ter te encontrado, querido filho!"], e essa sua alegria, esse seu entusiasmo, tornou o resto do trabalho um prazer indescritível. Richard Strauss não mudou uma única linha em todo o meu libreto, e só me pediu uma única vez para acrescentar mais três ou quatro linhas para poder inserir uma voz contraposta. Assim se desenvolveu entre nós a relação mais cordial; ele vinha à nossa casa e eu ia a Garmisch, onde ele tocou para mim a ópera inteira ao piano com seus longos dedos finos, usando o rascunho. E sem contrato, sem obrigação, ficou combinado entre nós que depois da conclusão dessa ópera eu esboçaria o libreto de uma segunda, cujas bases ele já aprovara inteiramente de antemão.

Em janeiro de 1933, quando Adolf Hitler chegou ao poder, a partitura de piano da nossa ópera *A mulher silenciosa* estava praticamente pronta, e a instrumentação do primeiro ato também. Poucas semanas depois, os palcos alemães receberam a proibição estrita de apresentar obras de não arianos ou mesmo obras em que um judeu tivesse colaborado de alguma forma; a interdição se estendeu até aos mortos, e, para indignação dos amantes da música do mundo inteiro, a estátua de Mendelssohn foi retirada da frente da Gewandhaus de Leipzig. Com essa proibição, o destino da nossa ópera me parecia selado. Achei que logicamente Richard Strauss fosse desistir de continuar com esse trabalho e iniciar colaboração com outra pessoa. Em vez disso, ele me escreveu várias cartas perguntando por que eu achava isso e pedindo que, já que ele estava trabalhando na instrumentação, eu começasse logo a preparar o libreto para a próxima ópera. Disse que não aceitava que qualquer pessoa o proibisse de colaborar comigo; e preciso admitir abertamente que no decorrer de toda essa questão ele manteve uma lealdade amigável comigo enquanto pôde. Claro, tomou providências que me foram menos simpáticas: aproximou-se dos detentores do poder, encontrou-se várias vezes com Hitler e Göring e Goebbels e, em um tempo em que até Furtwängler ainda se rebelava abertamente, aceitou ser nomeado presidente da Reichsmusikkammer nazista, a Câmara de Música do Reich.

Essa sua adesão aberta foi extremamente importante para os nacional-socialistas naquele momento. Pois para sua irritação não apenas os melhores escritores, mas também os compositores mais importantes haviam voltado as costas de maneira ostensiva ao governo, e os poucos que estavam com eles ou se bandearam para eles eram largamente desconhecidos. Ter a seu lado abertamente o compositor mais famoso da Alemanha em um momento tão constrangedor significava um ganho incomensurável para Goebbels e Hitler, no sentido puramente decorativo. Hitler – que, como Strauss me contou, em seus anos de vida errante em Viena conseguira de alguma forma arranjar dinheiro para ir a Graz assistir à estreia de *Salomé* – homenageava-o ostensivamente; em todas as noites festivas de Berchtesgaden, além de Wagner quase só se apresentavam canções de Strauss. Já para Strauss, por outro lado, a adesão tinha intenções claras. Em seu egoísmo de artista, que ele sempre confessou aberta e friamente, qualquer regime lhe era no fundo indiferente. Servira ao imperador alemão como regente de orquestra e instrumentara para ele marchas militares, depois servira ao imperador da Áustria como regente da corte em Viena, mas fora também *persona gratissima* das repúblicas alemã e austríaca. Além disso, ir ao encontro dos nacional-socialistas era de interesse vital para ele, pois na lógica nazista ele tinha um enorme débito. Seu filho se casara com uma judia e ele temia que seus netos, os quais amava sobre todas as coisas, fossem excluídos da escola como refugo; sua última ópera estava maculada pela minha colaboração, suas óperas antigas pelo "não ariano" Hugo von Hofmannsthal, seu editor era judeu. Tanto mais urgente lhe parecia conseguir apoio, e ele o fez da maneira mais perseverante. Regia orquestras onde quer que os novos senhores o desejassem, musicou um hino para os Jogos Olímpicos e, ao mesmo tempo, escrevia-me pouco entusiasmado sobre essa encomenda em suas cartas incrivelmente francas. Na verdade, no *santo egoísmo* do artista, uma coisa o preocupava: manter a sua obra em viva eficácia e sobretudo ver representada a sua nova ópera, pela qual tinha especial apreço.

Para mim, claro, essas concessões ao nacional-socialismo eram extremamente constrangedoras. Pois era fácil surgir a impressão de que eu estava colaborando ou até concordando secretamente, ou mesmo de que eu fosse excetuado do boicote tão vergonhoso. De todos os lados, meus amigos insistiam que eu deveria protestar abertamente contra uma apresentação na Alemanha nazista. Mas, primeiro, tenho horror por princípio a gestos públicos e patéticos; além disso eu resistia a causar dificuldades a um gênio como Richard Strauss. Afinal, Strauss era o maior compositor vivo, tinha setenta anos, já tinha investido três anos naquela obra e durante todo esse tempo demonstrado amizade, correção e até mesmo coragem em relação a mim. Por isso, do meu lado, considerei que devia esperar calado as coisas seguirem seu curso. Além disso, sabia que não havia outra forma de causar mais dificuldades aos novos guardiães da cultura alemã do que me mantendo completamente passivo. Pois a Câmara de Literatura do Reich e o Ministério da Propaganda apenas procuravam um pretexto adequado para justificar de maneira mais plausível uma proibição contra seu maior compositor. Assim, por exemplo, o libreto foi requisitado por todas as repartições e pessoas imagináveis, na secreta esperança de que se pudesse encontrar o pretexto. Como teria sido cômodo se *A mulher silenciosa* contivesse uma situação como aquela do *Cavaleiro da Rosa*, em que um jovem sai do quarto de uma mulher casada! Teria sido fácil alegar ser necessário proteger a moral alemã. Mas para sua decepção meu libreto não continha nada de imoral. Em seguida, todos os arquivos imagináveis da Gestapo e meus livros anteriores foram vasculhados. Tampouco havia a descobrir qualquer vestígio de que jamais eu tivesse dito qualquer palavra pejorativa contra a Alemanha (ou contra qualquer outra nação do mundo) ou me ocupado politicamente. O que quer que fizessem ou tentassem, inevitavelmente recairia sobre eles a decisão entre, diante dos olhos de todo o mundo, proibir ao velho mestre (a quem eles próprios entregaram o estandarte da música nacional-socialista) o direito de apresentar a sua ópera, ou – dia da vergonha nacional! – o nome Stefan Zweig, em cuja menção Richard Strauss insistira expressamente, mais uma vez conspurcar os cartazes do teatro alemão, como tantas outras vezes. O quanto me alegravam secretamente sua grande preocupação e sua dor de cabeça! Eu intuía que, mesmo sem a minha participação ou precisamente por não participar nem resistir, a minha comédia musical inevitavelmente se tornaria uma chiadeira político-partidária.

Enquanto foi de alguma forma possível, o partido evitou qualquer decisão. Mas no início de 1934 precisou optar entre contrariar suas próprias leis ou o maior compositor da época. O prazo não tolerava mais adiamentos. A partitura, as partes para piano, os libretos estavam impressos há muito tempo, no teatro de Dresden os figurinos já tinham sido encomendados, os papéis tinham sido distribuídos e até já estudados, e as diversas instâncias – Göring e Goebbels, a Câmara de Literatura do Reich e o Conselho de Cultura, o Ministério da Educação e a guarda de Streicher – ainda não haviam chegado a um consenso. Por mais que possa parecer um sonho louco, o caso da *Mulher silenciosa* tornou-se uma fascinante questão de Estado. De todas as instâncias, nenhuma ousava assumir toda a responsabilidade pelo "aprovado" ou "vetado"; assim, não restou outra solução senão deixar a decisão para o senhor da Alemanha e do partido, Adolf Hitler. Meus livros já haviam tido a honra antes de ser exaustivamente lidos pelos nacional-socialistas; sobretudo haviam sempre estudado e discutido o *Fouché* como modelo de insuspeição política. Mas eu de fato não esperava que, depois de Goebbels e Göring, Adolf Hitler em pessoa teria que se dar o trabalho de estudar os três atos do meu libreto lírico *ex officio*. A decisão não foi fácil para ele. Conforme me foi relatado depois por vários caminhos, houve ainda uma série interminável de conferências. Por fim, Richard Strauss foi chamado à presença do todo-poderoso, e Hitler em pessoa o informou que iria abrir uma exceção e autorizar a apresentação, embora ela contrariasse todas as leis do novo Reich alemão – decisão essa provavelmente tomada tão contra a vontade e sem sinceridade quanto a assinatura do tratado com Stálin e Molotov.

Assim despontou esse dia sombrio para a Alemanha nacional-socialista, com a apresentação de uma ópera em que o nome proscrito Stefan Zweig voltou a constar de todos os cartazes. Naturalmente não fui à apresentação, porque sabia que a plateia iria estar lotada de uniformes marrons e que o próprio Hitler era esperado para uma das récitas. A ópera teve grande sucesso e devo constatar, para honra dos críticos musicais, que nove décimos deles aproveitaram entusiasmados a boa oportunidade de poder demonstrar pela última vez a sua resistência ao preceito racial, escrevendo as palavras mais gentis sobre o meu libreto. Todas as casas de espetáculo alemãs, Berlim, Hamburgo, Frankfurt, Munique, anunciaram imediatamente a inclusão da ópera na temporada seguinte.

De repente, depois da segunda récita, caiu um raio do Olimpo. Tudo foi cancelado, da noite para o dia a ópera foi proibida para Dresden e toda a Alemanha. Mais ainda: soube-se com espanto que Richard Strauss pedira demissão do cargo de presidente da Câmara de Música do Reich. Todos perceberam que algo especial devia ter ocorrido. Mas levou ainda algum tempo até que eu soubesse toda a verdade. Strauss escrevera mais uma carta para mim em que urgia que eu começasse logo o libreto de uma nova ópera e em que se manifestava com excessiva franqueza sobre a sua posição pessoal. Essa carta caíra nas mãos da Gestapo. Foi apresentada a Strauss, que imediatamente pediu demissão, e a ópera foi proibida. Em língua alemã, só foi apresentada na Suíça livre e em Praga, depois ainda em italiano no Scala de Milão com o consentimento especial de Mussolini, que então ainda não se submetera ao ponto de vista racial. Mas o povo alemão nunca mais pôde escutar uma só nota dessa ópera parcialmente encantadora escrita na velhice pelo seu maior músico vivo.

Enquanto esse caso transcorria ruidosamente, eu vivia no exterior, pois sentia que a intranquilidade na Áustria não me permitiria trabalhar com calma. Minha casa em Salzburgo ficava tão perto da fronteira que eu podia ver a olho nu a montanha de Berchtesgaden em que ficava a casa de Adolf Hitler, uma vizinhança pouco simpática e bastante preocupante. Essa proximidade da fronteira com o Reich alemão, por outro lado, deu-me oportunidade de avaliar melhor do que meus amigos de Viena a situação ameaçadora para a Áustria. Lá, as pessoas sentadas nos cafés e mesmo as pessoas dos ministérios viam o nacional-socialismo como algo que acontecia "lá do outro lado" e nem tangenciava minimamente a Áustria. Afinal não estava a postos o partido social-democrata com sua rígida organização, que contava com quase metade da população em fileiras cerradas? E o partido clerical não estava unido a ele em resistência apaixonada, desde que os "cristãos alemães" passaram a perseguir abertamente a cristandade e afirmavam o seu *Führer* aberta e literalmente "maior do que Jesus Cristo"? A França, a Inglaterra, a Liga das Nações não eram protetoras da Áustria? Mussolini não assumira expressamente o protetorado da Áustria e até mesmo a garantia da independência do país? Nem os judeus se preocupavam, e se comportavam como se a destituição profissional de médicos, advogados, de sábios e de atores estivesse acontecendo na China, e não a três horas de distância, em região onde se falava a mesma língua. Ficavam confortavelmente em suas casas e andavam em seus automóveis. Além disso, cada um tinha pronto o consolo: "Isso não pode durar muito." Mas eu me lembrava de uma conversa que tivera com meu antigo editor em Leningrado durante minha breve viagem russa. Ele me contara que fora um homem rico e que possuíra belos quadros, e eu lhe perguntara por que não fora embora como tantos outros logo no início da Revolução. "Ah", respondera ele, "quem podia acreditar naquela época que uma república de conselheiros e soldados duraria mais de quinze dias?" Foi a mesma ilusão, movida pela mesma vontade de se enganar a si próprio.

Já em Salzburgo, claro, perto da fronteira, era possível ver as coisas com mais clareza. Começou um constante vaivém através do estreito rio fronteiriço, os jovens cruzavam-no à noite e eram treinados do outro lado, os agitadores atravessavam a fronteira de carro ou com bastões de alpinistas como simples "turistas" e organizavam suas "células" em todas as classes sociais. Começaram a aliciar e, simultaneamente, a ameaçar, dizendo que quem não se convertesse em tempo teria que pagar mais tarde. Isso intimidava os policiais e os funcionários públicos. Cada vez mais eu sentia, em uma certa insegurança no comportamento, como as pessoas começavam a vacilar. Acontece que, na vida, os pequenos incidentes pessoais são sempre os mais convincentes. Eu tinha em Salzburgo um amigo de juventude, um escritor bastante famoso, com quem mantivera uma relação próxima e muito cordial ao longo de trinta anos. Havíamos dedicado livros um ao outro, encontrávamo-nos toda semana. Um dia então vi esse velho amigo na rua com um senhor estranho e percebi que ele ficou parado diante de uma vitrine desinteressante, dando-me as costas e mostrando algo àquele senhor, muito interessado. Estranho, pensei, ele deve ter me visto. Mas podia ser um acaso. No dia seguinte ele me ligou de repente perguntando se podia ir à minha casa à tarde para um papo. Eu disse que sim, um pouco surpreso, pois normalmente nós nos encontrávamos em um café. Ocorre que ele não tinha nada de especial a me dizer, apesar dessa visita apressada. Logo compreendi que, de um lado, ele queria manter a amizade comigo, e de outro, para não ser suspeito de ser amigo de judeus, já não queria se mostrar na cidade em grande intimidade comigo. Isso me deixou alerta. E não demorou para que eu notasse que nos últimos tempos uma série de conhecidos que frequentemente vinham à minha casa já não apareciam mais. Estávamos em uma posição ameaçada.

Naquele tempo, eu ainda não pensava em abandonar definitivamente Salzburgo, mas decidi com maior bom grado que de costume passar o inverno no exterior para evitar todas essas pequenas tensões. Mas mal imaginei que já era uma espécie de despedida quando deixei minha bela casa em outubro de 1933.

Minha intenção fora passar os meses de janeiro e fevereiro trabalhando na França. Amo esse belo país espiritual como uma segunda pátria e não me sinto estrangeiro por lá. Valéry, Romain Rolland, Jules Romains, André Gide, Roger Martin du Gard, Duhamel, Vildrac, Jean Richard Bloch, os próceres da literatura, eram velhos amigos. Meus livros tinham quase tantos leitores lá quanto na Alemanha, ninguém me tomava por escritor estrangeiro. Eu amava o povo, amava o país, amava a cidade de Paris e me sentia tão à vontade que tinha a sensação de estar voltando "para casa" toda vez que o trem entrava na Gare du Nord. Mas dessa vez eu partira mais cedo do que normalmente, por causa das circunstâncias especiais, e pretendia estar em Paris só depois do Natal. O que fazer nesse meio-tempo? Lembrei-me então de que há mais de um quarto de século não ia à Inglaterra, desde meus tempos de estudante. Por que sempre só Paris?, perguntei a mim. Por que não passar uma vez dez ou quinze dias em Londres, rever os museus depois de tantos anos com outro olhar, rever o país e a cidade? Assim, no lugar do trem expresso para Paris, peguei o que ia para Calais e, depois de trinta anos, saltei na neblina protocolar de um dia de novembro na Victoria Station, admirado apenas de não pegar um *cab* até o meu hotel, e sim ir de carro. A neblina, o cinza fresco e macio, era igual à de antes. Eu ainda nem vira a cidade, mas o meu olfato reconhecera, após três décadas, aquele ar estranhamente acre, denso, úmido, que me envolvia de perto.

A minha bagagem era pequena, assim como minha expectativa. Eu praticamente não tinha amizades em Londres; mesmo no campo literário havia pouco contato entre nós, escritores continentais, e os ingleses. Eles tinham um modo de vida próprio, delimitado, com um círculo de influência próprio dentro de sua tradição à qual não tínhamos muito acesso: não me lembro de ter encontrado alguma vez o livro de um autor inglês como presente de um colega entre os tantos que vinham do mundo inteiro para a minha casa, para a minha mesa. Encontrara certa vez com Shaw em Helerau, Wells estivera uma vez de visita à minha casa em Salzburgo, meus próprios livros tinham todos sido traduzidos, mas eram pouco conhecidos; a Inglaterra sempre foi o país em que tiveram a menor influência. Da mesma forma, enquanto mantinha amizade pessoal com meus editores americano, francês, italiano, russo, jamais conheci ninguém da empresa que publicava meus livros na Inglaterra. Estava, portanto, preparado para me sentir tão estranho naquele país quanto trinta anos antes.

Mas aconteceu o contrário. Depois de alguns dias, sentia-me indescritivelmente bem em Londres. Não que Londres tivesse se modificado essencialmente. Eu é que mudara. Estava trinta anos mais velho e, depois dos anos de guerra e pós-guerra, de tensão e supertensão, ansiando por voltar a viver quieto, sem ouvir nada de política. Claro que também havia partidos na Inglaterra, *whigs* e *tories*, um partido conservador e outro liberal, e o partido trabalhista, mas suas discussões não me diziam nada. Sem dúvida, também havia partidos e correntes na literatura, brigas e rivalidades escondidas, mas eu estava completamente de fora. Contudo, a verdadeira bênção foi que por fim voltei a sentir uma atmosfera cívica, bem-educada, sem emoções, sem ódio ao meu redor. Nada me envenenara tanto a vida nos últimos anos quanto sentir sempre ódio e tensão no país e na cidade ao meu redor, ter que me defender sempre de ser arrastado para dentro dessas discussões. Na Inglaterra, a população não estava alvoroçada como lá, na vida pública reinava um grau muito maior de correção e direito do que nos nossos países que haviam se tornado imorais pelo grande logro da inflação. As pessoas viviam mais calmas, mais contentes, olhavam mais para os seus jardins e suas pequenas predileções do que para seus vizinhos. Ali se podia respirar, pensar e refletir. Mas o que me prendia de verdade era um novo trabalho.

Foi assim. Acabara de sair publicada a minha *Maria Antonieta*, e eu estava lendo as provas do meu livro sobre *Erasmo*, em que tentei fazer um retrato espiritual do humanista que, embora compreendendo com maior clareza a insensatez da época do que os que acham que vão melhorar o mundo, tragicamente não foi capaz de detê-la com toda a sua razão. Depois de terminar esse autorretrato velado, tinha a intenção de enfim escrever um romance há muito planejado. Estava farto de biografias. Mas logo no terceiro dia aconteceu que, atraído pela minha antiga paixão por manuscritos originais, eu olhava as peças em exposição no Museu Britânico. Entre elas havia o relato manuscrito da execução de Maria Stuart. Inconscientemente me perguntei: como foi o episódio de Maria Stuart? Será que ela participou de fato do assassinato do segundo marido ou não? Como não tinha nada para ler à noite, comprei um livro sobre ela. Era uma ode que a defendia como uma santa, um livro superficial e tolo. Na minha curiosidade incurável comprei outro no dia seguinte, que afirmava mais ou menos o oposto. O caso começou então a me interessar. Perguntei por um livro realmente confiável. Ninguém conseguia me recomendar nenhum e assim, procurando e perguntando, fui começando a comparar e, sem querer, estava começando um livro sobre Maria Stuart, que depois me manteve por semanas preso a bibliotecas. Quando voltei para a Áustria no início de 1934, estava decidido a regressar a Londres, de que eu tinha começado a gostar, para terminar esse livro com toda a calma ali.

Não precisei de mais do que dois ou três dias na Áustria para constatar como a situação piorara naqueles poucos meses. Sair da atmosfera calma e segura da Inglaterra para essa Áustria sacudida por febres e lutas foi como sair de repente de uma sala com ar-condicionado para a rua abrasadora num dia de julho em Nova York. A pressão nacional-socialista começava a destruir os nervos dos círculos clericais e burgueses; cada vez mais sentia-se o arrocho econômico, a pressão subversiva da Alemanha impaciente. O governo Dollfuss, que pretendia manter a Áustria independente e preservá-la de Hitler, procurava cada vez mais desesperado por um último apoio. A França e a Inglaterra estavam muito distantes e também interiormente muito indiferentes, a Tchecoslováquia ainda cheia de velhos rancores e rivalidades contra Viena – só restava, portanto, a Itália, que então almejava estabelecer um protetorado econômico e político sobre a Áustria para proteger os passes dos Alpes e Trieste. Mas Mussolini cobrava um preço duro por essa proteção. A Áustria devia se adaptar às tendências fascistas, o Parlamento – e, com ele, a democracia – devia ser extinto. Mas isso era impossível sem eliminar ou destituir de seus direitos o partido social-democrata, o mais forte e mais bem-organizado da Áustria. Não havia outro meio de quebrá-lo senão pela violência brutal.

Para essa ação terrorista, o antecessor de Dollfuss, Ignaz Seipel, já criara uma organização, a chamada Heimwehr. Vista por fora, parecia a coisa mais miserável que se pode imaginar: pequenos advogados de província, oficiais demitidos, existências obscuras, engenheiros desocupados, cada qual uma mediocridade desiludida, odiando-se ferozmente uns aos outros. Por fim encontraram no jovem príncipe Starhemberg um suposto líder que um dia estivera sentado aos pés de Hitler, esbravejando contra a República e a democracia, e que agora ia de um lugar a outro com seus soldados de aluguel como antagonista de Hitler e prometendo "fazer rolar cabeças". Era impossível saber o que os homens da Heimwehr queriam. Na realidade não havia outra meta senão alcançar a manjedoura de alguma forma, e toda a sua força era apenas o punho de Mussolini que os empurrava. E esses pretensos austríacos patrióticos nem perceberam que, com as baionetas fornecidas pela Itália, estavam cortando o galho em que estavam sentados.

O partido social-democrata compreendeu melhor onde estava o verdadeiro perigo. Em si, ele não precisava temer a luta aberta. Tinha suas armas e podia paralisar todas as estradas de ferro, todas as companhias de água e as usinas elétricas com uma greve geral. Mas sabia também que Hitler apenas esperava uma chamada "revolução vermelha" para ter um pretexto de invadir a Áustria como "salvador". Por isso, pareceu melhor ao partido social-democrata sacrificar grande parte de seus direitos e até o Parlamento a fim de chegar a um compromisso tolerável. Todas as pessoas sensatas apoiavam tal solução, tendo em vista a situação complicada em que a Áustria se encontrava ante a sombra ameaçadora do hitlerismo. O próprio Dollfuss – homem flexível, ambicioso, mas bastante realista – parecia inclinado a um acordo. Mas o jovem Starhemberg e seu companheiro, o major Fey, que depois desempenhou um estranho papel no assassinato de Dollfuss, exigiram que a aliança de defesa Schutzbund entregasse as armas e que qualquer vestígio de liberdade democrática e burguesa fosse apagado. Os social-democratas se defenderam contra essa exigência, ambos os lados trocaram ameaças. Percebia-se no ar que uma decisão estava para ser tomada, e, cheio de pressentimentos, em meio à tensão geral, lembrei as palavras de Shakespeare: *"So foul a sky clears not without a storm."**

Eu passara apenas alguns dias em Salzburgo e seguira para Viena. E precisamente nesses primeiros dias de fevereiro irrompeu a tempestade. A Heimwehr invadira em Linz a Casa do Operariado para confiscar os depósitos de armamentos que supunha ali. Os trabalhadores retrucaram com uma greve geral; Dollfuss, por sua vez, com a ordem de subjugar com a força de armas essa "revolução" artificialmente provocada. Assim, o exército regular investiu com metralhadoras e canhões contra as casas do operariado vienense. Durante três dias lutou-se encarniçadamente em

---

* "Um céu assim tão lúgubre só pode tornar-se claro com uma tempestade." Shakespeare, *Vida e morte do rei João*, Ato IV, Cena II, em tradução de Carlos Alberto Nunes. Em inglês no original.

todas as casas; foi a última vez, antes da Espanha, que a democracia se defendeu contra o fascismo na Europa. Durante três dias os trabalhadores resistiram, antes de serem vencidos pela supremacia técnica.

Passei esses três dias em Viena e portanto testemunhei essa luta decisiva e, com ela, o suicídio da independência austríaca. Mas, como quero ser uma testemunha honesta, preciso confessar o fato à primeira vista paradoxal de que eu próprio não vi nada dessa revolução. Quem se propôs a fornecer um quadro o mais honesto e abrangente possível de sua época precisa ter também a coragem de desiludir expectativas românticas. E nada me parece mais característico para a técnica e a idiossincrasia de revoluções modernas do que o fato de ocorrerem em pouquíssimos lugares no espaço gigantesco de uma metrópole moderna, mantendo-se invisíveis para a maioria dos moradores. Por mais estranho que pareça: nesses históricos dias de fevereiro de 1934 eu estava em Viena e não vi nada desses acontecimentos decisivos que lá ocorriam, e não soube nada, absolutamente nada deles, enquanto ocorriam. Foram dados tiros de canhão, ocuparam-se casas, centenas de corpos foram removidos – não vi um único. Qualquer leitor de jornal em Nova York, Londres, Paris tinha mais conhecimento do que de fato aconteceu do que nós que, no entanto, aparentemente éramos testemunhas. Mais tarde, confirmou-se para mim inúmeras vezes esse surpreendente fenômeno de que, na nossa época, a dez quadras de distância sabe-se menos de certas decisões do que a milhares de quilômetros. Quando, alguns meses mais tarde, Dollfuss foi assassinado ao meio-dia em Viena, vi os cartazes às cinco e meia da tarde nas ruas de Londres. Tentei imediatamente ligar para Viena; para meu espanto consegui logo uma linha telefônica e fiquei sabendo, para meu espanto maior ainda, que em Viena, a cinco quadras do Ministério do Exterior, sabia-se muito menos do que em qualquer esquina em Londres. Portanto, a partir da minha vivência da revolução em Viena só posso narrar a parte negativa: quão pouco uma pessoa hoje vê dos acontecimentos que modificam o rosto do mundo e sua própria vida, se não se encontra por acaso no local decisivo. O que vi foi apenas o seguinte: eu tinha marcado um encontro à noite com a diretora do balé da ópera, Margarete Wallmann, em um café da

Ringstrasse. Segui, pois, a pé até a Ringstrasse e ia atravessá-la sem pensar muito. Alguns homens metidos em uniformes velhos e arranjados às pressas, portando metralhadoras, me abordaram subitamente e perguntaram para onde eu pretendia ir. Quando lhes expliquei que queria ir para o Café J., deixaram-me passar. Eu nem sabia por que havia de repente aqueles guardas na rua, nem o que pretendiam. Na realidade, trocavam-se tiros e lutava-se havia horas na periferia, mas no centro ninguém sabia. Só quando voltei ao hotel à noite e quis pagar a conta, porque era minha intenção voltar para Salzburgo no dia seguinte, o porteiro me disse que não seria possível, e que os trens não trafegavam por causa da greve dos ferroviários e porque, além disso, alguma coisa estava acontecendo nos subúrbios.

No dia seguinte, os jornais deram notícias muito vagas sobre um levante dos social-democratas, mas que já teria sido mais ou menos sufocado. Na realidade, a luta só chegaria a toda a sua intensidade naquele dia, e, depois das metralhadoras, o governo resolveu empregar também canhões contra as casas dos operários. Mas nem os canhões eu escutei. Se toda a Áustria tivesse sido ocupada, pelos socialistas, os nazistas ou os comunistas, eu não teria sabido, tão pouco quanto as pessoas de Munique que acordaram um belo dia e só foram informadas de que sua cidade estava nas mãos de Hitler através do *Münchener Neueste Nachrichten*. Tudo, no centro da cidade, transcorria da mesma maneira calma e regular de sempre, enquanto a luta acontecia nos subúrbios, e nós acreditávamos ingenuamente nos comunicados oficiais de que tudo já estava resolvido. Na Biblioteca Nacional, onde precisei ir ver alguma coisa, os estudantes estavam sentados lendo e estudando como sempre, o comércio estava aberto, as pessoas nada exaltadas. Só no terceiro dia, quando tudo tinha passado, soube-se a verdade, em partes. E tão logo os trens voltaram a circular, no quarto dia, voltei de manhã para Salzburgo, onde dois ou três conhecidos que encontrei na rua logo me crivaram de perguntas sobre o que acontecera em Viena. E eu, que havia sido "testemunha ocular" da revolução, precisei responder com honestidade: "Não sei. Melhor vocês comprarem um jornal estrangeiro."

Curiosamente, no dia seguinte ocorreu uma decisão na minha própria vida ligada a esses acontecimentos. Eu regressara à tarde de Viena para minha casa em Salzburgo, encontrara pilhas de provas tipográficas e de cartas e trabalhara até tarde da noite para pôr tudo em dia. Na manhã seguinte, eu ainda estava na cama, alguém bateu à porta: nosso bravo velho criado, que nunca me acordava a não ser que na véspera eu tivesse determinado expressamente um horário, entrou com o rosto perturbado. Pediu-me que descesse, pois tinham chegado homens da polícia que desejavam falar comigo. Fiquei surpreso, vesti meu robe e desci. Ali havia quatro policiais à paisana que declararam ter ordens de revistar a casa e que eu entregasse logo todas as armas da Liga de Defesa Republicana que estavam escondidas ali.

Confesso que num primeiro momento fiquei por demais estupefato para poder responder qualquer coisa. Armas da Liga de Defesa Republicana na minha casa? Que absurdo! Eu nunca pertencera a nenhum partido, nunca me importara com política. Estivera ausente de Salzburgo por vários meses, e além disso teria sido a coisa mais ridícula do mundo constituir um depósito de armas justamente naquela casa fora da cidade e em um morro, pois qualquer pessoa que portasse uma espingarda ou uma arma poderia ser vista no meio do caminho. Portanto, não respondi mais do que um frio: "Por gentileza, verifiquem." Os quatro detetives passearam pela casa, abriram alguns armários, bateram em algumas paredes, mas pelo modo desleixado ficou logo claro para mim que aquela investigação era *pro forma* e que nenhum deles acreditava seriamente em um depósito de armas naquela casa. Depois de meia hora deram a busca por terminada e desapareceram.

Infelizmente, já é necessária uma explicação histórica para entender por que essa farsa me causou tanta indignação na época. Nas últimas décadas, a Europa e o mundo quase já esqueceram como antes eram sagrados o direito pessoal e a liberdade cívica. Desde 1933, buscas domiciliares, detenções arbitrárias, confiscos de propriedade, expulsões do lar e do país, deportações e toda outra forma imaginável de humilhação se tornaram coisas quase triviais; raros são meus amigos europeus que não passaram por algo semelhante. Mas na época, no início de 1934, uma busca domiciliar ainda era uma afronta imensa na Áustria. Devia haver uma razão especial para terem escolhido alguém como eu, totalmente alheio a qualquer tipo de política e que há anos nem exercia mais o direito ao voto, e de fato foi uma questão muito tipicamente austríaca. O diretor-geral da polícia de Salzburgo fora obrigado a agir com dureza contra os nacional-socialistas que perturbavam a população todas as noites com bombas e explosivos, e essa fiscalização era uma manifestação de grande coragem, pois já então o partido iniciara sua técnica de terror. Todos os dias, as autoridades recebiam cartas ameaçadoras dizendo que haveriam de pagar se continuassem "perseguindo" os nacional-socialistas, e de fato – quando se tratava de vingança, os nazistas sempre cumpriram cem por cento a sua palavra – os funcionários austríacos mais leais foram arrastados para o campo de concentração logo no dia seguinte à entrada de Hitler na Áustria. Assim, era óbvio sinalizar ostensivamente, por meio de uma revista domiciliar na minha casa, que não recuariam diante de ninguém com tais medidas de segurança. Eu, no entanto, por trás desse episódio em si sem importância, percebi quão séria se tornara a situação na Áustria, como era potente a pressão da Alemanha. A partir daquela visita policial, me desgostei da minha casa, e algo me dizia que tais episódios seriam apenas um tímido prelúdio de intervenções de alcance muito mais amplo. Na mesma noite comecei a arrumar meus principais papéis, decidido a viver para sempre no exterior, e essa separação era muito mais do que uma separação da casa e do país, pois minha família amava aquela casa como se fosse sua pátria, amava o país. Mas, para mim, a liberdade individual era a coisa mais importante no mundo. Sem informar nenhum dos meus amigos e conhecidos sobre a minha intenção, voltei dois dias depois para Londres. Minha primeira providência foi informar as autoridades de Salzburgo que eu deixara a cidade em definitivo. Foi o primeiro passo que me desprendeu da minha pátria. Mas eu já sabia, desde aqueles dias em Viena, que a Áustria estava perdida – mas, claro, nem imaginava ainda o quanto eu perdia com isso.

A agonia da paz

> "The sun of Rome is set. Our day is gone. Clouds, dews and dangers come; our deeds are done."*
>
> SHAKESPEARE, *Júlio César*

NOS PRIMEIROS ANOS, a Inglaterra foi tão pouco um lugar de exílio para mim quanto, na época, Sorrento para Górki. A Áustria seguia existindo, mesmo depois daquela pretensa "revolução" e da posterior tentativa dos nacional-socialistas de conquistar o país através de um golpe e do assassinato de Dollfuss. A agonia da minha pátria ainda haveria de durar quatro anos. Eu podia voltar a qualquer momento para a Áustria, não estava banido, não era um proscrito. Os meus livros continuavam incólumes na minha casa em Salzburgo, eu ainda usava o meu passaporte austríaco, minha pátria ainda era minha pátria, ali eu ainda era cidadão, e cidadão com plenos direitos. Ainda não começara aquela terrível condição de apátrida, uma condição que não pode ser explicada a ninguém que nunca a sentiu no próprio corpo, essa sensação que dilacera os nervos, de cambalear de olhos abertos e vigilantes no vácuo e saber que poderá ser repelido em qualquer parte para onde tiver ido. Mas eu estava só no começo. De qualquer maneira, quando saltei do trem na Victoria Station no fim de fevereiro de 1934, foi uma outra chegada; uma cidade em que se resolve permanecer é sempre vista de outra forma do que uma cidade a que se chega apenas como visitante. Não sabia

---

* "Entrou o sol de Roma. Nosso dia já se foi. Nuvens, brumas e perigos terão de vir." Shakespeare, *Júlio César*, Ato V, Cena III, em tradução de Carlos Alberto Nunes. Em inglês no original.

por quanto tempo eu moraria em Londres. Só uma coisa importava para mim: voltar ao meu trabalho, defender a minha liberdade interior e exterior. Como qualquer posse significa apego, não quis uma casa, mas aluguei um pequeno apartamento, com apenas o tamanho suficiente para que eu pudesse colocar uma escrivaninha e guardar em dois armários de parede os poucos livros de que não queria abrir mão. Com isso, eu tinha tudo de que um trabalhador intelectual precisa. Para vida social não restava muito espaço. Mas preferi morar em um lugar mais apertado para poder viajar livremente de vez em quando; sem querer, a minha vida já estava preparada para o provisório e não mais para o definitivo.

Na primeira tarde – já escurecia e os contornos das paredes iam desaparecendo no crepúsculo – entrei no pequeno apartamento que enfim estava disponível e levei um susto. Pois nesse segundo tive a impressão de estar entrando naquele outro apartamento em que me instalara quase trinta anos antes em Viena, com os cômodos igualmente apertados, e a única boa saudação vinha dos mesmos livros na parede e dos olhos alucinados do *King John* de Blake que me acompanhava por toda parte. Precisei de fato de um instante para me refazer, pois durante anos nunca mais me lembrara daquele primeiro apartamento. Seria um símbolo de que a minha vida – tão larga durante tanto tempo – voltava agora a encolher em direção ao passado e que eu me tornava sombra de mim mesmo? Quando, trinta anos antes, escolhi aquele apartamento em Viena, aquilo fora um início. Eu ainda não produzira nada – ou nada de essencial; meus livros e meu nome ainda não viviam no meu país. Agora – estranha semelhança! – meus livros haviam sumido de novo da sua língua, e o que eu escrevia era desconhecido para a Alemanha. Os amigos estavam distantes, o antigo círculo destruído, a casa com suas coleções e quadros e livros perdida; assim como outrora, eu estava novamente cercado pelo desconhecido. Parecia que o vento levara tudo o que eu, no meio-tempo, tentara, fizera, aprendera, aproveitara; com mais de cinquenta anos de idade eu voltava a um início, voltava a ser o estudante sentado na sua escrivaninha e que ia de manhã à biblioteca – já não mais tão confiante e entusiasmado, com alguns cabelos grisalhos e um pouco de desalento na alma cansada.

HESITO EM RELATAR muito acerca desses anos de 1934 a 1940 na Inglaterra, pois já estou me aproximando da nossa época, e todos nós a vivemos quase da mesma maneira, com a mesma intranquilidade provocada pelo rádio e pelo jornal, as mesmas esperanças e as mesmas preocupações. Todos nos lembramos hoje com pouco orgulho da cegueira política da nossa época, e vemos horrorizados aonde ela nos levou; quem quisesse explicar teria de acusar, e quem de nós todos teria o direito de fazê-lo? E mais: a minha vida na Inglaterra foi completa reclusão. Por mais tolo que eu soubesse ser não conseguir domar uma inibição tão supérflua, vivi apartado de todo convívio social franco nesses anos de meio exílio e exílio por causa da ideia equivocada de que, num país estrangeiro, eu não deveria participar do debate quando se fala de problemas contemporâneos. Na Áustria, eu não conseguira nada contra a loucura dos círculos dirigentes; como, pois, tentar ali, onde me sentia hóspede daquela boa ilha, um hóspede que sabia – com nosso saber claro, mais bem-informado – que se apontasse para o perigo que Hitler constituía para o mundo isso poderia ser recebido como opinião de interesse pessoal? Claro, muitas vezes era difícil manter os lábios fechados face aos equívocos evidentes. Era doloroso ver como justo a maior virtude dos ingleses – sua lealdade, sua vontade honesta de acreditar em todos enquanto não houvesse prova em contrário – era usada por uma propaganda modelarmente encenada. O tempo todo se ludibriava o povo dizendo que Hitler só queria atrair os alemães dos territórios limítrofes da Alemanha, que depois se contentaria e, em agradecimento, extirparia o bolchevismo; essa isca funcionou maravilhosamente bem. Bastou que Hitler pronunciasse uma vez a palavra "paz" em uma conferência para que os jornais irrompessem em júbilo apaixonado, esquecendo tudo o que ele havia feito até então e deixando de continuar perguntando por que a Alemanha se armava com frenesi. Turistas que voltavam de Berlim e que ali haviam sido cuidadosamente guiados e lisonjeados elogiavam a ordem e seu novo mestre; pouco a pouco, a Inglaterra começou a aprovar as "pretensões" de Hitler em relação a uma grande Alemanha. Ninguém compreendia que a Áustria era a pedra angular e que a Europa haveria de desabar tão logo ela fosse retirada. Eu, porém, sentia a ingenuidade e a nobre credulidade com que os ingleses e seus líderes se deixavam ludibriar com os olhos ardentes de alguém que, em casa, vira de perto os rostos das tropas de assalto e as ouvira cantar: "Hoje a Alemanha é nossa, amanhã o mundo inteiro." Quanto mais crescia a tensão política, mais eu me retraía das conversas e de qualquer ação pública. A Inglaterra é o único país do velho mundo em que nunca publiquei em algum jornal um artigo relativo à época contemporânea, nunca falei no rádio, nunca participei de um debate público; morei ali em meu pequeno apartamento mais anônimo do que trinta anos antes o estudante em Viena. Assim, não tenho direito de falar da Inglaterra como testemunha, tanto menos porque tive de admitir depois que antes da guerra nunca reconheci de verdade a força mais profunda da Inglaterra, totalmente oculta e que só se revelou na hora de extremo perigo.

Também não encontrei muitos escritores. Justo os dois com quem eu havia começado a me relacionar mais, John Drinkwater e Hugh Walpole, foram ceifados prematuramente pela morte; os mais novos eu não encontrava muito porque evitava clubes, jantares e eventos públicos por causa daquela sensação de insegurança de *foreigner** que me dominava de modo infeliz. Pelo menos tive o prazer especial e de fato inesquecível de ver as duas cabeças mais perspicazes, Bernard Shaw e H.G. Wells, em um debate brilhante, aparentemente cavalheiresco, mas carregado de eletricidade. Foi em um almoço de poucos convidados na casa de Shaw, e eu estava na situação em parte atraente, em parte desagradável, de alguém que não sabia de antemão o que ocasionava a tensão elétrica invisível que se percebia entre os dois patriarcas já pela maneira de se cumprimentarem, com uma intimidade levemente perpassada de ironia – parecia ter havido uma divergência de princípios entre ambos que fora resolvida há pouco ou que deveria ser resolvida com aquele almoço. Meio século antes, esses dois grandes homens, ambos a glória da Inglaterra, haviam lutado juntos no círculo da Sociedade Fabiana em prol do então ainda jovem socialismo. De lá para cá, bem de acordo com as suas personalidades individuais, haviam

---

* Estrangeiro. Em inglês no original.

evoluído em direções diferentes – Wells permanecendo no seu idealismo ativo, construindo incansavelmente sua visão do futuro da humanidade, e Shaw, por outro lado, observando cada vez mais o futuro e o presente com ceticismo e ironia, pondo à prova sua argúcia sarcástica. Também no aspecto físico tinham se tornado opostos com o passar dos anos. Shaw, o octogenário de uma vivacidade incrível, que durante as refeições só mordiscava nozes e frutas – alto, magro, constantemente tenso, sempre com um riso mordaz nos lábios loquazes e cada vez mais apaixonado pelo fogo de artifício de seus paradoxos. Wells, o septuagenário cheio de alegria de vida, fruindo das boas coisas, bonachão, de bochechas vermelhas e implacavelmente sério atrás de sua ocasional alegria. Shaw, brilhante em sua agressividade, mudando com rapidez os pontos de avanço, o outro em defesa taticamente enérgica, inabalável como costuma ser o crente e convicto. Logo tive a impressão de que Wells não fora ao almoço para uma conversa amigável, mas para uma espécie de dissensão de princípios. E precisamente por não estar informado sobre os bastidores do conflito intelectual, percebi com mais intensidade a atmosfera. Em cada gesto, cada olhar, cada palavra de ambos chamejava um desejo de combate atrevido, mas bastante sério; pareciam dois esgrimistas que experimentam a própria agilidade com pequenas estocadas antes de avançarem de fato um contra o outro. Shaw tinha a maior rapidez intelectual. Seus olhos sempre faiscavam sob suas sobrancelhas espessas quando dava uma resposta ou se defendia, e seu prazer com o chiste, com o jogo de palavras, que ele aperfeiçoara num virtuosismo sem igual ao longo de sessenta anos, atingia uma espécie de petulância. A sua barba branca cheia tremia às vezes com seu riso leve e feroz, e, inclinando sempre um pouco a cabeça, ele parecia seguir com os olhos a flecha para ver se ela acertara o alvo. Wells, com suas bochechas vermelhas e os olhos tranquilos, tinha mais agudeza e franqueza; sua inteligência também trabalhava com extraordinária rapidez, mas ele não fazia volteios tão brilhantes, preferia avançar diretamente com mais naturalidade. Os golpes e as defesas se alternavam com tamanha rapidez e tamanho brilho, aparentemente sempre no campo do gracejo, que o espectador não se fartava em admirar a esgrima faiscante e os golpes que falhavam. Mas por trás daquele diálogo veloz, que sempre se mantinha no nível mais elevado, havia uma espécie de sanha intelectual que se disciplinava à maneira inglesa nobre nas formas mais urbanas da dialética. Havia – e era isso que tornava a discussão tão fascinante – seriedade no gracejo e gracejo na seriedade, uma viva oposição entre dois caracteres polarizados e que só na aparência se inflamava em algo objetivo, mas, na realidade, estava firmemente fincada em motivos e bastidores que eu desconhecia. Seja como for, eu vira os dois melhores homens da Inglaterra em um de seus melhores momentos, e a continuação daquela polêmica, que foi levada adiante nas semanas seguintes em forma impressa no *Nation*, não me deu nem um centésimo do prazer propocionado por aquele diálogo temperamental, porque por trás dos argumentos tornados abstratos já não se enxergava mais o homem vivo, o verdadeiro ser. Mas raramente me deleitei tanto com a fosforescência que saltava de um intelecto para o outro através do atrito recíproco; em nenhuma comédia vi até hoje a arte do diálogo ser exercida com tanta virtuosidade como nessa ocasião, em que ela se completou sem propósito, de maneira nada teatral e nas formas mais nobres.

Mas só vivi geograficamente na Inglaterra naqueles anos, e não com toda a minha alma. E foi justo a preocupação com a Europa, essa preocupação que afligia dolorosamente os nossos nervos, que me fez viajar muito – e até atravessar duas vezes o oceano – durante esses anos entre a tomada do poder por Hitler e a eclosão da Segunda Guerra Mundial. Talvez estivesse sendo empurrado pelo pressentimento de que, enquanto era possível viajar e os navios podiam cruzar os mares pacificamente em suas rotas, eu deveria armazenar tantas impressões e experiências quanto possível, talvez também pela nostalgia de saber que, enquanto nosso mundo se destruía por meio de desconfiança e discórdia, um novo mundo se construía; talvez também pela intuição ainda muito vaga de que o nosso – e mesmo o meu – futuro se situava além da Europa. Uma viagem de conferências atravessando os Estados Unidos de ponta a ponta forneceu-me a oportunidade bem-vinda de ver esse país poderoso em toda a sua diversidade e, apesar disso, em sua coesão interna, de leste a oeste, de norte a sul. Mais intensa, no entanto, tornou-se talvez a impressão que me causou a América do Sul, para onde segui aceitando de bom grado um convite para o congresso do P.E.N. Clube Internacional; nunca me pareceu mais importante do que naquele momento fortalecer a ideia da solidariedade intelectual para além de nacionalidades e idiomas. As últimas horas que passei na Europa antes dessa viagem ainda me fizeram levar na bagagem uma advertência alarmante. Naquele verão de 1936 começara a Guerra Civil espanhola, que, vista de modo superficial, era apenas uma discórdia interna desse belo e trágico país, mas na verdade já era a manobra preparatória dos dois grupos de poder ideológicos para seu futuro embate. Eu partira de Southampton em um navio inglês achando que o vapor evitaria a primeira estação de Vigo para escapar à região de conflito. Para nossa surpresa, entramos no porto e até foi permitido aos passageiros descerem por algumas horas. Vigo estava então em mãos dos franquistas e ficava longe do verdadeiro palco de guerra. Mesmo assim, nessas poucas horas vi bastante coisa capaz de dar ensejo justificado para pensamentos aflitivos. Diante da prefeitura, onde tremulava a bandeira de Franco, havia jovens rapazes enfileirados em trajes camponeses, conduzidos em geral por sacerdotes, que haviam sido evidentemente trazidos das aldeias vizinhas. Num primeiro momento, não compreendi o que pretendiam fazer com eles. Seriam trabalhadores que estavam sendo aliciados para algum serviço de emergência? Seriam desempregados que receberiam comida? Mas quinze minutos depois vi os mesmos jovens saindo da prefeitura transformados. Trajavam uniformes reluzentes e novos, estavam armados de espingardas e baionetas; sob a supervisão de oficiais, foram colocados em automóveis igualmente novos e reluzentes e saíram cidade afora em alta velocidade. Assustei-me. Onde vira a mesma cena? Primeiro na Itália, depois na Alemanha! Em ambos os países tinham aparecido de repente esses uniformes novos e impecáveis e os automóveis novos e as metralhadoras. E mais uma vez me perguntei: quem fornece e financia esses uniformes novos, quem organiza esses jovens exangues, quem os impele contra o poder constituído, contra o parlamento eleito, contra sua própria representação popular legal? O tesouro do Estado estava em mãos do governo legal, isso eu sabia, assim como os depósitos de armamentos. Portanto, esses automóveis, essas armas, deviam ter sido fornecidos pelo exterior, e sem dúvida haviam cruzado a fronteira vindo de Portugal, país próximo. Mas quem os fornecera, quem os financiara? Era um novo poder que queria dominar, o mesmo poder que obrava aqui e acolá, um poder que amava e necessitava de violência e para quem todos os ideais que nós seguíamos e para os quais vivíamos – paz, humanidade, conciliação – eram fraquezas antiquadas. Eram grupos misteriosos, escondidos em seus escritórios e em suas empresas, que se serviam cinicamente do idealismo ingênuo da juventude para chegar ao poder e para suas negociatas. Era a vontade de usar a violência que queria lançar a velha barbárie da guerra sobre a nossa infeliz Europa com uma nova técnica, mais sutil. Uma única impressão visual sensorial sempre tem mais poder sobre a alma do que mil artigos de jornal e brochuras. E nunca de maneira mais intensa do que naquele momento, quando vi como aqueles jovens rapazes inocentes eram armados nos bastidores por invisíveis manipuladores para lutar contra rapazes igualmente jovens e ingênuos de sua própria pátria, fui acometido pela intuição do que haveria de acontecer a nós, à Europa. Quando o navio partiu, depois de algumas horas de permanência no porto, desci logo para a cabine. Era doloroso demais lançar mais um olhar sobre aquele belo país que estava sendo cruelmente devastado por culpa alheia; a Europa parecia fadada à morte por sua própria loucura, a Europa, nossa pátria sagrada, berço e Partenon da nossa civilização ocidental.

Por isso, a visão da Argentina foi tanto mais feliz. Ali estava de novo a Espanha, sua antiga cultura, preservada em uma terra mais nova, mais vasta, ainda não regada com sangue, ainda não envenenada com ódio. Ali havia fartura de alimentos, riqueza e abundância, ali havia espaço infinito e, com isso, alimento futuro. Uma felicidade incomensurável e uma espécie de nova confiança me invadiram. Há milênios de anos, as culturas não migravam de um país para o outro? Toda vez que uma árvore era derrubada pelo machado, não se salvaram as sementes e, com isso, novas flores, novos frutos? O que gerações fizeram antes de nós e ao nosso redor nunca se perdeu inteiramente. Era apenas preciso aprender a pensar em dimensões maiores, a contar com prazos mais longos. Deveríamos começar, disse a mim, a não pensar mais apenas em dimensões da Europa, mas sim também no resto do mundo – não se enterrar em um passado moribundo, e sim participar de seu renascimento. Pois, pela cordialidade com que toda a população daquela nova metrópole participou de nosso congresso, vi que não éramos estranhos, e que ali a fé na unidade espiritual à qual dedicamos o melhor da nossa vida ainda vivia e atuava, e que, portanto, no nosso tempo das novas velocidades o oceano já não separava mais. Havia uma nova tarefa no lugar da velha: construir a comunidade que sonháramos em novas proporções e em resumos mais arrojados. Se eu dera a Europa por perdida desde aquele último olhar para a guerra que chegava, comecei novamente a esperar e ter fé sob o cruzeiro do Sul.

Uma impressão não menos poderosa, uma esperança não menor significou para mim o Brasil, esse país prodigamente presenteado pela natureza com a mais linda cidade do mundo, esse país cujo imenso espaço ainda hoje não pode ser inteiramente percorrido por trens, por estradas e nem mesmo pelos aviões. Ali o passado fora mais cuidadosamente preservado do que na própria Europa, ali o embrutecimento trazido pela Primeira Guerra Mundial ainda não penetrara nos costumes, no espírito das nações. As pessoas conviviam mais em paz, com mais cortesia, a relação mesmo entre as mais diversas raças não era tão hostil como entre nós. Ali o homem não era apartado do homem por teorias absurdas de sangue e origem, ali ainda se podia – e isso eu percebi com um estranho pressentimento – viver em paz, ali havia espaço para o futuro em uma abundância incomensurável, enquanto na Europa as nações lutavam e os políticos disputavam os pedaços mais miseráveis. Ali o solo ainda esperava que o homem o aproveitasse e o preenchesse com sua presença. O que a Europa criou em termos de civilização podia continuar a se desenvolver grandiosamente em novas e diferentes formas. Com os olhos deleitados pela beleza multifacetada dessa nova natureza, eu lançara um olhar para o futuro.

Mas viajar – e mesmo viajar para longe, sob outras estrelas e para outros mundos – não significava fugir da Europa e da preocupação com a Europa.

Parece quase uma vingança maldosa da natureza contra o homem que todas as conquistas da técnica, graças às quais ele desvendara as mais misteriosas forças da própria natureza, ao mesmo tempo lhe afligem a alma. A técnica não nos trouxe pior maldição do que nos impedir de fugir do presente, ainda que por um instante. Gerações anteriores podiam se refugiar na solidão e no isolamento em tempos de catástrofe; só a nós coube ter que saber e sentir no mesmo instante quando algo de ruim acontece em uma parte qualquer no nosso globo terrestre. Por mais que eu me afastasse da Europa, seu destino me acompanhava. Ao aterrissar à noite em Pernambuco, sob o cruzeiro do Sul, rodeado por pessoas de pele escura na rua, vi uma folha afixada sobre o bombardeio de Barcelona e o fuzilamento de um amigo espanhol com o qual, meses antes, passara horas agradáveis. No Texas, viajando em um vagão *pullman* em alta velocidade entre Houston e outra cidade petrolífera, escutei de repente alguém gritando e vociferando com veemência em alemão: um outro passageiro havia ingenuamente sintonizado o rádio do trem na estação Welle Deutschland, e tive de escutar um discurso incendiário de Hitler no trem que percorria a planície texana. Não havia como escapar, nem de dia, nem de noite; precisava pensar o tempo todo na Europa com preocupação torturante, e, dentro da Europa, na Áustria. Talvez pareça patriotismo mesquinho que logo a sorte da Áustria me preocupasse no imenso complexo do perigo que se estendia da China até o Ebro e o Manzanares. Mas eu sabia que o destino da Europa inteira estava ligado a esse pequeno país que, por acaso, era minha pátria. Quando se tenta identificar retrospectivamente os equívocos da política depois da Primeira Guerra Mundial, reconhece-se como o maior deles o fato de os políticos europeus e norte-americanos não terem executado, e sim mutilado, o plano claro e simples de Wilson. A sua ideia era dar liberdade e autonomia aos pequenos países, mas ele reconheceu acertadamente que essa liberdade e autonomia só seriam sustentáveis dentro de uma associação de todos os países maiores e menores em uma unidade superposta. Em *não* se criando essa organização superposta – a verdadeira e total Liga das Nações – e só se realizando a outra parte do programa, a autonomia das pequenas nações, produziu-se em vez de tranquilidade uma tensão cons-

tante. Pois nada é mais perigoso do que a ambição dos pequenos de serem grandes, e o primeiro objetivo das pequenas nações, mal foram criadas, fora intrigar umas contra as outras, brigando em torno de minúsculas faixas de terra, poloneses contra tchecos, húngaros contra romenos, búlgaros contra sérvios; e em sua condição de país mais fraco de todos nessas rivalidades, a minúscula Áustria defrontava-se com a Alemanha todo-poderosa. Esse país despedaçado, mutilado, cujos soberanos outrora reinaram sobre a Europa, era, devo repetir sempre, a pedra angular. Eu sabia algo que todas aquelas pessoas na metrópole inglesa não conseguiam perceber: junto com a Áustria, cairia a Tchecoslováquia, e os Bálcãs estariam expostos ao assalto de Hitler; eu sabia que, com Viena e sua estrutura especial, o nazismo receberia a alavanca com a qual poderia abalar e tirar dos seus fundamentos a Europa inteira. Só nós, austríacos, sabíamos com que avidez aguilhoada por ressentimento Hitler estava sendo impelido para Viena, a cidade que o vira na maior miséria e na qual ele queria entrar triunfante. Por isso, toda vez que eu ia para uma visita rápida à Áustria e voltava pela fronteira, respirava aliviado: "Por enquanto, nada ainda", olhando para trás como se tivesse sido a última vez. Eu via a catástrofe chegar inevitavelmente; centenas de vezes de manhã em todos aqueles anos, enquanto os outros pegavam o jornal confiantes, eu temia em meu íntimo ter que ler a manchete: *Finis Austriae*.*
Ah, como me enganei quando me fiz crer que já havia me desapegado da sorte da minha pátria! De longe, eu sofria todos os dias com sua agonia lenta e febril – infinitamente mais do que meus amigos no país, que se iludiam com demonstrações patrióticas, assegurando diariamente uns aos outros: "A França e a Inglaterra não nos abandonarão. E sobretudo Mussolini nunca o permitirá." Eles acreditavam na Liga das Nações, nos acordos de paz, como os doentes acreditam em remédios com belos rótulos. Viviam despreocupados e felizes enquanto eu, que via tudo com mais nitidez, vivia com o coração aflito.

Também a minha última viagem à Áustria não foi motivada por nada mais do que por um desses surtos espontâneos de temor interno da catás-

---

* "Fim da Áustria." Em latim no original.

trofe que se avizinhava cada vez mais. Estivera em Viena no outono de 1937 para visitar a minha velha mãe, e por muito tempo não tivera nada para resolver, nada de urgente me chamava. Poucas semanas depois, por volta do meio-dia – deve ter sido no final de novembro –, voltava para casa pela Regent Street e comprei no caminho um *Evening Standard*. Foi no dia em que lorde Halifax voou para Berlim para tentar pela primeira vez negociar pessoalmente com Hitler. Na capa dessa edição do *Evening Standard* – ainda lembro nitidamente, o texto estava impresso em negrito do lado direito – havia os diferentes pontos sobre os quais Halifax queria entrar em acordo com Hitler. Entre eles havia o parágrafo "Áustria". E nas entrelinhas encontrei – ou acreditei ler – a entrega da Áustria, pois o que mais poderia significar a troca de ideias com Hitler? Nós, austríacos, sabíamos que nesse ponto Hitler jamais cederia. Estranhamente, essa listagem programática dos temas de discussão só constou daquela edição de meio-dia do *Evening Standard*, desaparecendo de novo, sem deixar vestígios, de todas as outras edições posteriores do mesmo jornal ao longo do dia. (Como ouvi dizer depois, supostamente a informação havia sido passada ao jornal pela legação italiana, pois o maior temor da Itália em 1937 era o golpe nas costas de uma aliança da Alemanha e da Inglaterra.) Não sei julgar qual era o teor de verdade naquela notícia – despercebida pela grande maioria – naquela edição específica do *Evening Standard*. Só sei o quanto me assustei com a ideia de que Hitler e a Inglaterra já estariam negociando o destino da Áustria; não me envergonho de dizer que o jornal tremia nas minhas mãos. Falsa ou verdadeira, a notícia me abalou como nenhuma outra em vários anos, pois mesmo que se confirmasse apenas em parte era o início do fim, a pedra angular ruiria e com ela a parede. Voltei imediatamente, saltei no primeiro ônibus que vi com o letreiro "Victoria Station" e segui até a Imperial Airways para perguntar se ainda havia um bilhete aéreo disponível para a manhã seguinte. Queria ver mais uma vez minha velha mãe, minha família, minha pátria. Por acaso, ainda consegui uma passagem, joguei rapidamente algumas coisas na mala e voei para Viena.

Meus amigos ficaram surpresos com a minha volta tão rápida e repentina. Mas como riram de mim quando insinuei minha preocupação.

Zombaram de mim, dizendo que eu ainda era o velho "Jeremias". Perguntaram se eu não sabia que toda a população austríaca estava cem por cento com Schuschnigg. Elogiaram longamente as grandiosas manifestações da Frente Patriótica, enquanto eu já em Salzburgo observara que a maioria desses manifestantes só usava o obrigatório distintivo partidário na lapela para não comprometer seus postos, enquanto por precaução já estavam há muito tempo inscritos no partido nacional-socialista em Munique – eu aprendera e lera história demais para não saber que a grande massa sempre pende logo para o lado em que se encontra a força da gravidade do poder momentâneo. Sabia que as mesmas vozes que hoje gritavam "Heil Schuschnigg" amanhã bradariam "Heil Hitler". Mas todos com quem falei em Viena mostraram genuína despreocupação. Convidavam-se uns aos outros para reuniões de smoking ou fraque (sem imaginar que em pouco tempo usariam os uniformes de prisioneiros dos campos de concentração), percorriam o comércio para fazer compras de Natal para suas belas casas (sem imaginar que em poucos meses essas casas lhes seriam tomadas e saqueadas). E essa eterna despreocupação da antiga Viena, que eu tanto amara antes e da qual terei saudades a minha vida inteira, essa despreocupação que o poeta vienense Anzengruber resumiu no breve axioma "Nada poderá te acontecer", pela primeira vez me fez sofrer. Mas talvez, em última análise, eles todos fossem mais sábios do que eu, esses amigos de Viena, porque apenas sofreram tudo quando aconteceu de verdade, enquanto eu já sofria a desgraça antecipadamente na minha imaginação e depois sofreria pela segunda vez de verdade. Seja como for, eu já não os compreendia e não pude me fazer compreender. Depois do segundo dia já não adverti mais ninguém. Para que incomodar pessoas que não querem ser incomodadas?

Não se julgue que estou ornando fatos passados, mas tome-se como a mais pura verdade quando digo: naqueles dois últimos dias em Viena, olhei para cada uma das ruas conhecidas, cada igreja, cada parque, cada velho recanto da cidade em que nasci com um mudo e desesperado "nunca mais". Abracei a minha mãe com esse secreto sentimento: "É a última vez!" Tudo naquela cidade, naquele país, eu senti com esse "nunca mais!", consciente de que era uma despedida, uma despedida para sempre. Passei por Salzburgo, a cidade onde ficava a casa em que eu trabalhara por vinte anos, sem sequer saltar na estação. Poderia ter visto pela janela do vagão a minha casa na colina com as lembranças dos anos vividos ali. Mas não olhei para ela. Para quê? Jamais voltaria a morar nela. E no momento em que o trem transpôs a fronteira, eu sabia, como o patriarca Ló da Bíblia, que tudo atrás de mim era pó e cinza, era o passado convertido em sal amargo.

Eu julgava ter pressentido todos os horrores que poderiam acontecer se o sonho odioso de Hitler se realizasse e ele ocupasse, triunfante, Viena, a cidade que o repelira quando era um jovem pobre e fracassado. Mas como se revelou fraca, pequena, deplorável a minha imaginação e toda a imaginação humana em comparação com a desumanidade que se manifestou naquele dia 13 de março de 1938, o dia em que a Áustria – e, com ela, a Europa – caiu presa da violência nua e crua! Agora caíra a máscara. Como as outras nações haviam temido abertamente, a brutalidade não precisava mais de disfarces morais; já não se servia de pretextos hipócritas como o extermínio político dos "marxistas" – afinal, o que ainda valiam a Inglaterra, a França, o mundo? Já não só se roubava e saqueava, mas se deixava livre curso a cada desejo particular de vingança. Professores universitários eram obrigados a esfregar as ruas com as mãos, piedosos judeus de barbas brancas eram arrastados para o templo e forçados por jovens vociferantes a fazer genuflexões e gritar em coro "Heil Hitler". Inocentes eram apanhados nas ruas como lebres e levados para limpar as privadas dos quartéis da SA; tudo o que a fantasia patológica e sórdida imaginara orgiasticamente em muitas noites era praticado à plena luz do dia. Invadir as casas e arrancar com violência os brincos às mulheres que tremiam de medo – isso podia ter acontecido também nas pilhagens das cidades centenas de anos antes, nas guerras medievais; o que era novo era o prazer com a tortura pública, as torturas psicológicas, as humilhações requintadas. Tudo isso foi registrado não por uma pessoa, mas por milhares que o sofreram, e uma época mais tranquila e não moralmente fatigada como a nossa haverá de ler horrorizada o que um único homem carregado de ódio perpetrou no século XX nessa cidade da cultura. Pois esse é o triunfo mais diabólico de Hitler em meio às suas vitórias militares e políticas: esse único homem conseguiu, por meio de um crescente aumento da violência, embotar qualquer conceito de direito. *Antes* dessa "nova ordem", o mundo ainda se abalava com o assassinato de uma única pessoa sem sentença no tribunal e sem causa aparente, a tortura era tida como inimaginável no século XX, expropriações ainda eram claramente chamadas de roubo e saque. Mas *agora*, depois das seguidas noites de São Bartolomeu, depois das cotidianas torturas até a morte nas celas da SA e atrás do arame farpado, o que ainda valia uma única injustiça, o que valia o sofrimento terreno? Em 1938, depois da anexação da Áustria, o nosso mundo se acostumou à desumanidade, à ilegalidade e à brutalidade como nunca em séculos. Se, antes, só o que aconteceu nessa infeliz cidade de Viena teria bastado para merecer a condenação internacional, em 1938 a consciência do mundo silenciou, ou apenas resmungou um pouco antes de esquecer e perdoar.

Esse período, em que diariamente ressoavam os gritos de socorro da pátria, em que eu sabia que amigos próximos eram sequestrados, torturados e humilhados e eu tremia, impotente, por cada um de quem gostava, estão entre os mais terríveis da minha vida. E não me envergonho de dizer – tanto a época nos perverteu o coração – que não me assustei nem lastimei quando chegou a notícia da morte da minha velha mãe, que havíamos deixado em Viena; ao contrário, senti até uma espécie de alívio de sabê-la a salvo de todos os sofrimentos e perigos. Aos 84 anos, quase completamente surda, ela tinha um apartamento na nossa casa, e, portanto, mesmo de acordo com as novas "leis arianas" não podia por enquanto ser desalojada, e nós esperávamos poder levá-la para o exterior de alguma forma depois de um tempo. Logo um dos primeiros decretos de Viena a atingira duramente. Com seus 84 anos, já estava fraca das pernas e acostumada, quando fazia sua pequena caminhada diária, a descansar em um banco na Ringstrasse ou no parque depois de cinco ou dez minutos de esforços para andar. Hitler ainda não era senhor da cidade por nem oito dias quando veio a lei brutal que proibia aos judeus sentarem-se em bancos públicos – uma daquelas proibições que visivelmente haviam sido inventadas apenas para a finalidade sádica da tortura perversa. Roubar os bens dos judeus ainda tinha lógica e um sentido compreensível, porque com o produto do roubo das fábricas, da mobília, das mansões e com os cargos vagos se poderia alimentar os próprios homens e premiar os velhos satélites; afinal, a pinacoteca de Göring agradece o seu fausto sobretudo a essa prática exercida com generosidade. Mas proibir uma idosa ou um velho cansado de repousar por alguns minutos em um banco para tomar fôlego, isso ficou reservado ao século XX e ao homem que milhões idolatram como o maior dessa época.

Felizmente, minha mãe foi poupada de sofrer por mais tempo tais brutalidades e humilhações. Ela morreu poucos meses depois da ocupação de Viena, e não posso deixar de registrar um episódio ligado à sua morte. Parece-me importante registrar justo esse tipo de detalhe para um tempo futuro que necessariamente considerará impossíveis tais coisas. De manhã, a idosa de 84 anos desmaiara de repente. O médico que foi chamado logo afirmou que ela dificilmente viveria até a manhã seguinte e mandou vir uma enfermeira para ficar junto ao leito de morte, uma mulher de seus quarenta anos. Meu irmão e eu, seus únicos filhos, não estávamos lá e não poderíamos viajar, pois mesmo voltar para o leito de morte da mãe teria sido um crime para os representantes da cultura alemã. Assim, um primo nosso se encarregou de passar a noite no apartamento da minha mãe, para que ao menos uma pessoa da família estivesse presente por ocasião da morte. Esse nosso primo era então um homem de sessenta anos, ele próprio já não muito saudável, e que de fato morreu um ano depois. Quando ele estava tratando de arrumar sua cama no quarto ao lado, a enfermeira apareceu – diga-se em sua honra, bastante envergonhada – e declarou que infelizmente não lhe seria permitido ficar à noite com a moribunda, de acordo com as novas leis nazistas. Disse que o meu primo era judeu e ela, como mulher de menos de cinquenta anos, não poderia ficar com ele sob o mesmo teto, pois, de acordo com a mentalidade de Streicher, o primeiro pensamento de um judeu seria praticar violação racial com ela. Acrescentou que esse preceito lhe era muito desagradável, mas que ela se via obrigada a obedecer às leis. Assim, o meu primo de sessenta anos foi obrigado a deixar a casa à noite só para que a enfermeira pudesse ficar com a minha mãe moribunda; talvez se compreenda agora que eu a tenha julgado feliz de não ter que continuar vivendo entre tais seres humanos.

A QUEDA DA ÁUSTRIA trouxe uma mudança para a minha vida particular que no início considerei sem a menor importância e meramente formal: perdi meu passaporte austríaco e tive de solicitar às autoridades inglesas um documento substituto, um passaporte para apátridas. Em minhas fantasias cosmopolitas muitas vezes eu imaginara em segredo como devia ser maravilhoso e bem de acordo com meus sentimentos íntimos ser apátrida, sem compromisso com nenhum país e, por isso, pertencendo a todos indistintamente. Porém tive de reconhecer mais uma vez a insuficiência da nossa fantasia terrena, e o fato de que só compreendemos os sentimentos mais importantes depois de sofrê-los na própria pele. Dez anos antes, quando encontrei certa vez Dimitri Merejkovski em Paris e ele se queixou para mim de que seus livros eram proibidos na Rússia, eu, inexperiente, ainda tentara consolá-lo, dizendo que isso não significava tanto em comparação com a difusão de seus livros pelo mundo inteiro. Mas quão nitidamente compreendi então, quando os meus próprios livros desapareceram da língua alemã, a sua queixa de só poder publicar a palavra criada em traduções, em um meio diluído e transformado! Da mesma forma, só no minuto em que me deixaram entrar para a repartição inglesa depois de longa espera no banco da antessala é que compreendi o que significava a troca do meu passaporte contra o documento para estrangeiros. Pois eu tivera direito ao meu passaporte austríaco. Todo funcionário consular austríaco ou oficial da polícia era obrigado a fornecê-lo a mim, na condição de cidadão com plenos direitos. Já o documento para estrangeiros que recebi da Inglaterra, eu precisei solicitar. Era um favor concedido, e um favor que, ainda por cima, poderia me ser retirado a qualquer momento.

Da noite para o dia, eu caíra um degrau, mais uma vez. Na véspera ainda um hóspede estrangeiro e, de certo modo, um *gentleman* que ali gastava o seu salário internacional e pagava impostos, eu me tornara emigrante, um *refugee*. Caíra para uma categoria inferior, embora não ignominiosa. Além disso, precisava fazer um requerimento especial para cada visto estrangeiro naquela folha branca de papel, pois todos os países tinham desconfiança contra a "espécie" de gente à qual eu pertencia agora, contra o indivíduo sem direitos, apátrida, que não podia ser deportado e devolvido à sua pátria como os outros caso se tornasse incômodo e ficasse muito tempo no país. E eu sempre precisava me lembrar das palavras que, anos antes, me dissera um russo exilado: "Antigamente, a pessoa só tinha um corpo e uma alma. Hoje ainda precisa ter um passaporte também, caso contrário não será tratada como gente."

De fato, nada talvez revele mais o imenso retrocesso do mundo desde a Primeira Guerra Mundial do que a restrição da liberdade individual de ir e vir e a redução de seus direitos de liberdade. Antes de 1914 a Terra pertencera a todos os homens. Cada um ia aonde queria e ficava por quanto tempo quisesse. Não havia autorizações e permissões, e sempre me divirto com o espanto de jovens quando lhes conto que viajei para a Índia e os Estados Unidos antes de 1914 sem possuir um passaporte ou jamais ter visto um. Embarcava-se e desembarcava-se sem perguntar e sem ser perguntado e não era preciso preencher nem um dos cem papéis que hoje são exigidos. Não havia permissões, vistos, importunações; as mesmas fronteiras que hoje foram transformadas em barricadas de arame farpado por funcionários da aduana, polícia, postos de gendarmaria por causa da desconfiança patológica de todos contra todos não significavam mais do que linhas simbólicas que podiam ser atravessadas da mesma maneira despreocupada como se atravessa o meridiano de Greenwich. Só depois da guerra começou a destruição do mundo pelo nazismo, e como primeiro fenômeno visível essa epidemia espiritual do nosso século produziu a xenofobia: o ódio – ou pelo menos o medo – aos estrangeiros. Em todo lugar defendiam-se dos estrangeiros, por toda parte eles eram excluídos. Todas as humilhações que antes haviam sido inventadas exclusivamente para criminosos agora se impunham a qualquer viajante antes e durante uma viagem. Era preciso se deixar fotografar do lado direito e do lado esquerdo, de frente e de perfil, o cabelo cortado tão rente que se pudessem ver as orelhas, era preciso tirar todas as digitais, primeiro só do polegar, depois dos dez dedos, era preciso apresentar certificados, atestados de saúde e de vacinação, de bons antecedentes, recomendações, convites e endereços de parentes, garantias morais e financeiras, preencher e assinar formulários em três, quatro vias, e bastava faltar uma dessas tantas folhas para se estar perdido.

Podem parecer bagatelas. E, à primeira vista, poderá parecer mesquinho da minha parte mencioná-las. Mas a nossa geração desperdiçou um tempo precioso, que jamais voltará, com essas "bagatelas" absurdas. Quando calculo quantos formulários eu preenchi nesses anos, declarações a cada viagem, declarações de imposto de renda, atestados de divisas, documentos de fronteira, permissões de estada, permissões de saída, registros de entrada e saída, quantas horas perdi em antessalas de consulados e repartições, diante de quantos funcionários fiquei sentado, simpáticos e antipáticos, amáveis e pouco amáveis, entediados e estressados, quantas vezes fui revistado ou interrogado em fronteiras, então sinto quanto se perdeu da dignidade humana nesse século que, quando jovens, credulamente sonháramos como sendo o século da liberdade, da era vindoura do cosmopolitismo. Quanto tempo se tomou à nossa produção, nossa criação, nosso pensar por essa lereia improdutiva e ao mesmo tempo humilhante para a alma! Pois cada um de nós estudou nesses anos mais decretos burocráticos do que livros para o intelecto; o primeiro caminho em uma cidade estranha, um novo país, não era, como antigamente, até os museus, as paisagens, mas sim para um consulado, para uma repartição de polícia a fim de buscar uma "permissão". Quando nos reuníamos – os mesmos que outrora falavam sobre poemas de Baudelaire ou debatiam animadamente problemas intelectuais –, percebíamos de repente que falávamos sobre *affidavits* e *permits** e se deveríamos solicitar um visto permanente ou para turista;

---

* Declarações e permissões. Em francês no original.

conhecer uma modesta funcionária em um consulado que pudesse abreviar a espera era mais importante na década passada do que a amizade de um Toscanini ou de um Rolland. Constantemente éramos obrigados a sentir, nós que nascêramos com a alma livre, que éramos objeto e não sujeito, que nada era nosso direito e apenas uma graça concedida pelas autoridades. Constantemente éramos interrogados, registrados, numerados, revistados, carimbados, e ainda hoje eu, um homem incorrigível de uma época mais livre e cidadão de uma sonhada república universal, sinto cada um desses carimbos no meu passaporte como se fosse uma marca de ferrete, cada uma dessas perguntas e revistas como uma humilhação. São bagatelas, sempre apenas bagatelas, eu sei – bagatelas numa época em que o valor da vida humana caiu ainda mais rápido do que o das moedas. Mas só se registrarmos esses pequenos sintomas uma época posterior poderá descrever o quadro clínico verdadeiro das condições psíquicas e da perturbação psíquica que tomou conta do nosso mundo entre as duas grandes guerras.

Talvez eu estivesse muito mal-acostumado antes. Talvez a minha sensibilidade tenha sido superexcitada pelas mudanças abruptas dos últimos anos. Toda forma de emigração já causa em si inevitavelmente uma espécie de perturbação do equilíbrio. Perde-se – e até isso é preciso ter experimentado para compreender – a postura ereta quando não se tem a própria terra debaixo dos pés, torna-se inseguro e desconfiado contra si próprio. E não hesito em confessar que, desde o dia em que tive que passar a viver com documentos ou passaportes estrangeiros, nunca mais me senti inteiramente pertencente a mim mesmo. Algo da identidade natural com o meu eu original e verdadeiro foi destruído para sempre. Tornei-me mais retraído do que deveria ser, de acordo com a minha natureza, e tenho hoje constantemente a sensação – eu, o velho cosmopolita – de que deveria agradecer por cada porção de ar que inspiro e tiro de um povo estranho. Racionalmente, reconheço o absurdo desses pensamentos, mas desde quando a razão ganha do sentimento? De nada me valeu que durante quase meio século eduquei o meu coração a bater de maneira cosmopolita, como o de um "cidadão do mundo". Não: no dia em que perdi o meu passaporte, descobri, aos 58 anos, que ao perder a pátria perde-se mais do que uma área delimitada de terra.

MAS EU NÃO era o único com essa sensação de insegurança. Pouco a pouco, a inquietude começou a se espalhar pela Europa inteira. O horizonte político permaneceu escuro desde o dia em que Hitler invadiu a Áustria, e os mesmos que, na Inglaterra, secretamente lhe facilitaram o caminho na esperança de comprar a paz para o seu próprio país começaram a duvidar. A partir de 1938, qualquer conversa em Londres, Paris, Roma, Bruxelas, em todas as cidades e aldeias, por mais diferente que fosse o assunto no começo, desembocava na pergunta inevitável sobre se e como a guerra ainda poderia ser evitada ou, no mínimo, adiada. Quando olho em retrospectiva para todos esses meses de constante e crescente temor de uma guerra na Europa, só me lembro de dois ou três dias de verdadeira confiança, dois ou três dias em que se teve mais uma vez, pela última vez, a sensação de que a nuvem se afastaria e de novo poderíamos respirar livres e em paz como antes. Mas de maneira perversa esses dois ou três dias foram justamente aqueles que hoje estão registrados como os mais fatídicos da história recente: os dias do encontro de Chamberlain e Hitler em Munique.

Sei que hoje ninguém gosta de relembrar esse encontro em que Chamberlain e Daladier, colocados impotentes contra a parede, capitularam diante de Hitler e Mussolini. Mas, como quero servir aqui à verdade documental, devo confessar que qualquer pessoa que estava na Inglaterra durante esses três dias os achou maravilhosos. A situação era desesperadora naqueles últimos dias de setembro de 1938. Chamberlain voltou então do seu segundo encontro com Hitler e alguns dias depois sabia-se o que acontecera. Chamberlain viera para conceder a Hitler em Godesberg, sem restrições, tudo o que este exigira dele antes em Berchtesgaden. Mas o que Hitler, poucas semanas antes, considerara suficiente agora já não bastava mais à sua histeria de poder. A política do *appeasement* e do *"try and try again"** fracassara deploravelmente, a era da boa-fé terminara na Inglaterra da noite para o dia. A Inglaterra, a França, a Tchecoslováquia, a Europa só tinham a escolha de se curvar diante da ambição peremptória de Hitler ou então se oporem a ele com armas. A Inglaterra parecia resolvida a ir

---

* Apaziguamento e "tentar e tentar novamente". Em inglês no original.

ao extremo. Já não se silenciava mais a respeito dos preparativos para a guerra, feitos aberta e ostensivamente. De repente, operários começaram a construir abrigos contra a ameaça de bombardeios em meio aos parques de Londres, no Hyde Park, no Regent's Park e sobretudo em frente à embaixada alemã. A frota foi mobilizada, os oficiais do estado-maior voavam incessantemente entre Paris e Londres para tomar as últimas providências conjuntas, estrangeiros que queriam ir para os Estados Unidos tentavam embarcar nos navios; desde 1914 não houvera um despertar igual na Inglaterra. As pessoas andavam mais sérias e pensativas. Olhávamos para as casas e as ruas repletas de gente com o pensamento secreto: será que amanhã cairão bombas sobre elas? E atrás das portas, nas casas, as pessoas rodeavam o rádio na hora do noticiário. Invisível, porém palpável em cada pessoa e a cada segundo, pairava uma imensa tensão sobre o país inteiro.

Então veio aquela sessão histórica do Parlamento em que Chamberlain relatou ter tentado mais uma vez chegar a um acordo com Hitler, tendo-lhe feito mais uma vez, pela terceira vez, a proposta de procurá-lo na Alemanha em qualquer lugar que ele quisesse a fim de salvar a paz tão ameaçada, e que a resposta ainda não havia chegado. Depois, no meio da sessão, dramaticamente, chegou o telegrama que informava a concordância de Hitler e Mussolini para uma conferência conjunta em Munique, e nesse segundo – um caso praticamente único na história da Inglaterra – o Parlamento inglês não se segurou. Os deputados saltaram das cadeiras, gritavam e aplaudiam, as galerias ressoavam de júbilo. Havia muitos anos a veneranda casa já não tremera mais com tamanha explosão de alegria como nesse instante. Humanamente, foi um belo espetáculo ver como o genuíno entusiasmo com a possibilidade de ainda salvar a paz superou a postura e a reserva tão virtuosamente exercidas pelos ingleses. Mas sob o aspecto político essa explosão foi um imenso equívoco, pois com o seu júbilo incontido o Parlamento, o país demonstrara o quanto detestava a guerra, o quanto estava pronto para qualquer sacrifício, a renunciar a seus interesses e até mesmo a seu prestígio em nome da paz. De antemão, Chamberlain ficou marcado como alguém que não ia a Munique para lutar pela paz, mas para pedir por ela. Mas ninguém ainda imaginava a capitulação que estava por vir. Todos achavam – eu também, não o nego – que Chamberlain ia a Munique para negociar e não para capitular. Seguiram-se então mais dois dias, três dias de espera ardente, três dias em que o mundo inteiro, por assim dizer, parou de respirar. Nos parques se abriam valas, nas fábricas de armamentos se trabalhava, armavam-se canhões de defesa, distribuíam-se máscaras de gás, cogitava-se retirar as crianças de Londres e faziam-se preparativos secretos que ninguém entendia mas dos quais todos sabiam o que objetivavam. Mais uma manhã se passou, o meio-dia, a tarde, a noite esperando o jornal, escutando o rádio. Mais uma vez se repetiram aqueles momentos de julho de 1914 com a terrível e enervante espera pelo "sim" ou o "não".

Então, de repente, como se por uma lufada imensa, as nuvens opressoras se dissiparam, os corações ficaram aliviados, as almas livres. Chegara a informação de que Hitler e Chamberlain, Daladier e Mussolini haviam chegado a um acordo total – mais ainda: que Chamberlain lograra fechar um acordo com a Alemanha que avalizava a purificação pacífica de todos os conflitos possíveis entre esses países para todo o futuro. Parecia uma vitória decisiva do firme desejo de paz de um estadista pouco significativo e enfadonho, e todos os corações lhe foram gratos nesse primeiro momento. No rádio se escutou primeiro a mensagem *"Peace for our time"*, que anunciava à nossa geração tão sofrida que poderia voltar a viver em paz, despreocupada, ajudar a construir um mundo novo e melhor, e mente todo aquele que tentar negar *a posteriori* como ficamos inebriados por essa expressão mágica. Pois quem podia acreditar que uma pessoa vencida se prepararia para uma marcha triunfal? Se, naquela manhã em que Chamberlain voltou de Munique, a grande massa soubesse a hora exata de sua chegada, centenas de milhares teriam afluído ao campo de aviação de Croydon para saudá-lo e receber com júbilo o homem que, como todos acreditamos naquele momento, havia salvado a paz da Europa e a honra da Inglaterra. Então chegaram os jornais. Mostravam a fotografia de Chamberlain, cujo semblante duro normalmente tinha uma semelhança fatal com a cabeça de um pássaro irritado, agitando, orgulhoso e sorridente, a partir da porta do avião aquele documento histórico que anunciava *"Peace *for our time*", que ele trouxera ao seu povo como o presente mais precioso. À noite a cena já era mostrada nos cinemas, as pessoas saltavam dos seus lugares e jubilavam e gritavam – quase já se abraçando no sentimento da nova fraternidade que deveria agora começar para o mundo. Para qualquer pessoa que estava então em Londres, na Inglaterra, foi um dia incomparável, um dia que encheu as almas de ânimo.

Em dias históricos como esse, adoro andar pelas ruas para sentir a atmosfera com mais intensidade e respirar o ar da época na verdadeira acepção da palavra. Nos parques, os trabalhadores tinham parado de escavar os abrigos, rodeados de pessoas que riam e conversavam, porque *"Peace for our time"* tornara desnecessários os abrigos antiaéreos; escutei dois jovens rapazes ironizando no melhor sotaque *cockney* que seria bom se se aproveitassem os abrigos para fazer banheiros públicos subterrâneos, dos quais não havia muitos em Londres. Todos riram com prazer, todas as pessoas pareciam mais animadas, mais viçosas, como plantas depois de um temporal. Andavam mais eretas do que na véspera, com os ombros mais leves, e em seus olhos ingleses normalmente tão frios havia um brilho feliz. As casas pareciam mais iluminadas desde que se sabia que não eram mais ameaçadas por bombas, os ônibus mais bonitos, o sol mais claro, a vida de milhares e milhares intensificada e elevada por essa palavra inebriante. E percebi como eu mesmo estava animado. Caminhei sem cansaço e cada vez mais rápido e relaxado, também fui enlevado pela onda da nova confiança. Na esquina de Piccadilly de repente alguém veio apressadamente em minha direção. Era um funcionário público inglês que eu conhecia pouco, um homem nada emocional, bastante reservado. Em condições normais teríamos nos cumprimentado polidamente, e ele nunca teria tido a ideia de me dirigir a palavra. Mas naquele momento veio ao meu encontro com os olhos brilhantes. "O que acha de Chamberlain?", perguntou ele, radiante de alegria. "Ninguém acreditou nele, mas ele fez o certo. Não cedeu e, com isso, salvou a paz."

Assim todos sentiram, e eu também naquele dia. O dia seguinte ainda foi de felicidade. Todos os jornais exultavam, unânimes, as cotações na Bolsa subiram loucamente, da Alemanha chegavam vozes amistosas pela primeira vez em muitos anos, na França propuseram erigir um monumento para Chamberlain. Mas tudo era apenas o último clarão da chama antes de ela se apagar definitivamente. Já nos próximos dias vazaram os detalhes horríveis sobre a capitulação total, de como se sacrificara de maneira ignominiosa a Tchecoslováquia, à qual se garantira solenemente auxílio e apoio, e na semana seguinte já estava claro que nem a capitulação bastara a Hitler e que ele, ainda antes que a tinta de sua assinatura estivesse seca, já violara o acordo em todos os pontos. Desenfreado, Goebbels vociferava aos quatro ventos que a Inglaterra havia sido colocada contra a parede em Munique. Uma grande chama de esperança se extinguiu. Mas ela brilhara um ou dois dias, aquecendo nossos corações. Não posso e nem quero esquecer esses dias.

A PARTIR DO MOMENTO em que soubemos o que de fato acontecera em Munique, paradoxalmente vi poucos ingleses na Inglaterra. A culpa foi minha, pois eu os evitava, ou melhor, evitava o diálogo com eles, embora me sentisse obrigado a admirá-los mais do que nunca. Eram generosos com os refugiados que, agora, chegavam aos magotes, mostravam a compaixão mais nobre e uma solidariedade solícita. Mas entre eles e nós se erigiu uma espécie de parede invisível, um "cá" e "lá!" – já tinha acontecido conosco, e com eles ainda não. Nós compreendíamos o que acontecera e o que iria acontecer, mas eles ainda se recusavam a compreender – em parte contrariando a sua própria intuição. Apesar de tudo, tentavam persistir na ilusão de que palavra é palavra, acordo é acordo, e que se podia negociar com Hitler, contanto que se falasse com ele com a razão, com humanidade. Os círculos dirigentes ingleses, há séculos fiéis ao direito por tradição democrática, não conseguiram ou não quiseram admitir que perto deles estava se organizando uma nova técnica da amoralidade consciente e cínica, e que a nova Alemanha derrubava todas as regras do jogo válidas para o trato com as nações e no âmbito do direito, bastava que lhe parecessem incômodas. Aos ingleses clarividentes e de larga visão, e que haviam abdicado de todas as aventuras, parecia demasiado improvável que esse homem, que alcançara tão rápida e tão facilmente tanta coisa, fosse ousar o extremo; sempre acreditavam e esperavam que ele primeiro se voltasse contra outros – de preferência contra os russos! –, e enquanto isso se poderia chegar a algum acordo com ele. Nós, por outro lado, sabíamos que se podia esperar a maior monstruosidade como uma coisa natural. Tínhamos todos nas nossas retinas a imagem de um amigo assassinado, de um camarada torturado, e, por isso, nosso olhar era mais duro, agudo, implacável. Nós, os proscritos, perseguidos, privados de nossos direitos, sabíamos que nenhum pretexto era demasiado insensato ou mentiroso quando se tratava de saque e de poder. Assim nós, os que já havíamos passado por provações e os que ainda haviam sido poupados; nós, os emigrantes, e os ingleses falávamos línguas diferentes. Acho que não exagero se disser que, exceto por um número mínimo de ingleses, éramos então os únicos na Inglaterra que não se iludiam quanto à extensão total do perigo. Assim como outrora na Áustria, também me ficou reservado na Inglaterra prever o inevitável com o coração torturado e uma dolorosa clarividência, mas como estrangeiro, como hóspede apenas tolerado, eu não me sentia em condições de alertar.

Por isso nós, marcados pelo destino, só tínhamos a nós mesmos quando o travo amargo do que estava por vir feriu nossos lábios. E como torturamos nossas almas com a preocupação pelo país que nos acolheu fraternalmente! Mesmo no período mais sombrio, porém, a conversa com um homem de espírito e da mais alta dimensão moral pode proporcionar um consolo incomensurável e fortalecer a alma: foi o que me provaram de modo inesquecível as horas amistosas que pude passar com Sigmund Freud naqueles últimos meses antes da catástrofe. Durante meses eu me afligira com a ideia de que o velho homem de 83 anos ficara para trás na Viena de Hitler, até que por fim a maravilhosa princesa Maria Bonaparte, sua fiel discípula, conseguiu levar para Londres esse homem importantíssimo que ainda vivia na Viena escravizada. Foi um dia muito feliz na minha vida quando li no jornal que ele chegara à Inglaterra e vi retornar do inferno mais uma vez o mais venerado dos meus amigos, que eu já julgava perdido.

Eu conhecera Sigmund Freud, esse grande e severo espírito que, como nenhum outro da nossa época, aprofundou e ampliou o conhecimento sobre a alma humana, em Viena – num tempo em que lá ele ainda era visto e inimizado como um extravagante obstinado e meticuloso. Era um fanático da verdade, mas ao mesmo tempo perfeitamente consciente dos limites de cada verdade, tanto que me disse certa vez: "Não existe cem por cento de verdade, assim como não existe um teor alcoólico de cem por cento." Em razão disso se alheara da universidade e de suas precauções acadêmicas por causa da maneira inabalável com que ousava avançar por zonas até então nunca trilhadas e medrosamente evitadas do mundo subterrâneo dos instintos, portanto justo a esfera que aquela época rotulava, solene, como "tabu". Inconscientemente, o mundo otimista e liberal sentia que esse intelectual não disposto a concessões solapava de modo inexorável, com sua psicologia profunda, a tese da repressão gradual dos impulsos pela "razão" e pelo "progresso", e que ele, com sua técnica de desvendar impiedosamente, era perigoso para o método de ignorar o que era incômodo. Mas não era só a universidade, só o conluio de neurologistas antiquados que se defendiam juntos contra esse incômodo "estranho no ninho" – era o mundo inteiro, o mundo velho, a velha maneira de pensar, a "convenção" moral, era toda a época que temia nele a pessoa que desvelaria tudo. Aos poucos foi se formando um boicote médico contra ele. Freud perdeu sua clínica, e como era impossível refutar cientificamente as suas teses e mesmo suas hipóteses mais ousadas, tentou-se destruir suas teorias sobre o sonho à maneira vienense, ou seja, ironizando-as ou banalizando-as com gracejos em reuniões sociais. Só um pequeno círculo de adeptos se reunia todas as semanas em torno do solitário para os debates noturnos em que a nova ciência da psicanálise ganhou sua primeira forma. Ainda muito antes que eu mesmo me desse conta de toda a dimensão da revolução intelectual que se preparava aos poucos a partir dos primeiros trabalhos de base de Freud, a postura forte, moralmente inabalável desse homem extraordinário havia me conquistado. Ali estava enfim um homem da ciência que realizava o ideal sonhado pelos jovens, cuidadoso em toda afirmação enquanto ainda não tinha a última prova e certeza absoluta, mas inabalável contra a resistência do mundo inteiro a partir do momento em que uma hipótese se transformava para ele em uma certeza definitiva, um homem modesto como nenhum outro em relação à sua pessoa, mas pronto para lutar por qualquer dogma de sua doutrina e fiel até a morte à verdade imanente que ele defendia em sua clarividência. Impossível pensar em um homem intelectualmente mais intrépido; Freud tinha sempre a coragem de dizer o que pensava, mesmo sabendo que incomodava e perturbava com sua fala clara e inexorável; nunca buscava facilitar a sua posição difícil pela menor concessão, ainda que apenas formal. Tenho certeza de que Freud teria podido expor 80% de suas teorias livre de qualquer resistência acadêmica se estivesse disposto a disfarçá-las cautelosamente, dizendo "erotismo" em vez de "sexualidade", "eros" em vez de "libido", e apenas aludindo às últimas consequências em vez de sempre constatá-las implacavelmente. Mas, quando se tratava da doutrina e da verdade, ele se mantinha intransigente; quanto maior a resistência, mais dura se tornava sua determinação. Quando procuro um símbolo para o conceito da coragem moral – o único heroísmo na Terra que não exige sacrifício alheio –, vejo sempre diante de mim o rosto belo, viril e sereno de Freud com seus olhos escuros, diretos e tranquilos.

O homem que agora se refugiara em Londres deixando sua pátria, à qual deu a glória na Terra e por todos os tempos, já era velho e além disso estava gravemente doente. Mas não era um homem cansado nem vergado. No fundo, eu receara um pouco revê-lo amargo ou perturbado, depois de todos os momentos torturantes que devia ter passado em Viena, contudo o encontrei mais livre e até mais feliz do que nunca. Levou-me até o jardim de sua casa no subúrbio londrino. "Algum dia morei melhor do que aqui?", perguntou, com um sorriso franco na boca outrora tão austera. Mostrou-me suas adoradas estatuetas egípcias que Maria Bonaparte conseguira salvar. "Não estou em casa novamente?" E sobre a mesa estavam as grandes folhas de seu manuscrito, e ele, aos 83 anos, escrevia diariamente, com a mesma letra regular e clara, lúcido de espírito e infatigável como sempre; sua vontade forte superara tudo, a doença, a velhice, o exílio, e pela primeira vez a bondade represada durante os longos anos da luta jorrava livremente. A idade o tornara apenas mais suave, a provação sofrida, apenas mais condescendente. Às vezes, ele encontrava agora gestos ternos que eu jamais vira antes nesse homem reservado; punha os braços no ombro da outra pessoa e olhava com maior afeto por trás dos óculos reluzentes. Para mim, uma conversa com Freud tinha sido sempre, ao longo dos anos, uma das maiores alegrias intelectuais. Eu aprendia e ao mesmo tempo admirava, sentia cada uma das minhas palavras compreendidas por esse homem generosamente desprovido de preconceitos, que não se assustava com nenhuma confissão, não se exaltava com nenhuma afirmação e para quem a vontade de educar os outros para a clarividência já se tornara instintiva. Mas nunca senti com mais gratidão como essas longas conversas eram insubstituíveis como naquele ano escuro, o último da sua vida. No momento em que se pisava no seu gabinete, era como se a loucura do mundo exterior tivesse cessado. O que havia de mais cruel se tornava abstrato, o que era mais confuso clareava, os fatos se ordenavam humildemente nas grandes fases cíclicas. Pela primeira vez vivenciei o sábio verdadeiro, o indivíduo que se eleva acima de si mesmo, que já não sente mais a dor e a morte como experiências pessoais, e sim como objetos suprapessoais de contemplação e de observação: sua morte não foi uma façanha moral menor do que a sua vida. Já na época, Freud sofria muito com a doença que logo o tomaria de nós. Causava-lhe visível esforço falar com sua prótese, e cada palavra que nos concedia nos deixava envergonhados, porque a articulação lhe demandava esforço. Mas ele não deixava de falar; era uma especial ambição para a sua alma de aço mostrar aos amigos que a sua vontade continuava mais forte do que as torturas ignóbeis que o seu corpo produzia. A boca contraída pela dor, escreveu até os seus últimos dias, e mesmo quando o sofrimento martirizava o sono à noite – o seu sono maravilhosamente profundo e saudável que durante oitenta anos fora a fonte principal de sua energia – ele se recusava a tomar soníferos ou qualquer injeção entorpecente. Não queria nem por uma única hora abafar a clareza de seu espírito por meio desses lenitivos; preferia sofrer e ficar acordado, preferia pensar com dor a não pensar, herói do espírito até o último, o derradeiro instante. Foi uma luta terrível, e quanto mais durou, mais grandiosa foi. A morte foi lançando sua sombra com nitidez cada vez maior sobre o rosto de Freud. Encovou suas bochechas, cinzelou suas têmporas, entortou sua boca, dificultou os lábios na fala: mas a tenebrosa assassina não conseguiu fazer nada contra os olhos, essas atalaias inconquistáveis, das quais o espírito heroico olhava para o mundo – os olhos e o espírito permaneceram claros até o último instante. Uma vez, em uma de minhas últimas visitas a ele, levei Salvador Dalí comigo, na minha opinião o pintor mais talentoso da nova geração, que venerava Freud incomensuravelmente, e enquanto eu conversava com Freud, Dalí fez um esboço. Nunca tive coragem de mostrá-lo a Freud, pois nele Dalí já representara claramente a morte.

A luta da vontade mais firme, do espírito mais penetrante da nossa época contra o fim foi se tornando cada vez mais cruel; só quando ele próprio, para quem a clareza sempre foi a maior virtude do pensamento, reconheceu nitidamente que não conseguiria continuar a escrever e agir, deu ao médico, como um herói romano, a permissão de pôr fim à dor. Foi o grandioso fim de uma vida grandiosa, uma morte memorável mesmo em meio à hecatombe de mortos nesse tempo assassino. E quando nós, seus amigos, baixamos seu ataúde, sabíamos que estávamos dando ao solo inglês o melhor da nossa pátria.

Eu conversara muitas vezes com Freud sobre os horrores do mundo de Hitler e da guerra. Como pessoa humana, ele estava profundamente abalado, mas como pensador não se admirava em absoluto com esse terrível surto de bestialidade. Disse que sempre o haviam censurado como pessimista por negar a preponderância da cultura sobre os impulsos; agora se via confirmada da maneira mais atroz a sua opinião de que a barbárie, o impulso elementar de destruição na alma humana, era inextirpável – claro, não se orgulhava disso. Talvez nos séculos vindouros se viesse a encontrar uma forma de manter reprimidos esses instintos pelo menos na vida comunitária dos povos, mas na natureza mais íntima do indivíduo eles continuavam como forças indestrutíveis e talvez necessárias para manter a tensão. Mais ainda o preocupavam nesses seus últimos dias o problema do judaísmo e sua atual tragédia; o cientista dentro dele e seu espírito lúcido não encontravam resposta. Pouco antes ele publicara seu ensaio sobre Moisés, em que apresentava Moisés como não judeu, como egípcio, e com essa afirmação não fundamentada cientificamente ele ofendera tanto os judeus religiosos quanto os judeus nacionalistas. Agora lastimava ter publicado o livro justo em meio ao momento mais terrível para o judaísmo – "agora que lhes tiram tudo, eu lhes tiro ainda o seu melhor homem". Precisei concordar com ele que cada judeu se tornara sete vezes mais suscetível, pois mesmo em meio a essa tragédia mundial eram eles as verdadeiras vítimas, vítimas por toda parte, porque já sofriam antes de receber o golpe, sabendo que tudo o que era ruim os atingia primeiro e com uma intensidade sete vezes maior, e que o homem mais rancoroso de todos os tempos queria humilhá-los e persegui-los até o último extremo da Terra e até para debaixo da terra. A cada semana, a cada mês, chegavam mais e mais refugiados, e chegavam mais pobres e mais perturbados do que os que haviam chegado antes. Os primeiros, que abandonaram mais rápido a Alemanha e a Áustria, ainda tinham conseguido salvar suas roupas, suas malas, seus utensílios domésticos, alguns deles até um pouco de dinheiro. Mas quanto mais um judeu confiara na Alemanha, quanto mais difícil fora para ele desprender-se da pátria querida, mais fora punido. Primeiro, tiraram dos judeus suas profissões, proibiram-nos de visitar teatros, cinemas, museus e, aos pesquisadores, de entrar nas bibliotecas; se ficaram, foi por fidelidade ou inércia, covardia ou orgulho. Preferiam ser humilhados em sua pátria a mendigar no exterior. Depois lhes tiraram os empregados e os rádios e telefones de suas casas, e em seguida as próprias casas, depois os obrigaram a usar a estrela de Davi; tais leprosos, eles deviam poder ser reconhecidos, evitados e desprezados já na rua como repudiados, proscritos. Foram privados de todo direito, aplicou-se neles todo tipo de violência psicológica e física com um prazer lúdico, e para cada judeu o velho provérbio popular russo de repente se tornara uma verdade cruel:

"Ninguém está livre de um dia ser mendigo ou prisioneiro." Quem não ia embora era jogado num campo de concentração, onde a disciplina alemã acabava mesmo com o mais orgulhoso, e depois, saqueado de todos os seus bens, era expulso do país, com a roupa do corpo e uma nota de dez marcos, sem perguntar para onde ia. E então eles ficavam nas fronteiras, mendigavam nos consulados, quase sempre em vão, pois qual o país que queria pessoas roubadas, mendigos? Nunca haverei de esquecer a imagem quando, certa vez, entrei em Londres em uma agência de viagens; estava lotada com refugiados, quase todos judeus, e todos queriam ir para algum lugar. Não importava para que país, para o gelo do polo Norte ou as areias abrasadoras do Saara, queriam sair, ir adiante, pois a licença para permanecer no país havia expirado, era preciso seguir, com mulher e filhos, para outros países, de língua estranha, para o meio de pessoas desconhecidas e que não os queriam. Encontrei ali um homem que fora um industrial muito rico em Viena, um dos nossos mais inteligentes colecionadores de arte; no primeiro momento, nem o reconheci, de tão grisalho, velho, cansado. Fraco, ele se segurava na mesa com as mãos. Perguntei-lhe para onde queria ir. "Não sei", disse ele. "E quem ainda pergunta pela nossa vontade? Vamos aonde nos deixam ir. Alguém me disse que aqui talvez ainda se consiga um visto para o Haiti ou Santo Domingo." Meu coração quase parou: um velho senhor cansado, com filhos e netos, que treme de esperança de se mudar para um país que antes nunca viu direito no mapa, só para continuar mendigando lá, sendo estrangeiro e inútil! Ao lado, outro perguntou com sofreguidão desesperada como chegar até Xangai, pois ouvira dizer que os chineses ainda aceitavam judeus. Assim, todos se aglomeravam, antigos professores universitários, diretores de banco, comerciantes, fazendeiros, músicos, cada um disposto a carregar os miseráveis escombros de sua existência não importava para onde no mundo, atravessando os mares, suportando qualquer coisa, só para sair da Europa, ir para longe! Era um bando fantasmagórico. Contudo o mais trágico para mim foi a ideia de que essas cinquenta pessoas torturadas representavam uma vanguarda diminuta do enorme exército dos cinco, oito, talvez dez milhões de judeus que atrás deles já estavam em marcha e avançavam, todos esses milhões de indivíduos roubados e depois ainda massacrados na guerra que esperavam remessas das instituições de caridade, permissões das autoridades e o dinheiro para viajar, uma massa gigantesca que, espantada e fugindo em pânico do incêndio de Hitler, em todas as fronteiras da Europa sitiava as estações de trem e lotava as prisões, um povo inteiro expulso a quem se proibia ser um povo – e, ao mesmo tempo, um povo que há dois mil anos nada desejava com tanto anseio quanto não mais ter que caminhar e sim sentir sob seus pés em repouso a terra, uma terra tranquila, pacífica.

Porém o mais terrível nessa tragédia judaica do século XX foi que os que a sofriam não podiam mais encontrar nenhum sentido e nem culpa nela. Todos os expulsos dos tempos medievais, seus antepassados e ancestrais pelo menos sabiam por que sofriam: pela sua fé, pela sua lei. Eles ainda possuíam como talismã da alma aquilo que os de hoje há muito perderam: a fé inquebrantável em seu Deus. Viviam e sofriam no delírio orgulhoso de serem o povo eleito do criador do mundo e dos homens, destinados a uma sorte especial e a uma missão especial, e a palavra profética da Bíblia era para eles preceito e lei. Quando eram lançados na fogueira, apertavam contra o peito a escritura que lhes era sagrada e, com esse fogo interior, não sentiam tão ardentes as chamas assassinas. Quando eram enxotados dos países, restava-lhes uma última pátria, a pátria em Deus, da qual nenhum poder terreno, nenhum imperador, nenhum rei, nenhuma inquisição podia expulsá-los. Enquanto eram unidos pela religião, ainda eram uma comunidade e, por isso, uma força. Quando eram expulsos e enxotados, pagavam pela culpa de terem se segregado conscientemente dos outros povos da Terra pela sua religião, pelos seus costumes. Já os judeus do século XX não eram mais uma comunidade. Não tinham uma fé comum, sentiam sua condição de judeu mais como carga do que como orgulho, e não tinham consciência de nenhuma missão. Viviam apartados das leis de suas antes sagradas escrituras e não queriam mais a antiga língua comum. Almejavam com impaciência crescente inserir-se na vida dos povos, dissolver-se, só para ter paz de toda a perseguição, descanso na fuga eterna. Assim, uns não compreendiam mais os outros, fundidos como estavam dentro dos outros povos, já mais franceses, alemães, ingleses e russos do que judeus. Só agora, quando juntavam todos e os varriam como se fosse a sujeira das ruas, os diretores de bancos de suas mansões berlinenses e os funcionários das sinagogas das comunidades ortodoxas, os professores de filosofia de Paris e os cocheiros romenos, os lavadores de cadáveres e os portadores de Prêmio Nobel, as cantoras de ópera e as carpideiras dos enterros, os escritores e os fabricantes de aguardente, os que tinham posses e os que não tinham, os grandes e os pequenos, os religiosos e os livres-pensadores, os agiotas e os sábios, os sionistas e os assimilados, os *ashkenazi* e os *sefaradi*, os justos e os injustos, e depois deles ainda o bando infeliz dos que acreditavam já haver escapado da maldição, os batizados e os mistos – só agora os judeus eram novamente obrigados a uma comunidade que já não sentiam há muito tempo, a comunidade da expulsão, recorrente desde o êxodo do Egito. Mas por que esse infortúnio sempre era reservado a eles, só a eles? Qual era o motivo, qual o sentido, qual o objetivo dessa perseguição sem sentido? Eram expulsos de seus países sem que se lhes desse um país. Diziam-lhes "não vivam conosco", sem lhes dizer onde deviam viver. Culpavam-nos e lhes recusavam qualquer meio de expiar a culpa. E assim eles se olhavam fixamente na fuga com olhos ardentes – por que eu? Por que você? Por que eu com você, que eu não conheço, cuja língua não entendo, cuja maneira de pensar não compreendo? Por que todos nós? E ninguém tinha uma resposta. Nem Freud, a inteligência mais lúcida desse tempo, com quem falei muito naqueles dias, sabia o caminho, via sentido nesse contrassenso. Mas talvez seja a razão última do judaísmo repetir, por meio de sua existência misteriosamente perene, sempre a eterna pergunta de Jó a Deus, para que ela não fique inteiramente esquecida na Terra.

NADA NOS ASSOMBRA mais do que quando algo que há muito julgamos morto e sepultado se nos apresenta de repente com a mesma forma e o mesmo aspecto. O verão de 1939 chegara, já passara um tempo desde

Munique com sua breve ilusão de *peace for our time*; Hitler já invadira e tomara para si a Tchecoslováquia mutilada, contrariando o seu juramento e a sua promessa, o território de Memel já estava ocupado, e a imprensa alemã, falsamente incitada, exigia Danzig com seu corredor polonês. A Inglaterra despertara amargamente de sua leal credulidade. Mesmo as pessoas simples, sem instrução, que só repudiavam a guerra instintivamente, começaram a expressar sua exasperação. Cada um dos ingleses em geral tão reservados dirigia-me a palavra, o porteiro do nosso amplo prédio de apartamentos, o ascensorista, a faxineira enquanto arrumava o quarto. Nenhum deles entendia direito o que acontecia, mas cada qual se lembrava de uma coisa que não podia ser negada: que Chamberlain, o primeiro-ministro da Inglaterra, voara três vezes para a Alemanha para salvar a paz, e que Hitler não ficara satisfeito com nenhuma oferta, por mais cordial que fosse. No Parlamento inglês, de repente se ouviam vozes indignadas: *Stop aggression!*, parem as agressões, por toda parte se percebiam os preparativos para (na verdade contra) a guerra que vinha. Mais uma vez, os claros balões de defesa começaram a pairar sobre Londres. Ainda pareciam inocentes como elefantes cinza de brinquedo para crianças. Mais uma vez foram construídos abrigos antiaéreos e checadas as máscaras antigases que haviam sido distribuídas. A situação estava tão tensa como um ano antes, talvez ainda mais, porque dessa vez não era mais uma população ingênua e despreocupada, e sim decidida e exasperada, que estava cerrando fileiras com o governo.

Naqueles meses, eu deixara Londres e retirara-me para Bath, no campo. Nunca na minha vida eu sentira com mais atrocidade a impotência do homem diante dos acontecimentos no mundo. De um lado, o indivíduo vigilante, pensador, afastado de toda a política, devotado ao trabalho, trabalhando em silêncio e com pertinácia para transformar os anos de vida em uma obra. De outro, em algum lugar invisível, uma dezena de outras pessoas que não conheciam e que nunca viram, pessoas na Wilhelmstrasse em Berlim, no Quai d'Orsay em Paris, no Palazzo Venezia em Roma e na Downing Street em Londres, e essas dez ou vinte pessoas, das quais pouquíssimas haviam até então revelado especial inteligência ou habilidade, falavam e escreviam e telefonavam e faziam pactos a respeito de coisas das quais nada se sabia. Tomavam decisões de que ninguém participava e das quais não se ficava sabendo detalhes e, com elas, determinavam de modo definitivo a minha própria vida e a de qualquer outra pessoa na Europa. Era em suas mãos, e não nas minhas próprias, que estava agora o meu destino. Destruíam ou poupavam a nós, os impotentes, deixavam a liberdade ou obrigavam à escravidão, determinavam a guerra ou a paz para milhões. E ali estava eu, como todos os outros, em meu quarto, indefeso como uma mosca, impotente como um caramujo, enquanto se tratava de vida ou morte, do meu eu mais íntimo e do meu futuro, dos pensamentos que nasciam no meu cérebro, dos planos nascidos e ainda não paridos, da minha vigília e do meu sono, do meu patrimônio, de todo o meu ser. Ali estava eu, e esperava e olhava para o vazio como um condenado em sua cela, encarcerado, algemado nessa espera, uma espera sem sentido e sem força, e os outros prisioneiros à direita e à esquerda perguntavam e adivinhavam e conversavam como se qualquer um de nós soubesse ou pudesse saber como e o que estava sendo resolvido a nosso respeito. O telefone tocava e um amigo perguntava o que eu achava. Ali estava o jornal, confundindo mais ainda. O rádio falava, e uma fala contradizia a outra. Eu ia à rua, e o primeiro que encontrava exigia de mim, tão ignorante quanto ele, a minha opinião sobre se ia haver guerra ou não. E eu em minha intranquilidade também perguntava e falava e conversava e discutia, apesar de saber muito bem que todo conhecimento, toda experiência, toda previdência acumulados ao longo dos anos não tinham valor perante a determinação dessa dezena de desconhecidos; que, pela segunda vez em 25 anos, eu estava de novo impotente e indefeso diante do destino e que os pensamentos atormentavam em vão as têmporas doloridas. Por fim eu já não suportava a grande cidade, porque em cada esquina as palavras estridentes nos cartazes saltavam sobre mim como cães enfurecidos, porque involuntariamente eu queria ler na testa de cada um dos milhares de pessoas que passavam o que estava pensando. E todos pensávamos a mesma coisa, pensávamos apenas no sim ou no não, no preto ou no vermelho do jogo decisivo no qual a minha vida toda tinha sido apostada, meus últimos anos de vida, meus livros ainda por escrever – tudo em que eu vira até agora a minha tarefa, o sentido da minha vida.

Mas na roleta da diplomacia a bola rolava indecisa de um lado para outro com uma lentidão enervante. De cá para lá, de lá para cá, preto e vermelho e vermelho e preto, esperança e desilusão, boas notícias e más notícias, e ainda não a decisiva, a última. Esqueça!, disse para mim mesmo. Fuja, refugie-se na sua interioridade mais íntima, no seu trabalho, naquilo em que você é apenas o seu eu respirando, onde você não é cidadão, não é objeto desse jogo infernal, onde apenas o pouco de razão que lhe resta ainda pode ser sensato em um mundo enlouquecido.

Tarefas não me faltavam. Durante anos eu acumulara incessantemente os preparativos para uma grande apresentação em dois volumes de Balzac e de sua obra, mas nunca tivera a coragem de começar um projeto tão amplo e de longo prazo. Precisamente o desânimo deu-me agora a coragem. Fui para Bath, e justo para Bath porque essa cidade, onde muitos entre os melhores da gloriosa literatura da Inglaterra haviam escrito, sobretudo Fielding, simula ao olhar tranquilizado com mais fidelidade e intensidade do que qualquer outra cidade da Inglaterra um outro século, um século mais pacífico, o século XVIII. Mas como essa paisagem amena, abençoada com uma suave beleza, contrastava com a crescente inquietação do mundo e dos meus pensamentos! Assim como em 1914 o mês de julho fora o mais belo do qual me lembro na Áustria, quão provocantemente maravilhoso foi esse mês de agosto de 1939 na Inglaterra. Mais uma vez o céu azul sedoso e macio como uma tenda da paz de Deus, mais uma vez aquela boa luminosidade do sol sobre a relva e as florestas, além de uma riqueza indescritível de flores – a mesma grande paz na Terra, enquanto os homens se armavam para a guerra. Mais uma vez, parecia inacreditável a loucura face a essa florescência silente, persistente e farta, essa tranquilidade que se deliciava consigo mesma nos vales de Bath, que em sua beleza me lembravam misteriosamente aquela paisagem de Baden em 1914.

E mais uma vez eu não quis acreditar. Mais uma vez, como antes, eu me preparava para uma viagem no verão. Para a primeira semana de setembro de 1939 estava marcado o congresso do P.E.N. Clube de Estocolmo, para o qual eu fora indicado como convidado de honra pelos meus colegas suecos já que, como ser anfíbio, não representava mais nenhuma nação; cada almoço e jantar das semanas vindouras já estava predeterminado pelos gentis anfitriões. Eu já reservara a minha passagem de navio há tempos, quando começaram a se suceder as notícias alarmantes da mobilização iminente. Por todas as leis da razão, eu deveria juntar rapidamente os meus livros e meus manuscritos e abandonar a ilha britânica como possível país de guerra, pois na Inglaterra eu era estrangeiro e, em caso de guerra, seria imediatamente um estrangeiro inimigo ameaçado de toda restrição imaginável da liberdade. Mas algo inexplicável dentro de mim se opunha a salvar a minha pele. Em parte, era teimosia em não querer fugir de novo, uma vez que o destino vivia me perseguindo por todo lado, e em parte já era cansaço. "Urge enfrentar o tempo como ele nos procura", disse a mim mesmo, citando Shakespeare. Se ele quer você, não se defenda mais contra ele e, perto dos sessenta anos! O que você tem de melhor, sua vida já vivida, ele já não pode mais tomar de você. Assim, fiquei. Em todo caso, ainda queria colocar em ordem a minha existência burguesa externa, e como tinha a intenção de me casar pela segunda vez, não queria perder um minuto sequer, para não ter que ficar separado muito tempo da minha futura companheira, fosse internado em algum campo ou por outras medidas imprevisíveis. Assim, uma certa manhã – era 1º de setembro, um feriado – fui ao cartório em Bath para marcar o meu casamento. O funcionário pegou nossos documentos, mostrou-se muitíssimo amável e zeloso. Compreendeu, como qualquer um naquela época, nosso desejo de extrema urgência. O casamento foi marcado para o dia seguinte; ele pegou a caneta e começou a escrever nossos nomes em seu livro com belas letras redondas.

Nesse momento – deve ter sido por volta das onze – abriu-se a porta da sala ao lado. Um jovem funcionário entrou correndo e vestiu o casaco enquanto se movia. "Os alemães invadiram a Polônia. É a guerra!", gritou na sala silenciosa. Suas palavras caíram como um golpe de martelo no meu coração. Mas o coração da nossa geração já está acostumado a muitos golpes duros. "Pode não ser ainda a guerra", disse eu, sinceramente convicto. Mas o funcionário estava quase indignado. "Não", gritou, "já basta! Não podemos deixar que tudo recomece a cada seis meses. É preciso acabar com isso."

Enquanto isso, o outro funcionário, que já começara a preencher nossa certidão de casamento, colocara a caneta na mesa, pensativo. Afinal, nós éramos estrangeiros, e como tais no caso de uma guerra nos tornaríamos automaticamente estrangeiros inimigos. Disse não saber se um casamento, nesse caso, ainda era permitido. Lamentava, mas teria de pedir instruções em Londres. Seguiram-se mais dois dias de espera, esperança, medo, dois dias da tensão mais atroz. No domingo de manhã o rádio anunciou a notícia de que a Inglaterra havia declarado guerra à Alemanha.

Foi uma manhã estranha. Afastei-me mudo do rádio que acabara de lançar no espaço uma mensagem que perduraria por séculos, uma mensagem destinada a modificar por completo o nosso mundo e a vida de cada um de nós. Uma mensagem que trazia a morte para milhares entre aqueles que a haviam escutado em silêncio, tristeza e desgraça, desespero e ameaça para todos nós, e talvez só depois de muitos anos um sentido criador. Era a guerra de novo, uma guerra mais terrível e mais vasta do que jamais fora uma guerra na Terra. Mais uma vez, terminava uma época e começava outra. Permanecemos calados na sala repentinamente silenciosa, evitando nos entreolhar. De fora vinha o chilrear despreocupado dos pássaros que se deixavam levar pelo vento morno em leviano jogo de amor, e no brilho dourado da luz balançavam as árvores, como se suas folhas quisessem se tocar carinhosamente, feito lábios. Mais uma vez, a velha mãe natureza ignorava as preocupações de suas criaturas.

Fui até meu quarto e arrumei minhas coisas em uma mala pequena. Se fosse verdade o que um amigo em alta posição me vaticinara, nós, austríacos, seríamos considerados alemães na Inglaterra, e teríamos que esperar as mesmas restrições; talvez nessa noite eu já não pudesse mais dormir na minha cama. Mais uma vez, eu descera um degrau. Há uma hora já não era apenas o estrangeiro naquele país, e sim um *enemy alien*, um estranho inimigo; violentamente banido para uma posição com que o meu coração não concordava. Poderia haver situação mais absurda para uma pessoa que já fora expulsa há muito tempo de uma Alemanha que a marcara como antialemã, por causa da sua raça e da sua maneira de pensar, do que agora ser obrigada em um outro país, por um decreto burocrático, a pertencer a uma comunidade à qual, como austríaca, jamais pertencera? Com uma penada, o sentido de uma vida inteira se transformara num contrassenso; eu escrevia e pensava ainda em língua alemã, mas cada pensamento que eu tinha, cada desejo que sentia, pertencia aos países que estavam em armas em prol da liberdade do mundo. Todos os outros vínculos e todo o passado estavam rompidos e destruídos, e eu sabia que depois dessa guerra teria de haver um novo recomeço. Pois a tarefa mais íntima na qual eu empenhara toda a força da minha convicção ao longo de quarenta anos, a união pacífica da Europa, fora aniquilada. Aquilo que eu temera mais do que a própria morte – a guerra de todos contra todos – desencadeara-se agora pela segunda vez. E aquele que, durante uma vida inteira, esforçara-se apaixonadamente pela concórdia no aspecto humano e intelectual, nesse momento que exigia a comunhão indissolúvel sentia-se, por essa súbita exclusão, inútil e sozinho como nunca antes em sua vida.

Desci mais uma vez até a cidade para lançar uma última olhada para a paz. Bath jazia calma na luz do meio-dia e não me pareceu diferente de antes. As pessoas seguiam com seus passos habituais o seu caminho habitual. Não estavam apressadas, não se reuniam para conversar. Seu comportamento era calmo e dominicalmente sereno, e por um instante eu me perguntei: será que não sabem ainda? Mas eram ingleses, acostumados a domar seus sentimentos. Não precisavam de bandeiras e tambores, de barulho e de música para fortalecer sua determinação tenaz e pouco patética. Como fora diferente naqueles dias de julho de 1914 na Áustria, mas também como eu estava diferente do jovem inexperiente de então, como agora me pesavam as lembranças! Eu sabia o que significava a guerra, e ao olhar para as lojas cheias e reluzentes, tive uma visão veemente das lojas de 1918, saqueadas e vazias, como se olhando com olhos escancarados. Vi, como num sonho de vigília, as longas filas das mulheres magras diante das lojas de alimentos, as mães enlutadas, os feridos, os aleijados, todos os imensos horrores de outrora voltaram como fantasmas na luz resplandecente do meio-dia. Pensei nos nossos velhos soldados, exaustos e esfarrapados como haviam vindo do campo, meu coração palpitante sentiu toda a guerra passada na que começava agora e que ainda escondia os seus horrores aos olhares. E eu sabia: mais uma vez, o passado terminara, tudo o que fora realizado estava aniquilado – a Europa, nossa pátria, pela qual havíamos vivido, estava destruída por muito tempo, além da nossa própria vida. Algo novo começava, um novo tempo, mas quantos infernos e purgatórios ainda teriam que ser atravessados até se chegar a ele.

O sol brilhava intensamente. Ao voltar para casa, vi de repente diante de mim a minha própria sombra, assim como via a sombra da outra guerra atrás da atual. Durante todo esse tempo, essa sombra não saiu mais do meu lado, ela envolveu cada um dos meus pensamentos, de dia e de noite; talvez seus contornos escuros também estejam em algumas folhas deste livro. Mas toda sombra é, em última análise, também filha da luz. E só quem conheceu claridade e trevas, guerra e paz, ascensão e decadência viveu de fato.

Posfácio
A biografia que se intromete na autobiografia

ALBERTO DINES

OCULTOU-SE, pretendia apenas oferecer a voz, atuar como um palestrante, em alguns casos como testemunha. Eclipsou-se como pessoa, mas nas últimas linhas entra em cena para um solilóquio personalíssimo: "Só quem conheceu claridade e trevas, guerra e paz, ascensão e decadência viveu de fato." Tudo no passado, pretérito. Acabado.

Começou a pensar em biografias e autobiografias em 1927, ao trabalhar num dos seus trípticos mais originais, *Três poetas de suas vidas*. Referia-se a três autores que, além do admirável legado literário, poetizaram – ou fantasiaram – o relato de suas existências.

Na verdade, é um ensaio sobre a escrita de memórias: além de descrever as vidas de Tolstói, Casanova e Stendhal, faz na introdução uma das raras digressões no campo da teoria literária (pela qual, aliás, não nutria grande interesse). É um pequeno tratado com o objetivo de treinar o leitor a identificar as subestimações ou superestimações – autoenganos – incorporadas às suas histórias.

É possível que a morte do pai, Moritz Zweig, no ano anterior, o tenha estimulado a refletir sobre o relato de vidas, embora a dele tenha sido absolutamente retilínea e tranquila. Também é possível que a casualidade o tenha levado a envolver-se involuntariamente em projetos simultâneos e algo autobiográficos: o catálogo da sua famosa coleção de manuscritos iniciada quando era muito jovem,[1] um esboço autobiográfico para um prospecto da editora Insel e o depoimento que encaminhou ao escritor

---

1. Publicado postumamente com organização de Oliver Matuschek; *Ich kenne den Zauber der Schrift*, Viena, 2005.

vienense Richard Specht para compor o perfil que acompanharia a edição russa de sua obra.[2]

Um quarto projeto teve o dedo da então mulher, Friderike, que convenceu o bom amigo e colaborador Edwin Rieger a escrever uma pequena biografia do marido, *Stefan Zweig, o homem e a obra*,[3] certamente com vistas ao seu 50º aniversário (que transcorreria em 1931).

Designou o texto para o prospecto da Insel "Breve mirada no espelho", *"Flüchtiger Spiegelblick"*, e no mesmo ano, num de seus raros desnudamentos, escreve à mulher: "Quanto menos ouço falar no Stefan Zweig que vive no mundo dos espelhos mais me sinto eu mesmo..."[4]

O mundo dos espelhos (hoje diríamos "mundo dos holofotes", ambos relacionados com luz e imagem) era o das vidas inventadas, não era o dele. Espelhos são úteis em autorretratos, sua serventia é nula quando se tenta algo interior, além da aparência. Reconhecia suas fragilidades, talvez não se apreciasse da forma com que celebridades devem se descrever, porém sabia que mesmo os espelhos mais polidos são capazes de deformar.

Começou a encarar seriamente as memórias uma década depois, quando já deixara Friderike, Salzburg e vivia com Lotte no sossegado refúgio de Bath, Inglaterra, enquanto a Segunda Guerra Mundial rugia do outro lado do canal da Mancha.

Àquela altura testemunhara a ascensão de Hitler e, possivelmente, tentava esquecer as cobranças do mestre Romain Rolland, bem como dos jovens amigos Joseph Roth e Klaus Mann, inconformados com a sua apagada resistência ao terror. Já não o incomodava tanto a clandestina parceria com o famoso Richard Strauss enquanto este exerceu o comissariado nazista para a música erudita. É possível que um fiapo de desconforto o empurrasse para uma prestação de contas endereçada – quem sabe? – ao seu superego, o mesmo Rolland, cuja severidade e distanciamento foram

---

2. Com prefácio do amigo Máximo Gorki, doze volumes publicados entre 1927 e 1932 pela prestigiosa editora estatal soviética, Vremia, de São Petersburgo, então Leningrado. Richard Specht (1870-1932), novelista, biógrafo e crítico musical, foi um bom amigo de Zweig.
3. *Stefan Zweig: der Mann und das Werk*. Berlim, J.M. Spaeth, 1928.
4. Carta de 22 de setembro de 1927.

responsáveis por uma vaga sensação de culpa e a lacônica despedida telefônica, depois de três décadas de intensa convivência.

A autobiografia pisca pela primeira vez em seus diários num domingo, 10 de setembro de 1939, uma semana depois da invasão da Polônia, metade do seu território ocupado e a garbosa cavalaria aniquilada pelo tanques das Panzerdivisionen. Queria começar algo novo, à altura do momento; tinha opções,[5] "mas penso que a autobiografia não é a mais indicada".

Enganou-se: a autobiografia circulava na sua corrente sanguínea há algum tempo, fermentada dentro do romance recém-publicado *Coração inquieto*, *Ungeduld des Herzens*. Dias depois do primeiro registro, anota: "Estamos à beira de uma nova época da história, em contagem regressiva; o mundo antigo não sobreviverá, ao contrário do que pensam os conservadores."

A visão amplificada do historiador dá uma dimensão cósmica às aflições do escritor. O estado do mundo sempre esteve presente, nas cogitações como nos seus títulos: "O mundo insone", "Construtores do mundo", "A monotonização do mundo", "A unidade espiritual do mundo". O que o atormenta não é propriamente esta guerra, mas os tempos seguintes. Ainda não cunhada, a expressão *"day after"* já o aterra: vislumbra os escombros, a perda de referências, o desnorteamento e o penoso recomeçar. O amanhã era a sua dor-de-mundo, *Weltschmerz*, por isso agarrou-se ao ontem.

Passado pouco mais de um mês anota, sucinto: "Trabalhando na autobiografia." Cerca de 72 horas antes de abandonar a Europa para sempre, o grande europeu faz um breve e enigmático apontamento: "Dia característico, eu o descreverei em detalhe na autobiografia." Esqueceu: dias como aquele – tão corridos que não deixam tempo para pesares – deverão repetir-se ao longo dos próximos dois anos.

Ao contrário do acontecido durante o trabalho com *Maria Antonieta*, o *making of* não aparece nos diários, mesmo porque estes serão encerrados

---

5. Faltava-lhe ânimo para enfrentar outro romance, por isso aventa a hipótese de algo semelhante ao perfil de Erasmo de Roterdã. Naqueles tempos o nome de Montaigne começou a ser mencionado no diário.

definitivamente no dia 19 de junho de 1940 antes de embarcar rumo ao Novo Mundo. Interrompido o monólogo interior, mantém somente no diálogo com os amigos mais próximos o relato sobre a construção das memórias, das quais eles são também atores: "Não será uma autobiografia, mas o canto de adeus à cultura austro-judaico-burguesa que culminou com Mahler, Hofmannsthal, Schnitzler, Freud. Pois essa Viena e essa Áustria nunca mais serão as mesmas, jamais voltarão. Somos as últimas testemunhas", afirmara a Felix Braun em carta de junho de 1939.

Para a tradutora italiana, Lavinia Mazzucchetti, velha amiga: "Tomo notas para uma autobiografia (sinal da idade, sinal de que não tenho muito a esperar do futuro). Confesso que nossa geração experimentou até 1914 o máximo de liberdade individual... A geração pós-guerra não avalia o que vivemos e nós mesmos não avaliamos quão livres éramos... Sempre associei a ideia de uma autobiografia a algo autocentrado, frívolo; agora percebo que devo descrever uma Viena transformada em história..." (8 ago 1939)

Para Thomas Mann: "Tento descrever numa espécie de pintura de mim mesmo os tempos que atravessei, somos as testemunhas da mais importante transformação do mundo..." (20 jul 1940)

Para Franz Werfel e Alma Mahler: "Escrevo lentamente uma história da minha vida que é, ao mesmo tempo, uma história de minha época ou das minhas épocas: às vezes penso que nós que nos tornamos adultos antes da guerra vivemos diferentes vidas. Nossa geração viveu mais coisas do que três ou quatro juntas. E ainda não chegou ao fim." (12 fev 1941)

Enquanto atravessa a Argentina numa insana turnê de conferências, enquanto espia através das janelas do hidroavião da Panair o Norte e Nordeste do Brasil, procura não perder de vista o compromisso, teme se distrair e deixar de lado um projeto tão vital. Vai despejando ideias, criando a necessária pressão interna para a ela se entregar quando chegar a hora.[6]

---

6. Além de ter sido o primeiro a receber notícia circunstanciada do projeto, o amigo de juventude Felix Braun soube dele em diversas cartas. Outros interlocutores: Alfredo Cahn, Friderike Zweig, Gisella Selden-Goth, Paul Zech, Victor Wittkovski, Hermann Kesten, Joachim Maas e Ben Huebsch, seu mais constante acompanhante na arrancada final em Ossining.

Atormenta-se com o título, sabe que pode ser decisivo, coleciona opções: "Três vidas", "Geração sofrida", "These days are gone" ("Estes dias já se foram"), "Anos irrecuperáveis", "Tempo passado", "Uma vida pela Europa", "Vida de un europeo", "O mundo desaparecido", "Ruptura". Não deixou registro sobre o momento e as circunstâncias que o levaram à escolha final. Desnecessário: o título estava pronto e embalado dentro dele quando preparou a conferência "A Viena de ontem".

Finalmente, nos últimos dias de março de 1941, libertado do livro brasileiro e do seu subproduto, a saga de Américo Vespúcio, está pronto para a difícil tarefa de reencontrar o passado. "Um livro honesto, escrupuloso, não vejo razões para me apressar. A cada dia faço anotações no carnê, já que as lembranças surgem e somem repentinamente. Creio que só o publicarei dentro de dois ou três anos. É o tipo de livro que só se escreve uma vez na vida..."

A serena decisão tem vida curta, logo está dominado novamente pela ansiedade. Sabe que não pode recorrer aos diários que ficaram na Inglaterra, precisará de ajuda para lembrar-se. Planejava escrever as memórias no Brasil num lugar sossegado como Teresópolis (onde estivera no ano anterior antes de viajar para a Argentina). Indaga no consulado inglês de Nova York sobre as possibilidades de retornar à Inglaterra para terminá-las no mesmo lugar onde começara: a casa em Bath. Impossível: voos lotados pelos próximos meses e anos. De navio, impensável.

Está convencido de que em Nova York será difícil concentrar-se: a presença dos refugiados, as notícias de uma guerra cada vez mais ampliada (a Alemanha acaba de invadir a Rússia, sua parceira na retaliação da Polônia), tudo se associa para aumentar a depressão. Percebe que será sua última obra, talvez a mais importante. Não pode vacilar.

Não se sabe de quem, quando ou de onde surgiu a ideia de convocar Friderike para ajudá-lo a rememorar os últimos trinta anos. Certo é que com a aproximação do tórrido verão (o primeiro que enfrentará em Nova York) ela decidiu alugar com a primogênita, Alix, um apartamento em Croton, às margens do Hudson, estado de Nova York. Pouco depois e não muito longe dali, em Ossining, lá estão Stefan e Lotte, abarracados em uma vila alugada.

Compensação para Lotte: passar algumas horas por dia com Eva, a sobrinha querida que Stefan mandara trazer da Inglaterra para escapar dos bombardeios. Vivia nas redondezas, em Croton-on-Hudson, no Amity Hall, cuidada por preceptores alemães, o casal Olga e Albrecht Schaeffer, junto com outras crianças refugiadas.

Substituída a decisão de escrever sossegadamente, as próximas seis semanas serão desvairadas: "Tenho trabalhado de uma forma demoníaca" confessa.[7] Convencido de que a única forma de vencer a depressão é mergulhar na faina, entrega-se a uma rotina insana: com Friderike vai recuperando fatos, pessoas, episódios, depois redige o texto que Lotte datilografa, ajudada por Alix. Delírio contagiante: Lotte está tão estressada que até Friderike se preocupa com o seu estado. A exaustão parece que não decorre apenas do trabalho, alguma coisa não anda bem.

"Impressionados com a mudança que ocorreu com os dois em tão poucas semanas... Ele parecia um homem ferido. A doce Lotte, mergulhada em melancolia... Algum incidente grave... Deus sabe o quê..." O romancista francês Jules Romains, presidente do P.E.N. Clube, e sua mulher, também escapados de Paris, estiveram com Stefan e Lotte tanto em Nova York como em Ossining. Após o desenlace em Petrópolis, Romains indagou a Friderike o que teria acontecido; ela não respondeu.[8]

Mas a partir dos longos depoimentos de Friderike o biógrafo Donald Prater anotou, incisivo: "A retomada da estreita colaboração com Friderike e as lembranças despertadas pelo trabalho conjunto na biografia certamente suscitaram tensões. Ele a visitava frequentemente ... e em seu desespero chegou a confessar-lhe um dia que queria ficar com ela, não deixá-la jamais... O fato de sentir-se ligado irremediavelmente a Lotte e saber que nunca poderia abandoná-la devia ser insuportável para um espírito que tanto detestava entraves..."[9]

Nada disso transformou-se em letra de forma. Porém ficou embutido, corroendo. No fim de julho, com a autobiografia praticamente terminada,

---

7. Carta a Huebsch, jul 1941.
8. Carta de Romains a Friderike, 15 jun 1947, incluída em "Dernier mois et dernières lettres de Stefan Zweig", *Revue de Paris*, fev 1955, p.6. A visita dos Romains foi em 13 jul 1941.
9. Donald Prater, *Stefan Zweig: biografia*, Rio de Janeiro, Paz e Terra, 1991, p.310.

percebe que é hora de cuidar da biografia, organizar sua vida e o que restou dela. Atender Lotte. Com a crueza de sempre, ressurge a incômoda interrogação: *wohin*, para onde, qual a nova escala? De novo um sem-teto, sem paradeiro nem destino.

Os fados apreciam essas vacilações, são ideais para aprontar seus ardis. Lotte está convencida de que não podem continuar nos Estados Unidos. Não é a presença de Friderike: "Estamos em melhores termos com ela do que com o irmão de Stefan, absolutamente egocêntrico...", explicou à cunhada. O perigo é outro: memórias convertem o passado em presente, autobiografia no forno pode esquentar a biografia. A publicação póstuma da assídua correspondência entre Lotte e a sua cunhada, Hannah Altmann, durante o verão nada esclareceu. Ao contrário, acrescentou incertezas.[10]

Frederike achou que embarcaram às pressas, é possível que a febre do marido tenha contagiado a mansa Lotte. Em 15 de agosto de 1941, no porto de Nova York, subiram as escadas do luxuoso *Uruguay*, que junto com o *Brazil* e o *Argentina* faziam a rota Nova York–Buenos Aires. Ao desembarcar no Rio, Stefan declara aos repórteres que traz os originais de dois livros: o de memórias (que nomeia como "História da minha vida") e a saga do navegador Américo Vespúcio, já nas mãos da editora.

No dia seguinte ao desembarque, 28 de agosto, sobem para Petrópolis a fim de fazer a escolha final na lista de imóveis selecionados por Koogan, o editor brasileiro. Em 17 de setembro estão instalados na rua Gonçalves Dias, 34, Duas Pontes, Valparaíso.

Serenado, inicia a revisão do texto enquanto começa a escrever a última novela, *Xadrez, uma novela*, certamente concebida na sua última viagem, a única obra de ficção inspirada na temática contemporânea, política. E a melhor de todas. Sempre gostou de trabalhar simultaneamente em dois ou mais projetos, agora não é diferente.

---

10. Stefan & Lotte Zweig, *Cartas da América, 1940-1942*, Rio de Janeiro, Versal, 2012. Ao contrário das cartas enviadas nos meses anteriores e posteriores a Ossining e reproduzidas integralmente, a correspondência que abrange a temporada na vila (jun-jul 1941) foi selecionada e resumida.

De Nova York, Friderike faz sugestões no tocante aos capítulos iniciais da autobiografia, em que Stefan relembra sua juventude: conviria evitar a impressão de que ele crescera numa arcádia celestial, desligado da palpitação do seu tempo. Está certa, mas ele tem medo: a Alfredo Cahn, tradutor e amigo suíço-argentino, recomenda expressamente eliminar da versão espanhola os trechos capazes de confrontar o conservadorismo e os preconceitos dos leitores hispano-americanos. Por que o medo?

Por hábito. Porém, poucos parágrafos antes do ponto final, a surpresa: uma breve aparição pessoal – a ida ao cartório de Bath para efetivar o seu casamento com Lotte no mesmo dia em que começa a Segunda Guerra Mundial. Enfim a convergência da autobiografia com biografia. Não foi adiante, desistiu: não queria poetizar o relato da sua existência tal como fizeram Tolstói, Casanova e Stendhal. Elegantemente saiu de cena, deixou a tarefa aos biógrafos.

NA FRANÇA OCUPADA pelos nazistas, Romain Rolland soube da morte do amigo pela rádio de Moscou. Dificilmente terá lido as palavras de devoção que o descrevem na edição impressa em Estocolmo, a primeira de todas, no mesmo ano da morte (1942), pela editora dos exilados, a Bermann-Fischer. No mesmo ano saíram as primeiras traduções, por coincidência em língua portuguesa e espanhola, nos países dos quais tanto esperava, Brasil e Argentina. A versão em inglês, publicada no ano seguinte, teve a colaboração do próprio editor-confidente, Ben Huebsch, que acompanhou a obra desde o seu nascimento. A edição francesa saiu atrasada, três anos depois do fim da guerra (1948).[11]

Ao impacto do suicídio, somaram-se as emoções de um ontem tão presente. As memórias explicaram a capitulação do memorialista, e 72 anos depois, quando o Velho Mundo hesita antes de levar adiante a façanha de derrubar fronteiras, o pacifista europeu faz sentido.

---

11. Respectivos títulos: *Die Welt Von Gestern: Erinnerungen eines Europäers*; *O mundo que eu vi: minhas memórias*; *El mundo de ayer: autobiografia*; *The World of Yesterday: An Autobiography*; *Le monde de hier*.

Não foi sempre assim: aos 37 anos, recém-escapada do inferno nazifascista, a jovem pensadora alemã Hannah Arendt ensaiou o número implacável que exibiria aos 56 no julgamento de Adolf Eichmann, em Jerusalém. Esquecida da sua paixão pelo filósofo filonazista Martin Heidegger, fustigou o autor de The World of Yesterday com o mesmo chicote da onipotência usado para castigar muitas vítimas do burocrata-carrasco da Solução Final: "Este autoindicado porta-voz [dos europeístas] jamais em sua vida preocupou-se com o seu destino." A grande pensadora não poderia ser mais cega e injusta.[12]

O sucesso de O mundo de ontem nasceu nas ruínas ainda fumegantes da Europa. O pós-guerra fez das memórias uma catarse para aquietar as angústias produzidas pelo pesadelo. Zweig não foi levado por saudades e pela melancolia, pretendeu apenas exibir os escombros. Como advertência. Cláudio Magris e Carl Schorske sequer o citam nos seus clássicos sobre a Áustria e Viena.[13]

Na geração seguinte, quando as odisseias pessoais se impuseram ao ensaísmo, Zweig passou a ser requisitado por autores que necessitavam de sua maestria como paisagista. *A lebre com olhos de âmbar*, de Edmund de Waal, *The Lady in Gold*, de Anne Marie O'Connor e *The House of Wittgenstein*, de Alexander Waugh, serviram-se dos recortes de Zweig para montar o cenário de seus fascinantes relatos.

Hoje Stefan Zweig protagoniza um *cult* do qual fugiu com tanta determinação. Seus "últimos dias" convertidos em novela, peça de teatro, quadrinhos, cinema e, certamente, seriado na TV ou *game* confirmam suas intuições sobre as armadilhas do fascinante "mundo dos espelhos".

São Paulo, setembro, 2014

---

12. A resenha de Hannah Arendt apareceu na revista *The Menorah* (Nova York, out 1943) e foi incluída posteriormente em diversas antologias de seus escritos, entre elas *The Jew as Pariah* (1978) e *Jewish Writings* (2007), sempre com o título original: "Stefan Zweig: Jews in the World of Yesterday".

13. Cláudio Magris, *Danúbio*, Rio de Janeiro, Rocco, 1992; Carl E. Schorske, *Viena fin-de-siècle: política e cultura*, São Paulo, Unicamp/Companhia das Letras, 1988.

Índice onomástico

Adams, Jane, 309
Adler, Victor, 69, 108
Aksakov, Sergej Timofejewitsch, 295
Altenberg, Peter, 38, 57
Anzengruber, Ludwig, 357
Arcos, René, 183, 240
Aristóteles, 129
Asch, Schalom, 166, 309

Bach, Johann Sebastian, 210, 289, 312, 327, 328
Badeni, conde Kasimir, 73
Bahr, Hermann, 56-7, 58, 290
Balzac, Honoré de, 53, 62, 128, 129, 154, 193, 286, 289, 312, 381
Barbusse, Henri, 218, 221, 245, 271, 293
Barnay, Ludwig, 159
Bartók, Bela, 309
Baudelaire, Charles, 55, 117, 363
Bazalgette, Léon, 129, 132-3, 169, 183, 186
Beer-Hofmann, Richard, 38, 57, 166
Beethoven, Ludwig van, 29, 30, 33, 36, 154, 155, 186, 196, 213, 270, 289, 296, 313-4, 327
Benedikt, Moritz, 101
Berg, Alban, 309, 327
Berger, barão Alfred von, 163
Bierbaum, Otto Julius, 99
Binyon, Lawrence, 150
Bismarck, príncipe Otto von, 72, 167, 321
Björnson, Björnstjerne Martinus, 76
Blake, William, 150-1, 153, 346
Blériot, Louis, 181
Bloch, Jean Richard, 130, 183, 336
Bojer, Johan, 122
Bonaparte, princesa Maria, 370, 372
Bonaparte, Napoleão, 30, 62, 106, 123, 129, 299, 312
Borgese, Giuseppe Antonio, 184, 274
Bourget, Paul, 131
Brahm, Otto, 111
Brahms, Johannes, 29, 33, 36, 54, 55, 312, 327
Brandes, Georg, 122, 156, 309
Breuning, Hofrat, 313
Briand, Aristide, 321

Budberg, baronesa Maria, 302
Bülow, príncipe Bernhard von, 321
Buschbeck, E., 57
Busoni, Ferrucio, 187, 248, 327
Byron, George Gordon Noel, Lord, 135

Calvino, Johann, 159
Carlos, arquiduque, 198
Carlos I, imperador, 233-5, 255
Casanova, Giovanni Giacomo, 246, 386, 393
Cassirer, Ernst, 28
Castellio, Sebastian, 159
Cavell, Edith, 218
Cena, Giovanni, 122
Chamberlain, Arthur Neville, 205, 365-9, 379
Chamberlain, Joseph Austin, 148
Charcot, Jean Martin, 76
Chénier, André, 139
Chopin, Frédéric, 33, 312
Chotek, condessa Sophie, 198-9
Claudel, Paul, 131, 154
Clemenceau, Georges, 235, 244
Conrad von Hötzendorf, Franz, 191
Cortez, Hernán, 241
Croce, Benedetto, 222, 304

Dahn, Félix, 57
Daladier, Edouard, 205, 365, 367
Dalí, Salvador, 374
Dante Alighieri, 54
Darwin, Charles, 299
Debussy, Claude, 56
Defoe, Daniel, 76
Dehmel, Richard, 64, 99, 100, 110, 117, 166, 188, 209, 220, 230
Demelius, Frau (née Vogel), 155
Desbordes-Valmore, Marceline, 128
Desmoulins, Camille, 128
Dickens, Charles, 76, 156
Dollfuss, Engelbert, 305, 339-40, 341, 345
Dostoiévski, Fiodor Mikhailovitch, 56, 76, 195, 197, 286, 292, 295
Dreyfus, Alfred, 103

395

Drinkwater, John, 348
Duhamel, Georges, 130, 183, 292, 336
Duncan, Isadora, 80
Durtain, Léon, 130, 183
Duse, Eleonora, 162

Ebers, Georg Moritz, 57
Eekhoud, Georges, 118
Ehrhardt, Hermann, 318
Ehrlich, Paul, 91
Einstein, Albert, 325
Eisner, Kurt, 242
Elisabeth, imperatriz, 199
Elisabeth, rainha da Inglaterra, 159
Emerson, Ralph Valdo, 98
Ensor, James, 201
Erasmo de Roterdã, 208, 388n
Erdödy, condessa, 313
Erzberger, Matthias, 278
Esterházy, 30, 36

Faesi, Robert, 246
Fall, Leo, 38
Fernando I, imperador, 36
Fey, Emil, 340
Fielding, Henry, 76, 381
Flaubert, Gustave, 156
Forster-Nietzsche, Elisabeth, 156
Fouché, Joseph, 285, 333
France, Anatole, 101, 166
Francisco I, imperador, 258
Francisco II, 36
Francisco Ferdinando, arquiduque da Áustria, 197-9, 279
Francisco José, czar da Áustria, 25, 36, 71, 104, 189, 193, 205, 235
Franco, Francisco, 351
Frank, Leonhard, 246
Frederico, o Grande, 220
Freud, Sigmund, 38, 90, 105-6, 121, 154, 186, 204, 325, 370, 371-8
Fried, Alfred Hermann, 246
Fried, Oscar, 246
Furtwängler, Wilhelm, 330

Galsworthy, John, 271
Galuppi, Baldassarre, 187
Garibaldi, Giuseppe, 321
Geiger, Benno, 274

George, Stefan, 53, 57, 61, 65, 135
Gide, André, 129, 293, 336
Gluck, Christoph Willibald Ritter von, 29, 36, 312
Goebbels, Joseph, 325, 330, 331, 333, 369
Goethe, Johann Wolfgang von, 19, 26, 59, 60, 114, 135, 153, 155, 156, 161, 186, 222, 246, 289, 299, 312-4, 321, 329
Goethe, Ottilie von, 155
Goldmark, Karl, 38
Göring, Hermann, 323, 330, 333, 360
Górki, Máximo, 154, 287, 293, 295, 302, 303-4, 345
Goya, Francisco José de, 56, 242
Greco, El, 56
Grey, lorde Edward, 210
Grillparzer, Franz, 38, 284, 304
Grünewald, Matthias, 56, 277
Guicciardi, condessa Giulietta, 313
Guilbeaux, Henri, 242, 244-6
Guilherme II, kaiser, 111, 169, 193, 202, 213, 251

Halifax, lorde (Edward Frederick Lindley Wood), 356
Händel, Georg Friedrich, 312, 327
Hanslick, Eduard, 56, 102
Harden, Maximilian, 65, 167
Hardy, Thomas, 77
Hartmann, Eduard von, 56
Hauptmann, Gerhart, 51, 54, 56, 57, 101, 166, 209, 220
Haushofer, Karl, 171-4
Haydn, Joseph, 29, 30, 36, 256, 312
Hebbel, Friedrich, 93
Hegel, Georg Wilhelm Friedrich, 296
Henrique IV, 129
Herzen, Alexander, 156, 299
Herzl, Theodor, 102-7, 114
Hess, Rudolf, 173
Heyml, Alfred Walter, 156-7
Heyse, Paul, 57
Hille, Peter, 113
Hitler, Adolf, 71-2, 167, 173-4, 205, 211, 218, 229, 258, 267, 281-4, 288, 292, 314, 318-26, 330-1, 333, 334, 339-40, 342, 344, 347, 350, 354-9, 360, 365-7, 369, 370, 374, 377, 379, 387
Hofmannsthal, Hugo von, 38, 57, 58-60, 62-3, 65, 99, 102, 106, 157, 169, 220, 308-9, 326, 331, 389
Holbein, Hans, 269
Hölderlin, Friedrich, 60, 109

Homero, 286
Huebsch, Benjamin, 287, 393
Hugenberg, Alfred, 322
Hugo, Victor, 36, 128

Ibsen, Henrik, 55, 101
Istrati, Panaít, 293

Jacobowski, Ludwig, 112
Jammes, Francis, 135
Jaurès, Jean, 184, 187, 202
Jean Paul (Johann Paul Friedrich Richter), 167
Jonson, Ben, 327
José II, kaiser, 36
Jouve, Pierre-Jean, 240, 241
Joyce, James, 247, 309
Kainz, Josef, 31, 54, 122, 159-65
Kálmán, Emmerich, 38
Kapp, Wolfgang, 318
Karsavina, Tamara, 166
Keats, John, 58, 60, 109, 117
Keller, Gottfried, 55, 76
Key, Ellen, 121, 168
Keyserling, conde Hermann von, 61, 169, 274
Khnopff, Fernand, 117
Kierkegaard, Sören Aabye, 53
Kinsky, príncipe, 36
Kippenberg, Anton, 158, 313
Kolbenheyer, Erwin Guido, 122
Kraus, Karl, 104
Kun, Bela, 242, 266

Lammasch, Heinrich, 233, 235
Latzko, Andreas, 246
Leibl, Wilhelm, 56
Lemonnier, Camille, 117-8
Lenbach, Franz von, 57, 130
Lênin, Vladimir, 133, 240, 244-5, 275, 295, 297, 303

Leopardi, Giacomo, 60
Leopoldo III, kaiser, 36
Lerberghe, Charles van, 117
Lichnowski, príncipe Karl Max, 30
Liechtenstein, príncipe, 32
Lilien, Ephraim Mosche, 116
Liliencron, Dedev von, 99, 100
Lissauer, Ernst, 209-12, 218
Liszt, Franz, 33, 156

Lloyd George, David, 321
Lobkowitz, príncipe, 36, 37
Loeffler, Charles, 176
Loti, Pierre, 170
Ludendorff, Erich, 233, 249, 251, 278, 281, 320
Ludwig, Emil, 309
Lueger, Karl, 39, 71
Luís XIV, 129
Lunatscharski, Anatoli Vassilievitch, 244, 297
Lunt, Alfred, 285
Lutero, Martinho, 159, 210

Maeterlinck, Maurice, 117-8
Mahler, Gustav, 35, 38, 47, 54, 166, 389
Mallarmé, Stephane, 55, 56
Mann, Heinrich, 325
Mann, Thomas, 220, 309, 325, 389
Marco Aurélio, 39
Maria Stuart, 159, 338
Maria Teresa, imperatriz, 36
Martin du Gard, Roger, 292, 336
Marx, Karl, 270, 299
Masereel, Frans, 240, 241, 251, 292
Matkowsky, Adalbert, 159-60, 163-4, 165
Matteotti, Giacomo, 306
Mendelssohn-Bartholdy, Felix, 330
Merejkovski, Dimitri Sergueievitch, 197, 304, 361
Meunier, Constantin, 117, 118
Michelangelo, 291
Minne, George, 117
Moissi, Alexander, 122, 163-5
Molotov, Vyacheslav Mikhailovitch, 333
Mombert, Albert, 99
Monod, Olga, 156
Morisse, Paul, 246
Morris, William, 117
Mozart, Wolfgang Amadeus, 29, 32, 36, 47, 154, 213, 289, 312, 328
Munch, Edvard, 56, 116, 342
Mussolini, Benito, 164, 205, 274-6, 283, 304-7, 321, 334-5, 339, 355, 365, 366-7
Mussorgski, Modest, 56

Nietzsche, Friedrich, 51, 53, 56, 156, 312
Nijinski, Vaclav, 166
Nobel, Alfred, 192

Oehler, August, 64-5

Parma, príncipe de, 235
Pascoli, Giovanni, 135
Péguy, Charles, 131
Philippe, Charles-Louis, 129
Pirandello, Luigi, 164-5, 166
Poerio, Carl, 222
Poincaré, Raymond, 194
Prévost, Antoine-François Abbé, 76
Proust, Marcel, 185

Ragaz, Leonhard, 246
Rathenau, Walther, 167-9, 220, 230, 277-9
Ravel, Maurice, 309
Redl, Alfred Oberst, 189-92
Reger, Max, 100, 187, 327
Reinhardt, Max, 38, 111, 122, 188, 308
Rembrandt van Rijn, Harmensz, 269, 296
Renan, Ernest, 187
Renoir, Pierre Auguste, 130
Rétif de la Bretonne, Nicolas-Edme, 76, 129
Rilke, Rainer Maria, 51, 53, 57, 62-4, 99-100, 128, 133, 135, 137-40, 150, 154, 157, 214, 220, 240
Rimbaud, Jean Nicolas Arthur, 56, 58
Rodin, Auguste, 140, 141, 194
Rodolfo, príncipe herdeiro, 197
Rolland, Romain, 118, 132, 154, 185-8, 194, 215-21, 230, 237-40, 243-5, 251, 309, 336, 364, 387, 393
Romains, Jules, 130, 183, 194, 292, 336, 391
Rops, Felicien, 56, 117
Rosenbach, A.S.W., 292
Rostand, Edmond, 118
Rothschild, lorde, 24, 28
Rubinstein, Anton, 33
Russel, Archibald G.B., 150

Sacco, Nicola, 306
Sadoul, capitão, 244
Sainte-Beuve, Charles-Augustin de, 102
Sassoon, Siegfried, 28
Schickele, René, 184, 249, 271
Schiller, Friedrich von, 51
Schlenther, Paul, 160
Schnitzler, Arthur, 38, 57, 59, 166, 290, 309, 389
Schönberg, Arnold, 38, 56-7, 270
Schönerer, Georg, 72
Schubert, Franz, 29, 47, 54, 66, 312, 313
Schuschnigg, Kurt von, 306, 357
Schwarzenberg, príncipe, 37

Seipel, Ignaz, 233, 235, 305, 339
Shakespeare, William, 59, 159, 213, 309, 340, 345, 382
Shaw, George Bernard, 101, 293, 337, 348-9
Shelley, Percy Bysshe, 109
Sófocles, 159
Sonnenthal, Adolf von, 31, 38, 54
Sorel, George, 296
Speidel, Ludwig, 102
Spengler, Oswald, 172
Stálin, Josef, 299, 333
Starhemberg, príncipe Ernst Rüdiger, 339-40
Stein, barão Karl von, 210, 321
Steiner, Rudolf, 114
Stifter, Adalbert, 38
Straus, Oscar, 38
Strauss, Johann, 29, 36
Strauss, Richard, 51, 56, 100, 156, 309, 326-34, 387
Streicher, Julius, 71, 333, 360
Strindberg, August, 51, 56, 101
Stringa, Albert, 274
Suarès, André, 128, 131
Symons, Arthur, 149

Telemann, Georg Philipp, 187
Teltscher, Josef, 313
Thackeray, William Makepeace, 76
Thun, condessa, 36
Ticiano, 296
Tolstói, Leon, 51, 76, 156, 187, 293, 295, 297-8, 300
Tolstói, Nicolau, 298
Toscanini, Arturo, 309, 327, 364
Trótski, Leon, 244, 297

Unruh, Fritz von, 246

Valéry, Paul, 55, 61, 130, 131, 135, 169, 185, 309, 336
Van der Stappen, Charles-Pierre, 118-20
Van Loon, Hendrik, 309
Velásquez, Diego Rodrigues de Silva y, 269
Verhaeren, Émile, 118-22, 129-30, 133, 135, 140, 146, 150, 168, 177, 181, 186, 188, 195, 196, 200
Verlaine, Paul, 117, 118, 127
Vermeer van Delft, Johannes, 296
Vildrac, Charles, 183, 336
Vinci, Leonardo da, 193, 291, 312
Vitória, rainha da Inglaterra, 194
Vogel, Karl, 155

Wagner, Cosima, 156, 312
Wagner, Richard, 36, 51, 156, 187, 213, 327-8, 331
Waldstein, conde, 36
Wallmann, Margarete, 341
Walpole, Hugh, 348
Walter, Bruno, 187, 309, 327
Warburg, Aby, 28
Wassermann, Jakob, 166, 220, 309
Wedekind, Frank, 56
Wells, Herbert George, 293, 309, 337, 348-9
Werfel, Franz, 184, 227, 246, 290, 309, 325, 389

Whitman, Walt, 55, 118, 132, 156, 174, 217
Wilbrandt, Adolf von, 57
Wilson, Thomas Woodrow, 251-2, 268, 354
Wolf, Hugo, 36
Wolter, Charlotte, 32, 54

Yeats, William Butler, 149-50
Yorck von Wartenburg, conde, 210

Zita, imperatriz da Áustria, 255
Zola, Émile, 56, 77, 101, 129

1ª EDIÇÃO [2014] 6 reimpressões

ESTA OBRA FOI COMPOSTA POR MARI TABOADA EM DANTE PRO E
IMPRESSA EM OFSETE PELA GRÁFICA PAYM SOBRE PAPEL PÓLEN DA
SUZANO S.A. PARA A EDITORA SCHWARCZ EM JANEIRO DE 2025.

A marca FSC® é a garantia de que a madeira utilizada na fabricação do papel deste livro provém de florestas que foram gerenciadas de maneira ambientalmente correta, socialmente justa e economicamente viável, além de outras fontes de origem controlada.